지방자치의 쟁점

이승종 편

박영사

머 리 말

　　지방자치가 재개된지 20년이 지나고 있다. 사람 나이로 치면 청년기에 접어드는 나이니만큼 이제 지방자치는 어느 정도 성숙한 모습으로 지지받을 만한 때가 되었다. 그러나 그같은 기대와는 달리 우리 사회에서는 지방자치에 대한 적극적 관심보다는 무관심 내지는 냉소적인 시각이 지배한다. 현대사회의 불균형이 20:80으로 요약하여 회자되고 있거니와 지방자치에 대한 불균형적 인식 역시 거기에서 크게 달라 보이지 않는다. 전반적으로 지방자치에 대한 지지가 취약한 상황에서 지방자치에 대한 희망찬 성과와 기대보다는 지방자치의 폐해와 부담을 더 지적하면서 지방자치를 성가신 것으로 치부하는 양상이 나타나고 있는 것이다. 또한 여건과 역량이 취약한 상태에서 지방은 나름대로 발전노력을 경주하지만 때로는 미숙한 행태와 함께 희망적 미래를 향한 자신감을 펼치지 못하고 있는 형국이다. 이는 마치 패기만만해야 할 청년이 제대로 역량을 꽃피울 장년기를 거른 채 쇠약한 노년기 모습을 보이는 것과 크게 다르지 않다. 그야말로 한국 지방자치는 성년을 맞이하여 노년기와 유사한 모습을 보이고 있다 해도 과언이 아니다.

　　이렇듯 지방자치가 제대로 성장하지 못하고 있는 이유는 기본적으로 취약한 지지, 자치재원의 부족, 지방정부나 주민의 역량 부족, 자치경험 부족 등 다양한 요인에서 찾을 수 있겠지만 지방자치와 관련한 여러 이슈에 대한 합의가 부족한 것도 주요 원인이 될 것이다. 지방자치 관련 이슈에 있어서의 긴장은 지방자치에 대한 찬반론으로부터 지방자율권의 범위, 기관구성 형태, 재정분권 정도, 지방정책 평가와 같은 기본적 사안은 물론, 지방정부 청사나 축제의 소망성과 같은 구체적 사안까지 실로 넓은 쟁점을 포괄한다. 만일 이들 지방자치 관련 쟁점에 대한 합의가 진전되었더라면 지방자치에 대한 인식 또한 지금보다 더 고양되고 이에 따라 지방자치가 보다 진전되었을 것이라는 기대도 가능하다. 그러나 실제로는 지방자치에 대한 적극적 지지가 취약한 상황에서 지방자치 쟁점의 도출이나 합의가 취약하여 지방자치의 추동력이 저해받아 왔다. 물론 쟁점에 대한 의견의 불합치가 반드시 나쁜 것은 아니다. 의견의 불합치는 지방자치가 보다 바람직한 방향으로 진행하기 위해서 필요한 숙고의 과정이며 다양성의 표출이기도 하기 때문이다.

　　문제는 의견의 불합치 상태에서 다름만을 확인하는 대신, 논의의 조화 내지는 합치를 위한 노력으로서의 담론이 부진하였다는 것이다. 지방자치의 중요성에 비추어 볼 때, 이같은 상황은 개선되어야 한다. 노령화와 맞물려 청년실업 문제가 국가의 장래에 대한 심각한 우려 요인으로 부각되는 것만큼, 조로 현상을 보이고 있는 지방자치 역시 국가의 장래를 위하여 염려해야 할 중요 문제이다. 지방자치에 대한 찬반과 무관하게 지방정부가 국가재정의 60% 이상을 사용하고 있는 현실만 보더라도 지방자치는 중요한 국가적 과제가 아닐 수 없으며, 따라서 지방자치의 비중에 걸맞는 적정한 담론의 전개가 필요하다. 담론의 전개에 있어서는 지방자치에 있어서 어떤 쟁점이 중요하고, 개별 쟁점들에 대해서 어떤 의견들이 있으며, 어떤 의견이 더 소망스러운지 등에 대한 객관적이고 합리적인 담론이 포함되어야 할 것이다. 적정한 담론의 전개는 한편으로는 근거없는 회의론이나 긍정론의 정비 및 지방자치에 대한 관심제고를 위해서, 다른 한편으로는 지방자치의 방향정립을 위해서 필요하다. 특히 아직 분권화의 진행이 미흡한 우리 현실에서 담론의 확산 필요성은 더욱 크다.

　　이같은 요청과 관련하여 본서는 지방자치를 연구하는 유능한 연구자들이 힘을 모아 지방자치의 중요 쟁점을 정리하고, 관련 논의를 종합함으로써 지방자치담론에 도움을 주려는 의도에서 저술한 것이다. 그런만큼 본서가 대학에서 지방자치를 공부하는 학생은 물론이고, 지방자치 실무에 종사하는 정책가들에게도 유용한 참고가 되었으면 하는 바람이다. 지방자치 쟁점이 다양한 만큼 본서와 같은 저술작업이 한 두 사람의 열정으로 가능한 일이 아니다. 감사하게도 많은 연구자들이 지방자치의 정착발전을 위한 학문적 열정으로 집필에 적극 참여해 줌으로써 본서가 발간될 수 있었다. 또한 집필진들은 본서의 인세수입을 사회공익단체에 기부하기로 뜻을 모아 주었다. 이같은 의미 있는 저술작업에 동참해주신 집필진 여러분(강명구, 고경훈, 곽현근, 권영주, 권오철, 금창호, 김대욱, 김선기, 김성호, 김순은,

김태영, 김혜정, 노승용, 류영아, 박영강, 박해육, 박형준, 배인명, 배정아, 서재호, 서정섭, 소순창, 소진광, 손희준, 안성호, 양영철, 오승은, 유재원, 유희숙, 윤영근, 이기우, 이상용, 이정주, 이종수, 이종원, 이희재, 임승빈, 전대욱, 최영출, 최진혁, 하혜수)께 깊은 감사를 드린다. 아울러 어려운 출판사정에도 불구하고 흔쾌히 본서의 출판을 맡아주신 박영사 안종만 대표님, 조성호 부장님, 명재희 대리님, 그리고 김효선 편집자께 감사드리며, 출판과정에서 총괄업무를 맡아 수고한 김대욱 박사에게도 감사를 표한다.

　쟁점은 동태적이다. 시대상황에 따라서 쟁점의 내용과 중요성이 달라진다. 그러므로 이 작업은 완성품일 수 없고 하나의 시작일 뿐이며, 앞으로 시간을 두고 보완작업을 할 계획이다. 아무쪼록 본서가 우리 사회에서 보다 객관적이고 합리적인 수준의 지방자치담론이 활성화되고, 이에 따라 한국지방자치가 잘 정착되고 발전되는데 많은 기여가 될 수 있기를 희망한다.

2014년 5월
편집책임 이승종

차 례

3부 ┃ 지방정부의 기관

4부 ┃ 자치권과 정부간 관계

1부

지방자치의 이론

1장 지방자치의 필요성

김순은

I. 서 론

　　미국의 지방자치 역사는 독립이 이루어기 이전인 17세기 초까지 소급된다. 비록 재산을 가진 백인 남성에 한정된 제한선거였지만 최초의 합법적이 정착지였던 버지니아주 제임스타운(Jamestown, Virginia)에서 1610년경에 최초로 선거에 의한 지방정부가 수립되어 지방자치가 개시되었다(Wikipedia, 2014). 영국은 1835년 도시단체법(Municipal Corporations Act)에 의하여 선거에 의한 도시정부가 구성되기 시작하였다. 지방선거가 실시된 시기만을 고려하면 미국은 400년, 영국은 180여년의 지방자치 역사를 가지고 있다.

　　우리나라의 지방자치 역사는 미국과 영국에 비하여 매우 짧은 편이다. 1948년 제헌헌법에 현대적 지방자치제도가 규정되고 1949년 7월 4일 우리나라 역사상 최초로 지방자치법에 제정·공포되었다. 전쟁 중인 1952년 4월 수복이 이루어진 지역에서 최초로 지방자치선거가 실시되어 역사적인 지방자치가 시작되었다.

　　우리나라 민주주의의 발전에 역사적인 신기원이 된 지방자치가 개시되었음에도 불구하고 경험부족과 제도의 취약성으로 부정적인 평가를 받게 되었다. 당시 지방정부의 사무는 7~8할 정도 기관위임사무로 구성되었으며 지방재정의 70%를 중앙정부의 재원에 의존하여 중앙집권적인 특징을 지녔다(임용주, 2002). 뿐만 아니라 지방정부의 장과 지방의회의 정치적 다툼은 지방자치의 불용론이 제기되는 시발점이 되었다. 우리나라는 주민의 2중 대표성에 기초하여 지방정부의 장과 지방의원을 별도의 선거로 선출하였다. 기관분리형의 제도로 인하여 지방정부의 장과 지방의회의 관계는 극한대립으로 발전되어 지방의회가 18회 해산되었으며 지방정부의 장이 불신임의결을 받은 경우도 66회에 이르렀다(김순은, 1995). 지방자치는 소기의 목적을 거두었다기보다는 국가발전을 저해는 제도로 평가되었다. 이러한 배경으로 1961년 5·16 사태가 발생하면서 지방의회는 해산되었고 지방정부의 장은 중앙정부가 임명하는 관치행정이 등장하였다.

지방자치가 폐지된 이후 우리나라의 민주화 과정에서 꾸준히 지방자치의 재개를 요구하는 주장이 거듭되었다. 지방자치가 민주주의를 구현하는 정치제도로 인식되었기 때문이다. 드디어 1987년 시민항쟁의 성과인 6·29 선언을 통하여 대통령직선제와 더불어 지방자치의 실시가 대국민 약속으로 발표되었다. 1988년 지방자치법이 개정되어 1991년 7월 지방의회가 구성되었고 1995년 지방정부의 장마저 선거로 선출됨으로써 지방자치는 외형적인 틀을 갖추었다. 1990년대부터 지방분권의 세계적 흐름 속에서 우리나라에서도 지방분권 개혁운동이 전개되었으며 미흡하나마 성과를 거두기도 하였다. 2014년을 기준으로 볼 때 그간 지방자치가 이루어낸 성과도 있는 반면 부작용의 흔적도 곳곳에서 발견되었다. 지방자치가 재개된 지 20여년이 되는 현 시점에서 지방자치의 필요성과 불용성을 논의하는 것은 매우 시의 적절하다. 본 글은 지난 20여년에 걸친 경험을 토대로 지방자치가 낳은 성과와 문제점을 토대로 지방자치에 대한 찬·반론을 논의하는 것이 목적이다.

Ⅱ. 지방자치의 찬·반론

1. 지방자치의 찬성론

1) 규범적 이론

지방자치를 옹호하는 찬성론은 크게 규범적 이론과 실증적 이론으로 대분하여 논의할 수 있다. 전자는 자유민주주의와 관련된 이론 중의 일부로서 주장되는 이론이며 후자는 실증적인 자료에 기초하여 제기되는 이론이다. 자유민주주의의 기본원리 중의 하나가 권력분립이며 지방자치는 중앙정부와 지방정부가 권력을 분점하는 정치적 장치로서 경성헌법을 채택하는 나라에서는 통칙기구의 편에서 규정하고 있다. 미국의 경우 연방헌법에서는 다루지 않고 주정부의 헌법에서 매우 상세하게 지방정부에 관하여 규정하고 있다. 캘리포니아주와 뉴욕주의 헌법은 지방자치 및 지방정부에 대한 지방정부의 권한과 행정구역 등 상세하게 규정하고 있으며 지방정부의 헌장에 법률과 같은 효력을 부과하는 특징을 가지고 있다. 일본 헌법도 4개 조항을 두고 있으며 지방자치의 본지, 지방정부의 기관구성, 지방선거, 특정지역에 한정되는 법률의 주민투표필요성 등에 관하여 규정하고 있다. 우리나라도 간단하지만 지방자치에 관한 2개의 조합을 규정하고 있다. 지방자치는 권력분립의 원리 위에 자유민주주의의 체제를 구축하는데 필요한 정치적 장치라고 할 수 있다(김순은, 2014).

2) 실증적 이론

지방자치의 필요성은 실증적인 이론의 관점에서도 인정된다. 지방자치는 민주주의를 체험하고 실험하는 장일뿐만 아니라 민주주의에 관한 학습의 장이다. 지역주민들은 지방정부의 선거와 지방정치 및 주민참여 등을 통하여 민주주의를 학습하고 경험한다. 주민들은 선거를 통하여 대표자를 선출하거나 지역의 정책을 결정한다. 주민들은 투표를 통하여 대표자를 소환하기도 한다. 때로는 주민들은 직접적으로 정책발의에도 참여한다.

최근에는 지방정부의 예산편성에 참여하며 행정사무감사를 청구하기도 한다. 지방정부의 행정공무원이 과실을 범한 때에는 공무원을 상대로 주민소송을 제기할 수 있다. 시간이 경과할수록 인터넷, 스마트폰 등을 활용한 전자참여도 급증하고 있어 참여의 형태가 다양화되고 있다. 주민들의 이러한 다양한 참여는 주민들의 정치와 민주주의에 대한 훈련으로 지역민주주의의 발전에 필요·충분조건이다. 주민들의 다양한 의견들이 조직화되고, 응집된 의견들이 상호 조정을 거치면서 전개되는 다원주의적 지역정치는 민주주의의 발전에 크게 기여한다(Dahl, 1961). 지방레벨에서 실시되는 선거와 투표 등 각종 주민의 참여가 민주주의의 발전에 기여한다.

그 외에도 지역주민에 의한 지방정부는 지역의 정체성 제고에도 크게 기여한다(Wilson and Game, 1994). 행정구역을 지닌 지방정부는 차별적인 지리적 공간과 공간 내의 역사적, 문화적 특징을 토대로 지역의 정체성을 강화하게 된다.

선거를 통한 지방정부는 지역주민의 요구와 수요에 대한 대응성을 제고하는 데에도 유리하다. 일정한 기간을 주기로 선거가 실시되기 때문에 선거의 재선을 목표로 선출직 공무원들은 유권자의 선호와 요구에 대응성이 높아진다.

행정서비스의 관점에서 지방자치의 필요성이 역설되기도 한다. 표현을 바꾸면 지역주민들은 생활 속에서 필요한 각종 서비스를 지방정부를 통하여 얻고 지방정부의 서비스를 통하여 지방자치의 필요성을 깨닫게 된다.

지방자치는 행정서비스의 질적·양적 제고를 위한 지역의 혁신에 유리하다. 지방정부는 시대의 변천에 따라 상황을 맞게 되고 이를 대처하는 방식도 지방정부마다 다양하다. 따라서 지방정부는 지방정부간의 협력 또는 교류를 통하여 정보의 공유를 높이는 것은 물론이고 상호학습을 통한 혁신을 촉진한다.

역으로 지역의 민주주의는 지방의 다양성을 촉진시키고 지방정부의 다양성과 자율성은 다양한 장점을 낳는다. 지방정부의 다양성과 자율성은 정책의 다양성으로 이어지는데 이러한 상황은 자연실험의 효과를 낳는다. 유사한 상황에 대한 지방정부의 다양한 정책은 중앙정부가 향후 전국적인 단위의 정책을 고려할 때 정책의 타당성을 제고하는데 유리하다. 특정정책에 대한 중앙정부의 분석과 대처가 다소 미흡하더라도 지방정부의 자율성이 보장되는 경우 전국적인 정책실패를 사전에 예방하여 정책실패의 부작용을 최소화할 수 있다.

2. 지방자치의 회의론

1) 엘리트론

지방자치를 폐지하고 지방행정만을 운영했던 우리나라에서는 지방자치의 불용론 또는 반대론이 간헐적으로 제기되고 있지만 자유 민주주의의 선진국에서는 찾아보기 힘들다. 왜냐하면 앞에서 논의한 바와 같이 지방자치가 다양한 측면에서 지역주민들에게 참여와 복리를 증진시키기 때문이다. 반면 지방자치의 선진국에서도 지방자치의 부정적인 측면에 초점을 맞춘 회의적인 논의는 지속적으로 제기되어 왔다.

그 중에 대표적인 것이 엘리트론이다. 국가의 레벨에서 모스카와 파레토(G. Mosca and W. Pareto)는 조직적·심리적 측면을 고려한 엘리트론을 제기하였다. 국민주권에 기초한 자유 민주주의는 권력과 카리스마를 지닌 소수의 엘리트 지배로 발전될 수밖에 없다는 당위론을 전개하였고 미헬스는 "철의 법칙(Iron Law)"이라는 표현으로 과두제의 필연성을 확인하였다.

엘리트론은 지방정부에도 확대 적용될 수 있다. 엘리트론을 지방정부에 최초로 적용한 헌터(F. Hunter, 1953)는 지방정부 내에서 공식적인 직함보다 강력한 권한을 가진 지역의 엘리트에 관한 연구를 통하여 사업가, 정치인, 성직자 등의 엘리트가 지역정치를 지배하고 정책결정에 막대한 영향력을 발휘한다는 것을 규명하였다. 지역엘리트의 정치적 이해관계가 특정사안을 의안으로 발전시키는 중요한 변수임을 밝혔다. 그 후 발전된 엘리트론도 국민주권에 기초한 민주주의와 다양한 이해관계에 기초한 다원주의에 다소 회의적인 견해를 지속적으로 보여준다. 우리나라에서 제기되는 지역유지론도 엘리트론과 대동소이하다. 우리나라의 경우 지역의 국회의원과 사적으로 긴밀한 관계에 있는 지역유지들이 지역정치를 지배한다는 주장이 지방자치에 대한 회의감을 더해 주고 있다. 가장 대표적으로 지역의 토박이 유지들이 지방정부를 지배하는 국가는 필리핀이다(김순은, 2013).

2) 자치역량론

지방자치에 대한 회의론 중의 하나는 지방정부의 자치역량에 초점을 둔 자치역량론이다. 지방정부가 자치를 실행하기 위한 역량을 갖추고 있지 못하기 때문에 지방자치를 폐지하지는 않더라도 제한적이고 신중하게 접근하여야 한다는 주장이다. 여기에는 정치적인 관점과 행정적인 관점으로 분리된다. 정치적인 관점의 자치역량은 크게 중앙정치의 종속성, 지방정치의 부패, 주민참여의 부족을 예시하고 있다.

중앙정치의 종속성은 지역정치가 지나치게 중앙정치와 연계되어 자치의 명분이 퇴색된다는 점에 근거를 둔다. 지방자치는 지역의 이슈와 문제를 자율적으로 결정하고 처리하는 것이 지방자치의 근본취지인데 정당을 통하여 중앙–지방관계가 밀착되면 지방자치가 고유의 현안보다는 중앙정치에 의하여 좌우되어 지방자치의 정당성은 훼손된다. 1980년대 영국에서 지방정부가 지나치게 정치화되었다는 비판이나 우리나라의 지방선거가 중앙정치의 중간평가로 간주되는 경향이 대표적인 사례이다.

정치적인 관점의 자치역량론은 지방정부 내에서의 정치부패와도 관련되어 있다. 지방선출직 공무원들이 각종 부패와 부조리에 연루되어 주민들의 세금을 낭비하는 구체적인 사례가 이러한 주장의 근거가 되고 있다. 우리나라에서뿐만 아니라 많은 국가에서 지역의 정치지도자들이 부패와 연관된 사례들이 보고되어 왔다.

정치적인 관점의 세 번째 이슈는 주민참여와 관련되어 있다. 주민들은 선거의 참여는 물론 각종 직접적인 참정제도를 통하여 지방의 정치에 참여할 수 있다. 주민들에게 다양한 형태의 참여제도가 도입되었음에도 불구하고 많은 국가에서 지방선거의 투표율이 저하되고 지방자치에 대한 무관심이 지방자치의 발전에 장애물이 되고 있다. 우리나라에서도 현재까지 주민들의 지방자치에 대한 무지와 무관심이 지속적으로 비판되고 있다.

행정적인 관점의 자치역량은 지방정부 집행부의 행정역량을 의미하는 것으로 공무원 및 행정조직이 지역에서 결정한 정책을 집행하는 역량이 현저히 부족하다는 비판이 지방자치의 회의론으로 이어지고 있다. 지방공무원의 무사안일과 복지부동 및 혁신에 대한 무감각 등이 주로 비판의 대상이 되고 있다.

3) 지역이기주의론

지방자치의 당위성을 훼손하는 중요한 요인이 지역이기주의이다. 앞에서 논의한 바와 같이 지방자치는 지역의 역사성과 정체성을 확립하는데 매우 유용하다. 그런데 이러한 정체성이 지역이기주의로 발전하는 이어지는 사례가 끊이지 않고 있다. 쓰레기 매립장, 소각장, 핵발전소 등 비선호시설의 건설과 관련되어 지역의 갈등이 심화되고 있다. 선호시설의 유치를 둘러싸고 지방정부간 치열한 경쟁이 가열되어 왔다. 때로는 지방정부와 중앙정부의 갈등으로 이어져 국정과제의 수행이 차질을 빚기도 한다.

Ⅲ. 평가적 의견

우리나라에서도 찬성론과 회의론이 상존하고 있고 심지어 무용론까지 제기되기도 하였다. 주로 상기에서 논의한 지역유지의 카르텔 형성, 지역정치인의 부패, 주민참여의 저조, 지역 이기주의의 창궐 등 지방자치의 부작용들이 우리나라에서도 지난 20여년 동안 끊이지 않았다. 무용론이 제기된 시점은 이러한 현상들이 두드러지게 나타난 때이다.

그럼에도 지난 20여년간 이룩한 지방자치의 성과를 보면 지방자치의 부작용이 과장된 감이 없지 않다. 우리나라는 제도와 행태면에서 괄목할 만한 성과를 거두었다. 지역의 민주주의가 발전되었고 지방정부의 주민에 대한 대응성이 제고되었다. 적어도 지역 정치인들의 유권자에 대한 행태가 크게 개선되었다. 관청의 턱이 낮아지고 서비스 개념의 지방행정이 실현되었다(김동욱, 2010). 향후 우리나라에서 지적된 지방자치의 문제점들을 점진적으로 개선한다면 지방자치는 우리나라의 발전에 크게 기여하게 될 것이다.

참고문헌

김동욱 (2010). 지방자치 20년 무엇을 얻고 무엇을 잃었는가. **자치행정**, 265: 47-50.

김순은 (1995). 자치단체장과 지방의회의 관계정립. **지역연구**, 20: 22-29.

김순은 (2013). 필리핀 지역발전을 위한 지방분권 개혁의 성과평가와 과제: 주민참여와 로컬 거버넌스를 중심으로. **한국비교정부학보**, 17(3): 17-44.

김순은 (2014). 지방자치 20년의 평가와 과제. 제6회 한국지방자치학회 지방분권포럼 발제논문.

김순은·소진광 외 6 (2008). **한국 지방자치의 이해**. 서울: 박영사.

임용주 (2002). **지방자치론**. 서울: 형설출판사.

Dahl, R. (1961). *Who governs?*. New Havens: Yale University Press.

Hunter, F. (1953). *Community Power Structure*. Chapel Hill: University of North Carolina Press.

Wikipedia (2014). Local government in the United States. 2014. 1. 18.

Wilson, D. and C. Game (1994). *Local Government in the United Kingdom*. London: Macmillan.

2장 '성공의 위기'로부터 벗어나기 위한 지방자치와 '좀 더 많은 민주주의'

🖋 강 명 구

I. 문제의 제기: 경쟁력 강화인가, 풀뿌리 민주주의인가?

"완전한 집권은 현실적으로 불가능하고, 완전한 분권은 국가의 자기부정 (自己否定)이다" 라는 언명(言命)은 한 편으로는 집권과 분권의 오묘한 관계를 잘 드러내고 있지만 다른 한 편으로는 적정한 수준의 분권이 현실적으로 얼마나 실현되기 어려운가를 반사적으로 내포하고 있다. 물론 분권과 집권관계의 순수이념형적 분류는 익히 알려져 있듯이 연합제, 연방제, 단방제의 세 가지가 있지만 각 이념형 내에서도 구체적으로 얼마만큼의 분권과 집권이 가장 바람직한가를 따지자면 이는 하나의 정답이 없는 다차원 방정식을 푸는 것과 진배없다. 그만큼 집권과 분권간의 적정수준 찾기는 각국이 처한 역사적 배경과 현실정치적 상황에 대한 고려가 필수적이라는 말이다.

그러나 분권과 자치의 적정수준 찾기에 정답은 없지만 정도(正道)는 있다. 정도를 찾는 나침반 역할을 할 질문에 대하여 천착하면 정확한 길은 아닐지라도 제대로 된 방향은 읽어낼 수 있다. "우리에게 지방자치는 왜 필요한가?", "만약에 필요하다면 어느 정도의 그리고 어떠한 형태의 지방자치가 필요한가?" 그리고 "지방자치는 누구를 그리고 무엇을 위한 지방자치여야 하는가?"

등이 다소간 높은 추상의 수준에서 우리가 답해야 하는 질문들이다. 이는 곧 한국형 지방자치의 이론적 논거이자 철학적 배경에 관한 질문 그 자체인 것이다. 한국 지방자치를 학문적으로 주도하였다고 자평하는(?) 우리네 행정학계는 매우 아쉽게도 이러한 질문에 대하여 학문적 성찰을 통한 방향제시에 매우 소홀하였다 해도 과언이 아니다. 숲보다는 나무를 보기에 골몰하였고 스스로 방향제시를 하기 보다는 (위로부터) 주어진 방향에 맞추어 도구적 해결책을 제시하는데 더 많은 시간과 노력을 경주하였다 해도 과언이 아니다. 이 짧은 글은 이러한 대체적 추세에 대한 자성(自省)이자 보다 풍요로운 논쟁을 위한 도전의 첫 걸음으로 읽혀도 좋을 것이다.

　　우리가 추구해야 할 한국 지방자치의 대체적 향방은 1960년대 이래 우리가 걸어온 발전의 발자취를 되돌아보는 것에서 출발해야 한다. 익히 알려져 있듯이 한국의 지방자치는 1961년 박정희 소장의 군사 쿠데타 이후 1991년 재개될 때까지 30년간 유보되었다. 이 30년간 한국은 군사독재와 권위주의적 발전주의 국가하에서 유례를 찾기 힘든 빠른 경제성장을 경험하였다. 이른바 '성공한' 한국형 발전모델의 핵심은 수출주도형 산업화와 이를 가능케 한 정치경제적 조건들이었다. 정치경제적 조건들의 구체적 양상에 관하여는 다양한 해석이 가능하지만 강력한 중앙집권형 발전관료제는 누구도 부인하기 힘든 '성공'의 키워드 중 하나이다.

　　그러나 1987년 정치적 민주주의의 재개와 1997년 외환위기를 계기로 막강한 영향력을 발하기 시작한 세계화의 여파는 성공한 한국형 발전모델의 핵심 장치로 여겨졌던 각종 제도적 장치에 대한 심각한 재고를 강요하였다. 이러한 제도적 재고요구를 이 글의 주제인 지방자치 재개와 연결시켜 생각해보는 것은 매우 흥미로울 뿐 아니라 향후 지방자치의 새로운 방향모색과 관련하여서도 유의미하다. 돌이켜 보자면 1987년 민주화 운동은 1991년 지방자치 재개의 기폭제였다. 익히 알려져 있듯이 김대중 당시 제1 야당 총재의 단식을 통한 지방자치 재개는 누가 무어라 해도 민주화의 연장선상에서 해석될 수밖에 없었다. 물론 여야간의 정치적 힘겨루기로 인해 지방자치 본질의 퇴색을 염려해야 하였지만 핵심적 명분은 관이 아닌 민에 의한 '스스로 다스림(自治)'이었고 이를 이름하여 '풀뿌리 민주주의'라 명명하였던 것이다.

그러나 1997년 외환위기 경험은 '성공'한 한국형 발전모델의 제도적 장치들을 기저부터 흔들어 놓았다. 그 결과 지방자치의 기본명제도 '풀뿌리 민주주의'로부터 슬며시 '지방경쟁력 강화'라는 구호로 바뀌었다. 행정구역 통폐합을 비롯하여 지역개발, 경쟁적 해외자본유치, 지역산업화를 통한 일자리 창출, 중앙정부의 보조금 지급방식에 이르기까지 풀뿌리 민주주의를 우회한 경쟁력 강화 지침이 음으로 양으로 중앙으로부터 하달되었고 지방은 지방대로 이를 선도적으로 행하려 앞장서기까지 하였다. 그리고 박근혜 정부 들어서부터는 경제민주화와 서민복지, 그리고 교육자치를 둘러싸고 중앙 대 지방의 갈등은 물론 잠재되었던 진보–보수간 이념갈등이 자치의 영역(특히, 교육자치)에 있어서도 분출하고 있다.

Ⅱ. 성공의 위기로부터 탈출하기 위한 지방자치

위의 문제제기를 성찰해 오늘의 거울에 비추어보자면 (일반화의 위험성이 있기는 해도) 쉽사리 오늘 날 우리네 지방자치를 '좋은' 지방자치라고 답하기 어렵다. 두 가지 질문에 답해보자. 풀뿌리 민주주의가 더욱 강화되었는가? 정기적인 지방선거가 실시되고 있고 시민들의 직접 민주적 참여제도(이를테면, 주민소환이나 주민투표, 주민참여예산, 주민감사제도 등)가 활성화 되는 듯이 보이기는 하여도 실제로는 선거의 경우 중앙정치의 하위리그로서 지방자치의 정치적 성격이 규정되었다고 보아도 무리가 없을 것이고 각종 직접 민주적 참여제도도 지방관료 및 지방정치인의 의제설정에서 크게 벗어나고 있지 못한 것이 현실이다. 문자 그대로 '스스로 다스림'이라는 자치(自治)의 본디 뜻과는 거리가 멀다. 최근 들어 몇몇 선도적 지방정부가 '마을 만들기' 프로그램을 통하여 민과 관 사이의 관계를 협조적 거버넌스 체제로 제도적 탈바꿈을 시도하고 있기는 하지만 아직 그 성과여부는 미지수다.

그렇다면 지방자치를 통하여 지방정부의 경쟁력이 강화되었는가? 경쟁력 강화라는 명제 자체가 지방자치의 본디 뜻과 한참 멀기도 하거니와 무엇이 경쟁력 강화인지도 불분명하다. 그러나 유추하여 보건대 발전주의 국가시대 중앙정부가 경제성장의 견인차 역할을 하였듯이 지방정부도 이와 유사한 역할을 행하여 지역경제를 활성화 시키고 재정자립도를 높여 중앙의 의존을 줄여나가는 동시에 고양된 지방의 경쟁력이 합하여져 국가발전이라는 최종목표를 이루는 것으로 보아도 무방할 것이다. 만약에 이러한 유추해석이 과히 틀린 것이 아니라면 지방자치를 통하여 국가경쟁력이 강화되었다고 보기는 무리이다. 여러 지방정부가 해외자본유치나 공단조성으로 그도 아니면 각종 축제의 형태 등으로라도 지역경제 활성화를 위해 진력하는 듯이 보이지만 돋보이는 것은 자력갱생 대신 중앙정부 눈치보기와 수도권과 비수도권의 격차 심화이다. 지방재정자립도의 변화추이를 보건대 외환위기 전후를 비교해도 큰 차별성을 찾기 어렵고 수도권과 비수도권, 산업화된 지역과 그렇지 못한 지역 간의 차별성은 상존 내지 심화하고 있다. 구조적 요인이 쉽사리 지방자치를 통하여 해소되기를 기대하기는 난망이다. 오히려 구조적 모순이 심화되고 있는 형편이다. 결국 자치시대에 지방경제 활성화를 위해 지방재정 조정제도나 중앙의 시책에 의존하는 모순적 상황이 만개하는 것이다.

지방자치를 운위한 풀뿌리 민주주의 강화 명제와 지방경쟁력 강화 명제 모두 구체적이고 실천적 성과를 현실적으로 가늠하기 어렵다면 우리네 지방자치가 이룬 성과는 과연 무엇이었는지 자문하지 않을 수 없다. 물론 성과가 없지는 않다. 지방선거라는 제도적 메카니즘이 창출하는 행정적 효과는 행정서비스의 질 제고로 나타난다. 이른바 '친절해진' 행정서비스는 여느 선진국과 비교해도 괄목할 만하다. 주민편의시설 확충과 주민지원센터의 각종 활동 프로그램들은 유별나고 전산화를 통한 신속한 행정민원처리도 돋보인다. 그러나 냉정하게 판단하건대 지방정부의 중요 정책결정에 얼마나 주민들의 집합적이고 보편적 의사가 유의미하게 반영되고 또한 그러한 의사결정구조에 참여하는가를 보자면 부정적이다. 스스로 다스림의 원칙인 풀뿌리 민주주의는 표피적 행정서비스 만족도 증가 수준에 머무르고 지방행정과 지방권력의 핵심적 의제는 아직도 상당 부분 관료적 통제하에 머무르거나 중앙정치 권력의 하위리그

게임을 치르는 수준에 머문다 해도 결코 과언이 아니다.

1995년 첫 번째 자치단체장 선거를 진정한 자치시대의 개시라고 친다면 이미 20년 자치경험 축적이다. 행정서비스의 질 제고가 우리네 지방자치의 궁극적 목표가 아니라면 이제 우리는 보다 넓은 시야에서 한국형 지방자치의 방향을 재설정할 필요가 있다. 한 마디로 후기 발전주의 국가(post-developmental state) 시대에서 요구하는 자치상의 정립이 절실하고 필요한 시기이다. 여기서 우리네 정부체제를 후기 발전주의 국가라고 명명함은 아직도 중앙정부의 통제 능력이 1970년대 한창 시기의 발전주의 국가 시기 연장선상에서 정치·경제·사회 모든 영역에 있어 잔존함을 의미한다. 경제의 영역에 있어 무시하기 힘든 후퇴가 있기는 하지만 적어도 이 글의 핵심주제인 중앙–지방관계를 운위한 관계에 있어서는 돈과 권한의 배분이라는 측면에 있어 아직도 중앙정부의 영향력이 거의 절대적이라고 할 수 있다. 우리는 아직도 매우 형용모순적이지만 중앙집권적 지방자치를 하고 있는 것이다.

이 모순적 상황을 타개해 나갈 핵심키워드는 '성공의 위기'로부터 탈출하기 위한 지방자치이다. 우리는 60년대 이래 강력한 중앙집권을 통하여 경제적 성장을 이루어 왔지만 그 그림자 또한 옅지 않았다. 각종 '성공의 위기'가 속속 드러나기 시작하였다. 성공의 위기에 대한 정치적 해결책은 민주화였고 경제적 해결책은 강요된 세계화와 경제민주화라는 상반된 화두다. 이 두 가지 거시적 해결책에 있어 지방자치의 역할은 미미하였다. 지방자치가 가지는 내재적 한계점(거시적 문제에 대한 지방적 수준의 처방) 때문이기도 하지만 보다 본질적으로는 지방자치에 대한 관점 혹은 철학의 확립이 미비하였고 이를 정책으로 담아내려는 정치적 의지가 박약하였기 때문이다. 이제는 지방자치를 지역주의에 볼모잡힌 정치적 속박과 기득권 수호에 집착하는 관료적 통제로부터 풀어주어야 한다. 이는 곧 다름 아닌 한국형 발전모델이 만들어낸 성공의 위기로부터 탈출하기 위한 하나의 중요한 정책대안으로서 지방자치를 바라보아야 한다는 주장이다. 지방자치는 내재적 한계점도 있지만 동시에 지방적 수준에서 가지는 자치적 성격으로 인하여 고도성장신화가 배태한 각종 모순들을 일정 영역에 있어 해소할 매우 유용한 정책기제임을 분명하게 인식할 때이다.

풀기 힘든 현안인 복지의 문제, 지역갈등문제, 심지어는 (독일의 경우를 보건대) 통일의 문제까지도 새롭게 접근할 기회를 제공할 것이다.

Ⅲ. 평가적 의견: 집합적 소비와 풀뿌리 민주주의에 대한 기대감

성공의 위기로부터 탈출하기 위한 방책으로서 지방자치에 대한 처방은 두 가지 수준에서 순차적으로 혹은 동시적으로 이루어져야 한다. 첫 번째 수준은 중앙–지방관계의 재조정이다. 큰 방향은 중앙이 기득권을 내려놓고 지방이 스스로 선택할 권한을 주고 동시에 스스로 책임을 지는 시스템을 구축하는 것이다. 그야말로 중앙–지방관계를 스스로 다스림의 원칙에 따라 재조정하는 것이다. 그러나 이는 말은 쉬워도 매우 지난한 작업이다. 수십년간 고착화된 중앙과 지방간 권한과 재원을 새로운 게임의 규칙하에서 재배분하는 작업은 그야말로 정답 없는 문제풀기와 진배없다. 게다가 급격한 산업화가 배태한 수도권 대 비수도권, 산업화된 지역과 농촌지역간의 구조적 격차해소문제는 아직도 중앙의 조정역할이 매우 중요하다.

그러나 아주 답이 없는 것은 아니다. 많은 비판을 받고 있는 이론이기는 하나 우리는 영국학자 손더스(Saunders)가 주장한 이중국가론(dual state thesis)으로부터 시사점을 얻을 수 있다. 이 이론의 핵심은 영국을 보건대 생산의 정치는 중앙이, 그에 반하여 소비의 정치는 지방이 맡고 있다는 주장이다. 여기서 말하는 소비의 정치(politics of consumption)란 각종 도시공공서비스를 비롯한 공공재를 지역시민사회가 개인으로서가 아니라 집합적으로 소비하고 소비의 방향과 기준을 정하는 다원주의에 기초를 둔 정치행위를 말한다. 그의 이론을 (그것도 많은 비판에 직면한 이론을) 우리 경우에 직접 적용하는 것은 무리이다. 그러나 우리네 지방행정의 실체와 구체적 사안들, 그리고 앞서 논의한 풀뿌리 민주주의와 지역경쟁력 강화 명제를 한데 섞어 버무리다 보면 손더스의 주장이 우리네 실정에 의미하는 시사점이 작지 않음을 이내 간파할 수 있다.

기실 지방자치의 근간인 지방행정의 요체는 지방적 수준의 공공재를 배분하는 집합적 소비를 둘러싼 행정행위가 대부분이다. 외환위기 이후 지방자치의 핵심의제로 제시되었던 경쟁력 강화 명제는 앞서 지적대로 의미도 부정확하거니와 지방정부에 과도하며 동시에 어울리지 않는 부담이다. 피터슨(Peterson)이 이미 적절하게 지적하였듯이 "발로 투표"하는 자본의 이동성은, 더구나 우리네와 같이 재벌위주의 산업구조와 리프킨(J. Lifkin)이 이미 "노동의 종말론"에서 예견하였던 고용 및 생산의 양극화하에서는 생산의 정치를 통한 경쟁력 강화 명제는 지방정부의 능력을 넘어서는 과도한 부담이다. 지방의 경쟁력 강화를 위한 노력은 응당 강화되어야할 것이지만 그래도 어디까지나 지방의 책무는 '잘 버는 것'이 아니라 제대로 '쓰는 것'이 주 임무인 것이다. 한 마디로 집합적 소비의 정치가 민주적으로 구현되고 효율적인 행정으로 이어지는 것이 지방자치의 현실적 요체가 될 수밖에 없다는 것이다.

집합적 소비의 정치가 지방정부 수준에서 민주적으로 구현되는 것이 우리네 지방자치의 가장 핵심적 준거기준이 되어야 한다면 이는 곧 우리네 지방자치가 풀뿌리 민주주의에 대한 강화 방향으로 나아가야 함을 의미한다. 이론적인 면에서 먼저 왜 그런지 살피도록 하자. 성공의 위기로부터 탈출하기 위하여 민주화의 연장선상에서 우리는 지방자치를 도입하였다. 그러나 실제에 있어 지방자치를 통한 민주주의의 심화(deepening of democracy)는 제대로 일어나지 않았다. 지방정부의 민주적 통제를 위한 제도적 장치들이 마련되기는 하였으나 그 효과성을 제대로 담보해내지 못한 결과 민주주의의 심화 대신 민주적 피로감(democratic fatigue)이 누적되어 지방자치의 정신을 형해화 시키고 있다. 풀뿌리 민주주의를 통한 민주주의의 심화는 지역시민사회에 공론장(public sphere)을 확대시켜 나가는 아무리 강조해도 지나치지 않은 중요성이 있다. 지방정부와 같은 극도의 공조직에 있어 가장 효과적인 효율성 확보방안은 경쟁의 강화가 아니라 민주주의의 심화를 통한 공론장 확장임이 이미 서구 유럽의 경험을 통해 입증된 바다.

현실의 측면에서 자치의 문제를 조감하여도 답은 역시 경쟁력 강화보다 '좀 더 많은 민주주의'이다. 많은 여론조사에 따르면 우리네 지방자치에 있어 핵심적 장애물은 중앙의 과도한 간섭을 일단 논외로 치자면 (흔히 '지역토호'로

총칭되는) 지역지배구조의 문제와 주민자치가 아닌 관료자치라고 불릴 정도의 과도한 관료적 통제이다. 이 문제를 넘어설 수 있는 방안의 기준 잣대는 역시 좀 더 많은 민주주의이다. 물론 '좀 더 많은 민주주의'가 지방자치에 끼칠 수 있는 여러 문제점들이 있고 (이를테면, 참여의 폭발로 인한 통치 불가능성 혹은 분파의 해악 등) 이론적으로도 '좀 더 많은 민주주의'가 내장한 약점 또한 적지 아니하다. 그럼에도 불구하고 현 상태에서 '성공의 신화'로부터 탈출하기 위한 방편으로서 지방자치가 택해야 할 방향은 좀 더 많은 경쟁력이 아니라 좀 더 많은 민주주의이다. 후자, 즉 좀 더 많은 민주주의가 제대로 정착이 된다면 전자, 즉 좀 더 많은 경쟁력이 확보될 수 있을 것이다. 왜냐하면 지방자치의 핵심영역은 '좀 더 잘 쓰는 것'이 보다 중요한 '집합적 소비'를 민주적으로 구현해야하는 영역이기 때문이다. 이러한 바탕 위에서 우리들은 좀 더 자세한 실현 가능한 구체적인 제도적 장치들은 논해야 나무만 보고 숲을 보지 않는 오류로부터 벗어날 수 있을 것이다.

참고문헌

Peterson, Paul (1980). *City Limits*. Chicago University Press.

Rifkin, J. (1994). *The End of Work*. Tarcher.

Saunder, P. (1981). *Social Theory and the Urban Question*. Unwin & Hyman Ltd.

3장 한국 지역사회를 누가 지배하나?

유 재 원

I. 서 론

　"지역사회를 누가 지배하는가" 라는 질문은 동서양을 불문하고 매우 오랫동안 지속적으로 제기되어 왔다. 이 질문에 대한 답변이 중요한 이유는 무엇보다 지방정부가 민주적으로 관리되고 통치되는지 아닌지를 검증할 수 있기 때문이다.

　지방정부와 민주주의간의 관계와 관련하여 상반된 견해가 대립한다. 지방정부가 민주주의의 강화에 기여할 것이라고 주장하는 견해는 민주적 선거를 통해 구성된 지방정부는 시민들의 정치 및 정책과정에 참여할 기회를 확장함으로써 민주적 시민통제를 강화시킬 것이라고 주장한다. 다원론을 신봉하는 다수의 정치학자(Dahl, 1967; Dahl & Tufte, 1973)들은 선거를 통해 수립된 지방정부는 정부와 시민들과의 거리를 단축시키고, 투표의 기회를 확장하고, 정치결사체 형성을 촉진하고, 지방정부가 보다 많은 시민들의 의견을 고려하도록 유도함으로써 민주주의의 확대에 기여할 것이라고 주장한다. 다원론자는 아니지만 Tocqueville(1968) 또한 지방정부가 민주주의의 학교라고 주장하며 정치적으로 분권화된 지방정부가 지역의 특권적인 계층이나 집단의 이익이 아니라 다양한 지역주민의 이익을 공평하게 반영하는 데 기여한다고 주장한다.

이에 반해 대안적 견해는 지방정부가 정치참여를 증대시키고 민주주의를 강화시킬 것이라는 주장은 지방의 왜곡된 정치현실을 고려하지 않은 낭만적인 견해라고 비판하며, 지방자치를 실시하여 지방정부를 선거로 구성한다고 하여도 기존에 지역을 지배하여 온 기득권자들의 특권과 착취는 약화되는 것이 아니라 오히려 강화될 여지가 많다고 주장한다. 예컨대, 이전에는 지방정부에 비공식적으로 은밀히 압력과 영향력을 행사하여 오던 지역의 기득권 집단이 지방자치 실시 이후 지방정부의 선출직 직위에 공식적으로 진출하여 자신들의 이익을 노골적으로 대변하는 것을 가능하게 함으로써 지방자치는 풀뿌리 민주주의가 아니라 풀뿌리 보수주의의 수단으로 귀결될 수 있다는 것이다. 실제로 이러한 우려는 미국의 국부인 J. Madison(1961)에 의해 표명되었다. Madison은 분권적 정치체제하에서는 지방정치 과정이 지역의 특수이익에 의해 좌우될 수 있기 때문에, 정치적 편파성을 통제하고 견제할 장치로서 강한 연방정부의 필요성을 옹호하였으며, 이러한 주장은 추후 연방주의(federalism)의 제도화를 위한 이론적 논거가 되었다.

지방정부가 민주주의의 확장에 기여할 지 아니면 기존의 소수 기득권자의 지배를 유지하고 강화시킬 지에 관한 문제는 서구의 정치학자 및 사회학자들에 의해 오랫 동안 수행된 지방권력연구의 핵심적 과제였다. 1950년대 엘리트론과 다원론의 신봉자들은 "지역사회를 누가 지배하는가(who governs the community?)" 라는 문제를 두고 화해할 수 없는 격렬한 논쟁을 벌였다.

Ⅱ. 서구의 지방권력구조 논쟁: 엘리트론 vs 다원론

1. 엘리트론(elitism)

엘리트론에 따르면, 지역의 권력이 소수의 경제엘리트의 수중에 집중되어 있으며, 이들이 거의 모든 주요한 정책영역에 걸쳐 지방정부의 의사결정에 지배적인 영향력을 행사한다(Hunter, 1953; Domhoff, 1978). 경제엘리트는 경제적

부는 물론 사회적 지위, 정보, 접근능력 등의 정치자원을 독점적으로 장악하여 막후에서 은밀하게 지역의 주요 사안을 한 마음이 되어 자신들에게 유리한 방향으로 결정한다. 엘리트론에 따르면, 선거구민의 요구가 선출직 공직자들에 의해 정책으로 전환되고 임명직 공직자들에 의해 집행된다는 교과서적인 기술이 현실과는 괴리가 있는 이상적인 주장에 불과하다고 일축한다. 이와는 반대로 선출직 공직자나 임명직 공직자는 경제엘리트에 종속되어 의사결정과정에서 자율적인 역할을 수행하지 못하며 그들의 결정사항을 성실히 이행하는 피동적인 존재로 규정된다. 이러한 결과 지역의 모든 주요한 결정은 경제엘리트로부터 기원하며 이들로부터 제안되지 않거나 승인을 얻지 못하면 어떤 것도 행해질 수 없다(Harding, 1955).

2. 다원론(pluralism)

다원론(Dahl, 1961; Polsby, 1980)에 따르면, 정책과정을 완벽하게 지배하는 단일의 권력엘리트는 없다. 다양한 사회행위자들간에 정치자원이 불균등하게 배분되어 있는 것은 사실이지만, 모든 정치자원을 독점하고 있는 사회행위자도 없으며, 모든 정치자원을 완전히 결여한 사회행위자도 없다. 다른 사회행위자에 비해 경제엘리트가 부, 소득, 지위 등의 정치자원을 불균형적으로 많이 보유한 것은 사실이지만, 그렇다고 이들이 모든 정책영역을 지배할 수 있는 것은 아니다. 무엇보다 경제엘리트가 관심을 갖고 영향력을 행사하고 싶은 정책영역은 한정되어 있기 때문이다. 예컨대 경제엘리트가 도시재개발 사업에는 관심을 갖고 있지만, 자녀를 사립학교에 보내는 관계로 공교육문제는 관심이 높지 않다. 따라서 교육문제에 개입하여 영향력을 행사하려 들지 않는다.

더 나아가 도시재개발 사업처럼 경제엘리트가 관심을 갖는 정책영역이라 할지라도 경제엘리트가 일방적으로 그 영역을 지배할 수 있는 것은 아니다. 그 이유는 ① 엘리트론이 주장하는 것과는 달리 경제엘리트가 모든 문제에 한 목소리를 내는 것은 아니며, 추구하는 이익이 경제엘리트간에 상이한 경우가 많다. 예컨대, 기업의 관리자는 주주와 추구하는 이익이 다르며, 은행은 제조업자와 추구하는 이익이 상이하다. ② 더 나아가, 소득, 부, 지위, 접근능력 등의 여타 자원을 결여한 사회행위자라고 할지라도 정책에 영향력을 행사할 수 있다. 사회적으로 불리한 지위에 있는 사람이라도 집단을 조직화하여 목소리를 높일 경우 선거에서 표를 의식하는 선출직 공직자가 이들의 요구와 주장을 무시할 수 없기 때문이다. 다원론에 있어서 선거와 조직은 다른 자원을 결여한 사회행위자들의 정치적 영향력을 활성화시키고 강화시킬 수단이 된다.

엘리트론과는 상반되게 다원론의 경우, 선출직 공직자가 경제엘리트로부터 독립하여 의사결정의 자율성을 갖고 있다. 선출직 공직자는 경제엘리트의 시녀로서가 아니라 독립적인 의사결정자로서 정책을 자율적으로 결정할 수 있다. 선출직 공직자가 정책을 결정할 때 경제엘리트나 유권자를 의식하여 이들의 요구에 의해 행동이 제약되지만, 어떤 사회행위자에게도 종속되어 있지는 않다. 최종적이고 명시적인 의사결정자는 선출직 공직자이며, 선출직 공직자는 자신의 이익, 신념, 철학에 따라 정책을 결정할 수 있다.

Ⅲ. 한국의 지방권력구조 논쟁: 엘리트론 vs 단체장론

"한국의 지역사회를 누가 지배하는가" 라는 문제를 두고 이제까지 수행된 국내 연구도 미국의 지방권력연구와 마찬가지로 경제엘리트인 기업인이 지방사회에서 차지하는 권력위상이나 지방정부의 의사결정에 미치는 영향력의 정도를 두고 의견이 갈린다. 미국과 마찬가지로 사회학자들은 일반적으로 엘리트론을 지지하며 지방정치 및 정책과정에서 기업인의 지배적인 영향력을 인정하는 경향이 강하다. 예컨대, 청주시의 권력구조를 연구한 성경륭(1996: 86)은 "청주시의 정치형태는 행정기관과 자본가계급의 지배연합"이라고 결론짓고 있다. 유사한 맥락에서 홍덕률(1997: 164)은 지방자치 이후의 변화를 주목하여 지방의 권력구조가 기업중심의 비민주주의로 고착화될 것으로 예견하고 있다. "지방자치체는 지역정치, 행정기구와 지역기업의 유착을 더욱 강화하는 결과를 가져옴으로써 기존의 지역사회 지배구조를 오히려 강화한다. 지역출신 국회의원, 단체장, 지역의회 의원들이 자본의 유치를 위해 경쟁적으로 나서면서, 기업의 이익은 지역의 이익으로 둔갑하게 된다. 지역시민사회에서는 공공성의 논리 대신 기업의 이윤추구논리가 확산되며 지역사회의 지배구조는 기업중심의 비민주적인 것으로 고착된다."

이에 반해 일련의 행정학자들을 중심으로 수행된 지방권력연구(박종민, 2000; 유재원, 2003)는, "한국 지방정부의 권력구조는 단체장이 지역사회 권력계층의 정점에 서서 압도적인 영향력을 행사하여 지방의회, 관료제, 기업인, 시민단체, 주민단체, 일반 지역주민 위에 군림하는 단체장 독주체제"로 결론짓고 있다(유재원, 2003: 130). 엘리트론에 입각하여 한국의 지방정치가 기업엘리트에 종속되어 있다고 보는 사회학자들의 주장과는 달리 행정학자들은 지방정치의 자율성을 높이 인정하여 단체장이 경제엘리트와 사회엘리트의 영향력에 벗어나 자유롭게 정책을 결정할 수 있다고 본다. 이러한 점에서 행정학자들의 연구는 다원론과 관점을 공유한다.

하지만, 시장이 중심이 되어 형성된 다양한 집단들간의 연합(executive-centered coalitions)을 통해 지역사회를 통치한다는 다원론자의 주장(Dahl, 1961)보다 단체장의 중심적인 역할과 영향력을 더욱 강조하여 행정학자들의 연구는 단체장이 지방 정책결정과정의 정점에 위치해 지역사회를 통치하는 단체장 지배적인 권력구조의 특징이 있다고 결론짓는다. 한국의 대표적인 중소도시인 청주시의 권력구조를 연구한 유재원(2003: 54)은 다음과 같이 결론내리고 있다. "Dahl이 New Haven에서 발견한 시장중심적인 연합을 넘어 청주시는 시장지배적인 통치형태를 유지하고 있다. 극단적으로 표현하면 청주시라는 무대의 주역은 시장이었고 시정은 시장에 의해 연출된 한편의 드라마였다." 다소 도발적인 주장이나 단체장 지배적인 권력구조는 청주시뿐만 아니라 다른 주요 도시들에서도 공히 관찰된다(박종민, 2000; 배병룡, 2000; 유재원, 2000; 최승범, 2000; 최흥석, 2000). 한국 지역사회에서 시장의 권력위상은 강시장제를 채택하고 있는 미국 도시에서 시장이 향유하는 권력위상보다 훨씬 높다.

미국을 중심으로 발달한 서구의 지방정치이론은 지방정치 및 지방정책 과정에서 경제엘리트의 주도적 역할을 인정하고, 시장 및 지방의회 등의 정부

의 공식기구는 경제엘리트의 선호를 정책으로 반영하는 수동적이고 종속적인
존재로 보거나(Hunter, 1953; Domhoff, 1978), 선출직 공직자가 경제엘리트와 기
껏해야 대등한 위치에서 정치엘리트와 권력을 공유하는 통치의 파트너로 규정
한다(Molotch, 1976; Stone, 1980, 1988). 하지만, 한국의 지방도시 의사결정사례를
분석한 연구들은 한국 지역사회에서 경제엘리트가 행사하는 영향력이 미약하
고 경제엘리트는 지방정책과정에서 주변적인 지위를 차지하고 있거나, 기껏해
야 단체장과 지방관료제의 한 단계 낮은 위치에서 이들과 협력하는 차위협력
자에 불과하다고 결론짓는다.

그리고 지방정책과정에서 경제엘리트의 주변적이고 미약한 영향력에 대한
이유를 다음과 같이 설명하고 있다. ① 강한 국가의 전통으로 권력과 자원이
정부에 집중되어 있어 지방정부는 경제엘리트와의 연대나 그들의 적극적 협력
이 없이도 효율적인 통치가 가능하며, ② 수도권 중심의 왜곡된 시장체제로
인해 자본의 지리적 이동이 사실상 제약되어 있고, 지방정부 세입의 중요부분
을 재정형평화 기능을 수행하는 중앙정부의 보조금에 의존하고 있어 경제엘리
트의 지역영향력의 원료가 되는 시장이탈권(exit power)이 매우 미약하며, ③ 경
제권한의 중앙집중으로 기업이 지역에 본사를 둘 동기와 지방차원에서 영향력
을 조직화할 필요성이 약하다(유재원, 2003: 148).

기업엘리트는 물론 다원론이 지방정치의 핵심적인 행위자로 인정하는 집
단의 지방정책 영향력 또한 한국의 지역사회에서는 매우 제한되어 있다고 행
정학자들은 분석한다. 다원론에 따르면, 공통된 이익을 가진 개인들은 이익의
효과적인 추구를 위해 집단을 형성하며 선출직 공직자에게 압력을 행사하게
되고, 선출직 공직자는 재선을 노리거나 혹은 보다 높은 선출직 지위에 진출
하기 위해 조직화된 시민들의 요구를 수용하게 됨으로써 다원주의 정치과정은
대표성과 대응성을 갖춘 민주적인 성격을 갖게 된다.

하지만 한국 지방정부의 의사결정사례를 연구한 일련의 논문들은 경제엘리
트와 마찬가지로 시민엘리트 또한 시장의 막강한 권한 앞에서는 무력할 수밖에
없음을 논증한다. 집단의 영향력 한계를 유재원(2003: 84-85)은 다음과 같이 요약
하고 있다. "시민의 개별적 혹은 집단적 요구가 아무리 강하게 제기되었더라도

그것에 밀려 시장 자신의 입장을 의미 있을 정도로 양보한 경우는 없었다. 다원론적 협상을 통해 정책이 주조되는 것도 아니었고, 집단요구의 강도가 시장의 정책적 입장에 중대한 영향을 미치는 것도 아니었다. 시민이나 이익집단이 자신의 이익이 침해되었을 경우 그들이 보유하는 여유자원(slack resources)을 끄집어내 자치단체에 자신의 요구를 관철시키는 다원론적 정치과정에 따라 정책이 형성되는 것이 아니었다. 정책과정에서 시장의 이해과 이익이 중요하였고 시민의 개별적 혹은 집단적 요구는 시장을 통해 취사선택되었다."

　　다원론은 이익집단 다원주의가 미국의 정치현실을 가장 잘 기술하고 있을 뿐만 아니라 다원주의 정치과정을 통해 만들어진 정책이 민주적 원리와 공익에 가장 잘 부합한다고 생각한다. 자신이 이익이 심각하게 침해당하여 이를 복구할 필요가 있다고 생각한 사회행위자는 어느 누구라도 유사한 문제를 안고 있는 다른 개인들과 함께 집단을 형성하여 선출직 공직자에게 영향력을 행사하여 그들이 원하는 바를 정책에 반영시킬 수가 있다고 보기 때문이다. 하지만, 행정학자들을 중심으로 수행된 한국의 지역사회에 대한 사례연구들은 한국의 지방정치를 매우 비민주적이라고 규정한다(박종민, 2000; 유재원, 2003). 한국 지방정치가 비민주적으로 규정되는 이유는 한국의 지방정치를 주도하는 단체장은, 자신이 원한다면, 큰 정치적 위험부담 없이 사회적 및 경제적 세력은 물론 심지어 시민통제로부터도 자유로운 무소불위의 권력을 휘두르는 것이 가능하고, 실제로 그러한 단체장이 많다고 보기 때문이다.

　　단체장이 시민통제로부터 자유로울 수 있는 이유는 다양하다. 첫째, 시민들의 공동체 의식이 약하다. 거주지를 문자 그대로 의식주를 해결하는 공간으로 간주하지 공동체로 인식하지 않는 경향이 강하다. 공동체 의식이 약하다보니 자연히 지역의 제반 의사결정과정에 참여하거나 공동의 목표를 위해 집단행동을 조직화할 동기가 약하다. 둘째, 선거가 유권자의 의사에 반하여 행동하는 악당정치인을 징벌할 수 있는 기제로서 기능을 상실하고 있기 때문이다. 특정지역을 정치적 기반으로 형성되고 유지되는 한국 정당의 지역적 정체성으로 인해 투표소에서 유권자는 지역감정의 포로가 된다. 유권자는 출신지역에 기반을 둔 정당의 공천을 받은 단체장은 아주 무능하거나 용인될 수 없을 정도의 실정을 하지 않는 이상 반대표를 던지기 어렵다. 이러한 상황에서는 단체장은 지역감정의 볼모로 사로잡힌 유권자가 아니라 정당공천권을 가진 정당과 지역 국회의원과 우호적인 관계를 유지하는 데 최선을 다하게 된다. 유권자가 선출직 공직자에 대한 공천권을 갖는 미국의 상향식 공천제도인 프라이머리(primary)와는 달리 한국의 경우 하향식 공천제를 통해 지역 정치인이 충원된다는 사실이 선거의 징벌기제로서의 기능을 무력화시킨다.

제왕처럼 지역사회에서 군림하는 한국 단체장의 권력위상은 사례연구를 통해서 뿐만 아니라 설문조사를 통해 확인되고 있다. 2001년 전국 기초자치단체의 과장을 대상으로 자치단체에 영향을 미치는 다양한 행위자 −단체장, 지방의원, 중앙정부, 광역자치단체, 기업인, 시민단체, 언론, 정당− 을 나열하여 그들의 영향력의 순위를 정할 것을 질의한 결과, 모든 지역에서 단체장을 1순위의 권력자로 선정하였다. 반면 동일한 내용의 질문이 미국을 대상으로 1996년 조사된 결과는 지방의원을 1순위의 권력자로 선정하고 단체장을 2순위의 권력자로 선정하였다(〈표 3-1〉 참조). 한국의 경우 단체장 독주체제에 걸맞게 기업의 영향력 순위(8위)와 단체의 영향력 순위(5위)도 매우 낮아 기업인과 단체는 단체장을 견제할 만한 세력이 되지 못하고 있다. 하지만, 미국의 경우 다원론이 기술하는 것처럼 단체의 영향력 순위(3위)가 매우 높으며, 엘리트론의 주장과 부합되게 기업인의 영향력 또한 매우 높다. 기업인의 영향력 순위(5위)가 아주 높은 것이 아니지만 미국의 경우 지방의원의 상당수가 전직 혹은 현직 기업인으로 구성되어 있다는 점에서 지방의원의 영향력 순위가 1위라는 사실은 기업인의 영향력이 높다는 의미로 해석할 수 있다.

▒ 표 3-1 ▒ 한국과 미국의 영향력 순위 비교

순위	1	2	3	4	5	6	7	8
한국	단체장	지방의원	중앙정부	광역자치단체	시민단체	언론	정당	기업인
미국	지방의원	단체장	시민단체	광역자치단체	기업인	중앙정부	언론	정당

자료: 유재원 · 소순창 (2005).

IV. 평가적 의견: 어떻게 비민주적인 단체장 독주체제를 시민 중심적인 민주체제로 전환시킬 것인가?

한국의 단체장은, 자신이 원할 경우, 주어진 법적 범위 내에서 경제적 및 사회적 세력으로부터 종속되지 않은 상태에서 자신의 이해와 의지에 따라 자유롭게 정책을 입안하고 집행할 수 있는 제왕적 권력을 보유하고 있다. 이러한 점에서 한국의 지역사회 권력구조는 단체장이 지역사회의 권력계층구조의 정점에 서서 지역의 주요 정책참여자들인 지방의원, 관료, 단체, 기업인, 지역언론 위에서 군림하여 지역사회를 통치하는 전형적인 단체장 독주체제로 규정할 수 있다. 단체장의 독단적인 권력행사를 효과적으로 견제하여 지역사회를 시민이 중심이 되는 민주적인 통치체제로 전환하는 일이 급선무다. 이를 위해 참여적 정치문화의 정착, 강한 시민사회의 확립, 공동체주의와 사회자본의 육성, 상향식 공천제도의 도입, 의존적 재정구조를 독립채산적 재정구조로의 전환 등에 대한 심도 있는 검토가 필요하다.

참고문헌

박종민 편 (2000). 한국의 지방정치와 도시권력구조. 서울: 나남.

유재원 (2003). 한국지방정치론: 이론과 실제. 서울: 박영사.

유재원·소순창 (2005). 정부인가 거버넌스인가? 계층제인가 네트워크인가?. 한국행정학회
    보, 39(1): 41-63.

Dahl, R. A. (1967). "The City in the Future of Democracy". *American Political Science Review*,
    61(4): 953-970.

Dahl. R. A. (1961). *Who Governs?: Democracy and Power in an American City.* New Haven:
    Yale University Press.

Dahl, R. A. and E. Tufte (1973). *Size and Democracy.* London: Oxford University Press.

Domhoff, G. W. (1978). *Who Really Rules?: New Haven and Community Power Reexamined.*
    New Brunswick, NJ: Transaction Books.

Hunter, F. (1953). *Community Power Structure: A Study of Decision Makers.* Chapel Hill: University
    of North Carolina Press.

Polsby, N. W. (1980). *Community Power and Political Theory.* New Haven, CT: Yale University
    Press.

2부

계층과 구역

4장 단일중심주의 vs 다중심주의

안 성 호

I. 서 론

2013년 6월 발족한 지방자치발전위원회는 2014년 6월까지 대도시 자치구 (군)의회 폐지 실행계획을 수립하고 있다. 이에 화답하듯이 2013년 말부터 국회 정치개혁특별위원회 새누리당 위원들은 대도시 자치구(군)의회의 폐지와 함께 도의회의 기능을 시·군 의회가 대신하는 개편안을 검토해온 것으로 알려지고 있다. 최근의 이런 움직임은 2012년 6월 지방행정체제개편추진위원회가 대통령과 국회에 보고한 개편안에 근거한다. 당시 지방행정체제개편위원회는 16개 지역 36개 시·군·구 합병과 더불어 서울시와 6개 광역시의 74개 자치구 (군)의회를 전면 폐지하는 개편안을 제시했다.

2005년 이후 지속된 정치권의 이런 개편안에 대해 2009년 9월 14일 145명의 지방자치 연구자들은 기자회견을 열고 '정치권의 지방자치체제 개편안에 대한 학계의 우려'라는 제하의 성명서를 발표했다. 이들은 주류 정치권과 정부가 기도하는 시·군·자치구 통합이 "주민 가까이서 주민의 일상적 생활수요를 충족시키고 주민참여와 애향심의 원천인 기초자치를 사실상 폐기하는 것이며, 도의 약화 내지 폐지는 세계화시대의 치열한 지역간 경쟁에서 국내 지역의 경쟁력을 현저히 떨어뜨리는 시대역행적 개악" 이라고 비판했다. 이들은 특히 기초지방자치단체의 평균 인구가 "우리나라의 10분의 1 내지 100분의 1에 불과한 선진국의 경우에도 통합이 행정효율을 높인다는 확실한 증거가 확인되지 않고, 오히려 분절된 소규모 기초지방자치단체가 행정효율을 더 높인다는 연구가 우세"함을 지적했다. 아울러 "기초지방자치단체의 통합을 추진한 대다수 사례에서 행정효율과 민주주의 측면에서 기대한 효과를 거두지 못했다는 연구결과가 보고"되고 있다고 반박했다.

2005년 이후 한국에서 지방자치체제 전면 개편을 둘러싸고 진행되어온 치열한 논쟁은 헌정질서에 대한 단일중심주의(monocentrism)과 다중심주의(polycentrism)간의 대립으로 이해될 수 있다. 한국보다 먼저 두 패러다임간 격돌을 경험했던 미국은 전문가집단의 권고와 주민투표의 결과로 지방정부의 대대적 합병을 포기한 결과 오늘날 전형적 다중심체제를 이루고 있다. 여느 선진국들도 오랜 세월에 걸쳐 가끔 기초정부의 합병이 이루어졌지만 대체로 다중심체제를 유지하고 있다.

그러나 한국의 사정은 다르다. 해방 후 한국의 지방자치체제는 줄곧 단일중심주의적 합병으로 치달았다. 1961년 5·16 군사정부에 의해 읍·면 자치가 일거에 군자치로 개편되었고, 1990년대 중반 대폭적인 시·군 합병이 단행되었다. 2005년 이후부터 정치권과 정부는 시·군·자치구 합병과 읍·면·동 폐지, 시·도 광역정부의 약화 내지 파괴를 골자로 하는 지방자치체제개편을 획책해왔다. 정치권과 정부의 단일중심주의적 지방자치체제 개편의지는 시·군 자치 폐지 또는 시·군 합병으로 이미 부분적으로 관철되었다. 2006년 4개 시·군이 2개 행정시로 강등된 제주특별자치도가 출범했으며, 2010년에는 마산·창원·진해가 4개 행정구를 갖는 110만명의 '통합창원시'로 합병되었고, 세종자치시도 기초지방자치단체를 갖지 않는 광역시로 확정되었다. 그리고 2014년에는 청주시와 청원군이 합병된다. 그 결과 기초지방자치단체의 수가 1960년 1,469개에서 2014년 227개로 격감했다. 반면 기초지방자치단체의 평균 인구규모는 세계 최대로 22만 5천명에 달해 여느 선진국 기초정부의 수십 배에 이른다. 합병론자들은 이것도 부족해 2005년 여·야 정당대표들이 합의했던 70~80개의 광역시 단층체제 지방자치체제개편안의 관철을 원하고 있다.

Ⅱ. 단일중심주의 vs 다중심주의

합병론자들이 기초하는 단일중심주의는 대도시권을 하나의 유기체로 보고 통치의 문제를 집단주의적이고 위계적인 접근으로 해결하려고 한다. 이에 반해 합병반대론자들은 대도시권을 수많은 의사결정중심들이 관할하는 지역으로 간주하고 통치의 문제를 다원·다층적 접근으로 해결하려고 한다.

1. 단일중심주의

1960~70년대 미국 대도시 개혁론자들의 주장은 요즘 정치권과 정부의 전면적 지방자치체제 개편주장과 너무도 흡사하다. 미국 대도시 지역의 정부서비스 전달체계의 복잡성은 오랫동안 많은 연구자들과 실무자들을 당혹케 했다. 많은 논자들이 대도시 지역 정부서비스의 효율적 제공을 위해 복잡하게 세분된 소규모 자치구역을 하나의 광역정부가 관할하는 단일구역으로 합병해야 한다고 주장했다. Hawley & Zimmer(1970: 3)는 1960~70년대 미국 학계의 지배적 관점을 다음과 같이 요약했다.

"대도시가 앓고 있는 질병을 진단하기는 비교적 쉽고 그 논리도 너무나 강력해서 반론을 제기하기 어렵다. 진단에 따른 처방도 분명하다. 처방은 대도시 지역의 수많은 정치적 단위들을 합병해 단일의 지방정부 산하에 두라는 것이다. 이렇게 함으로써 일거에 갈등을 빚는 수많은 정치적 관할구역들이 제거될 수 있고, 파편화된 과세기반(課稅基盤)이 전체 지역사회를 아우르는 적절한 세입원으로 통합될 수 있다. 이보다 더 분명하고 더 합리적인 처방은 없어 보인다."

대도시 지역에 존재하는 수십 내지 수백 개에 이르는 일반목적·특별목적 지방정부들을 폐지하고 대신 단일의 광역지방정부를 창설해야 한다는 주장은 초기 거의 모든 도시문제 연구자들로부터 지지를 얻었다. 1960년대까지 합병론은 대도시 지역의 지방자치체제 개편논의에서 "사실상 지적 독점상태"를 이루었다(Stephen & Wikstrom, 2000: 15).

우리나라에서도 시·군 합병과 자치구 폐지 및 1자치계층전환을 주장하는 사람들은 시·군·구 자치구역의 소규모로 인한 불경제, 시·군·구의 행정중심지와 생활권의 불일치, 자치계층간 행정기능의 중복으로 인한 낭비와 비효율, 도를 경계로 하여 갈려진 뿌리 깊은 지역감정 등으로 인한 지방 및 국가경쟁력 저하를 시·군·구 통합과 광역시·도 폐지의 논거로 내세워왔다.

합병론자들의 대도시 자치체제 개편안에는 단일중심체제에 대한 선망과 믿음이 함축되어 있다. 합병론자들이 상정해온 단일중심주의의 기본가정은 다음과 같다(Ostrom, 2000: 34).

① 도시공공재와 서비스는 비교적 동질적이며 대도시 지역 내 모든 동네들에게 비슷하게 영향을 미친다.
② 대도시 지역 투표자들은 도시공공재와 서비스에 대해 비교적 유사한 선호를 갖는다.
③ 투표자들은 단일선거제도를 통해 도시공공재와 서비스에 대한 자신들의 선호를 효과적으로 표현할 수 있다.
④ 선출된 공직자들은 주민선호를 공공부서의 정책목표로 효과적으로 전환할 수 있고, 이 정책목표를 달성하는 데 필요한 세입원을 충당하기 위한 적정세율을 결정할 수 있다.
⑤ 공공부서의 장은 현장관료들을 주어진 예산으로 최고 수준의 도시공공재와 서비스를 생산하도록 효과적으로 통제할 수 있다.
⑥ 현장관료들은 수동적 클라이언트인 주민에게 도시공공재와 서비스를 전달한다.

2. 다중심주의

다중심론자들은 단일중심주의의 가정이 다음과 같은 비판을 피할 수 없다고 본다. 단일중심주의의 첫 번째 가정과 관련해, 도시공공재와 서비스는 동질적인 것이 아니다. 이를 테면, 주요 간선도로와 대중교통체계는 자본집약적이고, 대도시 지역에 사는 거의 모든 주민에게 영향을 미친다. 그러나 초등교육과 경찰순찰은 자본집약적 서비스가 아닐 뿐더러 더 작은 지역의 주민에게 편익이 돌아간다. 물리적 재화와 서비스는 그것을 소비하는 주민의 투입과 관계없이 생산된다. 그러나 모든 서비스의 생산은 어느 정도 서비스를 소비하는 주민의 능동적 투입을 포함한다. 예컨대, 만일 학생들이 교육과정에 적극적으로 참여하지 않는다면, 교육투자는 소기의 성과를 거둘 수 없다.

대도시 지역의 주민은 두 번째 가정과 달리 도시공공재와 서비스에 대해 다른 선호를 갖는다. 예컨대 열악하고 비좁은 주택에서 사는 주민들의 공원·도서관과 같은 공적 공간에 대한 선호는 널찍한 호화주택에 사는 주민의 공적 공간에 대한 선호와 현저히 다르다. 가난한 주민은 공적 공간을 회합과 레크리에이션의 공간으로 활용하지만, 부유한 주민은 조용한 공적 공간을 원하며 레크리에이션을 위해 흔히 사적 공간을 활용한다.

세 번째 가정도 의심스럽다. 소규모 지역사회에서는 주민이 대면해서 자신들의 선호와 제약을 논의해 어느 정도 합의에 도달할 수 있다. 그러나 대규모 지역사회에서는 공공재와 서비스의 제공에 대한 결정권을 투표로 해결하거나 관료들에게 위임하게 되는데, 어느 경우든 개인의 선호를 적절히 반영한 집단적 선택은 어려워진다.

설혹 선출직 공직자들이 대도시 지역 주민선호에 대해 정확한 정보를 파악할 수 있다고 하더라도 이를 경쟁압력을 받지 않는 현장관료들에게 상세히 전달하여 실행하도록 만들기란 매우 어려운 일이다. 그러므로 네 번째 가정과 집권적 거대도시 광역정부의 원활한 운영에 대한 다섯 번째 가정도 비현실적이다. 게다가, 만일 여섯 번째 가정이 사실이라면, 주민의 능동적 참여 없이 제공되는 대부분의 도시공공서비스의 질은 심각하게 떨어질 것이다.

다중심론적 이해는 대도시의 통치체제를 다중심거버넌스체제로 보는 새로운 시각을 제공한다. 다중심주의는 지방공공경제를 지방정부나 동네결사체를 포함한 집합적 소비단위들이 참여하는 상명하복의 위계질서가 아니라 수직적·

수평적 상호관계로 이해한다. 아울러 다중심주의는 지방공공경제가 시장(市場)이 아니라 공공재와 서비스 제공에 대한 대가를 세금과 사용료로 지불하는 집합적 소비단위들의 의사결정으로 꾸려가는 거버넌스체제임을 전제한다. 다중심주의의 기본가정은 다음과 같다(Ostrom, 2000: 35).

① 도시공공재와 서비스는 생산함수와 효과의 크기가 제각기 다르다.
② 도시공공재와 서비스에 대해 유사한 선호를 갖는 개인들은 동일한 동네로 밀집하는 경향이 있다. 따라서 주민의 선호는 대도시보다 동네에서 더 동질화되는 경향이 나타난다.
③ 복수의 관할권으로 나눠진 대도시 주민은 다른 지역의 사정을 두루 파악하여 해당 관할권의 운영성과를 비교한다.
④ 복수의 관할권으로 세분된 대도시 지역은 선호하는 서비스 패키지에 대한 주민선택기회를 확대하고 선호와 관심을 더 잘 표명할 수 있도록 한다. 주민은 원하는 경우 다른 관할권으로 이주할 수도 있다.
⑤ 복수의 관할권은 선출된 공직자들이 도시공공재와 서비스 생산자를 더 효과적으로 선택할 수 있게 한다.
⑥ 도시공공재와 서비스의 계약을 따내기 위해 경쟁하는 생산자들은 기술쇄신, 적정생산규모의 모색, 팀생산과 민관공동생산을 촉진한다.

다중심거버넌스의 준시장적 경쟁은 기회주의적 행동을 어느 정도 감소시킨다. 다중심거버넌스에서 동네 수준의 집합적 소비단위를 형성하는 것은 주민의 대면토의와 공동이해를 고무한다. 게다가 다중심거버넌스는 대규모 집합적 소비단위를 형성하여 조세천국(tax haven)으로 이주하려는 부자들의 전략적 행동을 제약하고 광역적 도시공공재와 서비스의 비용을 효과적으로 감당할 수 있도록 한다.

Elinor Ostrom(2000: 33-44)은 지방정부 합병이 효율성을 높일 것이라는 "자명한 상식의 위험성"을 경고했다. Ostrom(2009)는 2009년 노벨경제학상을 수상하는 기념강연에서 "그동안 많은 경험적 연구들은 통념과 달리 크고 작은 수

많은 일반목적·특별목적 지방정부들이 중층적으로 존재하는 다중심체제가 단일중심체제보다 오히려 효율적임을 밝혀왔다. 대도시 거버넌스체제의 복잡성은 혼돈이 아니다"라고 역설했다. Ostrom 부부는 이와 같이 통념과 다른 연구결과가 나온 까닭은 다중심체제가 고무하는 민주적 효율성 기제, 즉 경쟁, 발언권, 공공기업가정신, 공동생산, 가외성(redundancy) 때문이라고 설명한다(Aligica & Boettke, 2009; 안성호, 2011: 70-75).

Ⅲ. 평가적 의견: 다중심성을 강화하는 지방자치체제개편

Ostrom의 다음과 같은 언명(Aligica & Boettke, 2009: 49-50)은 시·군 합병과 대도시 자치구(군) 폐지를 주장하는 합병론자들에게 경종을 울린다.

"통념이 반드시 옳은 것은 아니다. 대도시 개혁운동이 바로 이런 경우다. 중앙집권적 정부가 공공서비스와 재화의 제공에 있어서 작은 정부단위들보다 더 나을 것으로 간주되었다. 체계적인 경험적 연구를 결여한 이런 믿음이 20세기 내내 중앙집권화와 지방정부 합병요구로 선진산업 민주주의국가들을 괴롭혔다. 이런 개혁들은 대부분 실패했다. 중앙집권화가 효율성을 높인다는 통념은 그릇된 것으로 밝혀졌다. ...(중략)... 그동안 다중심주의와 단일중심주의의 본질과 역할에 대한 오해가 있었다. 지방분권적 다중심체제는 속성상 무질서와 비효율을 야기하는 주범으로 매도되었다. 효율성은 중앙집권화와 동일시되었고, 질서는 단일중심성의 특성으로 가정되었다. 그러나 이런 통념은 그 반대효과를 나타내는 대책을 강구하도록 유도했고, 쇄신·적응·조정 방식에 관한 의사결정권을 현장의 당사자들로부터 박탈함으로써 오히려 문제를 더욱 악화시켰다."

다중심주의 관점에서 볼 때, 정치권과 정부의 지방자치체제 개편구상은 다음과 같은 심각한 문제점을 안고 있다. 첫째, 현행 시·군·자치구의 작은 규모 때문에 발생하는 행정비효율을 해소하기 위해 이들을 몇 개씩 묶는 "통합

광역시"를 만들어 규모경제의 장점을 살려야 한다는 주장은 기존 지방자치체제의 단일중심체제 편향을 더욱 악화시킨다. 둘째, 정치권과 정부의 지방자치체제 개편구상이 관철될 경우 대의민주주의의 파괴와 결손, 참여민주주의의 손실 등 민주주의의 심각한 후퇴가 초래된다. 셋째, 도(道) 자치정부의 폐지 내지 약화 기도는 21세기 세방시대의 지역화 요구에 역행한다(안성호, 2010: 7-35).

지난 반세기 동안의 국내외 연구성과와 세방시대의 요구는 이미 단일중심체제로 심하게 경도된 한국의 지방자치체제의 개편이 단일중심체제의 편향성을 완화하고 다중심거버넌스체제를 강화하는 방향으로 나아갈 것을 시사한다.

지금까지 축적된 국내외의 이론적·경험적 연구에 비추어 볼 때, 한국 지방자치체제는 민주주의를 심화하고 민주적 효율성을 제고하기 위해 기존 지방자치체제의 단일중심적 성격을 완화하고 다중심성을 강화하는 방향으로 개편되어야 한다. 그러나 기존 지방자치체제의 전면 개편이 초래할 혼란과 막대한 유·무형의 비용을 고려하여 신중한 개편방안를 강구하는 것이 바람직하다. 이런 견지에서 현행 시·군·자치구제의 기본골격을 유지하되, 필요한 경우 경계조정·합병·분할에 관한 자율결정을 유도하고, 읍·면·동을 준자치행정계층으로 격상시키며, 광역시와 도의 자율합병을 유도하고, 지방자치단체간 광역행정협력을 촉진할 필요가 있다. 아울러 보충성 원칙에 입각한 정부간관계(IGR) 구축을 위해 대의민주제와 참여민주제의 적절한 결합을 수반하는 획기적 지방분권개혁이 요구된다(안성호, 2011: 76-81).

헌정질서의 근간을 이루는 지방자치체제의 개편이 당리당략이나 정치인들의 이해관계에 의해 좌우되어서는 안 된다. 지방자치체제개편은 지방분권을 강화하는 개헌과 함께 적어도 몇 년 동안 충분한 연구와 공론화 과정을 거쳐 신중하게 추진되어야 하겠다.

참고문헌

김석태 (2012). **지방자치 구역개편의 정치경제학**. 파주: 한국학술정보(주).

안성호 (2010). 한국의 지방자치체제 개편과 방향: 정치권 지방자치체제 개편안의 문제점과 과제. **지방정부연구**, 14(1): 7-35.

안성호 (2011). 다중심거버넌스와 지방자치체제의 발전방향. **행정논총**, 49(3): 59-89.

유재원·손화정 (2009). 시군통합의 효과에 대한 경험적 분석: 단절적 시계열모형(ARIMA)의 적용. **한국행정학보**, 43(4): 285-306.

이기우·조성호 (2009). **지방행정체제 개편론: 본질과 과제**. 서울: 도서출판 금붕어.

Aligica, P. D. & P. J. Boettke (2009). *Challenging Institutional Analysis and Development: The Bloominton School*. New York: Routledge.

Hawley, A. & B. G. Zimmer (1970). *The Metropolitan Community*. Beverly Hills: Sage Publications.

Ostrom, E. (2000). The Danger of Self-Evident Truths. *Political Science & Politics*, 33(1): 33-44.

Ostrom, E. (2009b). Beyond Markets and States: Polycentric Governance of Complex Economic Systems. (Paper for publication in the Nobel Foundations's yearbook *Les Prix Nobel*, forthcoming October 2010).

Ostrom V. (2008). *The Intellectual Crisis in American Public Administration. (3rd ed.)* Tuscaloosa: The University of Alabama Press.

Stephens, G. R. & N. Wikstrom (1990). *Metropolitan Government and Governance: Theoretical Perspectives, Empirical Analysis, and the Future*. New York: Oxford University Press.

5장 자치계층 단층론

최영출

I. 서 론

　　현재의 중앙정부-도-시군구의 2계층구조는 1895년 을미개혁과 1896년 병신개혁, 및 1914년 일제하에서 개편된 기본구조이다. 이러한 구조는 기본적으로 교통통신이 거의 전무하다시피 한 상황에서 만들어진 것임은 말할 필요도 없다. 이러한 구조는 계층수가 많음으로 인하여 불필요한 행정거래비용을 증대시켜 자치단체의 경쟁력 약화, 주민서비스 약화로 이어질 수밖에 없다. 전국이 1일 생활권화 되었고 정보통신의 기술로 직접 행정기관 방문의 필요성이 많이 없어진 현재에도 지금의 계층체제가 필요한 것인지에 대한 의문이 계속 제기되고 있다. 자치단체 단층화란 도의 광역자치단체 기능을 폐지하고 시·군은 통합하며, 통합된 50~80개 정도의 통합시가 중앙정부와 직거래를 하는 형태를 말한다. 통합된 시군 자치단체를 몇 개로 할 것인가는 또 다른 문제이나 실증적 연구에 의하면 인구 55~60만명 이상의 자치단체가 될 경우, 주민들에 대한 서비스 비용이 최저의 상태를 유지하게 된다고 보는 주장이 제시되기도 하였다.

　　외국의 경우에도 계층구조를 단순화하는 시도는 많이 이루어 졌다. 다만, 단순히 계층구조를 단순화하는 것이 아니라 기초단체의 수를 통합하여 줄이고 통합된 기초단체에게 기존의 광역기능의 일부 또는 전부를 부여한 상태에서 계층구조를 축소하는 형태를 취하고 있다. 따라서, 계층구조문제는 구역문제와 분리하여 생각할 수 없는 문제이기도 하다. 계층구조 단층화 문제는 구역문제와 관련되고, 자치단체수의 축소로 이어지기 때문에 불가피하게 많은 정치적 저항이 따르게 된다. 그러한 까닭으로 개편필요성이 있음에도 불구하고 우리나라의 경우에는 이 문제를 공론화하는데 어려움을 겪어 왔다. 본고에서는 자치계층 단층론의 주요 쟁점과 이 문제에 대한 향후의 전망을 해 보기로 한다.

Ⅱ. 주요 쟁점

1. 자치계층 단층화 찬성론

자치계층 단층제를 주장하는 논거는 현재의 자치계층 2층제가 가지고 있는 문제점과 관련되며, 단층제가 이러한 문제들을 해결할 수 있다고 본다.

1) 행정비용의 절감

현재의 자치계층 2층제는 다단계 계층으로 인한 중복, 낭비 등 비경제성이 심각하여 행정비용이 대단히 많이 드는 구조이다. 이러한 행정비용이 드는 구조를 살펴보면 다음과 같다. 자치계층 단층제는 이러한 행정비용을 절감할 수 있다고 주장한다.

① 계층이 많아짐으로 인하여 업무처리과정에서 파생업무 유발 및 업무량이 폭증
② 도와 시군의 동일 업무 추진에 의한 절차적 규제 잔존
③ 도의 시군 중복사무 및 시군 위임사무 과다
④ 동일 지역 내에 도 행정, 특별지방행정기관 행정, 시군 행정 동시 추진

으로 시군 업무 과중 및 업무의 중복, 비효율 발생

⑤ 중앙재원의 도 경유 시군 배정으로 적시성 저하 및 상호갈등 유발 등을 들 수 있다.

2) 규모의 경제 확보 및 행정서비스의 수준격차 완화

현재의 자치계층 2층제는 규모의 불경제 및 행정서비스 수준격차를 심화시키고 있다고 볼 수 있다.

① 적은 규모의 시군에 있어서 기관운영비가 과다하게 지출되고 유능한 인적 자원의 확보가 곤란

② 현재 시군의 인구, 면적, 재정규모의 편차가 심하여 지역균형개발이 곤란하고 행정서비스 수혜의 불균형이 야기

자치계층 단층제가 이루어지면, 통합된 통합도시들의 규모가 커질 수밖에 없고, 이러한 통합시 지역불균형과 규모 불경제를 완화해 줄 수 있다고 주장한다.

3) 지역감정 해소

현재의 도는 아직도 완전히 해소되어 있다고 보기 어려운 도중심의 지역감정문제를 해소하는 데 걸림돌이 되고 있다. 자치계층 단층화는 도의 존재가 없어지게 됨으로써, 전통적인 지역감정문제를 완화시킬 수 있다고 본다.

2. 자치계층 단층화 반대론

1) 중앙통제의 심화

현재의 도가 없어지게 되면 50~60개 정도의 통합시가 존재하게 되고, 그렇게 되면 중앙정부가 통합시를 통제하는데 용이하게 된다고 주장한다. 따라서, 지방자치 측면에서는 더욱 어려워지게 된다고 주장한다.

2) 외국에 비하여 현재 시군의 규모 자체가 큼

우리나라의 현재 시군의 규모는 지금 자체로도 외국의 기초자치단체의 규모보다 크기 때문에 통합시를 전제로 한 자치단체 단층화는 지방자치에 역행하고 민주성에 저해된다고 주장한다.

3) 민주성 저해

시군의 규모가 커지게 되면 주민들의 참여가 저하시키게 되어 결국 민주성을 저해시킨다고 주장한다.

4) 주민들의 행정기관 접근성 저하

단층제를 시행하기 위하여 시군을 통합하게 되면 주민들의 행정기관 접근성을 저하시키게 되어 바람직하지 못하다고 주장하는 견해이다.

Ⅲ. 평가적 의견

1. 자치계층 2층제의 구조적 문제의 인과지도

자치계층 단층제에 대해서는 찬·반 양론이 대단히 심하여 접점을 찾기가 어렵다. 그러나, 저자는 자치계층 단층화 반대론자들의 주장이 오늘날의 현실에서는 설득력을 갖기 어렵다고 본다. 기본적으로 볼 때, 현재의 자치계층 2층제는 구조적인 문제점을 가지고 있기 때문에 지역경쟁력이나 국가경쟁력을 저하시키는 속성을 가질 수밖에 없다. 이를 인과지도 형태로 나타내 보면 〈그림 5-1〉과 같다.

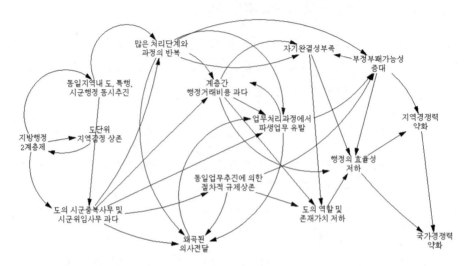

▨ 그림 5-1 ▨ 자치계층 2층제의 문제점 인과지도

2. 평가적 의견

자치계층 단층화를 반대하는 주장들에 대한 평가적 의견을 제시해 보면 다음과 같다.

1) 중앙통제의 심화문제

자치계층 단층화를 반대하는 측에서는 단층화가 되면 중앙통제가 심화된다고 주장한다. 그러나, 이는 설득력이 없다. 단층화가 되더라도 중앙정부가 권한을 얼마나 주는가가 관건이다. 현재의 제주특별자치도는 시군체제가 없는 단층제 형태이다. 그렇다면, 제주특별자치도가 중앙정부로부터 통제를 예전보다 더 심하게 받고 있는가? 오히려 제주특별자치도는 인구가 60만명 수준에 지나지 않지만, 인구가 1,200만명 수준에 달하는 경기도 보다 약 4천건 더 많은 기능수행을 하고 있고 각종 행정적, 재정적 권한도 더 많이 가지고 있다.

2) 우리나라의 시군 규모문제

현재의 우리나라 시군 규모는 이미 다른 외국에 비하여 더 크기 때문에 통합을 통한 단층화는 맞지 않는다고 주장한다. 그러나, 이는 외국 자치단체의 수행기능을 충분히 인지하지 못하고 주장하는 것이다. 우리나라의 시군 자치단체는 외교나 국방을 제외하고는 거의 모든 중앙부처의 기능을 수행하는 종합행정기관이다. 그러나 외국의 자치단체들은 우리나라의 시군이 수행하는 기능을 다 수행하지 않는다. 예를 들면, 영국의 경우 주민들에 대한 보건기능을 자치단체가 수행하는 것이 아니라 국가기관인 NHS가 수행한다. 또, 우리나라의 시군이 수행하는 지역 내 기업유치나 중소기업 지원과 같은 경제기능도 영국 같은 경우에는 국가기관이 수행한다. 외국의 자치단체와 우리나라의 자치단체 규모가 다른 이유는 바로 여기에 있다. 스위스나 네덜란드에는 인구 1천 명이 안 되는 자치단체가 많이 있다고 하나 그러한 자치단체들이 우리나라의 자치단체가 수행하는 공설운동장이나 실내체육관을 건설하고 지방도로를 건설하며, 기업유치를 수행하는 기능을 하지 않는다. 따라서, 수행기능이 서로 다르기 때문에 단순히 규모를 평면적으로 비교하는 것은 의미가 없다.

3) 민주성과 주민참여 저해문제

자치단체 규모가 커지면 민주성을 저해한다고 주장하나, 이러한 주장 또한 오늘날에는 설득력이 없다. 오늘날 경실련이나 참여연대와 같은 시민통제를 하는 시민단체의 경우, 인구 2만명이나 3만명도 안 되는 자치단체의 경우에는 거의 설립되어 있지도 않다. 그 이유는 소규모의 자치단체에는 지역 내 전문가들도 찾기 어렵고 또, 학연, 혈연, 지연 등으로 얽혀 있어서 건전한 시민통제가 이루어지기도 어렵다. 오히려 자치단체 규모가 큰 대도시의 경우에 시민통제도 더욱 잘 이루어지고 있는 것이 현실이다. 아울러, 자치단체가 크면 주민참여를 못한다는 주장도 맞지 않는다. 자치단체가 지역적으로 가까우면 주민참여를 잘하는 논리라면, 서울시청과 가까이 살고 있는 종로나 중구 주민들은 주민참여를 잘하게 되고, 서울시청과 멀리 떨어진 강서구나 영등포구 주민들은 주민참여를 못한다는 논리와 같다. 청와대와 멀리 떨어진 제주도나 부산시민들은 국정참여를 못한다는 주장과도 같다. 오늘날의 주민참여방식은 교통통신이 발달되기 이전과는 완전히 다르다는 사실을 충분히 인지할 필요가 있다.

4) 주민들의 행정기관 접근성 문제

자치단체 규모가 커지게 되면 주민들의 접근성이 떨어져서 주민들에 대한 서비스가 부실해 진다고 주장한다. 그러나, 시군 자치단체가 통합되어 단층제로 되더라도 자치단체의 본청으로부터는 공간적으로 떨어져도 동사무소 (주민센터)는 여전히 존재한다. 일반 주민들이 시 본청에 일상생활 속에서는 거의 가는 일이 없다. 직접적인 접촉기관은 통상 동사무소이기 때문에 동사무소에서 민원행정을 수행하게 되면 자치단체 본청으로부터 멀어지더라도 일상생활에서는 큰 불편함이 없다는 것이다.

위에서는 자치단체 단층화의 찬성론과 반대론, 그리고 이에 대한 평가적 의견을 제시해 보았다. 행정환경이 바뀌면 이를 수행하는 행정체제도 변모되어야 한다. 현재의 자치계층 2층제는 저효율 고비용의 지방행정체제로서 오늘날의 정보화와 교통, 통신기술 수준에 부응되는 체제가 아니다. 따라서, 주민들에 대한 서비스 측면, 지역경쟁력 및 국가경쟁력 측면에서 자치계층 단층제로 바뀌는 것이 필요하다. 다만, 이를 논의하는 데 있어서는 계층제 개편은 구역개편과 불가분의 관계에 있으므로 계층과 구역개편에 대한 대안설정을 한 다음 분석 및 접근하는 것이 필요하다. 또, 단층제를 하는 경우, 중앙과 단층제 자치단체와의 기능배분관계가 분권화를 강화하는 측면에서 명확히 설정되는 것이 필요하다.

참고문헌

강병수·공병영 (2011). 시·군통합의 성과에 관한 연구: 티보의 가설 적용을 중심으로. **도시행 정학보,** 24(1): 195-212.

김대욱 (2012). 지방행정구역 규모가 민주성과 효율성에 미치는 영향. 서울대학교 박사학위 논 문.

문광민 (2011). 중앙정부 보조금과 지방정부의 효율성 간 관계에 관한 실증 분석. 서울대학교 박사학위 논문.

이승종·서재호 (2009). **지방행정체제개편론.** 서울: 법문사.

최영출 (2005). 외국의 단층자치단체 비교분석: 영국, 캐나다, 뉴질랜드를 중심으로. **한국사회와 행정연구,** 16(3): 251-276.

최영출 (2005). 지방자치단체의 적정규모 검토를 위한 실증적 연구. **지방행정연구,** 19(2): 239-262.

최영출·최외출 (2008). 국가경쟁력과 지방분권과의 인과관계 분석. **도시행정학보,** 21(2): 203-226.

한국지방행정연구원 (2007). **외국의 지방행정체제개편 사례연구.** 서울: 한국지방행정연구원.

6장 기초구역통합: 찬성 vs 반대

Ⅰ. 서 론

　　기초구역통합은 지방행정체제개편의 핵심이슈 중의 하나이며, 많은 국가에서 논쟁되고 실험되고 시행되고 있다. 예를 들어 일본은 3차례의 통폐합을 거쳐 기초지방정부인 시정촌의 수가 대폭 줄었으며, 독일도 기초지방행정구역인 게마인데를 중심으로 통합이 활발히 이루어져 1968년 24,282개였던 게마인데의 수가 1980년 8,409개로 감소하였다. 또한 영국, 덴마크, 벨기에 등의 국가에서도 기초지방행정구역의 수는 큰 폭으로 감소하였다. 우리나라의 경우도 대규모 구역통합이 1995년 시행된 바 있으며, 최근에도 2010년에는 마산·창원·진해가 통합한 통합창원시가 출범하였고, 2014년에는 청주와 청원이 통합한 통합청주시가 출범하는 등 구역통합이 진행되고 있다.

　　이러한 구역통합은 주로 통합론에서 제기하는 통합을 통한 효율성 확보 논리에 기반하고 있다. 그러나 이와 같은 구역통합이 기대한 효과를 얻었는지, 그리고 얻을 것인지에 대해서는 논란이 있다. 특히 반대론인 분리론의 입장에서는 구역통합을 통해 주로 민주성이 훼손됨을 지적한다.

　　이와 같이 구역통합에 대해서는 통합론과 반대론이 대립하고 있다. 통합론은 "큰 것이 낫다"고 주장하는 반면 분리론은 "작은 것이 아름답다"고 주장한다. 즉, 통합론을 구역통합의 찬성론, 분리론을 구역통합의 반대론으로 이해할 수 있다. 대별하여 살펴보면, 통합론은 고전적 개혁이론에 바탕을 두고 있으며 구역통합을 통하여 규모의 경제에 따른 효율성 확보, 관할구역간 책임성 확보, 다양한 서비스 제공, 광역행정의 통합성 확보, 행정책임성 강화가 이루어짐을 역설한다(이승종, 2008; Keating, 1995). 반면 분리론은 공공선택론, 지방공공경제론 을 이론적 기반으로 하여 구역분리를 통해 시민의 다양한 서비스 충족, 자원의 효율적 배분, 정부간 경쟁을 통한 효율증대가 가능하다고 주장한다(이승종, 2008).

이러한 양측의 논리는 각각 구역통합을 통해 지방행정의 양대 이념인 민주성과 효율성을 향상시킬 수 있으며, 궁극적으로 주민의 복리가 향상될 수 있음을 전제로 한다(김대욱, 2012). 이하에서는 이러한 통합론과 분리론의 논리를 지방행정의 양대 이념인 민주성과 효율성 측면으로 구분하여 제시한다.

Ⅱ. 찬성론: 통합론

통합론은 구역의 통합을 통하여 민주성과 효율성을 확보할 수 있다고 주장한다(Swianiewicz, 2002). 이 중에서 특히 통합론은 효율성의 측면을 강조한다 (유재원·손화정, 2009).

효율성 확보의 논거는 다음과 같다.

첫째, 통합을 통해 규모의 경제효과를 발생시킬 수 있다. 규모의 경제란 생산량이 증가됨에 따라 평균 생산비용이 감소하는 것을 의미한다. 이러한 관점에서 볼 때 통합을 통해 공공서비스의 단위당 생산비용을 줄여 보다 적은 비용으로 공공서비스를 제공할 수 있게 된다.

둘째, 구역통합을 통해 행정비용을 감소할 수 있다. 구역이 통합하게 되면 구역 내의 행정기관과 단체들이 같이 통합되면서 인력과 기구가 감축하게 되고 그에 따라 인건비와 같은 행정비용이 감소하게 된다. 또한 각종 행사들이 통합됨으로써 행사비도 절감될 수 있다.

셋째, 큰 지방정부는 지방경제발전의 촉진을 가능하게 한다. 이는 큰 규모의 행정구역은 더 큰 행정조직을 갖게 되며, 이는 더 정교하고 응집적인 계획을 가능하게 하고 경제발전을 촉진하는데 필수적인 값비싼 기반자원의 투자 프로젝트에 대한 재정적 지원이 더 쉽기 때문이다.

넷째, 큰 지방정부는 서비스 제공의 무임승차자를 방지할 수 있다. 무임승차자의 문제는 세금을 내는 지역과 서비스를 받는 지역이 다르기 때문에 발생하는 현상이다. 예를 들어 분리된 지방정부를 가진 지역에서 주민들은 세금은 교외지역에 내지만 주요 서비스는 중심도시로부터 받게 된다면 교외지역의 주민들은 중심도시의 서비스에 무임승차하게 되는 것이다. 이러한 무임승차비용은 중심도시의 거주민들이 지불하게 되는데, 이러한 문제는 지방정부의 통합으로 해결할 수 있다.

통합론은 통합을 통해 민주성의 확보도 가능하다고 주장하는데, 그 논거는 다음과 같다.

첫째, 큰 지방정부는 더 많은 권한을 가지고 더 다양한 기능을 제공한다. 따라서 주민들은 자신의 지방정부에 자긍심을 가지게 되고 이는 곧 정치적 관심과 참여로 이어진다.

둘째, 큰 지방정부는 더 크고 강하며 성숙된 시민사회를 가질 수 있다. 즉, 다양한 시민들의 다양한 요구가 응집되고 분출되며, 지역사회 문제해결을 위한 시민단체가 설립됨으로써 건강한 시민사회가 형성될 수 있는 것이다.

셋째, 다원주의의 확산에 유리하다. 즉, 큰 규모의 지방정부는 다양한 이익집단이 발생하게 될 공간을 제공한다. 이러한 다양한 이익집단은 지방정부가 소수지배집단의 이익에만 편중된 정책을 수행할 가능성을 차단하며, 소외된 집단이 정치에 참여하게 될 기회와 가능성을 향상시킨다.

Ⅲ. 반대론: 분리론

분리론은 행정구역의 규모 축소를 통해 민주성과 효율성을 달성할 수 있다고 주장하는 이론이다(Swianiewicz, 2002). 이 중에서 특히 분리론은 민주성의 측면을 강조한다.

민주성 확보의 논거는 다음과 같다.

첫째, 작은 구역에서는 주민들이 지방정부에 대해 더 큰 관심을 갖게 되며 참여의 기회와 참여의 효능감이 커진다. 이는 기본적으로 작은 규모에서 시민과 지방정부간의 접촉이 더 빈번해지기 때문이다. 이러한 빈번한 상호접촉으로 상호이해와 신뢰가 촉진되고 그 결과 주민의 지방정부에 대한 신뢰가 쌓인다. 또한 정치인과 공직자들은 주민의 요구를 더 잘 이해하고 대응할 수 있게 된다.

둘째, 작은 지방정부에서는 발로하는 투표가 가능하여 주민들의 선택권이 향상된다. 즉, 주민들은 자신들이 내는 세금과 받는 공공서비스를 비교하여 자신의 선호를 가장 만족시킬 수 있는 곳으로 이동하게 되는데, 지방정부가 분리되어 있으면 주민의 선택지가 넓어지게 된다. 이를 통해 주민의 개인적 선호와 공공정책의 정합성을 향상시킬 수 있다.

셋째, 작은 지방정부에서 커뮤니티가 활성화된다. 커뮤니티는 사회적 상호작용, 공동의 목표와 가치, 연대라는 세 가지 특징을 가진 집단을 의미하며, 더 작고 동질적인 환경에서 더 강한 공동체에 대한 의식과 지역적 정체성을 가지게 된다. 이렇게 활성화된 커뮤니티는 지역주민들의 지역에 대한 관심과 참여를 확대시키고 지역의 문제해결에 적극적으로 참여하게 유도함으로써 궁극적으로 지방민주주의에 기여하게 된다.

분리론은 구역분리를 통해 일정한 효율성 확보도 가능하다고 주장한다. 논거는 다음과 같다.

첫째, 분리된 다수의 지방정부는 가장 생산적인 장소로 자본을 끌어들이는 경쟁을 촉진한다. 이러한 경쟁은 가장 효율적인 자원의 활용을 가능하게 한다.

둘째, 분리는 다양한 정책적 실험과 혁신을 가능하게 한다. 다수의 작은 지방정부는 다양한 정책을 실험하며 그 결과 정책간의 비교를 통해 가장 효율적인 정책을 판단할 수 있게 된다. 각 지방정부는 이러한 다양한 이웃 지방정부의 경험을 통해 학습할 수 있는 기회가 증진되어 비효율적 정책을 피하고 효율적 정책을 추진할 수 있게 된다.

셋째, 규모의 경제는 작은 지방정부를 통해서도 달성이 가능하다. 즉, 작은 지방정부간의 연합과 협력을 통해 민간사업체에 규모의 경제가 필요한 서비스를 위탁할 수 있기 때문이다. 미국의 대규모 공공서비스 제공기업을 통한 규모의 경제 달성은 이를 보여주는 사례라 할 수 있다.

Ⅳ. 평가적 의견

이상에서 살펴본 바와 같이 통합론과 분리론은 각각 대립되는 관점에서 구역통합에 대한 논리를 제시하고 있다. 지방행정체제개편의 핵심목표가 민주성 및 효율성의 향상을 통한 지역주민의 복리향상이라는 측면을 고려하면, 구역개편도 궁극적으로는 지역주민의 복리향상의 방향으로 나아가야 할 것이다. 그렇다면 주민의 복리향상을 위해 미래의 구역개편은 어떻게 이루어져야 할 것인가? 이러한 질문에 대한 답변은 과거의 구역통합 경험으로부터 유추해서 얻을 수 있다.

지금까지 수많은 연구들이 국내외에서 구역통합의 효과에 대해 연구해 왔다. 그러나 이러한 연구의 결과들은 심각하게 상충하고 있으며, 이제까지 연구를 통한 가장 확실한 답변은 상황에 따라 "작은 것이 아름다울 수도 있고, 큰 것이 나을 수도 있다"는 상황가변적인 주장이다(유재원·손화정, 2009: 288). 상황가변적인 주장은 행정구역의 통합은 행정적 효율성을 높여줄 수도 있지만 감축시킬 수도 있다고 보며, 규모의 경제효과로 인한 재정적 효율성도 통합이후 향상될 수도 있지만 규모의 불경제 효과가 나타날 수도 있다고 본다.

이러한 측면에서 볼 때 일률적인 구역개편의 논의는 바람직하지 못한 것으로 판단된다. 즉, 전국적인 규모의 구역통합이나 구역분리는 의도한 목적을 달성하지 못할 가능성이 큰 것이다.

이러한 물리적인 구역개편의 한계를 인식하고 새로운 방향에서의 지방행정체제의 발전방향을 찾는 논의가 제시되고 있다. 예를 들어 Feiock(2009) 등이 주장하는 제도적 집합행동(Institutional Collective Action)이론이 대표적인 예이다(Feiock, 2009). 제도적 집합행동이론은 Feiock이 행위자중심 분석과 제도적 분석이론으로부터 아이디어를 얻어, 지방정부와 같은 제도적 행위자간의 계약과 협력 등의 집합행동을 설명하려는 이론이다(Feiock, 2009). 지역적 거버넌스의 형태에 따른 제도적 권위체, 네트워크, 협력적인 집단과 의회 등의 활용이 대표적인 예이다.

이는 통합론과 분리론의 논쟁을 넘어서서, 지방정부간의 협력을 강조하는 이론으로 공공서비스 공급 및 전달의 효율성과 지역경쟁력의 강화를 강조하며, 그러한 목적을 달성하기 위해 통합이나 분리보다는 기존 지방정부체계를 유지하되 협력과 연계를 강화시켜야 한다는 주장을 개진한다.

구역규모와 민주성 및 효율성의 관계를 실증적으로 분석한 김대욱(2012)의 연구결과도 이러한 논의를 지지한다. 이 연구는 구역통합이 민주성과 효율성의 항목에 차별적이고 다양한 영향을 미친다는 것을 확인시킨다. 즉, 일률적인 구역개편을 통해 민주성과 효율성을 동시에 달성하기 어렵다는 것을 보여준다. 이는 지방행정의 성과를 확보하기 위해서는 물리적인 구역통합을 넘어선 협력론 등에 대한 논의가 보다 활성화되어야 할 것임을 시사한다.

참고문헌

김대욱 (2012). 지방행정구역 규모가 민주성과 효율성에 미치는 영향. 서울대학교 대학원 박사학위 논문.
유재원·손화정 (2009). 시군통합의 효과에 대한 경험적 분석: 단절적 시계형모형(ARIMA)의 적용. 한국행정학보, 43(4): 285-306.
이승종 (2008). 지방역량강화를 위한 광역자치구역의 개편방안. 행정논총, 46(3): 361-390.
Feiock, R. C. (2009). Metropolitan governance and institutional collective action. *Urban Affairs Review*, 44(3): 356-377.
Keating. M. (1995). *Size, efficiency, and democracy: Consolidation, fragmentation and public choice. in Judge, D., Stoker, G., and Wolman, H. (eds)*. Theories of Urban Politics. CA: Sage.
Swianiewicz, P. (2002). *Consolidation or Fragmentation?: The size of local governments in central and eastern europe*. Budapest: Open Society Institute.

7장 기초자치의 모형:
통합시 vs 시군구자치 vs 마을자치

이 승 종

I. 서 론

한국의 지방자치는 1948년 정부수립 직후인 1949년 7월 4일 지방자치법을 제정함으로써 시작되었다. 지방자치단체로는 광역단위에 특별시와 도, 기초단위에 시읍면을 두는 중층제를 시행하였다. 군은 도의 하급행정기관이었으며 자치단체가 아니었다. 그러다가 5·16 이후 지방행정의 효율성 강화를 명목으로 기초자치단위에서 시읍면 자치 대신 시군구 자치를 시행하여 오늘에 이르고 있다.

1990년대에 들어서면서 지방행정체제개편에 대한 논의가 활발해진다. 교통통신의 발달과 국제경쟁이 가열되는 환경변화에 대응하기 위해서 지방행정체제의 개편이 필요하다는 것이 제시되는 이유였다. 논의의 핵심은 기초자치단체의 통합개편에 있었다. 물론 기초자치단체의 통합개편만 아니라 도의 폐지 및 국가기관화 또는 시도 통합 등에 대한 논의도 아울러 진행되었으나 관심의 초점은 기초자치단체의 통합개편에 집중되었다. 개편논의는 정치권이 주도하였는데 특히 17대, 18대에 걸쳐 국회에 설치된 지방행정체제개편특위가 추동체였다. 결국 18대 국회를 마치면서 여야간 타협으로 제정된 지방행정체제개편추진에관한특별법에서는 합의가 어려웠던 시도는 존치하는 대신 시군구의 통합을 추진할 것을 제시하였다.

1990년대 이후 추진된 기초자치단체 통합움직임을 간단히 살펴보면 다음과 같다. 1995년에 주민의견조사를 거쳐 40개의 시군 통합이 이루어졌고, 1998년에는 추가적으로 여수, 여천시 및 여천군의 통합이 이루어졌다. 2007년에는 주민투표를 거쳐 제주특별자치도의 4개 시군이 2개의 행정시로 통합되어 도에 편입되었다. 2009년에는 행정안전부 주도로 시군 통합이 추진되었다. 전국적으로 46개 기초자치단체의 신청을 받아 대규모 통합을 추진하였으나 2010년 마산-창원-진주 3개시가 지방의회의 의결을 거쳐 창원시로 통합되는데 그쳤다. 이어 18대 국회에서 제정된 지방행정체제개편추진에관한특별법(2010)에 의하여 출범한 지방행정체제개편추진위원회는 전국적으로 50개 시군구의 통합건의를 받아 여론조사, 현장실사 등을 거쳐 2012년에 36개 시군구를 통합추진 대상으로 의결하였다. 그러나 청주-청원의 자발적 통합 이외에 실제적으로 통합이 실현되지는 않았으며, 박근혜 정부에서 출범한 지방자치발전위원회(2013)에서 통합문제를 계속 다루고 있다.

이같은 시군구 통합움직임에 대하여 다른 한편에서는 현재도 이미 과대한 시군구를 확대하는 것은 무리이며 현행 체제를 유지하는 것이 바람직하다고 주장한다. 이들 두 대안은 각각 기초자치단체의 확대와 유지를 주장하는 것으로서 첨예하게 대립한다. 그러나 기초자치제 개편안에 이들 두 가지 대안만 있는 것은 아니다. 최근 일각에서는 시군구의 하위구역인 읍면동 차원의 마을자치(동네자치)를 활성화하자는 안이 제기되고 있다. 시군구 확대안도, 현행 시군구 체제도 주민자치 내지는 주민참여를 보장하기에는 적절하지 않다는 것이다.

무릇 지방자치란 지역주민의 참여를 기반으로 하는 것이며, 따라서 주민참여의 현실화가 될 수 있는 기초단위의 지방자치가 얼마나 효과적으로 이루어지느냐가 성공의 관건이라고 할 때, 기초단위의 자치제 정비대안을 제대로 이해하고 평가하는 일은 전체 지방자치 발전을 위한 핵심과제이다. 이러한 문제인식을 바탕으로 이하에서는 이들 쟁점을 정리 및 평가하여 바람직한 기초단위의 자치제 모형의 판단을 돕고자 한다.

II. 쟁 점

1. 시군구 통합론

기초자치단체인 시군구를 통합하자는 주장에는 인위적·획일적 통합보다는 시군구의 자율로 통합을 추진하는 것이 바람직하다는 주장도 있지만, 가장 유력한 주장은 지역경쟁력 강화를 위하여 전국의 시군을 통합하여 60~70개의 통합시를 만들자는 주장이다.[1] 여기에는 통합시가 설치됨으로써 통솔범위가 축소되는 도를 폐지하고 대신 4~6개의 광역행정청을 설치하자는 주장도 포함된다. 이같은 대안은 17대 국회에서 여야합의를 통하여 시동되고 18대 국회로 이어진 국회 지방행정체제개편추진특위를 중심으로 하는 정치권에서 주도적으로 제시되었다.

동 대안의 주창자들은 기초자치단체의 규모 확대가 규모의 경제를 통한 행정효율성 확보, 보다 다양한 서비스의 제공, 관할구역 내 서비스와 생활조건의 형평성 확보에 유리하며, 또한 도를 폐지할 경우 계층단순화에 따른 국정통합 및 효율성 제고 등의 장점을 기대할 수 있다고 주장한다(국회지방행정체제개편특위, 2006; ACIR, 1974; 최영출, 2005). 반면, 통합시가 효율성을 추구하는 대안임에도 불구하고 대외경쟁력 확보차원에서는 여전히 과소하여 효율성 확보에 미흡한 반면 주민접근성을 과도히 제약한다는 점(이기우, 2006), 과대규모로 규모의 불경제도 우려된다는 점, 그리고 통합시 설치에 따라 도가 폐지될 경우 통합시가 도의 매개없이 중앙정부와 대등한 입장에서 호혜적 협력관계를 갖기 어렵게 된다는 점 등에 대한 비판이 있다(이승종, 2008).

---

1 원래 특별시, 광역시의 자치구는 광역단체의 개편논의에 포함되어 통합시 논의에는 명시적으로 포함되어 있지 않았지만, 지방행정체제개편추진위원회의 논의에서는 특광역시의 자치구간 통합도 개편대안에 포함하여 검토되었다.

2. 현행 유지론(시군구 자치론)

통합시 설치안을 중심으로 한 시군구 통합론의 기본논거는 규모 확장을 통하여 지방행정의 효율성을 확보할 수 있다는 것이다. 그러나 시군구 통합에 반대하는 입장에서는 우리나라의 기초자치단체는 평균 인구 20만명을 상회함으로써 세계적으로 최대 규모이며, 면적 역시 최상위 수준에 있으므로 시군구 통합은 이미 취약한 주민접촉을 크게 훼손하는 문제점이 있는 것으로 비판한다. 또한 시군구 통합에 대한 찬성과 반대론이 교차하는 상황에서 섣불리 현재의 시군구 자치제를 변동시킬 이유가 충분하지 않다고 비판한다. 이러한 입장을 견지하는 집단은 주로 지방자치 관련 학계와 지방의 공직자들이다.

현행 유지, 즉 시군구 자치의 장점은 통합시 설치의 장점과 반대이다. 즉, 지방행정의 주민대응성 확보, 기초자치단체의 과대화에 따른 규모의 불경제 방지, 자치단체간 경쟁을 통한 효율성 제고, 지방혁신의 자동적 확산 및 차단기제의 작동, 그리고 제도변경의 불확실성에 따른 위험을 제거한다는 점 등이 기대효과로 제시된다(Ostrom et al, 1988; Gustley, 1977). 반면, 규모의 불경제, 지역간 서비스 불평등 지속, 다양한 서비스 제공에 한계, 소지역주의 우려, 도농 생활권 연계발전 곤란, 그리고 현행 시군구 자치제 역시 주민자치를 활성화하는데 과대하다는 점 등이 단점으로 지적된다.

3. 마을자치론(읍면동 자치론)

시군구 통합을 반대하는 집단 중 일부에서는 단순히 시군구 자치의 유지를 넘어 읍면동 차원의 마을자치(또는 동네자치)를 강화해야 한다고 주장한다.[2] 이같은 견해는 통합시는 말할 것도 없고 현재의 시군구도 주민자치를 실효화하기에는 너무 크다고 본다. 주민자치가 지방자치의 핵심요소이고, 주민자치가 실효적으로 전개되는 장이 기초자치 차원이라 할 때, 현행 시군구의 규모는

---

2 마을(또는 동네)는 읍면동이나 통리를 모두 포함하는 것이지만 자치단위의 논의에서는 주로 읍면동을 대상으로 논의가 이루어진다.

지나치게 크며 따라서 기초자치는 시군구보다 작은 하위단위인 읍면동에서 시행되는 것이 바람직하다는 것이다. 현재와 같은 시군구 자치에서는 주민은 실종되고 공직자만의 자치가 이루어질 수밖에 없다고 비판한다. 1995년 지방자치가 재개된지 20년이 지나는 상황에서 다수 국민이 지방자치에 대해서 무관심 내지는 비판적인 것은 상당 부분 현행 기초자치단위가 광대하여 주민과 괴리되어 있기 때문이라고 지적한다. 이같은 읍면동 자치안의 가장 큰 장점은 통합시안이나 시군구 유지안에 비하여 주민접근성을 더 강화하게 된다는 점이다. 반면, 단점은 행정효율을 확보하기에 불리한 구역규모가 된다는 점이 될 것이다.

읍면동 자치를 강화하는 대안은 크게 두 가지로 나누어진다. 하나는 읍면동을 공식적 자치단위로 인정하고자 하는 안이다(읍면동 자치안). 다른 하나는 읍면동을 현재와 같이 행정단위로 유지하되 읍면동 차원의 주민자치기능을 강화하는 안이다(읍면동 준자치안). 전자의 경우, 현재 시도-시군구의 2자치계층제가 시도-시군구-읍면동의 3자치계층제로 변동함으로써 자치계층을 복잡화하여 행정효율을 지나치게 제약한다는 비판이 크다. 후자와 관련해서는 2012년 지방행정체제개편추진위원회가 읍면동 단위의 주민자치회를 법적기구로 설치할 것을 제안함에 따라 2013년부터 31개 지역에서 주민자치회를 시범실시하고 있다.

Ⅲ. 평가적 의견: 시읍면제의 검토

통합시 대안은 규모의 경제효과가 기대되는 등의 기대효과가 있지만, 기초단위에서의 주민대응성 문제가 심각할 뿐 아니라, 기초와 중앙간 방파제로서의 광역자치단체를 제거함으로써 지방자치의 근간을 훼손할 우려가 큰 것으로 평가된다. 기본적으로 효율성 강화는 기초가 아닌 광역차원에서 우선적으로 검토될 사안이며, 따라서 주민대응성에 우선해야 할 기초단위에서 효율성 우선의 잣대를 적용하려는 것은 무리이다. 광역적 관리가 필요하다면 광역자치단체의 조정력 강화 또는 자치단체간 신지역주의적(new regionalism) 차원의 협력 확보가 대안일 수 있다.

그렇다고 해서 현행 시군구 단위를 그대로 유지하는 것이 최선은 아닐 것이며 적절한 보완 내지는 개편조치가 필요하다. 기본적으로 지방자치는 주민참여를 필수적 요소로 포함하며 주민참여의 실효적 장은 기초자치단위라 할 때, 현행 시군구 자치제가 안고 있는 문제는 효율성 부족보다는 주민참여 부재가 더 문제일 수 있다. 그런데 현재 우리나라의 기초자치단체 규모는 과대하여 주민참여가 제대로 이루어지기 어렵다. 그러므로 주민자치의 실효화를 위해서 기초자치단체의 통합이 아니라 축소 내지는 분할이 요구된다. 또한 같은 맥락에서 지역사회 차원의 자치, 즉 마을(읍면동, 동네, 근린, 커뮤니티)자치가 주장되는 것이다.

마을자치의 대안은 크게 두 가지로 나눌 수 있다. 보완적 접근은 현행 시군구 자치제를 유지하면서 읍면동의 행정기능을 강화하고 주민자치회의 자치기능을 강화하여 지역사회 차원의 참여거버넌스체제를 확립하는 것이다(이승종·서재호, 2009). 주민자치회를 구성함에 있어서는 통리장을 당연직 위원으로 하고 부가적으로 위촉직과 공모직을 결합시켜서 주민자치회가 명실공히 지역사회 차원의 주민대표기구가 되도록 하는 것이 바람직하다(이승종, 2008). 이같은 보완적 대안은 현행 시군구 자치를 유지하면서 마을자치의 정신을 살릴 수 있는 유력한 보완책이 될 것이다. 그러나 주민자치가 공직자에 의한 자치에 대해서 보족적이라는 한계는 여전히 남는다.

보다 근본적 대안은 시군구 자치를 공식적 마을자치체계로 전환하는 것이다. 마을자치의 공식화는 주민과 괴리되어 관심이 저조하거나 비판의 대상이기 일쑤인 지방자치를 주민의 품으로 돌려주는 시도가 될 것이며, 주민참여 활성화에 기반한 지방자치의 안정성 확보에 도움이 될 것이다. 마을자치의 공식화와 관련하여 읍면동 자치가 대안으로 제시되고 있음은 앞에서 논의한 바와 같다. 여기에서는 읍면동 자치와 맥을 같이 하되, 도시보다는 농촌지역에서의 마을자치를 강조하는 시읍면 자치에 대해 제시한다.

왜 시읍면 자치인가? 우선 시읍면 자치는 이미 제1, 2공화국 때 시행한 경험이 있다. 1949년 제정된 지방자치법은 도시에서는 도–시, 농촌지역에서는 도–읍면의 2계층제를 규정하였다. 도–읍면 사이에는 도의 하급행정기관으로 군을, 인구 50만명 이상 시에는 구를 두었다. 이같은 자치체제를 근간으로 제1공화국에서는 서울시와 도는 정부직할로 하였으나 시읍면에는 자치권을 부여하였다.[3] 시읍면 자치는 제2공화국에서도 인정되었다. 이렇듯, 시읍면 자치는 제도적 친화성이 있어서 시행에 있어 용이성이 크다. 또한 농촌지역에서는 읍면 단위로 주민정체성이 상당한 정도로 확보되어 있고, 읍면 하부에 리 단위 주민조직도 발달되어 있다. 즉, 읍면 자치의 기반으로 작동시킬 사회적 기반이 존재하고 있는 것이다.

그렇게 할 경우, 군을 어떻게 할 것인가 하는 문제가 있다. 가장 손쉬운 대안은 군을 자치단체로 존치하고 읍면을 새로운 자치계층으로 추가하는 것이지만 이는 자치계층의 복잡화로 행정효율을 과대하게 저해하여 바람직하지 않다. 다른 대안은 군을 미국의 county와 같이 도의 하부행정기관화 또는 준자치단체화하는 것이다. 그렇게 함으로써 자치계층의 복잡화를 막는 한편, 도로 하여금 상대적으로 낙후지역인 농촌지역에 대하여 보다 광역적 차원에서 균형발전을 도모하게 하는 효과를 기대할 수 있다. 또한 군은 시읍면제 시행에 따라 우려되는 효율성 저하문제를 보완하는 중요한 기능을 하게 될 것이다.

도시지역에서는 현재와 같이 시를 단위로 지방자치를 시행하는 것이 보다 현실적이다. 물론 시의 하부구역인 동에서도 마을자치를 시행할 수는 있을 것이다. 실제로 여러 논자들은 시읍면 자치가 아니라 읍면동 자치를 주장한다. 그러나 이같은 주장은 한계가 있어 보인다. 농촌과 달리 도시는 도시기능적 일체성이 크고, 관할면적이 작으며, 인구유동성이 높아 동 단위 지역정체성이 낮기 때문에 하부지역사회의 자치수요가 농촌지역에 비하여 상대적으로 작다. 즉, 마을자치의 수요와 실현가능성이 농촌보다 도시에서 작을 것이며, 따라서 도시지역과 비도시지역을 차별화하여 읍면동 자치가 아닌 시읍면 자치를 제시

---

3 시읍면장은 1952년 전쟁 중 시행된 최초 지방선거에서는 간선제였으나, 1955년 자치법 개정으로 직선제로 변경되었고, 이어 1958년 임명제로 전환되었다. 제2공화국은 지방자치법을 개정하여 (1960) 시읍면장 직선제를 부활시켰으나 선거는 1961년 5.16 혁명으로 실현되지 못하였다.

하게 되는 것이다. 대신 도시에서는 동 단위의 자치단체화 대신, 앞에서 제시한 바와 같이 동행정기능 강화와 주민대표체계의 강화로 접근하는 것이 바람직해 보인다.[4]

시읍면제의 실시효과는 무엇인가? 우선, 지방자치단체의 주민접근성을 제고하여 주민참여를 신장시키고 주민역량을 강화시킴으로써 진정한 지방자치의 발전 토대를 마련하게 된다. 둘째, 시읍면에 적합한 기능모형을 재정립함으로써 지방재정수요를 재정비할 수 있다. 현재 중앙과 지방간 재정균형을 둘러싸고 논란이 큰 상황인데 시읍면 자치를 시행하는 것을 계기로 재정배분에 대한 새로운 차원의 논의가 가능해질 것이다. 특히 읍면 단위의 기능을 조정하여 주민이 직접할 수 있는 일과 공공지원이 필요한 일을 구분하게 되면, 재정과 기능의 재배분에 많은 기회가 생길 것이다. 셋째, 도와 군행정의 기능중복문제가 해소된다. 또한 도는 군을 통하여 보다 광역적 차원에서 농촌지역의 균형발전을 도모할 수 있게 된다. 넷째, 군행정의 효율성을 높일 수 있다. 현재 군행정에 대해서는 적은 인구, 넓은 면적, 많은 공무원으로 인한 행정비효율이 문제로서 지적되고 있다. 또한 군지역 내 이질감이 상존하여 지방정치가 왜곡되고 자원배분의 분절화 문제도 제기된다. 시읍면 자치에 따라 군이 도의 하부행정기관이 될 경우, 군은 읍면 주민행정의 조정과 지원에 주력하는 한편, 도를 매개로 하여 이웃 군과의 광역적 협력을 통한 자원의 효과적 배분이 가능해진다.

지금까지 지방행정체제 개편논의는 시군구 통합에 관심의 초점을 둔 나머지 기초자치단위의 기본적 기능, 즉 주민자치 강화부분에 대해서는 적절한 관심을 기울이지 못하였다. 향후 광역단위에서 국제경쟁력 확보를 위한 효율화 노력을 지속하는 것과 마찬가지로 기초단위에서 민주성 향상을 위한 조치를 마련하는 노력이 동일하게 요구된다. 후자와 관련, 오래 전 시행한 바 있는 시읍면제는 많은 가능성을 가진 대안으로서 새롭게 관심을 가질 필요가 있다.

---

4 동을 자치단체화할 경우에는 시나 자치구는 농촌지역의 군과 마찬가지로 광역자치단체의 하부 행정기관화하여 자치계층의 복잡화를 방지하는 것이 바람직하다.

참고문헌

국회지방행정체제개편특위 (2006). 지방행정체제개편 특별위원회 활동결과 보고서.

이기우 (2006). 우려되는 지방행정구역 및 자치계층 개편논의. 자치행정, 9월호.

이승종 (2008). 지방역량강화를 위한 광역자치구역의 개편방안. 행정논총, 46(3): 361-390.

이승종·서재호 (2009). 지방행정체제개편론. 서울: 법문사.

최영출 (2005). 자치단체간 통합시 공공시설운영 절감효과 추정에 관한 연구: 제주도의 사례. 한국지방자치학회보, 17(4): 47-65.

ACIR (1974). *The Challenge of Local Governmental Reorganization: Substate Regionalism and the Federal System.* Washington D.C.

Gustley, R. D. (1977). The allocational and distributional impacts of governmental consolidation: the Dade County experience. *Urban Affairs Quarterly,* 12(3): 349-364.

Ostrom, V., R. Bish and E. Ostrom (1988). *Local Government in the United States.* CA: Institute of Contemporary States.

8장 광역시의 존치: 찬성 vs 반대

권오철

I. 서 론

　우리나라의 「지방자치법」은 제2조(지방자치단체의 종류)에서 특별시와 광역시에 대하여 광역지방자치단체로서의 지위를 부여하고 있다. 또 2013년 제정된 「지방분권 및 지방행정체제개편에 관한 특별법」 제19조(과소 구의 통합)에서는 과소 구 통합논의에 앞서 "특별시 및 광역시는 지방자치단체로서 존치하되"라고 전제하고 있다. 「지방분권 및 지방행정체제개편에 관한 특별법」의 이 구절을 어떻게 해석할까에 대하여는 분분한 의견이 있을 수 있지만, 분명한 사실은 특별시·광역시의 지위에 대한 논란이 있었다는 점, 그리고 그러한 논란이 완전히 해소된 것은 아니라는 점이다.

　찬반론의 경우 동일한 기준에 대하여 어떤 위치에서 보는가에 따라 입장이 달라지고 있다. 다시 말해 광역시의 대도시 행정에 초점을 두고 볼 것인가, 아니면 광역시를 포함한 지역전체(도)에 초점을 두고 볼 것인가에 따라 찬반에 대한 입장이 다르게 나타난다는 것이다. 때문에 이하에서 논의할 광역시의 존치 여부 문제 역시 대도시 행정을 강조하는 논자들의 경우 존치론(시도분리론)에, 지역전체의 균형발전을 강조하는 논자들의 경우 폐지론(시도통합론)에 무게를 두고 있다. 다만 논의의 정리에 있어 특별시의 경우 수도로서의 상징성에 따른 성격상 차이가 있는 만큼, 여타 광역시와 동일선상에서 논의하기에는 어려움이 있기 때문에, 여기서의 논의는 광역시와 도간에 한정하여 살펴보기로 한다.

Ⅱ. 쟁 점

1. 정치권의 논의전개

학계의 찬반 논의에 앞서 정치권에서의 논의를 개략적으로 살펴볼 필요가 있다. 시도의 분리와 통합의 문제는 이론적인 연구와 함께 정치적 논의와 맥락적인 연계성을 가지고 전개되어 왔기 때문이다.

광역시에 대한 제반문제가 가장 이슈화된 것은 1992년 울산광역시 승격문제의 대선공약화와 1997년 울산광역시의 출범, 그리고 1995년 지방선거에서 당시 전남도지사에 의한 전남과 광주광역시 통합제안, 이에 대한 광주광역시의 반발, 충남지사와 경북지사의 공감표명 등의 과정에서 다양한 논의가 전개되었으나 가시적인 성과를 거두지는 못하였다. 이후 100만명 규모의 기초자치단체가 생겨나면서 광역시 문제가 다시 쟁점화되었으나, 기존 광역시 출범을 둘러싼 다양한 정치적 논쟁과 잔여도부의 문제 등으로 인하여 추가적인 광역시 승격은 없는 상태이다. 이와는 별개로 국회 내 여야에서 지방행정체제 개편논의의 과정에서 도폐지 자치1계층화를 전제로 수십개의 통합광역시를 만드는 안들이 제안되었으나, 도존치로 방향이 잡히면서 통합광역시에 대한 논의 역시 추가적으로 진행되지는 못하였다.

2. 학계의 찬반론

1) 광역시 존치론(시도분리론)

존치론(시도분리론)은 다양한 측면에서 논거가 제기되고 있으나, 대표적인 주장은 대도시 행정수요에 대한 대응력 제고, 대도시로서의 대외경쟁력 제고, 대도시에 대한 역차별 등의 해소 측면에서 필요성이 인정된다는 것이다.

첫째, 대도시 행정수요에 대한 대응력 제고를 위하여 존치가 필요하다는 것이다. 광역시는 출범이후 대도시 행정의 한 모델로서 오랜 기간 나름의 방식으로 수행되어 왔는바, 이를 무시할 경우 대도시가 가지는 특수한 행정수요에 효과적으로 대응하기 어려워진다는 주장이다. 다시 말해 광역시 자치행정시스템의 경우 광역시와 광역시 내의 자치구간 유기적 연계성을 통하여 행정수요의 대응이 이루어져야 한다. 그런데 광역시가 폐지되어 도에 포함될 경우 기존의 광역시가 주도적 입장에서 추진해 온 광역시 자치행정시스템이 제 기능을 발휘할 수 없게 되고, 결과적으로 광역시 행정만이 가지고 있는 특수성과 전문성을 잃어버리는 결과를 초래하게 된다는 입장이다.

둘째, 대도시로서의 대외경쟁력 제고를 위해서도 존치가 요구된다는 입장이다. 현재와 같이 국제화 주역이 국가단위가 아닌 비즈니스 중심의 지역단위가 되고 있는 현실 속에서 국제적 경쟁력을 가지고 있는 광역시의 지위를 폐지하여 일반시로 전환하는 것은 경쟁력 있는 대도시를 만들어나가야 하는 국가전체적인 입장에서도 손실이 될 수 있다는 것이다.

셋째, 광역시가 폐지될 경우 대도시 지역이 받게 될 역차별 내지는 비형평적 측면으로 인하여 현재와 같이 존치가 필요하다는 입장이다. 여기에는 여러 가지 논의가 제기되고 있는데, 우선 광역시가 폐지되고 도로 통합될 경우 도행정특성상 대도시 행정수요가 농촌지역 행정수요에 비하여 우선순위를 가지기 어렵다는 점이 주장된다. 또한 지역간 균형의 측면에서 대도시 지역의 주민이 낸 세금이 여타 지역으로 배분될 가능성이 있다는 것이다. 이와 함께 광역시로 교부되는 중앙재정지원금이 감소될 수 있다는 재정적 측면에서의 우려 역시 존치론의 입장에서 제기되고 있다.

2) 광역시 폐지론(시도통합론)

폐지론(시도통합론)은 앞서 지적한 바와 같이 존치론과는 달리 시도를 포함한 지역전체의 입장에서 논의를 전개한다. 때문에 주장 역시 동일한 지역공동체의 발전 지향, 지역간 연계성 있는 개발 모색, 행·재정적 낭비요인의 제거 등이 우선적으로 제기된다.

첫째, 시도가 가지고 있는 동질적 지역공동체 의식에 기반하여 지역발전
이 구상되어야 한다는 주장이다. 광역시와 이를 포함하고 있는 도는 역사적
연원을 같이 하는 지역공동체임에도 불구하고, 이를 인위적으로 분리시킴으로
써 광역시 지역과 광역시가 분리된 잔여도부 지역간 대립 및 위화감 조성의
원인이 되고 있다는 것이다. 나아가 이러한 대립은 정책과정상 심각한 지역이
기주의를 초래하여 정책비용을 상승시키고 있는 바, 광역시를 폐지하여 도에
통합하여야 한다는 것이다.

둘째, 지역간 연계성 있는 개발 모색과 경쟁력 확보를 위해서도 광역시의
폐지가 필요하다는 입장이다. 폐지론자들의 관점 중 하나가 과거 도로부터 광
역시의 분리를 중앙정치인의 정치적 이해관계에 기인하는 것으로 보는 것이
다. 이는 앞서 제기한 바와 같이 동질적 공동체를 정치적 이해에 따라 인위적
으로 분리시킴으로써 광역시는 배후지를 잃게 되었고, 도의 경우 도 내 핵심
지역을 제외하고 이른바 잔여지로서 개발을 모색함에 따라 개발에 따른 시너
지효과를 얻지 못하고 있다는 것이다. 다시 말해 동일한 경제생활권임에도 불
구하고 광역시와 이를 포함한 도간 개발계획이 나누어져 수립되고 추진됨으로
써 효과적인 광역권 개발이 이루어지지 못하고 있다는 입장이다. 또한 동일한
관점에서 수도권 지역 외에는 도의 규모가 300만명 미만으로 광역주체간 균형
된 지역경쟁력을 확보하기 위해서도 광역시 폐지 및 도로의 통합이 요구된다
는 주장이다.

셋째, 행·재정적 낭비요인의 제거차원에서도 광역시와 도간 통합적 운영
이 필요하다는 입장이다. 시와 도가 분리되어 운영됨으로써 교통, 환경, 상하
수도, 쓰레기처리 등 지역간 연계성을 가지는 각종 행정수요에 대하여 이원적
으로 대응하게 되어 행·재정적 낭비의 원인이 되고 있다는 것이다. 이외에도
각종 행정기관 및 관련 단체의 이중적 설치, 체육·문화시설 등의 중복적 건립
등에서도 행·재정적 낭비가 초래되고 있는 바, 이의 해소를 위해서도 광역시
와 도의 통합이 필요하다는 것이다.

Ⅲ. 평가적 의견

광역시의 존치여부에 대한 찬반양론은 앞서 살펴본 바와 같이 각자의 입장에서 보는 만큼 각각 장단점을 가지고 있다. 때문에 향후의 방향모색을 위해서는 각자의 지역적 관점이 아닌 보다 큰 틀에서의 접근이 필요하다. 광역시의 존치여부 논의는 여러 측면에서 그 효과를 예측해 볼 수 있겠지만, 국가경쟁력과 지방분권이라는 두 개의 측면에서 개략적으로 살펴보면 다음과 같이 정리할 수 있다. 먼저 국가경쟁력의 측면에서 볼 경우 대도시(광역시)의 위상 및 지위 약화, 국가의 정책통제력 약화 등이 예상된다. 그렇지만 규모의 경제효과 및 국제적 경쟁단위 확보를 통해 국가경쟁력 제고의 효과가 기대된다. 다음 지방분권의 측면에서 볼 경우 중앙권한의 이양과 재정적 분권을 통해 자치역량을 강화하고, 광역자치단체의 정치적 위상을 높일 수 있게 될 것이다. 다만 광역자치단체의 권한 강화를 통해 주민의 참여 및 편익증진효과는 떨어질 수 있지만, 광역시설의 공동이용에 따른 편리성 측면 등은 제고될 수 있을 것으로 기대된다.

최근 기초자치단체 중 100만명 이상의 대도시가 생겨나고, 또 일부 기초자치단체가 100만명에 육박하면서 광역시로의 승격문제가 제기되었다. 그러나 울산광역시 출범이후로는 광역시 승격이 억제되고 있는 실정이다. 무엇보다 인구 100만명 이상 및 이에 근접하는 도시가 다수 생겨나면서 이들 도시 모두를 광역시로 승격시킬 경우 도의 공백현상이 심화되어 지역의 균형발전을 모색하는 것이 사실상 어렵게 되기 때문이다. 이러한 점은 단기적으로는 기존 광역시는 존치하되, 100만명 규모의 기초자치단체에 대한 효과적 행·재정시스템의 마련이 필요함을 보여준다. 그러나 국가경쟁력과 지방분권이라는 큰 틀에서 살펴보았듯이 중장기적으로는 광역시와 100만명 이상 대도시에 대한 이중적 잣대의 해소 및 지역단위 경쟁력과 균형발전을 위하여 광역시와 도의 통합방안 모색이 필요함을 보여준다. 그러나 현실의 여건상 광역시 폐지와 도의 통합문제는 쉽게 결론지어지기 어려운 측면이 있다.

　　때문에 단기적 방안에서든, 아니면 중장기적 논의에서든 보완적 차원에서의 검토과제가 요구된다. 먼저 당면한 문제이지만 광역시 승격이 어려운 100만명 규모의 지방자치단체에 대한 조치가, 그리고 향후 시도간 통합논의가 이루어져 광역시가 광역자치단체의 지위에서 기초자치단체로 지위가 변경될 경우의 조치가 그것이다. 여기에는 다양한 보완적 조치의 논의가 가능하겠지만, 기본적으로 검토되어야 할 방향은 차등분권이다. 다시 말해 지방자치단체의 규모와 역량에 걸맞는 권한과 책임의 부여를 통하여 대도시 행정수행의 특수성과 전문성을 가질 수 있도록 해야 한다는 것이다. 이러한 점에서 현재 일본에서 시행하고 있는 정령지정시제도는 대안모색의 주요한 참고사례가 될 수 있을 것이다. 이러한 차등분권이 시−도간 문제해결의 소극적 검토과제라면 시−도간 지역발전을 위한 특정업무만을 수행하는 초광역적 성격의 특별지방자치단체의 구상 등은 보다 적극적 검토과제라고 할 수 있을 것이다.

참고문헌

김병국 (2007). 지방행정체제개편연구. 서울: 한국지방행정연구원.

안성호 (2009). 정치권의 지방자치체제 개편안의 문제점과 대안적 개편구상. 한국거버넌스학회보, 16(2).

유재원 (2002). 지방자치 계층구조 및 행정구역에 관한 소고: 광역자치단체를 중심으로. 한국정책과학학회보, 6(2).

이기우 (2011). 지방행정체제의 개편방향. 자치분권 Issue & News(http://www.selfgo.org/news/articleView.html?idxno=42).

이기우 (2009). 정치권과 정부의 지방자치행정체제 개편방안에 대한 평가. 지방자치학회(바람직한 자치행정체제개편을 위한 합동세미나 논문집).

9장 차등분권제

금창호

I. 서 론

차등분권은 일반적으로 지방분권을 의미하되, 방법론적으로 획일적 지방분권에 대비되는 의미를 가지고 있다. 지방분권은 다양한 견해가 존재함에도 불구하고, 중앙정부가 지방자치단체에 권한을 이양하는 것뿐만 아니라 지방자치단체가 중앙정부의 간섭과 통제를 받지 않거나 통제에 대한 염려 없이 그러한 권한을 행사할 수 있는 정도를 의미한다(홍준현 외, 2006). 그리고 이러한 지방분권은 개별 지방자치단체의 현실적 여건을 고려하지 않고, 기본적으로 중앙정부에 대비되는 지방자치단체 전체를 대상으로 접근되어 왔다.

그러나 차등분권은 지방분권이기는 하나, 권한이양에서 지방자치단체의 개별적 역량을 중요한 변수로 적용하는 것이다. 즉, 지방자치단체의 능력과 규모 등에 따라 권한 및 사무 등을 획일적으로 이양하는 것이 아니라 차등적으로 이양하는 것이다(하혜수, 2004). 이와 같은 차등분권은 공공부문의 비효율성 제거와 혁신을 통한 성과제고라는 목적을 달성하기 위하여 다수의 주요 선진국들에서 도입되었다. 미국은 1900년대부터 규제정책에 대한 주정부의 효율적인 정책집행을 조건으로 연방정부와 주정부간의 새로운 협력관계를 구축하기 위하여 부분선점제를 도입하였다. 영국은 1990년대부터 정책성과에 기초하여 권한을 차등적으로 부여하는 모범자치단체(Beacon Council)제도와 최고가치(Best

Value)제도를 운영하고 있다. 일본도 1990년대부터 지방정부의 행·재정적 능력을 고려하여 중앙정부의 통제와 간섭을 완화해주는 특례자치단체제도를 도입하고 있다(하혜수 외, 2002).

이처럼 주요 선진국에서 차등분권을 강조하는 이유는 다음과 같다(하혜수 외, 2002). 첫째, 지방자치단체의 여건과 자치능력에 상응하는 권한의 이양을 통한 정책성과의 제고로, 지방자치단체의 능력을 초과하는 권한이양은 해당 권한과 관련된 정책이나 서비스의 질을 저하시키고, 나아가 권한의 남용가능성을 증대시킬 개연성이 있다. 둘째, 지방자치단체 상호간의 경쟁과 혁신을 통해서 지역발전을 유도할 수 있다. 즉, 우수한 성과와 역량을 보인 지방자치단

▒ 표 9-1 ▒ 각국의 차등분권제도 사례

구분	영국	일본	미국
제도	· 모범자치단체제도 · 최고가치제도 · 종합평가제도 · 지역평가제도	· 특별시제도 · 구조개혁특구제도	· 부분선점제
목적	· 성과평가에 의한 차등분권 · 주민서비스의 향상	· 능력에 따른 자율성 제고 · 정책의 효율성 제고	· 지방정부의 자율성 제고 · 중앙정부 정책의 효율성 제고
방식	· 중앙정부와 지방정부가 협의를 통해 목표를 정하고 이를 기준으로 업무평가를 실시	· 지방과 중앙정부가 협의를 통해 권한을 이양 · 중앙정부의 주도하에 지방정부의 분권이 이루어짐	· 중앙정부에 의한 제한적 범위 내에서 분권이 이루어짐 · 분권은 성과를 토대로 지속성 여부 판단
성과	· 서비스 향상 · 지방정부의 자율성 증대	· 중앙정부의 통제 약화 · 지방정부의 자율성 신장 기대	· 정책의 효율성 증대 · 지방정부의 자율성 강화
한계	· 공정한 평가지표의 개발이 지속적으로 필요 · 실적위주의 업무평가로 인한 지역간 격차가 벌어짐	· 중앙정부의 자의성이 개입할 여지가 있음 · 분권의 진행속도가 느림 · 성과평가의 부분이 빠져 있음	· 지방정부의 정책수행에 따른 비용증가 · 지방정부의 분권이라는 목적이 약해짐

자료: 금창호 외 (2012).

※ 표 9-2 ※ 한국의 차등분권 적용사례

구분	내용
차등분권	· 제주특별자치도 특별지방행정기관 이양(9개 기관) · 제주특별자치도 자치경찰 · 제주특별자치도 중앙권한 이양(4단계 3,839건) · 제주특별자치도 자주재원 확충특례 · 경제자유구역청 중앙권한 이양 · 50만명 이상 대도시 광역기능 직접 수행 · 자치구 일부사무 본청 위임(14개 사무) · 50만명 이상 및 100만명 이상 통합시 행정특례 · 100만명 이상 통합시 부단체장 2명 임용 · 100만명 이상 통합시 한시기구 설치 및 별도정원 책정

자료: 금창호 외 (2012).

체에게 더 많은 권한을 부여함으로써 지방자치단체 상호간 혁신을 촉진하고, 이를 통해서 지역발전과 국가경쟁력을 제고할 수 있다. 셋째, 중앙정부의 소극적인 권한이양에 대응할 수 있다. 중앙정부는 지방자치단체의 능력부족 등을 이유로 지방분권에 대하여 소극적인 경향이 있으나, 자치능력이 높은 지방자치단체를 중심으로 권한이양을 추진함으로써 이러한 소극적인 중앙정부의 태도를 지양할 수 있다.

한편, 우리나라도 차등분권이 부분적으로 적용되어 왔다. 차등분권의 적용대상은 제주특별자치도와 기초자치단체로 구분되나 제주특별자치도를 제외하면 대체적으로 인구규모를 기준으로 적용되고 있다. 차등분권의 구체적 내용을 보면, 〈표 9-2〉와 같다(금창호 외, 2012). 즉, 제주특별자치도를 대상으로 특별지방행정기관의 이양, 자치경찰제도의 도입, 자주재원의 확충특례 등이 해당되고, 일반 기초자치단체를 대상으로 50만명 이상 대도시의 광역기능 직접 수행, 자치구 일부사무의 본청위임, 50만명 이상 및 100만명 이상 통합시 행정특례, 100만명 이상 통합시 부단체장 2명 임용, 100만명 이상 통합시 한시기구 설치 및 별도정원 책정 등이 포함된다.

현재 우리나라에서 논의되고 있는 차등분권은 대체적으로 기초자치단체의 대도시를 대상으로 접근되고 있다. 즉, 행정구역의 통합으로 탄생되는 인구 50만명 이상 또는 100만명 이상의 대도시를 대상으로 능력과 규모에 부합하는 권한을 부여하자는 논리이다. 「지방분권 및 지방행정체제개편에 관한 특별법」 제40조에 따르면, 특별시와 광역시가 아닌 인구 50만명 이상 대도시 및 100만명 이상 대도시의 행정·재정 운영 및 지도·감독에 대하여는 그 특성을 고려하여 관계법률에서 정하는 바에 따라 특례를 둘 수 있도록 규정하고 있다. 뿐만 아니라 기존의 다수 연구에서도 대체적으로 대도시를 대상으로 권한이양의 차등부여를 주장하고 있다(이규환, 2004; 이규환·이종수, 2004; 이종수, 2004; 형시영, 2006).

이와 같은 차등분권의 논의는 미국이나 영국 등에서 나타나고 있는 정책집행 및 정책성과를 기준으로 하는 차등분권과 달리 인구규모를 기준으로 권한이양의 차등화를 도모하는 방법이다. 차등분권의 도입필요성에서 제시된 바와 같이 중앙정부의 소극적 지방분권 태도를 지양하고자 하는 목적으로는 단순히 인구규모를 기준으로 차등분권을 우선적으로 실시하는 것도 의미가 있다. 그러나 실질적인 차등분권의 효과를 확보하기 위해서라면, 차등분권의 기준을 단순화하는 방법은 충분한 검토가 필요하다.

Ⅱ. 찬성론

대도시의 차등분권을 찬성하는 논거는 대체적으로 대도시가 보유한 행정적 특성에 기초하고 있다. 현재 정부차원에서 논의되고 있는 인구규모 50만명 이상 및 100만명 이상의 대도시에 대한 특례부여의 차등분권이 논의되기 이전에도 인구 50만명 이상의 대도시의 차등분권이 논의되어 왔고, 정책적으로 차등분권이 현실화되어 있다. 따라서 기존의 논의 등을 종합하여 대도시의 차등분권에 대한 찬성의 논거를 살펴보면, 다음과 같다.

첫째, 인구 50만명 이상 및 인구 100만명 이상의 대도시는 광역시에 버금가는 행정수요를 보유하고 있다. 이처럼 증가한 행정수요의 효율적 대응을 위해서는 기존의 행정체제로는 한계가 있다. 따라서 실질적인 행정수요에 효과적으로 대처할 수 있는 적절한 권한이 이양될 필요가 있다(채원호·오영균, 2003; 이종수, 2004). 둘째, 전문성이 요구되는 사무의 급증이다(이규환·이종수, 2004). 대도시 인구의 단위면적당 인구비율이 높을수록 주택과 상하수도, 교통, 도시계획 등 전문성이 요구되는 사무의 비중이 높아진다. 이와 같은 고도의 전문성이 요구되는 사무의 효과적 처리를 위해서는 대도시의 특수한 지위에 적합한 기능 및 재원의 배분이 수반되어야 한다. 셋째, 지역개발 관련기능의 증가이다(전국대도시시장협의회, 2003). 지역개발 관련기능은 주민의 삶의 질을 향상시키고, 쾌적한 생활환경을 조성하며, 문화생활의 접근성을 제고하는 것 등에 목적이 있다. 이러한 지역개발 관련기능은 대도시일수록 수요가 증가되므로 상응하는 권한의 배분이 필요하다. 넷째, 경쟁력을 구비한 대도시의 육성이다(이규환·이종수, 2004). 21세기는 경쟁력을 구비한 대도시들이 지역단위의 비즈니스 중심지로서의 역할을 수행할 것으로 전망된다. 따라서 경쟁력을 구비한 대도시의 육성전략이 국가차원에서 적극적으로 수반되는 것이 타당하다.

이와 같은 대도시의 차등분권에 대한 찬성론은 도시행정의 특성에 기초한 현실적 수요에 근거하고 있다. 행정수요의 양적 증대와 사무의 특성 및 국가경쟁력 강화를 위한 정책적 전략 등 현실적으로 발생되는 대도시의 다양한 수요의 효과적 대응을 위해서는 차등분권이 적절한 대안이라는 논리이다.

Ⅲ. 반대론

대도시의 차등분권에 대해서는 전술한 바와 같이 인구 50만명 이상의 대도시를 대상으로 정책적 실험을 이미 거쳐 왔다. 그리고 최근에는 인구 50만명 이상의 대도시에 더하여 인구 100만명 이상의 대도시에 대한 차등분권이 추진되고 있는 실정이다. 따라서 대도시의 차등분권에 대한 반대가 현저히 제기되고 있지는 않다. 다만, 기존과 달리 인구 100만명 이상의 대도시가 차등분권의 대상으로 포함되면서 일부의 정책적 이견이 제기되고 있다. 그리고 이러한 정책적 이견은 학계를 중심으로 한 이론적 논거에 기초한 반대라기보다는 대체적으로 이해관계에 근거한 정책적 이견에 해당된다.

가장 직접적으로 이해관계를 갖는 집단은 인구 100만명 이상의 대도시들이다. 이들 대도시들은 기존의 정책에 따르면, 인구 100만명 이상에 도달하면 광역시로의 승격이 이루어져야 한다. 그럼에도 불구하고, 현행의 특례법에 따르면 기초자치단체의 법적 지위를 보유하게 된다. 이는 대도시의 차등분권이 적용되어도 광역시가 가지고 있는 권한에 비해서는 상대적으로 적은 것이다. 따라서 인구 100만명 이상의 대도시들은 기본적으로 특례법에 따른 대도시의 차등분권에 긍정적이지 않다. 다만, 현실적으로 광역시로의 승격이 가능하지 않기 때문에 특례인 차등분권의 내용이 강화되길 기대하고 있다. 다음으로 특례법의 적용대상이 아닌 기초자치단체들의 정책적 이견이다. 특례법에 따른 대도시의 차등분권은 기본적으로 인구규모라는 단일변수[1]가 적용되고 있어서 적용대상이 제한적이라는 한계가 있다. 인구규모에 따른 차등분권은 행정수요의 양적 및 질적 차이에 대한 탄력적 대응을 확보하는 반면에 기초자치단체간의 발전격차를 지속적으로 확대할 개연성도 많다. 뿐만 아니라 인구규모 이외의 정책집행이나 정책성과에 따른 차등분권과 같은 외국사례를 감안하면, 매우 단순한 정책내용으로 간주할 수 있다.

IV. 평 가

획일적인 지방분권에서 지방자치단체의 여건을 반영하는 차등분권은 다양한 목적에 기초하고 있다. 앞에서 언급한 바와 같이 지방자치단체의 정책성과를 제고하거나 경쟁과 혁신을 통해 지역발전을 촉진하거나 중앙정부의 소극적

---

1 「지방분권 및 지방행정체제개편에 관한 특별법」 제40조에 따르면, 인구 30만명 이상인 지방자치단체로서 면적이 1천 제곱킬로미터 이상인 경우 이를 인구 50만명 이상 대도시로 본다고 하여 인구 외에 면적도 차등분권의 변수로 적용하고 있으나, 이도 기본적으로 인구규모로 환원된다는 점에서 현행의 대도시 차등분권은 인구규모라는 단일변수가 적용되는 것으로 판단할 수 있다.

권한이양을 지양하는 등의 목적에 기초하고 있다. 따라서 지방자치의 내실화를 위해서는 차등분권이 보다 적극적으로 적용될 필요성은 분명히 존재한다. 다만, 현행의 특례법에 따른 대도시 차등분권이라는 정책에 대한 재검토는 필요할 것으로 보인다.

차등분권이 정책적 효용성을 충분히 확보하기 위해서는 두 가지의 전략적 접근이 수반될 필요가 있다. 첫째는 차등분권에 대한 다양한 이해관계자들의 인식이 전환될 필요가 있다. 기존의 설문조사에 따르면, 차등분권에 대한 부정적 시각이 적지 않았던 것으로 나타나고 있다.[2] 차등분권에 대한 직접적인 이해관계자들의 시각이 긍정적으로 전환되지 않고서는 제도의 적용이 쉽지 않다. 따라서 지방자치단체뿐만 아니라 중앙정부에서도 차등분권이 기존의 획일적 지방분권에 비해서 지방자치의 내실화를 도모하는데 보다 효과적인 대안이라는 인식이 선행될 필요가 있다. 둘째는 차등분권의 적용기준이 다양화될 필요가 있다. 현재처럼 인구규모라는 단일기준에 따른 차등분권은 다수 기초자치단체들의 부정적 시각을 강화할 우려뿐만 아니라 실질적으로도 기초자치단체들의 발전격차를 현저히 확대하는 요인이 될 가능성이 높다. 따라서 외국사례에서 보듯이 지방자치단체의 행·재정 능력뿐만 아니라 정책성과나 정책의지 등 다양한 기준에 따른 차등분권이 적용됨으로써 지방자치단체의 경쟁을 촉발하고, 나아가 지방자치의 내실화를 도모하는 전략으로 활용되어야 한다.

---

2 차등분권에 대한 반대의견이 정부혁신지방분권위원회(2003)의 조사에서는 45.0%, 홍준현(2001)의 조사에서는 39.4%로 나타났다.

참고문헌

금창호·권오철·박종관·최영출·하능식·하혜수 (2012). **지역유형별 자치제도 개선방안**. 지방행
　　정체제개편추진위원회.

이규환 (2004). 대도시의 행정특례범위에 관한 연구. **행정논집**, 31.

이규환·이종수 (2004). 대도시의 차등분권과 행정특례 범위에 관한 연구. **국토논단**, 274.

이종수 (2004). 특정시의 차등분권과 행정특례모형 연구. **도시문제**, 8월호.

전국대도시시장협의회 (2003). 대도시행정체제 개편방안 연구.

채원호·오영균 (2003). 한국의 지정시제도 도입에 관한 연구: 일본의 특례도시제도가 주는 교
　　훈. 서울행정학회 하계학술대회 논문집.

하혜수 (2004). 차등적 지방분권제도의 한국적 도입가능성에 관한 연구. **한국행정학보**, 38(6).

하혜수·최영출 (2002). 차등적 지방분권제도에 대한 비교연구: 영·미·일·북유럽을 중심으로.
　　한국행정학보, 36(2).

형시영 (2006). 대도시행정의 차등적 분권화와 행정특례에 관한 연구: 일본의 차등분권과 정령
　　지정도시의 발전사례를 중심으로. **한국지방자치학회보**, 18(1).

홍준현 (2001). 중앙사무의 지방이양에 있어서 차등이양제도 도입방향. **한국지방자치학회보**,
　　13(3).

홍준현·하혜수·최영출 (2006). 지방분권 수준 측정을 위한 지방분권 지표의 개발과 적용. **지
　　방정부연구**, 10(2).

10장 구자치제: 찬성 vs 반대

🖐 박 형 준

I. 서 론

지방행정에 있어서 가장 중요한 쟁점 중에 하나가 주민의 삶의 만족을 높이는 지방행정제도를 어떻게 설계하는 것이다. 이와 관련해서 중심적으로 논의되는 주제가 집권과 분권, 대규모와 소규모 행정구역단위와 같은 이슈이고, 이는 국가전체적인 효용을 고려할 것인지, 지방주민의 효용극대화의 관점에서 바라볼 것인지와 연관되어 있다. 이러한 주민의 효용극대화 역시 규모의 경제를 통해 원가절감을 통해 얻는 칼도 힉스적인 효율성의 추구와 모든 주민들이 자신이 원하는 서비스 수준을 얻는 파레토 효율적인 배분적 효율성의 추구에 따라서 어떠한 방식으로 지방행정체제를 설계하는 것이 좋을지 많은 쟁점이 있다. 구자치제의 쟁점도 역시 이와 같은 기준에 따라서 찬반의 논의가 나누어지고 있다.

행정구역으로서 구(區)는 대도시 지역의 급격한 도시화와 인구증가에 따라서 광역자치단체가 대도시 문제를 효과적으로 관리하고 시민들에게 적절한 행정서비스를 제공하기 위해 만든 지방행정단위이다. 이러한 구제에는 3가지 유형이 존재한다. 하나는 미국의 메트로폴리탄 내의 도시정부처럼 정치적으로 자치단체장과 자치단체의회의 의원을 주민이 직접 선출하고, 기능적으로 광역상급행정기관이 없는 완전자치구제이고, 둘째는 일본과 우리나라와 같이 정치적으로는 자치단체장과 의원을 직접 선거에 의해 선출하지만 상급단체로서 광역자치단체가 존재하고 업무의 많은 기능이 광역자치단체에 의해 행해지고, 더불어 광역자치단체의 조례에 반하는 조례를 제정권한이 없는 준자치제, 마지막으로 자치단체로서의 법인격이 없고 자유재량권이 없는 우리나라 인구 50만명 이상의 시군의 행정구이다.

우리나라에서는 1988년 지방자치법의 개정으로 특별시와 광역시에 구자치제가 도입되었고 1991년 3·26 지방선거에 의해서 기초의회의원이 선출되었다. 기초의회의 개원은 정치적으로 지방의 자율성을 확보하면서, 지방행정에 대한 주민의 근접통제를 가능케 하였다는 점에서 행정·정치적으로 큰 의미를 갖는다(김병준, 1994; 조경호·김명수, 1995). 하지만 이런 구자치제, 자치구 제도에 대해서 도입시부터 민선 6기 선거를 앞둔 현재까지도 위에서 언급한 지방행정체제의 쟁점의 논의 속에서 찬반의 의견이 계속적으로 이루어지고 있다(최창호, 1989; 이승종 외, 1990).

이런 자치구제의 찬성과 반대의 쟁점은 크게 두 가지 내용에서 전개되고 있다. 하나는 광역행정의 효율성 추구를 위한 1계층제로 지방행정체제 개편에 따른 자치구 폐지에 대한 논의이고, 다른 하나는 구의회의 무용론에 따른 자치구의회의 폐지에 대한 논의이다.

Ⅱ. 전통적 구자치제의 찬반 논의

기존의 지방자치행정체계는 고도의 중앙집권적인 시대의 산물로, 더 이상 적합하지 않으므로 1계층의 지방행정체계를 개편해야 한다는 주장과 함께 자치구의 폐지가 지속적으로 제기되고 있다. 2006년 국회는 16개 시·도와 234개 시·군·구를 60개 광역자치단체로 개편하는데 잠정합의하였으나 이루어지지 않았으며, 2012년에도 대통령 소속 지방행정체제개편추진위원회는 ① 자치구간 행정서비스와 복지수준의 불균형 시정과 생활권과 행정권의 괴리, ② 시-자치구간 갈등으로 인한 사업지연 ③ 대도시 종합행정의 요구 등에 부응하기 위해 자치구를 폐지해야 한다고 주장하면서 특별·광역시의 자치구의회 폐지 및 36개 시·군·구를 16개 행정구역으로 통합하는 방안을 제시하였다. 이에 따라 자치구제의 찬반 의견이 제시되었다.

1. 구자치제 찬성 논리

첫째, 행정의 효율성 측면에서 대도시 정부의 과도한 비대성 제어이다. 특별시와 광역시의 인구 및 재정규모가 방대하기 때문에 시정 전체를 하나의 정부에 맡기는 것은 행정효율성의 측면에서 무리라 할 수 있다. 중소도시의 인구 및 예산이 대도시의 어느 한 구에도 미치지 못하는 경우, 관할업무의 불균형으로 인해 비효율성이 발생할 수 있다. 더불어 규모의 경제를 달성하는 적정규모를 넘을 수 있다.[1]

둘째, 분권화를 통한 효율성의 제고이다. 단일한 광역자치단체에 행정상의 모든 권한이 집중되어 있을 때는 획일적인 기준에 따른 경직된 행정으로 다양한 주민과 지역의 요구에 대한 충분한 정보나 업무의 이해부족으로 효율성이 저하될 수 있다. 그러나 자치구제는 지역의 실정에 맞는 행정기준을 설정하여 주민의 생활현장에서 행정이 처리 및 집행되므로 행정의 구체적 타당성을 높이고 효율성을 확보할 수 있다.

셋째, 다양한 시민요구의 대응을 통한 배분적 효율성을 달성할 수 있다. 큰 규모의 단일한 정부는 주민의 행정요구에 대해 유연하게 대응하기 어려워 행정의 타당성을 기할 수 없다. 그러나 지역의 특성을 반영한 소규모의 자치구는 상대적으로 다양한 주민의 요구를 수용할 수 있는 장점이 있다. 더불어 다중심거버넌스체제의 민주적 효율성 매커니즘, 즉 경쟁, 발언권, 공공기업가정신, 민관공동생산, 가외성 때문에 오히려 광역단일중심체제보다 다중심의 자치구제도가 효율성 측면에서도 더욱 뛰어나다고 할 수 있다(Bish &

---

1 Katsuyama(2003)와 Dollery & Crase(2004: 22) 등의 연구결과 "합병론자들이 신봉하는 규모경제 원리의 타당성은 특히 노동집약적 공공서비스 부문에서 이론적으로나 경험적으로 거의 인정받지 못했다"며 교육·소방·경찰·문화·사회복지서비스 등 노동집약적 지방공공서비스는 규모가 커질수록 오히려 효율성이 저하됨.

Ostrom 1988).[2]

넷째, 지방자치적인 측면에서 풀뿌리 민주주의 실현을 위한 주민의 행정 접근 용이성과 및 참여기회 확대를 위해 자치구의 존재는 필요하다. 광역자치 단체는 사소한 문제가 제기될 경우 모두 광역단위에서 처리되는 경향이 있고 이에 주민이 지방자치행정에 접근하기 어렵고 도시서비스의 공급이 어떤 과정 을 거쳐 행해지는지 알기 어렵다. 따라서 지방정부의 행정의 정책결정과정에 참여할 수도, 그것에 영향력을 행사하는 것도 전무한 상태이다. 따라서 자치구 가 존재할 경우 상대적으로 주민의 접근성이 높으므로 행정에 대한 주민의 관 심과 참여를 통한 이해를 높여서 정부에 대한 신뢰가 높아질 수 있다.

2. 구자치제의 반대 논리

첫째, 도시의 유기적 일체성 저해이다. 자치구의 행적구역경계는 자연적인 조건에 의해 구획된 것이 아니고 행정편의상 구획된 것이기 때문에 지역주민 들의 지역사회성과 의식의 동질성 면에서 매우 취약하다.[3] 도시는 규모와 상 관없이 그 자체로 지리·경제·정치·문화에 있어 일체적인 생활권을 형성하고 있기 때문에, 순수하게 행정적 편의를 위해 구획된 하급자치단체가 독자적으 로 처리할 수 있는 사항이 별로 있을 수 없다는 지적이다.

둘째, 광역도시행정수요 증대에 역행과 자치구간 갈등에 따른 비효율방지 이다. 교통·통신의 발달로 도시주민의 생활권과 경제권이 광역화되어 가는 흐 름이 대도시 지역에 형성되어 있다. 대도시를 세분화하여 자치구로 하여금 독

---

2 제주도의 단층자치제도로 인한 문제점 사례: 제주도는 2006년 7월 1일 제주특별자치도가 출범하 면서 4개 시·군 자치제를 폐지하고 2개 행정시로 전환한 후 제주시지역으로의 집중과 서귀포·남 제주군, 북제주군의 발전활력 저하, 주민참여의 곤란 등으로 주민의 불만이 강하게 제기됨.

3 자치구는 역사성이나 생활권의 측면에서 시·군과 동일하다고 볼 수 없다. 자치구는 본래 대도 시 지역의 행정편의를 위해 동일한 생활권이라고 할 수 있는 특별시와 광역시를 인위적으로 분할한 행정구에서 출발했다. 단적인 예로 1991년 지방의회가 출범한 이후에도 서울 성동구의 인구가 증가하자 1995년에 성동구와 광진구로 분구하고 지방의회도 각각 설치했던 것이다. 이 는 자치단체로서의 역사성이나 생활권의 분리와는 상관없는 일이다(세계일보 2010. 5. 4. 홍준현 교수 인터뷰).

자적인 행정을 처리하도록 하는 것은 도시행정체계의 광역화라는 경향에 반하는 것이다. 또한 자치구의 독립성이 강해지면 광역행정의 수행이 어려울 뿐만 아니라 특별시, 광역시와 자치구간의 대립과 갈등이 심화되어[4] 대도시 행정의 특수성에 입각한 발전을 도모하기 어렵다.

셋째, 자치구간 재정불균형에 따른 지역격차 심화방지이다. 대도시 안의 각 지역은 도심·부도심, 상업지구·생활지구 등으로 위치와 기능에 따라 차이를 가지고 있으므로, 지역간 세원(稅源)의 분포가 불균형하다. 구자치제는 자치구간의 지역재정 격차를 심화시키고, 자치구간의 행정수혜의 질이 달라 불평등을 초래할 것이다.

넷째, 행정의 효율성 측면에서 기능자치구제도로 인한 2중 행정의 폐해가 발생할 수 있다. 즉, 지리적으로 인접한 대도시일 경우 그 행정을 수행하는데 있어 시–자치구라는 2계층에 의존하는 것은 인력·재정적 낭비를 초래한다. 특히, 교통통신의 발달로 자치구간의 지리적 구획구분이 명확하기 않은 상태에서 주민편의시설, 공공시설물 및 혐오시설 등이 자치구별로 입지될 경우 이에 대한 중복적 행정비용이 초래된다. 더불어 교통, 상하수도, 쓰레기처리 등 주민생활과 직결된 거의 모든 업무를 광역시가 관장하는 마당에 자치구가 독자적으로 기획하고 집행할 업무가 없다.

Ⅲ. 자치구의회 존재의 찬반 논리

자치구제 폐지와 관련해서는 2010년 4월 대통령 직속 지방행정체제 개편추진위원회안은 특별시와 6개 광역시의 구의회 폐지에 합의했으나 9월 수정안에서 정치권이 지방선거에 부담을 느껴서 해당 조항을 삭제하였다. 2014년 1월 새누리당이 6·4 지방선거를 앞두고 구의회를 폐지하는 선거제도 개편안을 추진키로 하였다. 이에 따라 자치구의회의 폐지에 대한 찬반 논의가 첨예하게

---

4 재해예방 및 재난관리 능력의 부족, 비선호시설을 둘러싼 갈등, 인사교류와 관련된 갈등, 광역시와 구의 개발계획 갈등 등이 현재 발생하여 행정의 지연에 따른 비효율을 발생하고 있다.

제시되었다.

1. 자치구의회 폐지논리(지방의회 무용론)

첫째, 정치적 기능 관점에서 현재 자치구의회가 구청장의 견제와 통제기능을 발휘하지 못한다는 논리이다. 구청장을 견제해야할 구의회 다수가 구청장과 같은 정당소속이거나 지역 내 연고로 인해서 구청장의 인사권·사업권을 견제하지 못하고 논전시성·선거용 사업이 남발되고 있다는 것이다.[5]

둘째, 의회대표성의 문제와 의원역량과 자질의 문제이다. 자치구의회 구성원이 주로 지역유지들이 선출되어 부패와 도덕적 해이, 입법전문성이 부족한 것으로 평가되고 있다.[6] 구체적으로 의원들의 의정활동 성과인 조례발의 건수가 저조하며, 예산집행기관에 대한 견제와 감시를 적절히 수행하고 있지 못하고 있다(송건섭 외, 2009; 한상우, 2010; 이상호·이영균, 2012; 송건섭·하세헌, 2013).[7] 더불어 지방의회 의원의 자질관련해서는 지역이권과 결탁한 비리집단이라는 인식도 많다(박기관, 2005, 이상호·이영균, 2012).[8]

셋째, 행정의 효율성 차원에서는 자치구의회가 지역이기주의적 사업을 진

---

5 2007~2009년 간 서울 자치구청 34곳의 건립 및 리모델링에 투입한 비용이 약 1,542억원인데 반해, 가동률은 59.4%에 불과함(조석주, 2012).

6 지방의원의 역량관련해서는 초기평가에서 지역산업과 의원직업의 괴리, 주민의견수렴 노력(4회 이하 64.6%)과 청원처리건수(1건 이하 74.6%)의 빈약함이 지적되었다. 입법전문성에 있어서도 상임위원회 설치 및 운영실적(64.2% 설치되지 않음), 연구활동 및 전문성 제고 노력의 빈약함(2회 이하 53.1%) 등으로 조사되었다(조경호·김명수, 1995).

7 송건섭 외(2009)는 대구시 동구의회의 의정활동에 대한 성과분석을 통해 1991부터 2008년까지의 조례제·개정안에 대해 수정안 또는 부결건수가 16.9%에 불과한 것을 확인하였음. 예산심의에 있어서도 절반 이상의 회기를 추가경정예산심의에 활용하여 일반회계에 대한 심도 깊은 논의가 이루어지지 않았으며, 그 외에 구정질의 및 주민의견수렴활동도 점차 저하하는 것으로 분석되었음. 한편, 한상우(2010)는 하나의 자치구에 대한 사례분석을 통해, 조례제·개정에 있어 78.8%가 원안가결되었으며, 본예산의 심의기간이 평균 8일, 추경예산의 경우 4일 가량으로 정책관여가 낮은 것으로 평가하였음.

8 지역 언론인들을 대상으로 한 설문에서 응답자의 약 75%가 기초의회를 부정적으로 평가하였으며, 아주 잘하고 있다는 응답은 한 명도 나타나지 않았음. 특히 전문적 입법기능, 지자체 감시기능, 주민대표기능의 부족을 주로 지적함.

행함에 따라, 자치구마다 사업이 중복되어 예산이 낭비되고 있으므로 폐지가 바람직하다는 것이다. 더불어 규모에 비해서 자치구의회 운영비용이 과다하다는 지적도 있다.[9]

넷째, 지방자치적 측면에서 구의회 폐지는 지방자치를 무력화시키는 것이 아니라 강화시킬 수 있다는 의견이다. 광역의회가 기초의회를 흡수함으로써 광역의회의 권한이 강화되므로 실질적인 지방자치가 이루어질 수 있다. 즉, 권한이 없는 지방자치 단위를 여러 개 두는 것보다는 광역자치단체만 두더라도 재정·인사·경찰권을 확대해나가는 것이 중요하다.

더불어 2010년 지방행정체제 개편추진위원회 초기 안에서처럼 구정위원회와 주민자치회를 통해서 주민대표성을 확보할 수 있다고 한다. 즉, 광역의원이 자신이 속한 구의 구정위원회 위원을 겸하게 함으로써 주민대표성도 확보할 수 있다. 구정위원회가 예산안 심의, 구가 제정하는 규칙안의 심의, 구의 주요 지역발전사업 심의, 주민청원 심의를 하도록 하고 있으므로 사실상 구의회가 하던 핵심기능을 수행하는 데 무리가 없다고 본다. 또한 주민자치의 강화를 위해서는 대도시 구의 규모는 너무 크다. 주민자치회를 통해 마을 단위의 풀뿌리 정책결정이 이루어지도록 하는 것이 지방자치를 활성화하는 데 보다 도움이 될 것이다.

다섯째, 특별·광역시는 지역의 동질성이 높아 기초자치단체의 유지필요성이 적다는 주장이다. 다른 기초자치단체와 달리 고유사무가 적고 시의회와 기능이 중복되기 때문에 행정의 효율성이 저하되고 있다.

2. 자치구의회 존속논리(지방의회 필요성)

자치구의회가 필요하다는 입장은 다음과 같은 논리를 제시하고 있다.

첫째, 정치적 기능관점에서 단체장을 견제하기 위해 구의회는 필요하다는

---

9 서울 강북지역의 모 구청장은 올해 구 예산 2,000억원 중에서 나름대로 지역발전을 위해 편성할 수 있는 자주재원이 30억원 정도밖에 안 된다고 한다. 그만큼 구청단위에서 할 수 있는 일이 제한적이란 의미인데, 해당 구의회 예산이 30억원이다. 풀뿌리 민주주의가 후퇴하지 않으면서도 1년에 30억원이 지역과 주민을 위해 더 쓸 수 있다면 후퇴가 아니라 전진이 될 것이다.

주장이다. 단체장은 공천하고, 구의회는 폐지하면 단체장의 독주를 막기 어렵기 때문이다. 기존에 구의회가 구청장을 견제할 수 있는 권한이 충분하지 않았기 때문에 영향력을 발휘할 수 없던 것이므로 오히려 기초의회의 권한 강화와 정당공천 강화가 이루어져야 한다는 것이다.

둘째, 효율성 차원에서 주민의 의회접근성이 멀어진다. 서울시의 예를 들면 자치구 평균 인구수가 40만명에 달한다. 따라서 서울시 의회 한 곳에서 구청에서 담당하는 지역 내 생활권의 모든 문제들의 주민의견을 수렴하기 어렵고, 거리적 접근성도 떨어져서 실질적인 참여가 힘들어진다.

셋째, 지방자치의 측면에서 자치구의회 폐지는 풀뿌리 민주주의를 훼손하는 것으로, 지방자치제의 기능과 기초의회의 필요성에 대한 몰이해에서 비롯된 것이라는 주장이다. 여러 경험적 연구들은 대도시를 단일한 광역시가 관할하는 것이 민주주의를 후퇴시키고 행정서비스를 하락시키는 것을 보여주었다.

넷째, 법적인 측면에서 위헌의 문제가 발생한다. 우리나라 헌법 제118조 제1항에서는 '지방자치단체에 의회를 둔다'라고 하여 의회의 설치를 필수적인 사항으로 규정하고 있기 때문에 지방자치단체인 자치구가 존속되는 이상 자치구의회는 존속되어야 한다.

IV. 평가적 의견

특별시와 광역시의 자치구제 형태의 구자치제는 1988년 도입이후 그간의 역할과 성과에 대해서 실행상의 문제점으로 인해서 계속적인 부정적인 평가와 개혁방안이 제시되어 왔다. 이는 구자치제만의 문제가 아니라 기초자치단체의 운영상의 문제와 더불어 집권과 분권의 문제가 아닌 사실상 행정구역의 규모의 문제에 따른 지방정부단위의 규모의 문제와, 기초지방의회의 역량부족에 기한 것이 주요 쟁점이 되어 왔다. 하지만 새로운 제도로의 변경이 꼭 기존의 문제를 해결해주는 것은 아니다. 예를 들어 제주도의 경우 단층제로 변화이후 실제적으로 제도개선에 따른 효과보다는 부작용이 더욱 부각되고 있는 실정이

다. 앞서 살펴보았듯이 현재 구자치제의 경우 분명히 실행상의 문제점을 나타
내고 있지만, 그렇다고 전면적인 구자치제의 폐지 역시 어떠한 결과를 가져올
지 확실하지 않은 상황이다.

　따라서 지방자치제도라는 제도의 설계시 주민의 효용증대와 행정의 효율
성을 확보하기 위해서는 종합적이고 신중한 접근이 필요한 실정이다. 앞서 보
았듯이 구자치제의 경우 민주성과 효율성을 달성하기 위한 적정규모의 지방정
부의 규모와 지방행정계층제, 그리고 자치구의 실제 역할 관련 광역과 자치구
의 지방정부의 기능배분, 자치구청장과 자치구의회의 권한, 지방의회의 선출방
식과 대표성을 위한 의원수의 적정규모, 더불어 기초의원의 정당공천제와 공
천권 등 다양한 요소들을 복합적으로 고려하여 각 블록들이 맞아 들어가 최적
의 효과를 발휘할 수 있는 제도를 설계하여야 할 것이다. 현재의 자치구제도
의 개편에 있어서는 이러한 종합적인 고려보다는 발생한 문제들의 단편적인
해결을 위한 존치와 폐지의 제도개선안은 또 다른 문제를 발생시킬 수 있다.

　〈표 10-1〉은 해외 대도시의 자치계층구조가 다양함을 보여준다. 우리의 경

▨ 표 10-1 ▨ 대도시권 자치계층구조

자치계층	도시 예	체제의 장·단점
파편화된 기초 단층제	· 미국 대부분의 대도시권 · 헬싱키, 노트르담, 하노버, 밴쿠버, 토론토(~1954), 런던(1986~1999)	· 주민중심의 다중심(Poly-centric), 자발적 협력체제이나 지역간 격차가 문제됨
기초 중심의 2층제	· 런던: GLC(1965~1986), GLA(2000~) · Min.-St. Paul의 Twin Cities(1969~) · Portland(Oregon주)의 MSD(1970~) · 토론토(1954~1998)	· 주민자치제에 충실하면서 광역적 행정이 가능하지만 지역격차 해소에 미흡
광역 중심의 2층제	· 일본 동경 · 한국 특별시 및 광역시	· 대도시권 행정과 지역격차 해소구조이면서 주민근접성을 유지하지만 기초의 기능이 미약
광역 단층제	· 뉴욕시(1898~), 파리, 베를린, 토론토(1998~)	· 대도시권 행정에 유리하나 주민자치가 문제, 준자치제를 두기도 함

자료: 김석태 (2012).

우도 앞서 언급한 지방자치제도의 고려사항들을 조합한 다양한 안을 제시하고 각각의 장단점을 조사하여 최적의 효과를 낼 수 있는 구자치제도를 연구할 필요가 있다. 더불어 획일적인 안이 아닌 각 광역자치단체별로 각 도시의 현실에 적합한 제도를 선택하여 그 결과를 시간을 두고 확인할 필요가 있다고 생각된다.

참고문헌

김병준 (1994). 한국지방자치론: 지방정치, 자치정치, 자치경영. 서울: 법문사.

김석태 (2012). 관치시대로 회귀하는 자치구 개편안. 대구북구의회 지방분권과 주민자치연구회 발표자료.

박기관 (2005). 6·2 지방선거 분석과 함의 그리고 정책과제: 5·31 지방선거와의 비교적 관점에서. 한국정책연구, 12(1): 225-252.

송건섭·하세헌 (2013). 기초지방의회 의정성과의 변화추이: DEA-Malmquist 모형 활용. 한국행정논집, 25(1): 315-338.

이상호·이영균 (2012). 지방의회의 의정활동에 관한 만족도 분석. 한국지방자치연구, 14(3): 149-176.

이승종·조석주·신충섭 (1990). 구자치제의 효율적 운영방안에 관한 연구. 서울: 한국지방행정연구원.

장갑호·김재기·송건섭 (2010). 기초지방의회 만족도에 대한 영향요인. 국가정책연구, 24(2): 55-80.

조경호·김명수 (1995). 한국 기초지방의회의 주민대표성과 입법전문성 평가. 한국행정학보, 29(1): 231-260.

조석주 (2012. 4). 지방행정체제 및 자치구 개편 동향과 정책 제언. 한국지방행정연구원. KRILA Focus, 46.

최창호 (1989). 구자치제에 대한 찬반론과 과제. 고시계, 34(6): 51-59.

한상우 (2010). 자치구(自治區)의회의 정책기능에 관한 고찰. 한국정책연구, 10(1): 355-373.

Ostrom, Vincent., Bish, R. L., and Ostron, Elinor (1988). *Local government in the United State.* San Francisco: ICS Press.

3부

지방정부의 기관

11장 기관구성의 다양화

이 종 원

I. 서 론

지방자치단체는 당해 지역에서 자치권을 가지고 지역주민들의 의사에 따라 자주재원을 기초로 해당 지역주민들에게 행정서비스를 효율적으로 제공하는 지방행정기구이다. 이를 위해 지방자치단체는 중앙정부처럼 민주주의 원리에 따라 권력이 사용되도록 권력구조를 편제시키고 있는데, 이를 지방정부의 기관구성 형태(institutional forms of local government)라 한다. 현대 민주국가의 권력은 왕조시대를 넘어 공화국으로 전환되면서 입법, 행정, 사법권을 분리하여 상호견제와 균형을 맞추어왔는데, 지방정부도 그러한 취지에 따라서 권력구조가 편제되고 있다. 지방정부도 권력융합과 권력분리를 기본축으로 다양한 기관구성이 이루어지고 있다. 즉, 집행기관과 의결기관을 단일기관에 귀속시키는 기관통합형과, 의결기관과 집행기관을 각각 다른 기관에 분리하여 서로 대립시키는 기관대립형, 이 두 가지 형태를 혼합한 절충형, 주민들이 직접 참여하는 주민총회형 등의 다양한 형태가 있다.

기관통합형은 의결기능과 집행기능 모두가 지방의회에 귀속시켜 책임지게 하는 기관구성 형태이기 때문에 지방의회와 집행기관은 기본적으로 상호협력과 조화를 전제함으로써 양 기관의 관계가 긴밀하고 협조적인 특징을 지니고 있다. 따라서 기관운영의 효과성은 지방의회 내 정당의 분포에 크게 좌우될

수 있다. 이에 반해 기관대립형은 지방의회와 집행기능을 담당하는 자치단체
장을 상호 분리·대립시킴으로써 정치와 행정이 이원화된 체제로 지방자치단
체가 운영되는 기관구성 형태로 양 기관이 상호 견제하면서도 협력하게 하는
형태이다.

기관대립형도 다양한 형태가 있다. 먼저 집행기관이 지방의회보다 강한
권한을 행사하는 강시장–의회(strong mayor-council)형과 반대로 지방의회가 상대
적으로 강한 권한을 행사하는 약시장–의회(weak mayor-council)형이 있으며, 또
시장의 정치적 기능이 강한 대도시 지역에서는 행정의 안정성과 전문성을 높
이기 위하여 시장을 행정적으로 보좌하는 수석행정관(chief administrative officer)
을 두는 경우도 있다. 절충형은 미국의 시정관리관(혹은 시지배인, city manager)
제가 대표적인데, 이는 기관통합형을 채택하는 지방정부에서 지방의회가 의원
들의 행정에 대한 비전문성을 해소하고자 전문행정인을 행정책임자로 임명하
여 처리하는 형태이다. 이는 정치·행정이원론에 따라 주로 인구 25만명 이하
의 중소도시와 중산층중심의 대도시 교외지역에서 많이 채택하고 있는 제도이
다. 주민총회(town meeting)은 직접민주제의 원리를 현실적으로 적용하는 형태
로, 해당 자치체 주민전원이 참석하는 주민총회에서 정책을 결정하는 형태로
미국 독립 초기 뉴잉글랜드 일부 지역과 현재의 스위스 등지에서 실시되고 있
으나, 오늘날과 같이 지방정부가 서비스해야 할 인구가 확대되고, 행정구역도
넓으며, 복잡다기한 행정사무를 처리해야 하는 경우에는 사실상 채택하기가
대단히 어렵다.

우리나라는 1949년 7월 제정·공포된 지방자치법 이후 줄곧 지방자치제의
기본 조직형태로 기관대립형 권력구조를 채택해왔다. 1991년 지방자치제가 부
활된 이후도 광역이든 기초든, 도시이든 농촌이든, 규모가 큰 자치제이든 소규
모 자치제이든 그 자치단체의 사회경제적 여건이나 자치단체장과 공무원들의
역량 등과 무관하게 모든 자치단체들이 기관대립형 권력구조를 갖도록 지방자
치법에 규정하여 왔다.

그러나 이러한 획일적 지방권력구조는 오늘과 같이 교통과 통신이 발달
하고, 세계화, 정보화에 따라 지역환경이 날로 달라지는 환경에서는 주민들의

다양한 이해관계를 반영하기에 적합지 않다는 비판이 많다. 원래 획일적인 기관대립형 정부구성 형태는 민주주의의 원리를 관철하고, 동시에 집행부와 지방의회간 견제와 균형(check and balance)의 기능이 잘 작동되도록 기대하고 설계된 것이다. 하지만 양자간 견제와 균형보다는 자치단체장이 지방의회에 비해 제도적으로 더 우월적인 권한을 부여받고 있으며, 지방의회의 비전문성과 제도적 미비로 견제와 균형의 원리가 기대된 바대로 잘 확보되지 못하고 있다. 때문에 주민의 대표로서의 지방의회의 역할 강화와 그것을 보장하기 위한 제도적 정비가 필요하다. 더불어 지방정부의 기관구성문제가 지속적으로 제기되고 있는 실정이다.

기관구성의 다양화와 관련하여 여러 가지 방안들이 논의되어 왔다. 우선 단기적 개편방안으로 자치단체장의 선임방식과 관련하여 여러 제안들이 제시되고 있다. 이에는 자치단체장 직선형 기관통합형으로 단체장을 겸직하는 지방의회 의장을 주민이 직접 선출하는 형태, 지방의회에서 자치단체장을 임명하는 형태를 검토해보자는 의견이 있다. 한편 장기적으로 고려해야 할 개편방안으로는 기관분리형 정부구조를 기본으로 하면서 지방의회가 중심이 되는 기관통합형 권력구조를 부분적으로 도입하자는 생각이다. 단체장과 집행부의 주요 간부를 지방의회가 직접 선출하도록 하든가 일부 매우 작은 규모의 지자체의 경우에 주민총회형으로 직접민주주의를 도입하도록 하거나 영국에서와 같이 지방의회의 감독하에 집행업무를 총괄하는 수석행정관을 의회가 선임해서 활용하자는 의견도 제시되어 있다.

이와 같이 다양한 기관구성의 방식들이 있을 수 있겠지만 이에 앞서 우선적으로 고려되어야 할 사항들이 몇 개 있다. 요컨대 어떠한 방식을 채택하든 주민복리의 증진, 주민선택권의 보장, 민주주의와 능률의 조화라는 일반적 원리와 우리나라가 처한 특수한 정치경제적 환경과 행정체제의 특징 등이 충분히 고려되어야 할 것이다. 지방정부 형태를 선택하는 것은 어떠한 정치적 가치를 선택하는가와 관련이 있다. 민주주의의 확보를 최우선으로 하느냐, 아니면 민주성 보다는 행정적 능률과 신속성과 같은 가치를 우선으로 하느냐의 문제와 상관이 있는 것이다. 여기서 민주성은 주민의 대표성, 주민참여의 가능성과 연관되어 있는 개념이다. 다음으로 어떠한 정부형태를 택하더라도 주민의사를 보다 잘 반영하고, 주민복리를 위한 최선의 형태를 선택해야 한다. 이것은 최소비용으로 최대의 행복과 최선의 행정서비스를 효율적으로 제공하는 정부체제를 구성하는 것이다. 또 어떠한 정부형태이든 민주주의와 능률성을 동시에 확보하는 것이 제일 좋은 형태이나, 정치현실에서 이를 달성하기는 쉽지 않다는 현실을 고려해서 전략적으로 기관구성이 설계되어야 한다는 측면도 염두에 두어야 한다.

마지막으로 우리나라의 정치경제적 환경과 행정체제의 특수성을 고려하지 않으면 안 된다. 단일국가, 남북분단, 통일을 대비한 정치와 행정, 중앙과 지방관계, 국가의 균형발전을 고려한 전략적 접근이 필요하다.

Ⅱ. 기관구성의 다양화

1. 찬성론

기관구성을 다양화하자는 주장의 근저에는 다음과 같은 입장들이 존재한다.

첫째, 현재와 같이 다양하고 복잡한 이해관계가 존재하는 현실에서는 다양한 이해관계를 보다 더 잘 반영시킬 수 있는 지방정부 형태가 바람직할 수 있다. 그러기 위해서 집행부중심의 권력체계, 단체장중심의 대립형 기관구성보다는 기관통합형이든, 절충형이든 보다 다양한 주민의사를 대변하는 권력구조로의 변화가 보다 더 바람직하다는 생각이다.

둘째, 위의 다양한 이해를 반영하는 문제와 연결되는 것인데, 각 자치단체가 규모와 인적 구성, 지역적 위치와 경제력 등 환경적으로 모두 다름에도 획일적인 기관구성을 갖는 것은 대단히 비합리적, 비효율적이며, 주민이해에도 맞지 않으며 나아가 자치단체의 발전에도 부합하지 못한다는 주장이다. 정부구조를 선택하는데 있어서 지역주민들의 선택권이 우선 보장되어야 한다는 입장이다.

셋째, 현재의 기관대립형은 권력간 상호 견제와 균형을 달성할 수 있는 권력구조로 이해되고 있으나, 현실은 그렇지 못하다. 집행기관과 의결기관간 마찰과 대립을 피할 수 없으며, 강력한 단체장에 의하여 다수독재 혹은 소수독재가 나타날 수도 있다. 또 그에 따라 정책도 어느 한 계층이나 이익을 위하여 편향될 수도 있다. 예를 들어 오세훈 시장 시절의 서울시장과 민주당이 장악한 서울특별시의회의 갈등, 김문수 경기지사와 민주당이 다수당인 경기도의회의 갈등사례에서 보듯이 자치단체장의 소속정당과 지방의회의 다수당이 서로 다를 경우 민주주의 이론에서 말하는 견제와 균형보다는 오히려 정책교착(policy deadlock)이 일어날 수도 있다. 이런 연유로 기관대립형으로 견제와 균형을 추구하는 것보다 기관융합형 형태로 기관간 잠재적 갈등을 시스템 내부화하는 것이 더 낫다는 주장이 있다. 영국식 기관융합형으로 의회권력과 집행부를 통합하면 양 기관 대립으로 발생할 수 있는 행정적 혼란과 낭비, 지연 등을 방지할 수 있을 것이라는 기대이다. 물론 기관통합형으로 전환한다고 하더라도 의회의 일부 세력이 정책과정에 개입하여 정치적 갈등을 야기할 수는 있으나 기관대립형 보다는 그 대립의 수준이 훨씬 낮을 것이라는 견해이다.

넷째, 기존의 기관대립형 정부구조가 글로컬화(glocalization), 정보화, 민주화 시대의 주민의식을 반영하기에 적합하지 않다는 주장이다. 현재 우리나라와 같은 강시장–의회제 기관대립형의 경우 자치단체장이 우월적 권한을 가지고 행정을 직접 주도하므로 주민의 대표로서 주민의견에 더욱 민감한 의회보다 다양한 주민의사를 반영하지 못할 수 있다. 의회중심의 정치행정체제가 주민 대표성은 더욱 높다는 생각이 깔려있는 주장이다.

다섯째, 권한면에서 집행부가 지방의회에 비해 우월적 권한을 가지고 있으며, 사실상 자치단체장이 행정조직권, 공무원인사권, 예산편성 및 집행권을 독점하는 상황에서 지방의회는 단지 '약한 견제' 밖에 못하는 것이 우리나라와 같은 기관대립형에서의 현실이다. 따라서 상대적으로 지방의회에서의 집단적 의사결정이 가지는 신중한 정책심의가 이루어지지 못한다.

여섯째, 상대적으로 대표성이나 다양한 주민이익 반영보다는 행정적 능률성과 신속성을 강조하는 기관대립형 구조에서도 비효율이 발생할 수 있는데, 이는 자치단체장이 선출직 정치인이기 때문이다. 자치단체장이 지역 내 행정적 문제보다는 선거 등 정치적 문제에 더 신경을 쓴다면 또 다른 행정의 비효율이 나타나게 된다. 물론 행정적 책임을 맡는 부단체장과 영국과 같이 수석행정관을 두는 경우라도 자치단체장이 정치인인 이상 이 문제를 근본적으로 해결하기가 어렵다.

2. 반대론

기관구성을 다양화하자는 주장에 대한 반대론의 논거로는 위에서 제시한 기관융합형이나 절충형 기관구성으로 전환했을 때 생길 수 있는 문제점을 우려하는 시각에서 반대하거나, 다른 한편 우리나라 정치행정의 현실적 측면을 고려해서 반대입장들이 개진되어 있다.

첫째, 권력융합 형태로 지방정부의 권력구조를 변경했을 때의 가장 큰 문제는 행정권력과 의회권력간 견제와 균형의 원리가 잘 작동하지 않아 권력이 남용될 소지가 있다는 것이다. 지방의회 내 다수파가 집행부를 구성하기 때문에 다수파가 정책과정을 독점하고, 소수파를 무시함으로써 지역사회 내 소수이익들을 정책과정에 반영하기 어렵다는 단점이 있다.

둘째, 의원들이 행정까지 책임진다고 하더라도 그들이 전문적인 행정가가 아닌 이상 행정의 효율성을 확보하기 어렵다. 지방의원들 다수가 자영업자로 구성되는 상황에서 그들의 행정능력도 문제되지만, 자칫 일부계층의 이익만 과다대표되거나 특정계층을 향한 정책편향성이 나타날 수도 있다. 물론 시정관리관(city manager)을 임명하여 의원들의 행정을 전문적으로 보좌할 수 있으나, 지방의원들의 권한이 지나치게 강하거나 지방의회 내 정치적 갈등관계가 심한 경우 정치적 기반이 약한 시정관리관이 제대로 기능을 못할 수도 있다.

셋째, 기관대립형에서는 선출직 단체장하에게 행정권이 통합적으로 주어져 있기 때문에 부처할거주의(sectionalism)을 막고 책임행정을 더욱 확실하게 추진할 수 있으며, 공무원들도 상대적으로 정치적 중립성을 더 잘 보장받을 수 있지만, 대립형 기관구성을 다양화하여 권력융합형으로 바꾸거나, 다양한 절충형으로 변경하는 경우 단체장과 의원간 새로운 형태의 갈등, 의원들의 직접적인 정책과정에 대한 개입에 의해 공무원들의 정치적 중립성이 훼손되고 정책과정 자체가 정치화되기 쉽다. 또 의원들간 정책갈등으로 정책이 표류되기 쉽다.

넷째, 융합형이나 절충형태로 기관구성을 다양화하는 경우 현재의 기관대립형 권력구조보다 행정의 안정성이 상대적으로 저하될 수 있다. 특히 지방정부를 둘러싼 정치사회적 환경이 안정적이지 못하거나, 신속한 정책결정을 내려야 하는 상황에서는 의회 내 정파간 갈등이나 집행부에 참여하는 의원들간 대립과 갈등이 생길 경우 정책이 더욱 표류할 수 있어 행정적 안정성이 저해될 수 있다.

다섯째, 기관구성을 다양화한다고 해서 앞에서 논의한 바와 같은 주민대표성이 더 좋아지며, 주민들의 참여와 다양한 이해관계가 더 잘 반영될 수 있느냐 하는 것이다.

위와 같이 다양한 반대론이 나와 있지만, 한국적 현실을 고려한 반대론도 있다. 실제 지방정부의 기관구성을 다양화하는 데 따른 현실적 부담이 있다. 정치권에서 현재의 지방자치단체 기관대립형 구조가 가진 제반문제들을 잘 알고 있음에도 그것을 변경하지 못하는 것은 아무래도 전국적으로 각 자치단체들이 다양한 기관구성 형태를 갖게 되었을 때 발생할 수 있는 현존 중앙–지방관계의 혼란, 지방정치와 지방선거 양상의 변화, 지방자치 관련 각종 법제 및 지원제도의 정비부담, 중앙정부의 지방자치단체에 대한 감시, 감독의 다양화에 따른 행정적 부담 등을 과연 어느 정도 감당할 수 있을 것인가의 우려 때문이다. 또 주민들의 다양한 의사를 반영하는 시스템을 만든다는 명분으로 지역을 지배하는 정당, 지역의 국회의원이나 지방의원들이 주민의사를 왜곡해서 권력구조를 설계할 수 있다는 우려도 있다.

Ⅲ. 평가적 의견

앞에서도 논의하였지만, 지방정부의 기관구성을 다양화할 것인가, 기존 기관대립형 구조를 유지할 것인가 하는 문제는 현실적인 상황을 염두에 두고 판단해야 하지만, 적어도 기관구성의 다양화 문제와 관련해서 고려해야 하는 몇 가지 기본전제들이 있다. 첫째, 적어도 단일국가체제에서의 지방분권 논리에 맞아야 하며, 둘째, 지역주민의 요구에 부응하는 값싸고 양질의 행정서비스를 효율적으로 제공할 수 있어야 하며, 셋째, 기존의 지역적 문제점을 해결, 극복, 완화하려는 차원에서 추진되어야 하며, 넷째, 우리나라 정치행정환경을 고려하여야 하며, 다섯째, 그 형태는 주민의 의사가 최우선으로 반영하여 결정되어야 하며, 여섯째 그 추진도 전략적으로 접근하여야 한다는 점이다. 즉, 주민대표성과 선택권의 보장, 민주주의와 능률성의 조화, 우리나라의 특수한 상황 등을 종합적으로 고려해야 한다는 점이다.

이러한 여러 가지 조건들을 한꺼번에 달성하기는 현실적으로 쉽지 않지만, 기관구성의 다양화를 구상함에 있어 검토되어야 하는 요건인 것은 분명하다. 그리고 획일적인 기관대립형을 가진 현재의 지방권력구조를 지방의회가 중심이 되는 기관통합형으로 전환하거나 자치단체장의 선출방법을 다양화 하는 등 다양한 기관구성 방법들이 제시될 수 있지만, 분명한 것은 어떠한 제도라도 당대의 정치행정문화, 지역적 특수성과 역사적 경험 등과 연관되어 형성된 것이라는 점이다. 기존 제도가 그만큼 자체관성을 가지고 있어 정치인, 지방공무원, 지역주민 등 관계자들이 새로운 체제에 대하여 행태적으로 적응해 가고, 제도변화가 지역사회에 완전히 정착되는 데 많은 시간이 소요된다. 특히 지방자치단체 기관구성의 변화문제는 중앙권력, 정당정치와 연결되어 있는 매우 '정치적으로 화염성이 높은' 이슈이기 때문에 그 추진은 매우 주의 깊고도 전략적으로 추진되어야 한다.

참고문헌

김병준 (2012). **지방자치론**. 수정판. 서울: 법문사.

임승빈 (2013). **지방자치론**. 제6판. 서울: 법문사.

정부혁신지방분권위원회 (2008). 참여정부의 지방분권.

한국지방자치학회 편 (2008). **한국지방자치의 이해**. 서울: 박영사.

12장 지방자치단체장의 리더십

오승은

I. 서 론

1990년대에 들어 우리나라에서 지방자치제가 부활된 이후 학자들의 지속적인 관심의 대상은 지방자치단체장이었다. 이는 자치단체장이 해당 지역 내에서 주민들에게 공공서비스를 효율적으로 제공하고 주민들의 요구에 적절히 대응하지 않으면 안 되며, 주택, 교통, 환경, 치안, 실업 등의 문제를 해결하기 위한 시책을 추진하기 위한 정책결정에 핵심적 역할을 담당하기 때문이다. 과거 중앙집권적 통치구조하에서 자치단체장은 중앙정부의 지시에 따라 위임된 사무를 단순히 집행하는 위치로부터 주민들의 요구에 따라 지역 내의 문제들을 자율적으로 처리함으로써 주민의 복지를 증진시키고 지역의 발전을 도모해야 하는 능동적인 역할로 변모된 것이다. 이러한 목표를 달성하기 위해 각종 시책을 추진함에 있어 지역 내 문제를 적극적으로 해결하고, 주민의사를 수렴하는 동시에 행위자들간에 갈등을 조정하고 효율적으로 자원을 동원·배분하기 위한 요인으로 학자들이 주목한 것이 바로 자치단체장의 리더십이다.

리더십이 체계적으로 연구되기 시작한 것은 비교적 최근인 20세기 초반부터이며 많은 학자들이 리더십의 개념과 유형, 영향요인 및 조직성과와의 관계 등을 규명하고자 하였다. 리더십은 학자에 따라 다양하게 정의되고 있는데, 이러한 학자들의 정의를 종합해 보면 리더십은 집단상황에서 일어나는 현상으로, 목표달성을 위한 일련의 과정이라는 특성을 지니고 있다(Northouse, 2006). 다시 말해서 리더십은 일정 상황하에 조직원들에게 다양한 유인책(incentives)을 제공함으로써 동기부여시켜 조직의 목표를 달성하게 하는 기능(Yulk, 2012)이다. 조직론자들이 리더십에 관심을 가지는 이유는 리더십이 조직의 성공에 영향을 미치는 중요한 요인이라고 믿기 때문이다.

이하에서는 지방자치의 성공을 위해서 지방자치단체장의 리더십이 강화되어야 한다는 주장과, 그에 따른 부작용의 완화를 위해 대안적 방법들을 강구하여야 한다는 주장에 대해 살펴보도록 하겠다.

Ⅱ. 자치단체장 리더십을 둘러싼 쟁점

1. 지방자치단체장과 리더십

1960년대 중반 사회갈등이 다양하게 표출되면서 자치단체장의 리더십도 본격 연구되었으며 이론적 기반이 형성되었다. 대표적인 연구로는 1960년대 미국 클리블랜드, 시카고, 피츠버그, 뉴헤븐의 4개 도시의 시장들이, 도시문제를 해결하기 위하여 어떻게 부족한 자원을 활용하고 동원하는가를 분석한 제임스 커밍햄의 연구(1970)가 있다. 또한 코터와 로렌스(1974)는 미국의 20개 지방도시의 단체장의 성향을 비교연구하여 5개의 리더십 유형으로 구분하였으며 예이츠(1977)는 자치단체장이 보유한 정치적·재정적 자원과 단체장의 혁신성, 활동성을 기준으로 하여 4가지 리더십으로 유형화하였다(고경훈·정인화: 460-462).

우리나라 지방자치단체장의 법적지위를 살펴보면 지방자치법 제92조에 의해 자치단체의 장은 당해 지방자치단체를 대표하고 그 사무를 통할하며 사무의 실체적 집행권을 갖는 지위에 있는데, 이러한 권한은 포괄적 개괄주의에 입각하고 있어 매우 광범위하다. 또한 자치단체장은 의회와의 관계에서 기관대립형의 구도를 형성하고, 의회에 대한 발의권, 재의요구권, 선결처분권, 인사권 등에서 강시장형의 모습을 띠고 있다.

한편 동법 제94~96조에 의해 자치단체장은 자치사무와 단체위임사무를 관리하고 집행하며, 소속지원을 지휘·감독하고 법령과 조례, 규칙이 정하는 바에 의해 그 임명, 교육훈련, 복무, 징계 등에 관한 사항을 처리한다. 즉, 자치단체의 모든 사무에 관한 관리 및 집행권을 가지며 소속행정청, 관할자치단체에 대한 지도, 감독권을 가지는 동시에 국가사무인 기관위임사무를 처리하는 매우 포괄적인 사무를 관장할 권한을 가지고 있다.

이상에서 살펴본 바와 같이 지역 내에서 지방자치단체장의 권한과 기능이 매우 중요하고 크다는 점에서, 자치단체의 발전을 위해 단체장의 리더십이 강화되어야 한다고 주장하는 학자들은, 마치 기업의 최고경영자의 비전제시와 강력한 개혁의지가 경영혁신의 주요한 요인인 것과 같이, 자치단체장의 리더십에 주목한다.

이승종(1998)의 연구는 민선단체장의 리더십이 지방자치의 발전, 정착을 위한 주요한 과제라고 보고, 이에 영향을 미치는 요인들을 분석하고 있다. 임승빈(1996)의 연구 또한 지방자치제의 실시가 중앙정부의 자치단체에 대한 일방적 통제를 불가능하게 만들어 자치단체의 정책형성과정에 영향을 미치는 요인 중 자치단체장이 차지하는 비중이 가장 중요하게 되었다고 하였다.

지방자치단체장의 리더십에 관한 기존의 연구들을 살펴보면 초기의 연구들은 성공적인 리더들의 자질 또는 리더십에 영향을 미치는 개인적 성향의 역할을 규명하거나 자치단체장이 갖추어야 할 덕목들을 규범적으로 제시하는 연구(김병준, 1998; 안민규, 1999; 전억찬, 2003; 곽한웅, 2004; 유종해, 2006)가 많았는데, 최근의 연구는 자치단체장의 리더십 유형이 구성원의 조직몰입, 또는 조직의 성과에 어떻게 영향을 미치고 있는가를 분석하는 것(우해덕, 2012; 김정광, 2012; 김지혜, 2012; 김양환, 2011; 김관기, 2011; 임채숙 외, 2010; 김민기, 2010; 고경훈, 2009; 이경하, 2009; 여순모, 2008; 안영찬, 2008; 배한성, 2007)이 대부분이다.

2. 자치단체장의 책임성 확보 및 통제

자치단체의 발전을 위한 요인으로서 자치단체장의 리더십 보다는 참여와 비판, 견제의 기능이 중요하다고 보는 견해이다. 다시 말해서, 주민생활에 중요한 정책결정에 있어 자치단체장의 개별적 판단에 의존하기보다는 지역주민과의 소통을 통해 시민의 요구에 따라 정책과 사업을 추진해야만 시행착오를 줄이고 주민의 만족도를 높일 수 있다고 보는 입장이다. 따라서 자치단체장의 역할과 지위를 축소하는 한편, 자치단체장 책임성 확보 및 통제가 강화될 것을 주장한다.

지방행정에서 각종 인·허가권, 인사권을 둘러싼 비리, 부패와 관련하여 자치단체장이 임기 중 구속되거나 직위를 상실하는 사례가 많아지자 자치단체장의 역할과 지위를 정치적 감독권으로 제한하고 행정적 권한은 관료나 위원회에 분산함으로써 축소시키자는 의견(김예승 외, 2012; 박세정, 2010)이 제기되고 있다.

또한 지방재정의 위기론이 대두됨과 함께, 자치단체의 방만한 경영을 막기 위한 책임성 강화(이재원, 2012; 류춘호, 2012; 이상용, 2010; 김병준, 2001) 및 의회의 역할 강화를 주장하는 연구들(박명흠, 2004; 송광태, 2003)이 대표적이다.

자치단체장의 책임성 확보 및 통제를 위해 현재 각국에서 운영되고 있는 제도들은 다음과 같다.

1) 주민소환제

주민소환제도는 주민이 선거직 공무원 등에 대하여 임기 중에 투표로써 해직시키는 제도이다. 미국의 일부 주와 우리나라, 일본, 대만, 필리핀, 독일 등에서 도입·운영하고 있으나, 영국·프랑스 등 유럽 국가들에서는 대부분 채택하고 있지 않다. 일반적으로 주민의 발의에 의하여 주민투표에 회부하고 그 결과에 따라 해직여부를 결정하게 되는데 국가마다 그 대상과 요건을 달리하고 있다(《표 12-1》 참조).

표 12-1 ▓ 주요 국가의 주민소환제도 비교

구분	미국	독일	일본	한국
법적 근거	· 주헌법, 법률, 지방헌장 등 주별로 다양	· 각 주의 지방자치법	· 지방자치법 § 13	· 주민소환에 관한 법률
소환 대상	· 선출직 공직자 또는 모든 공직자를 대상 등 주별 상이	· 자치단체장이 주로 대상이며 지방의원도 있음	· 선출직: 단체장, 의회의원 · 비선출직(주요 임명직): 부지사, 감사 · 선거 · 공안위원	· 선출직(단체정, 의회의원), 비례대표 지방의원 제외
발의자	· 주민	· 주민, 지방의원	· 주민	· 주민
발의 요건	· 10~50%(주별 상이) · 작년 총선거 투표자의 25% 수준이 많음	· 주민발의(일부 주): 유권자의 15~33% 이상 범위 내 발의 · 지방의원 발의: 재적의원 1/2~3/4 이상 청구, 재적의원 2/3~3/4 이상 찬성 의결 등	· 선거권자 1/3 이상(유권자 40만명 초과시 1/6 특례적용)	· 시도지사: 지역유권자 10% · 시장 · 군수 · 구청장: 지역유권자 15% · 지방의원: 지역유권자 20% 이상 서명
청구 사유	· 대다수 주는 청구사유 제한 없고, 일부 주가 특정사유 규정	· 제한없음	· 제한없음	· 제한없음
해직 요건	· 직접선거 투표자 50% 참여, 과반수 찬성 등 주별로 상이	· 유권자의 20~50% 투표참가, 과반수 찬성	· 선출직은 투표자 과반수, 비선출직은 지방의회에서 해직(2/3 출석, 3/4 동의)	· 유권자의 33.3% 이상 투표참여, 투표자 과반수 찬성

자료: 하혜영 외 (2012: 52).

2) 지방의회의 단체장 불신임의결권

이는 의결기관인 지방의회가 일정한 특별정족수에 의해서 집행기관인 지방자치단체장에 대하여 의결로서 신임하지 않는다는 취지의 의사표시를 하는 권한을 말한다. 지방의회에서 단체장에 대해 불신임을 발의하여 의결하게 되면 이를 자치단체장에게 통지하게 되고, 불신임의결을 받은 자치단체장은 자진사퇴하거나 이에 대응하여 의회를 해산할 수 있다. 의회해산에 따라 선거를 통해 의회를 재구성하고, 재구성된 의회에서 다시 불신임의결을 하는 경우 단체장은 해직된다.

이 제도는 현재 일본에서 운영 중에 있고, 우리나라에서도 과거 채택된 적이 있었으나 현재는 폐지된 제도이다.

3) 징계제도

징계제도는 자치단체장이 그 직무를 적절히 수행하지 않거나 직무상 요청에 부적합하고 그로 인해 행정에 중요한 흠결이 발생하여 직책의 계속적인 수행이 공익에 반하는 경우 국가 등 감독기관에 의해 정직이나 해임 등 신분상 제재를 가하는 것을 말하며 국가별로 다양하게 운영되고 있다.

Ⅲ. 평가적 의견

이상에서 지방자치의 발전을 위해 자치단체장의 리더십 강화가 필요하다는 견해와 이와는 반대로 자치단체장의 책임성 강화 및 통제가 필요하다는 견해를 살펴보았다. 그 외에도 자치단체장의 권한통제에 관해서는 주민의 대표인 지방의회의 권한과 위상 강화, 주민참여를 통한 통제 강화 등의 주장이 있다.

지방행정의 수장으로서 중요한 역할을 담당하고 강력한 권한을 가지고 있는 자치단체장의 리더십이 매우 중요한 한편, 부패와 일방적 독주를 막기

위한 의회와 주민에 의한 통제 및 권한의 적정한 분산 또한 지방자치분야에서
해결되어야 할 과제이다.

참고문헌

고경훈·정인화 (2010). 지방자치단체장의 리더십에 관한 실증적 연구-Yates의 모형을 기준으
　　　로. 한국정책학회 하계학술대회 발표논문집, 455-476.

김성호 (2003). 지방자치단체장의 책임성 확보방안. 서울: 한국지방행정연구원.

김순은 (2010). 지방자치단체의 리더십. 지방행정연구, 24(1): 3-36.

박광덕 (2010). 자치단체장의 리더십에 관한 신제도주의적 관점의 분석: 사례연구방법을 활용
　　　하여. 한국정책학회 춘계학술대회 발표논문집, 215-251.

이달곤 (2004). 지방정치론. 서울: 법문사.

이승종 (1998). 민선자치단체장 리더쉽의 영향요인. 한국행정학보, 32(10): 147-161.

이창원 (1999). 지방자치단체장들의 리더십 행태와 그 효과성에 관한 실증적 연구. 한국행정학
　　　보, 33(3): 273-286.

임승빈 (1996). 민선자치단체장의 바람직한 역할정립을 위한 제도개선 방안. 서울: 한국지방행정연
　　　구원.

주재복·박해육 (2008). 지방자치단체장의 리더십 연구-민선 기초자치단체장의 개인적 특성을 중심
　　　으로. 서울: 한국지방행정연구원.

채원호 (2010). 지방의회 의정역량 강화 방안. 한국행정학회 제24회 국정포럼 발표논문집, 25-72.

하혜영·이상팔 (2012). 주민소환제도 운영실태와 개선방안. 서울: 국회입법조사처.

Cummingham, James (1970). *Urban Leadership During the Sixties*. Waltham, Massachusetts: Brandeis
　　　University.

Northouse, Peter (2006). *Leadership: Theory and Practice (4th edition)*. London: Sage Publications.

Norton, Alan (1991). *The Role of Chief Executive in British Local Government*. Birmingham:
　　　University of Birmingham.

Stone, C. (1995). Political Leadership in Urban Politics, In D. Judge eds., *Theories of Urban
　　　Politics*. Thousand Oaks, CA: SAGE Publications.

Yukl, Gary (2012). *Leadership in Organizations*. 8th Edition. Prentice-Hall.

13장   지방의원정수 확대: 찬성 vs 반대

🔲 최 진 혁

I. 서 론

　　지방의회(Local council, Local assembly: assemblées délibérantes locales)는 그 구성원이 헌법이 보장하는 민주적 선거방식에 따른 직접·보통 선거원칙으로 선출되어야 하는 합의제 기관(organes collégiaux)으로서 주민 가까이에서 주민의 일상생활과 관련된 지방적 이해를 지역사회의 민주적 의사결정체제에 충실히 반영하여 값싸고 양질의 의정서비스를 제공하려는 지방자치단체의 의결기관이며 최고의사결정기관이다. 이는 지역주민의 바람이나 이해사항을 인지함으로써 지방민주주의(la démocratie locale)를 구체화하고자 하는 것인데, 이 민주주의는 근본적으로 대표제도 내에서 구현되는 것으로 보고자 하는 것이다. 우리나라 헌법은 제118조 제1항에서 "지방자치단체에 의회를 둔다"와 제2항에서 "지방의회의 조직·권한·의원선거와 지방자치단체의 장의 선임방법 기타 지방자치단체의 조직과 운영에 관한 사항은 법률로 정한다"고 하여 지방의회를 헌법상의 기관으로 그 지위를 보장하고 있음을 알 수 있다. 따라서 지방의회는 헌법이 보장하는 자유민주주의체제와 지방자치제도의 핵심적 기관으로 간주된다.

　　그런데 이 지방의회는 어떠한 논거에 의해 구성되는 것이 합당한 것인지에 대한 논의를 필요로 한다. 우선, 하나의 합의체기관으로 구성되는 단원제

(monocaméralisme)를 구성원리로 해야 하는 것인지, 두 개의 독립된 합의체기관으로 구성되는 양원제(bicaméralisme)를 구성원리로 해야 하는 것인지에 대한 논의이다. 다음으로 합의체기관의 구성원의 수를 어느 정도에서 결정해야 하는 것이 합당한 것인지에 대한 논의이다. 전자의 논의로 해답을 찾아야 할 근거는 대체적으로 국회와는 다르게 지방의회는 하나의 합의체기관으로 이루어지는 단원제를 그 구성원리로 하고 있다는 점에 주목해야 한다.[1] 후자의 논의에서 해답을 찾아야 할 근거로는 지방의회 의원정수를 어떤 논거와 기준으로 결정(확보)해야 합당할 것인지에 대한 것으로 주민대표성(민주성)과 효율성(전문성)의 논리의 전개에서 얻어낼 수 있다. 즉, 이상적인 지방의회 의원정수를 결정하는 것은 그리 쉬운 일은 아니나 일반적으로 지방의회의 주민대표성을 중시하느냐 아니면 지방의회의 전문성 내지 능률성을 중요시하느냐의 관점에서 해석할 수 있을 것이다. 첫째, 지방의회의 주민대표성을 중시하여 인구규모를 기준(인구비례)으로 각 지방자치단체의 지방적 이해를 표현하고자 하는 것으로 대체로 지방의원수가 많아지는 대의회제 형태가 있다. 둘째, 지방의회의 효과적 기능에의 요구에 부합하려는 것으로 소수의 의원이 충분한 보수를 받으면서 능률적으로 의원의 직무에 전념할 수 있게 하려는 소의회제 형태가 있다.

　이러한 배경에서 우리나라 지방의회 의원정수와 책정기준 등을 고찰하면서 의원정수 확대론과 축소론의 배경 및 내용을 정리해 보고자 한다.

---

1 양원제와 단원제라는 의회구성원리의 선택은 기술적, 정치적 이유에서 비롯된다고 주장하고 있다(Phillipe, 1989: 49; 최진혁, 1999: 57). 즉, 기술적 측면에서 단원제는 두 개의 원(chambre) 사이에서 비롯되어질 수 있는 의사결정의 지연을 피하며 법안의 신속한 처리를 수행할 수 있는 장점을 가진다. 그 반면에 양원제는 의안심의를 매우 심도있게 신중히 다룰 수 있는 장점을 갖는다. 정치적 측면에서 단원제는 하나의 원으로 구성되어 견제받지 못하는 권력으로 어떤 전제주의의 두려움에 노출될 수 있다는 것이고, 양원제는 단원에 견제역할을 수행하여 이들간의 균형을 보장할 수 있다는 데에 의의를 둘 수 있다. 이러한 배경하에 단원제와 양원제와의 선택문제는 흔히 그 나라의 역사적 환경에 따른다. 대체적으로 유럽의 국가차원의 의회구성은 전통적으로 의안처리의 투명성과 소수집단의 의견을 고려해야 한다는 점에서 양원제를 채택하고 있다(Ziller, 1993: 95; 최진혁, 1999: 57). 그런데 "양원제의 경우 제2원이 제1원과 같은 결정을 한다면 제2원은 무용(無用)한 존재에 불과하고, 또 반대로 제2원이 제1원과 다른 결정을 내린다면 제2원은 유해(有害)한 존재가 된다"는 프랑스 혁명시기의 Sieyès의 주장은 단원제를 이론적으로 뒷받침하는 것으로 1791년 프랑스 혁명헌법이 채택하는 배경이 되었다(허영, 1990: 842; 최인기·이봉섭, 1993: 164).

Ⅱ. 지방의회 의원정수와 그 책정기준

1. 지방의회 의원정수의 책정기준

지방의회 의원의 정수를 결정하는 데에는 보통 법률로써 이루어지는데, 우리나라의 경우 공직선거법으로 규정하고 있다. 의원정수는 일반적으로 자치단체 인구수, 의회규모, 자치단체간 균형을 고려하여 정하는 것으로 하고 있다 (최인기·이봉섭, 1993: 168-170; 김동훈, 1995: 408-410).

1) 인구수 비례

의원의 정수는 자치단체의 인구수에 비례하여 결정되어야 한다. 즉, 자치단체의 인구규모가 의원정수 산정의 기준이 된다. 지방의회는 주민대표기관이기에 이를 구성하는 의원정수도 당연히 그 모체가 되는 주민의 수에 따라 산정되어야 한다는 것이다. 그러나 의원의 정수를 단순히 산술적인 인구수만에 의지하게 될 때 자치단체간에 심한 불균형이 발생하게 되는 문제가 있다. 따라서 기본적으로는 인구수에 비례하는 것이 원칙이지만 지역간 균형유지차원에서 자치단체의 행정구역별 기본정수제나 과대자치단체에 대한 인구비례체감제를 통해 보완하게 된다.

2) 의회회의체로서의 규모

의원의 정수는 지방의회의 기능과 성격에 따라 정해야 한다. 의회는 행정의 수요와 주민의 요구에 부응하여 양질의 의정서비스를 제공해야 하는 주민의 대의기관으로서 회의체이기 때문에 그 기능에 맞는 적정한 수의 규모를 확보해야 한다.

3) 자치단체의 종류에 따른 규모

의원의 정수는 지방자치단체의 종류에 따라 다르게 정할 수 있다. 광역의

회인가, 기초의회인가, 도시형자치단체 의회인가, 농촌형자치단체 의회인가에 따라 그 정수선정에 영향을 미칠 수 있다고 보기 때문이다. 일반적으로 행정수요가 많이 발생하는 광역, 도시형자치단체 의회일수록 의원의 정수가 많이 요구된다고 볼 수 있고, 상대적으로 행정수요가 적게 발생하는 기초, 농촌형자치단체 의회일수록 의원의 정수가 덜 요구된다고 볼 수 있다.

4) 자치단체간 균형: 의원정수 상하한 규제

자치단체는 그 종류가 다양하고 이들간에 많은 격차가 존재하기 때문에 자치단체간의 균형을 도모하기 위하여 의원정수의 상한제(上限制) 또는 하한제(下限制)를 적용하여 의원의 수를 조정하고자 하는 것이다.

5) 본회의중심/위원회중심

의회운영이 본회의중심일 경우 위원회중심의 의회운영에서보다 의원수가 적게 가동되고, 위원회중심일 경우 여러 개의 상임위원회가 가동되어야 하므로 의원수는 많아지게 된다.

6) 명예직/유급직

의원의 신분이 명예직일 경우 대체적으로 의원수가 많은 대의회제도를 채택하게 되고, 유급제인 경우 지방재정을 고려해서 의원수가 적은 소의회제도를 운영하게 된다.

7) 정치적 고려

지방의회는 선거를 통하여 기관구성을 하는 관계로 기본적으로 정치적 속성을 가지게 된다. 또한 의원정수는 법률로 정하기 때문에 입법과정에서 국회를 지배하고 있는 권력/파워게임에 종속한다. 따라서 국회의원의 당리당략적 이해에 따른 영향을 받게 된다.

8) 의회주의 전통과 정치문화

각 국가의 의회주의 전통과 정치문화가 어떠한가에 따라 의원정수 결정에 영향을 미친다. 대체적으로 유럽 국가는 오래된 의회주의 전통에 영향을 받아 지방의회의 주민대표성을 중시하여 자치단체의 인구규모에 비해 의원정수를 많이 두고 있고, 상대적으로 유럽 의회주의보다 실용적 정치문화를 가진 미국은 지방의회의 전문성과 능률성을 중시하여 의원정수를 적게 두는 이유이다.

2. 지방의원정수

1) 광역(시도)의회 의원정수

시·도별 지역구 시·도의원의 총 정수는 그 관할구역안의 자치구·시·군(하나의 자치구·시·군이 2 이상의 국회의원지역선거구로 된 경우에는 국회의원지역선거구를 말하며, 행정구역의 변경으로 국회의원지역선거구와 행정구역이 합치되지 아니하게 된 때에는 행정구역을 말한다) 수의 2배수로 하되, 인구·행정구역·지세·교통, 그 밖의 조건을 고려하여 100분의 11의 범위에서 조정할 수 있다. 다만, 자치구·시·군의 지역구 시·도의원정수는 최소 1명으로 한다(공직선거법 제22조 ①항). 제1항에도 불구하고 「지방자치법」 제7조 제2항에 따라 시와 군을 통합하여 도농복합형태의 시로 한 경우에는 시·군 통합 후 최초로 실시하는 임기만료에 의한 시·도회의원선거에 한하여 해당 시를 관할하는 도의회 의원의 정수 및 해당 시의 도의회의원의 정수는 통합 전의 수를 고려하여 이를 정한다(공직선거법 제22조 ②항). 제1항 및 제2항의 기준에 의하여 산정된 의원정수가 19명 미만이 되는 광역시 및 도는 그 정수를 19명으로 한다(공직선거법 제22조 ③항). 비례대표 시·도의원정수는 제1항 내지 제3항의 규정에 의하여 산정된 지역구 시·도의원정수의 100분의 10으로 한다. 이 경우 단수는 1로 본다. 다만, 산정된 비례대표 시·도의원정수가 3인 미만인 때에는 3인으로 한다(공직선거법 제22조 ④항). 이에 따른 민선 5기(2010. 7~2014. 6) 광역의회 의원정수는 〈표 13-1〉과 같다.

▨ 표 13-1 ▨ 광역(시도)의회 의원정수

시/도	의원정수 지역	의원정수 비례	교육의원 정수	총계
서울	96	10	8	114
부산	42	5	6	53
대구	26	3	5	34
인천	30	3	5	38
광주	19	3	4	26
대전	19	3	4	26
울산	19	3	4	26
경기	112	12	7	131
강원	38	4	5	47
충북	28	3	4	35
충남	36	4	5	45
전북	34	4	5	43
전남	51	6	5	62
경북	52	6	5	63
경남	49	5	5	59
제주	29	7	5	41
총계	680	81	82	843

자료: 행정안전통계연보 (2012).

2) 기초(시군구)의회 의원정수

시·도별 자치구·시·군의회의원의 총 정수는 〈별표 3〉(〈표 13-2〉)과 같이 하며, 자치구·시·군의회의 의원정수는 당해 시·도의 총 정수범위 내에서 제 24조(선거구획정위원회)의 규정에 따른 당해 시·도의 자치구·시·군의원선거구 획정위원회가 자치구·시·군의 인구와 지역대표성을 고려하여 중앙선거관리위 원회규칙이 정하는 기준에 따라 정한다(공직선거법 제23조 ①항). 자치구·시·군 의회의 최소정수는 7인으로 한다(제23조 ②항). 비례대표 자치구·시·군의원정 수는 자치구·시·군의원정수의 100분의 10으로 한다. 이 경우 단수는 1로 본 다(제23조 ③항).

▨ 표 13-2 ▨ 기초(시군구)의회 의원정수(별표 3)

시/군/구	의원정수 지역구	의원정수 비례	총계
서울	366	53	419
부산	158	24	182
대구	102	14	116
인천	97	15	112
광주	59	9	68
대전	55	8	63
울산	43	7	50
경기	363	54	417
강원	146	23	169
충북	114	17	131
충남	152	26	178
전북	173	24	197
전남	211	32	243
경북	247	37	284
경남	226	33	259
제주	-	-	-
총계 (총의원수)	2,512	376	2,888

자료: 행정안전통계연보 (2012).

3. 쟁점/의원정수 확대 찬성론: 대의회제

지방자치가 가급적 주민다수가 참여하여 실시하는 것이 이상적이라고 한다면 의원수는 되도록 많은 것이 바람직하다고 할 수 있다. 의원수가 많을수록 지방정책을 공정하고 신중하게 심의·결정할 수 있고 주민의 이익을 대표하는데 유리하며, 주민에게 참여의 기회를 넓혀줌으로써 지방정치에 민의의 반영을 꾀할 수 있으므로 자치행정의 민주화를 도모할 수 있다(정세욱, 2004: 503-504)고 보는 것이다. 요컨대 의원정수를 확대하는 대의회제는 지방자치단체의 정책을 공정하고 신중하게 심의결정 할 수 있을 뿐 아니라, 각계각층의 주

민이익을 골고루 대변/반영할 수 있게 해주며, 다수의 주민에게 행정참여의
기회를 넓혀줌으로써 지방정치에 광범위한 민의의 반영을 꾀하는 동시에 지방
행정의 민주화를 도모할 수 있다. 그 중요한 내용근거는 다음과 같다.

- 지역과 직능 등 각계각층의 이익의 고른 반영
- 주민참여의 확대
- 주민의사의 신중한 처리
- 민주주의 원리에 보다 충실
- 의원의 신분과 지위: 무보수 명예직
- 노블리스 오블리쥬(Noblesse Oblige) 정신 함양

4. 쟁점/의원정수 확대 반대론: 소의회제

의원수가 과다하면 정당간의 반목, 개인과의 의견과 이해의 대립이 격화
되어 의회운영이 비능률적으로 흐르기 쉽고, 의회 내에서의 각 의원의 비중이
상대적으로 낮아짐에 따라 책임의식이 저하되며 의회의 경비가 많이 드는 폐
단이 있다. 결국 지방의원이 과다할 경우 그에 따른 수당 및 경제적 비용을
상승시키고 상대적으로 지방의원의 자질이 낮아질 수 있는 위험성이 제기될
수 있어 결국 지방의회의 효율성을 담보한 기능수행을 기대하기 어렵다. 요컨
대, 의회운영의 비능률성을 초래할 우려가 제기된다. 따라서 의원수를 적게 하
여 유능한 인재를 양성하는 정치충원의 장으로 활용하고, 이들의 충분한 토론
에 기반하여 의회기능을 효율적으로 운영해나가는데 유리할 수 있다. 또한 의
회운영비가 크게 들지 않기 때문에 예산절감효과를 볼 수 있다. 그 중요한 내
용근거는 다음과 같다.

- 유능한(전문성 높은) 인재의 의회진출
- 충분한 심도 있는 질 높은 토론으로 의회기능의 효율적 수행
- 의회운영비 등 예산절감/주민의 재정부담이 그만큼 줄어듦
- 의원의 신분과 지위: 유급직

Ⅲ. 평가적 의견

상기의 논의를 통해 볼 때, 우리나라의 의원정수는 행정구역을 기준으로 하여 인구·행정구역·지세·교통, 그 밖의 조건을 고려하여 100분의 11의 범위에서 조정(광역의원)하고, 자치구·시·군의 인구와 지역대표성을 고려하여 조정(기초의원)할 수 있도록 하였고(과거에는 인구규모에 따라 초과인구수에 의한 가산정수를 더하는 방식 사용), 의원정수의 상한제와 하한제를 두어 의원정수를 조정하고 있다. 이에 따라 광역의원정수는 843명(지역구 680명, 비례 81명, 교육 82명), 기초의회 의원정수는 2,888명(지역구 2,512명, 비례 376명)이 되었다(민선 5기 지방선거).

논의를 용이하게 하기 위해 기초자치단체수가 유럽 국가에서 제일 많고 (36,767개) 자연히 의원수(기초의원 519,417명)[2]도 많은 프랑스와 비교[3]하게 되면 우리나라의 의원정수는 상대적으로 적음을 알 수 있다. 즉, 지방의회의 구성을 주민대표성에 근간한 다수주의와 의회의 전문성, 효율성의 개념으로 파악한다면 프랑스의 의원수 결정은 능률성의 개념보다는 주민대표성에 더 가치부여를 하였고, 상대적으로 우리나라는 주민대표성의 개념보다는 능률성에 더 초점을 두었다고 할 수 있다. 그러나 3~5명으로 구성되는 미국 일부자치단체의 소의회제에 비해서는 많다고 할 수 있을 것이다. 지방자치의 이상이 주민에게 가급적 참여의 기회를 많이 제공하는데 있다면 의원의 정수는 되도록 많은 것이 바람직하다고 할 수 있다. 의원수가 많을수록 지방정책을 공정하고 신중하게 심의·결정할 수 있고 주민의 이익을 대표하는데 유리하며, 주민에게 참여의 기회를 넓혀줌으로써 지방정치에 민의의 반영을 도모할 수 있어 자치행정의 민주화를 도모할 수 있을 것이기 때문이다. 그런데 이 다수주의는 의원의 지

---

2 2013년 통계, Les collectivités locales en chiffres 2013.

3 프랑스의 지방의회 의원정수는 기초의회는 시읍면 법규에, 광역의회는 선거법에 다음과 같이 규정하고 있다. 시읍면 의회의원 수는 시읍면 법규(Code des communes) 제 L. 121-2조에 규정되어 있다. 주민 100명 미만에서는 9명의 의원, 300,000명 이상의 시읍면에서는 69명의 의원수를 갖도록 하고 있다. 파리시의회 의원수는 163명, 마르세이유 시의회 의원수는 101명, 리용 시의회 의원수는 73명이다. 실제적으로 36,760개의 시읍면에 505,916명의 시읍면 의원이 활동하고 있다. 거기에 시읍면장은 36,545명이다(최진혁, 2005).

위를 자연히 명예직으로 하여 자기의 일을 가진 의원이 자기지역을 위해 봉사하게 하는 노블리스 오블리쥬(Noblesse Oblige)의 정신을 함양하게 하는 효과도 있을 것이다. 그러나 의원수가 과다하면 의회운영이 정당의 이해관계, 의원의 이해관계에 따라 의원간 대립이 격화되는 등 비효율적으로 흐를 가능성이 크고, 각 의원의 비중이 상대적으로 낮아짐에 따라 열심히 제 역할을 하려는 책임의식이 희박해질 우려가 있으며, 의회의 경비가 많이 들어 그만큼 지방재정에 부담을 가중시킬 수 있는 어려움이 존재한다. 여기서 중요한 것은 그 시대의 정치문화적 환경에 영향을 주는 주민여론이다. 우리나라의 지방의회가 지방자치 경험 20여년의 공과를 두고 주민에게 어떠한 평가를 받고 있는가에 따라 주민대표성에 입각한 의회구성을 할 것인지, 전문성과 효율성에 근간을 둔 의회구성을 할 것인가가 결정되어야 할 것이다.

참고문헌

김동훈 (1995). **지방의회론**. 서울: 박영사.

정세욱 (2004). **지방자치학**. 서울: 법문사.

최인기 · 이봉섭 (1993). **지방의회론/이론과 실제**. 서울: 법문사.

최진혁 (2005). 유럽지방자치단체의 의원정수 실태. **자치의정**, 11-12.

최진혁 (1999). 지방의회의 비교연구. **한국지방자치학회보**, 11(2).

허영 (1990). **한국헌법론**. 서울: 박영사.

행정안전부 (2012). 2012 행정안전통계연보

공직선거법 법률 제11690호(정부조직법) 일부개정 2013. 03. 23.

George, Philippe (1989). *Droit public*. Paris: Sirey.

Lacaîle, Philippe (2012). *L'Elu Municipal*. Paris: berger-levrault.

Ministère de l'Intérieur, DGCL (2013). *Les collectivités locales en chiffres 2013*. Paris: La documentation française.

Ministère de l'Intérieur, DGCL (2002). *Les collectivités locales en chiffres 2002*, Paris: La documentation française.

Ziller, Jacques (1993). *Administrations comparées*. Paris: Montchrestien.

14장 지방의정보좌관제: 찬성 vs 반대

소 순 창

I. 서 론

지방자치제도가 새롭게 도입된 지 강산이 두 번이나 바뀌는 세월이 지났다. 그럼에도 불구하고 아직도 지방의회의 활성화를 논의하고 있는 것은 그만큼 지방의회가 제대로 역할을 못하고 있다는 것을 반증하는 것이다.

지방자치제도는 "지역주민들이 단체장과 지방의회 의원을 선거를 통하여 선출하고 지역의 문제를 자율적으로 처리하는 통치양식"이라는 점에서 본다면 단체장과 지방의회 의원이 대등한 입장에서 지역주민의 대변자로서 지역의 문제를 처리하는 대의기능을 제대로 수행하도록 제도화 되어야 할 것이다. 그러나 아직도 지방정부 레벨에서 보면 단체장(집행기관)과 지방의회(의결기관)가 대등한 입장에서 지역주민의 대의기능을 수행하고 있지 못하고 있다.

또한 중앙정부와 지방정부와의 관계에서도 지방의회의 기능을 활성화하기 위한 제도적 장치를 법제화하는데 중앙정치인(국회의원)들은 지금까지 소극적이었다고 할 수 있다. 국회의원은 여러 가지 다양한 특권을 가지고 있지만, 지방의회 의원의 보좌관제 도입에 대해서는 자치법상의 한계, 재정적인 측면, 그리고 보좌관의 사용화(私用化) 가능성을 지적하면서 부정적이었다.

그러나 분명한 것은 지방자치제도가 제대로 작동하려면 중앙정부와 지방정부의 관계 및 역할과 지방자치단체장(집행기관)과 지방의회(의결기관)와의 관계를 대등·협력 관계로 제도화해야 한다. 지방의회의 활성화가 중앙정부 및 정치인들에 의해서 일방적으로 재단되거나, 단체장(집행기관)의 일방적인 독주로 답보상태였다.

　　지방의회의 보좌관제도의 도입도 이러한 측면에서 논의되어야 할 것이다. 즉, 중앙정부와 지방정부간의 관계와 단체장과 지방의회 의원간의 관계를 정상화하여 지방자치제도가 제대로 작동할 수 있도록 해야 한다.

　　보좌관제도의 도입은 다양하게 논의될 수 있을 것이다. 의장소속하에 전문보좌기관에서 보좌인턴제, 공동보좌관제, 그리고 개인보좌관제에 이르기까지 다양한 제도적 장치로 논의될 수 있을 것이다. 그러나 이러한 보좌관제도는 지방재정의 과도한 부담이유로 지금까지 도입되지 못하고 있다.

　　이러한 지방의정 보좌관제도의 도입여부가 지방의정 활성화와 지방재정 부담이라는 논쟁점을 기준으로 정리해 보기로 한다.

Ⅱ. 찬성론

　　첫째, 지방의회는 의결기관으로서 단체장의 집행기관을 감시 및 견제하는 중요한 기능을 수행해야 한다. 단체장은 자치단체의 사무를 총괄할 뿐만 아니라 국가사무를 위임받아서 수행하며, 자치단체행정의 집행권과 직원에 대한 임면권 등 주요한 기능을 수행하도록 되어 있다(지방자치법 제101조).

　　한편 지방의회는 지역주민의 대표기관으로서 자치단체의 주요 정책과 주민의 부담에 관련된 사항 그리고 자치단체의 운영에 관하여 의결하며, 지방의 입법기관으로 조례의 제·개정을 담당하고, 집행기관에 대한 감시 및 견제기능도 매우 중요하다고 할 수 있다(헌법 제118조 제2항, 지방자치법 제39조).

　　따라서 지방의회(의결기관)와 단체장(집행기관)의 양 기관이 '견제와 균형'이 제대로 작동할 수 있도록 정상화되어야 할 것이다. 현재의 양 기관은 일반적으로 '강단체장 약의회제'의 시스템으로 설계되어 있다는 것이 일반적인 평가이다. 따라서 양 기관이 건전하게 견제와 균형할 수 있도록 현재의 약의회제시스템을 보완하는 방안으로 지방의회 의원의 보좌기능을 강화하는 하나의 방안으로서 보좌관의 도입이 고려되고 있다. 지방의원의 입법 및 정책전문성을 강화하며 집행기관의 독주를 견제하여 지방행정이 정상화되어야 한다는 주장이다. 특히 지방행정의 기능이 점점 다양해지고 복잡해지는 상황에서 지방의회의 정책전문성은 매우 중요시되고 있다는 것이다.

둘째, 앞으로 지방행정의 중요성은 중앙행정 못지않게 중요시 될 것으로 예상된다. 궁극적으로 행정서비스의 전달은 지방자치단체가 수행하고 있다. 앞으로 저출산·고령화 사회의 복지서비스 전달은 지방자치단체가 수행해야 한다. 그 뿐 아니라 교육, 지역경제, 문화, 관광 등 다양한 서비스가 중앙행정이 아니라 지방행정이라는 틀 속에서 생산되고 전달되어야 한다. 이러한 다양한 서비스가 지방자치단체의 집행기관이 일방적으로 결정하고 집행하는 것이 아니라 지역주민의 대표기관인 지방의회와 함께 결정해야 한다.

이러한 점을 고려한다면 중앙행정에 비하여 지방행정이 간과되어서도 안되고, 집행기관에 비하여 지방의회의 의결기관 또한 중요시될 것이라는 것이다. 따라서 이렇게 복잡다단해지는 지방행정서비스의 결정 및 집행을 제대로 하기 위해서는 지방의회의 정책전문성의 확보가 매우 중요시될 것이며 정책보좌관의 필요성이 더욱 더 대두된다는 것이다.

셋째, 위의 내용과 관련해서 중앙행정의 중요성 때문에 국회의원의 보좌인력이 현재 7~8명으로 확대되었다면 지방행정의 중요성이 대두되고 있는 현 시점에서는 오히려 국회의원의 보좌인력 못지않게 지방의회 의원의 보좌인력 또한 중시되어야 할 것이다. 따라서 국회의원의 보좌인력만큼은 아니더라도 최소 1명의 보좌인력은 보완하여야 한다는 것이다. 국회의원과 지방의회 의원의 형평성을 고려하여, 중앙행정과 지방행정의 기능을 형평성 있게 정상화하여야 한다는 주장이다.

넷째, 지방자치제도는 민주주의의 학교라고 한다. 그런 점에서 지방의회에 전문성 있는 지방정치인을 양성하기 위해서라도 정책보좌관의 도입이 필요하다는 것이다. 지역에 젊고 유능한 정치인들이 정책보좌관이라는 통로를 통해서 양성되고 장기적으로 지방의회에 진출할 수 있는 가능성을 높여서 훌륭한 지방정치인이 배출되도록 해야 한다는 것이다.

국회 보좌관제도도 정치인이 되기 위한 통로의 역할을 하고 있다. 지방자치가 소수의 지역 토호세력들에 의하여 독점되고 있는 현실적인 문제를 타파하고 지역의 젊은 정치인들이 지방의회의 보좌관으로 임용된다면 지방의회의 전문성을 제고할 뿐만 아니라, 전문성 있는 젊은 지방 정치인들이 양성될 수 있다는 것이다.

다섯째, 젊은 지방 정치인들이 정책보좌관으로 채용된다면 민간기업의 수준은 아니더라도 지방에 있는 대학 및 대학원생들의 고용효과도 제고될 수 있을 것이다. 뿐만 아니라 관학(官學)이 연계하여 지속적인 전문인력의 배출과 함께 지방대학의 활성화뿐만 아니라 지속적인 젊은 전문인력의 수요와 공급이 지속적으로 가능한 인력수급체제가 이루어질 수 있을 것이다.

여섯째, 지방자치는 지역의 문제를 '스스로 결정(자치)'하는 제도이다. 스스로 결정하고 또한 책임도 져야 한다. 지방의원 보좌관도 지역주민의 대표기관인 지방의회가 스스로 결정하여 스스로 책임지는 자기결정과 책임성을 보장한다는 점에서 지방자치단체가 스스로 결정할 수 있도록 보장해 주어야 한다는 주장이다.

Ⅲ. 반대론

첫째, 현행 법령상으로는 지방의회 의원의 보좌관 도입이 불가능하다는 것이다. 대법원은 서울시와 경기도의회가 지방의원의 보좌관 도입을 위한 조례제정에 대하여 "지방의회 의원의 입법활동을 지원하기 위해 보좌관을 두는 것은 의원의 신분, 지위 및 그 처우에 관한 현행 법령상의 제도에 중대한 변경을 일으키는 것으로 국회에서 법률로 정해야 할 입법사항이다" 라고 무효임을 판결하였다.

지방의회가 행정사무감사 등을 함에 있어서 필요한 경우 지방의회 사무직원의 보조를 받을 수 있도록 하고 있으며(지방자치법 시행령 제16조 제4항),

보좌관제(또는 인턴보좌관제)에 필요한 예산편성도 지방자치단체의 세입·세출 예산과목구분과 설정규정을 위반(지방재정법 제41조 및 동법 시행령 제47조)하고 있는 등 실제적으로 지방의회 의정보좌관의 도입은 불가능하다.

둘째, 지방의원 보좌관제 도입은 지방자치단체에 대한 재정적인 부담으로 남게 된다는 것이다. 지방의회 의원 전원에게 유급보좌관을 두게 된다면 광역의회에는 연간 약 300억원, 기초의회에는 약 1,150억원이 소요될 것으로 예상된다. 또한 현재 지방의회 사무국(처)의 직원은 지방의원의 정수에 비하여 적정하다는 것이다. 광역의회가 평균 전문위원 수가 8.8명, 일반 사무직원의 수가 77.6%이고, 기초의회는 평균 전문위원 수가 3명, 일반 사무직원의 수가 14.4명으로 나타났다. 이러한 점을 고려한다면 지금 지방의회 의원의 보좌인력은 적정한 수준이라는 평가이다(한상우, 2007: 73-74).

전체 지방자치단체 중에서 84%나 되는 211개 자치단체가 재정자립도가 50% 미만이고, 자치단체의 자주재원으로 공무원의 인건비조차 지급할 수 없는 자치단체가 16%로 41개 자치단체나 되고 있는 상황이다. 따라서 지방의회의 정책보좌관 도입은 현실성이 떨어진다는 것이다.

셋째, 이미 전문위원제도가 충분히 의정활동을 지원하고 있다는 주장도 있다. 지방자치법의 개정을 통하여 지방의원을 명예직에서 유급직으로 전환하였고, 의원보좌관 도입 대신에 지방의회의 전문위원을 증원하는 등 지방의정 활동 기반을 강화하였다. 또한 지방의원이 행정사무감사 등을 함에 있어 사무보조가 필요한 때에는 지방의회 사무국(처) 사무직원의 보조를 받을 수 있도록 되었다(지방자치법 시행령 제16조 제4항).

넷째, 지방의원의 업무량이 그렇게 과다하지 않다는 주장이다. 현재 광역의원은 120일, 기초의원은 80일이던 회기일수가 자율화하여 지방의원의 업무량이 다소 늘어난 것은 사실이지만, 지방의원의 담당직무와 선거구규모 등을 고려할 때 보좌관을 두어야 할 만큼 직무가 과중하지 않다는 것이다.

다섯째, 보좌관의 개인비서화 가능성이 높다는 것이다. 밖으로는 지방의원의 정책 및 입법 활동 강화를 위해 보좌관제를 도입한다고 말하고 있다. 그러나 실제적으로 오히려 지역의 행사나 경조사 등 개인비서의 역할을 담당하게 될 가능성이 매우 높다. 이러한 점에서 지방의원의 보좌관 도입은 지방재정의 압박으로만 그칠 것이라는 주장이다.

Ⅳ. 평가적 의견

지방의원 정책보좌관의 도입에 관한 것은 선택의 문제이다. 비용이 발생하더라도 지방의회(의결기관)와 단체장(집행기관)과의 관계를 정상화하여 지방자치제도가 제대로 작동하도록 할 것인가, 아니면 비용부담의 문제로 보고 현재의 상태로 방치할 것인가에 있다.

지방의원은 지역주민들의 다양한 의견을 수렴하여 지방의정이라는 공론의 장(場)에서 제대로 논의하고 결정하여야 한다. 그러므로 지방의원들이 제대로 일 할 수 있는 여건과 환경을 조성해주는 것은 극히 당연한 일이다. 이를 통하여 지방자치의 본래 가치를 실현할 수 있기 때문이다.

지방의회는 지역주민의 대표기관, 자치구역 내 기본적인 자치사무의 의결기관, 자치입법기관, 그리고 집행기관을 견제하는 통제기관으로서의 기능을 제대로 수행할 수 있어야 한다. 그러나 지방의회가 이러한 기능을 제대로 수행하지 못할 때 지방행정 및 재정은 비효율적이고 방만하게 운용될 가능성이 높다.

또한 지방재정의 부담과 지방의회의 정상화라는 차원에서 평가해 본다고 하더라도 지방재정의 부담이 그렇게 심각하지 않다는 평가이다. 시·도 광역의원 855명에게 1명의 보좌관을 채용하도록 하여 전임계약직 '나'급에 해당하는 정책보좌관을 채용한다면 대략 420억원 정도가 지출된다. 이 정도의 재정부담은 2013년도 시·도 예산총액 약 100조원의 0.04%이고, 연간 조세총액 약 278조원의 0.015%에 해당된다(장인봉, 2013: 23). 이러한 예산규모는 지방의회가 정책보좌관 도입을 통하여 얻어낼 수 있는 예상되는 재정적 효과에 비하면 그렇게 많지 않다는 평가이다. 정책보좌관제도의 도입이 지방 행·재정의 잘못된 운용으로 발생하는 예산낭비를 막을 수 있는 제도적 효과를 달성할 수 있다는 것이다.

▨ 표 14-1 ▨ 시·도 전문계약직('나'급)에 준한 정책보좌관의 예상비용

산출 기준	광역의원(855명)			C의 시도예산 총액 (1,000,883억원)비중	C의 국민부담조세 총액 (2,785,693억원)비중
	A	B	C		
소요 예산	524억원	349억원	420억원	0.004%	0.015%

A : 전임계약직 공무원 '나' 급의 상한액 61,298천원 적용
B : 전임계약직 공무원 '나' 급의 하한액 40,844천원 적용
C : 전임계약직 공무원 '나' 급의 하한액 40,844천원의 120% 적용
자료: 장인봉 (2013: 23).

뿐만 아니라 앞에서도 지적하였듯이 정책보좌관제도의 도입을 통하여 지역인재의 고용창출효과도 있으며, 장기적인 측면에서 우수한 지역인재가 지역정치인으로 배출될 수 있는 효과도 있어서 관학(官學)연계를 통한 지역경제의 효과도 달성할 수 있을 것이다.

정책보좌관의 도입은 다양한 형태로 논의될 필요가 있을 것이다. 의장소속하의 전문보좌기관 설치, 보좌인턴제도, 공동보좌관제도, 그리고 개인별 보좌관제도라는 다양한 방법으로 논의될 필요가 있다. 그러나 지방재정의 문제라는 부담을 고려한다고 하더라도 지방의원 개인별 정책보좌관제도의 도입도 그렇게 큰 무리는 없을 것이다(조석주·박기관, 2010).

또한 보좌관제도의 단계별 도입방안도 검토해 볼 만하다. 제1단계에서는 의장소속하의 전문보좌기관을 설치하고, 제2단계에서는 상임위원회별 정책전문위원실을 확대하고, 마지막 제3단계에서는 광역의회 의원 개인별 보좌관제도를 단계별 도입방안으로 모색할 필요가 있다(안영훈·김성호, 2007).

참고문헌

안영훈·김성호 (2007). 지방의회 사무기구 인사권 독립 및 광역의회의원 보좌관제 도입에 관한 연구. 한국지방자치학회 학술대회 발표논문, 189-232.

장인봉 (2013). 지방의원 보좌관제도의 도입 방향. 지방행정. 대한지방행정공제회, 62(720): 20-23.

조석주·박기관 (2010). 지방의원 보좌기능의 활성화 방안에 관한 연구. 한국정책연구, 10(3): 393-412.

최병대 외 (2009). 경기도의회 정책보좌기능 제고방안. 경기개발연구원 위탁연구.

한상우 (2007). 시군자치구의회의 전문성 제고방안. 한양대학교 지방자치연구소 세미나 논문집, 43-78.

15장 지방의원 겸직필요성(광역, 기초): 찬성 vs 반대

🕮 윤영근

I. 서 론

최근 언론보도에 따르면 전국 17개 광역 시·도의회 의원 848명 가운데 39.3%인 333명이 다른 직업을 가진 것으로 확인되었으며, 겸직의원들은 주로 대학 겸임교수, 개인 사업체 운영, 각종 위원회 위원, 민간단체 임원 등으로 나타났다. 이에 안전행정부는 지방의원의 겸직금지 조항을 명확히 하는 등 지방자치법을 개정할 계획이라고 밝히기도 하였다(서울신문, 2013. 4. 19.). 또한 국회의원과 지방의원의 협동조합 임직원 겸직금지가 추진되는 등(국민일보, 2013. 9. 11) 겸직금지는 더욱 강화되는 추세에 있다. 게다가 2006년부터 지방의원 유급제가 실시되면서 기존에 겸직이 생계수단이라는 이유도 연 6천여만원의 적지 않은 월급을 받고 있다는 점을 들어 설득력이 떨어진다고 지적한다(경기신문, 2013. 5. 13.).

그러나 지방의원의 겸직제한문제는 생각해 볼 점이 있다. 겸직제한의 범위가 좁으면 비교적 전문적이고 유능한 인사가 지방의회에 진출할 수 있는 기회가 크다는 장점이 있지만, 겸직제한의 범위가 넓으면 의원의 기능적 자질보다는 공정성과 청렴성에 비중을 두기 때문에 직무수행에 대해 행정간섭의 가능성을 배제할 수 있기 때문이다(최봉석, 2011: 22). 따라서 이 글에서는 현행 법률이 정하고 있는 겸직금지의 의미와 주요 문제, 그리고 찬반론에 대해 간략

하게 살펴보기로 한다.

Ⅱ. 겸직의 의미

우리 헌법, 국회법, 지방자치법에는 대통령, 국회의원, 지방자치단체의 장
과 의회 의원 등의 선출직 공무원에 대한 겸직금지의무가 규정되어 있으며,
주된 내용은 다른 공직을 겸할 수 없다는 것과 그 직에서의 영리행위를 할
수 없다는 것 두 가지로 요약할 수 있다.

겸직을 겸업[1]과 동일하게 보는 견해도 있지만(장용근, 2012: 260), 이를 구분
하는 견해도 있다(김희곤, 2007b: 289). 김희곤(2007b)은 지방의원의 겸직금지는
공직 등 일정한 직업(직책)에의 취임자체를 금지하는 것인데 비하여, 겸업금지
는 겸직금지 직종이 아닌 타 직종에의 취업(취임) 및 그 활동은 허용하되, 당
해 지방자치단체 등과의 영리적 거래행위 등 일정한 활동만을 금지하는 것으
로 설명하고 있다. 이렇게 볼 때, 겸직금지의 이론적 근거는 권력분립원리와
이해충돌방지를 통한 직무의 공정성 확보이며(김희곤, 2007a: 263-264), 겸업금지
의 이론적 근거는 직무의 공정성 확보와 공익과 사익 사이의 이해충돌방지를
들고 있다(김희곤, 2007b: 292-293).

지방의원이 다른 공직을 겸직(예, 국회의원–지방의원, 광역의원–기초의원)하
는 것은 현재 우리의 지방자치법상 불가능하다. 그러나 영국[2]과 프랑스[3] 같은

---

1 겸직(兼職): 자기의 본디 직무 외에 다른 직무를 겸함. 또는 그 직무/겸업(兼業): 주된 직업 외에
  다른 일을 겸하여 함. 또는 그렇게 하는 일. 국립국어원 표준국어대사전(http://stdweb2.korean.
  go.kr/main.jsp)
2 영국 지방의원의 경우에는 다른 지방의회의 지방의원을 겸직하고 있는 것이 증가하는 경향이
  있는데, 지방의원의 가장 많은 15.7%가 패리쉬 혹은 커뮤니티 의원으로 겸직하였으며, 12.3%는
  타운의회의 지방의원으로 겸직하였고, 11.5%는 다른 지방정부의 멤버인 것으로 나타났다. 영국
  의 지방의회 의원이 다른 지방의회 의원으로 겸직하는 것은 지방의회가 위치해 있는 지방정부
  의 유형과 밀접한 관계가 있다. 특히 샤이어 카운티(shire county)의회 의원의 경우 다른 지방정
  부의 멤버가 41.3%로 런던바로우 4.3%, 메트로폴리탄 디스트릭 2.8%, 잉글랜드 단일의회 1.7%와
  비교하여 볼 때 이러한 경향이 더 짙게 나타난다(한부영·하동현·김수용, 2010: 77).
3 프랑스는 지방의원에 대한 상당한 정도의 겸직을 허용하고 있는 나라로써 중앙 정치인 중 약

나라에서는 의원간 겸직이 가능하고, 우리도 최근 이 문제와 관련된 논란이
있었다.[4] 그렇지만 앞에서 본 지방의원 겸직에 대한 언론의 보도와 안전행정
부의 지방의원 겸직금지규정 보완움직임은 공공단체에 대한 겸직금지에 맞춰
져 있다는 점을 고려할 때, 우리나라에서 지방의원의 겸직문제는 결국 공공단
체의 겸직문제가 주된 내용임을 알 수 있다.[5] 그러나 지방의회 의원의 유급제
여부에 따라 직접적으로 더욱 큰 영향을 받는 것은 겸업금지라는 견해도 있
다. 즉, 겸직이 금지되는 분야는 의원직과 양립할 수 없는 공직(공무원 등)이
주가 되지만, 겸업금지분야는 의원의 영리추구를 방지하기 위하여 민간분야에
서의 활동이 주 대상이 되기 때문이라는 것이다(김희곤, 2007b: 289).

Ⅲ. 지방자치법의 겸직금지 조항

우리 지방자치법에 지방의회 의원의 겸직금지 조항이 처음 신설된 것은
1949년 7월 4일 최초로 제정된 지방자치법(법률 제32호) 제18조[6]에 규정되면서
부터이며, 겸업금지 조항이 처음 신설된 것은 1956년 2월 13일 지방자치법 개
정(법률 제385호)으로 동법 제18조[7]에 규정되면서부터이다(김희곤, 2007a: 275). 현

3/4의 상·하원의원이 지방에서 단체장이나 지방의원을 겸하고 있어 지방정치에 대한 주민의
관심이 상대적으로 상당히 높은 편이다. 또 기초의회 의원은 다른 (광역)의회 의원직을 하나에
한해서 겸할 수 있으나, 다른 기초의회 의원을 겸할 수는 없다(안영훈, 2012: 146).

4 최근 기초자치단체 정당공천권 폐지와 관련해 여당(새누리당)이 특별·광역시의 기초의회(구의
회)를 폐지하는 방안을 유력하게 검토하면서 이 문제가 여야간에 논란이 되고 있다. 여당의 입
장은 기초의회 폐지가 구의회 자체를 없애자는 게 아니라 광역의원(시의원)이 기초의원(구의원)
도 같이 겸하자는 의미라고 설명한다. 또 광역의원이 기초의원을 겸직하고, 광역의원에 대해서
는 정당공천권을 유지하자는 입장이다. 그러나 야당(민주당)은 기초선거에서의 정당공천권 폐지
여부를 논하지 않고 기초의원 자체를 없애자는 것은 논점을 벗어났다며 반발하고 있다. "여야
'기초의회 폐지' 공방" 한국경제(2014. 1. 6.).

5 "지방의원 의정활동 불성실하면 의정비 안 준다", 연합뉴스(2013. 4. 17.).

6 1949년 당시 지방자치법 제18조는 '지방의회 의원은 국회의원을 겸하지 못한다. 지방의회 의원
은 당해 자치단체의 유급직원을 겸하지 못한다. 각급 의회 의원은 타급 의회 의원선거의 의원
의 후보자가 되려면 그 의원의 직은 辭한 후라야 한다'고 규정하였다.

7 1956년 개정된 지방자치법 제18조는 '지방의회 의원은 당해 자치단체와 영리를 목적으로 하는

행 지방자치법은 제35조에서 〈겸직 등 금지〉 규정을 두고 있다.

제35조(겸직 등 금지)
① 지방의회 의원은 다음 각 호의 어느 하나에 해당하는 직을 겸할 수 없다.<개정 2009.4.1.>

1. 국회의원, 다른 지방의회의 의원
2. 헌법재판소 재판관, 각급 선거관리위원회 위원
3. 「국가공무원법」 제2조에 규정된 국가공무원과 「지방공무원법」 제2조에 규정된 지방공무원(「정당법」 제22조에 따라 정당의 당원이 될 수 있는 교원은 제외한다)
4. 「공공기관의 운영에 관한 법률」 제4조에 따른 공공기관(한국방송공사, 한국교육방송공사 및 한국은행을 포함한다)의 임직원
5. 「지방공기업법」 제2조에 규정된 지방공사와 지방공단의 임직원
6. 농업협동조합, 수산업협동조합, 산림조합, 엽연초생산협동조합, 신용협동조합, 새마을금고(이들 조합·금고의 중앙회와 연합회를 포함한다)의 임직원과 이들 조합·금고의 중앙회장이나 연합회장
7. 「정당법」 제22조에 따라 정당의 당원이 될 수 없는 교원
8. 다른 법령에 따라 공무원의 신분을 가지는 직
9. 그 밖에 다른 법률에서 겸임할 수 없도록 정하는 직

② 「정당법」 제22조에 따라 정당의 당원이 될 수 있는 교원이 지방의회 의원으로 당선되면 임기 중 그 교원의 직은 휴직된다. <신설 2009.4.1.>
③ 지방의회 의원이 당선 전부터 제1항 각 호의 직을 제외한 다른 직을 가진 경우에는 임기 개시 후 1개월 이내에, 임기 중 그 다른 직에 취임한 경우에는 취임 후 15일 이내에 지방의회의 의장에게 서면으로 신고하여야 하며, 그 방법과 절차는 해당 지방자치단체의 조례로 정한다. <신설 2009.4.1.>
④ 지방의회 의장은 지방의회 의원이 다른 직을 겸하는 것이 제36조 제2항에 위반된다고 인정될 때에는 그 겸한 직을 사임할 것을 권고할 수 있다. <신설 2009.4.1.>
⑤ 지방의회 의원은 해당 지방자치단체 및 공공단체와 영리를 목적으로 하는 거래를 할 수 없으며, 이와 관련된 시설이나 재산의 양수인 또는 관리인이 될 수 없다. <개정 2009.4.1.>
⑥ 지방의회 의원은 소관 상임위원회의 직무와 관련된 영리행위를 하지 못하며, 그 범위는 해당 지방자치단체의 조례로 정한다. <신설 2009.4.1.>

거래를 하거나 시설 또는 재산의 관리인이 될 수 없다'고 규정하였다.

지방자치법 제35조에 대해서는 직업선택의 자유 및 평등권 침해를 이유로 헌법소원이 제기되기도 하였다.[8] 헌법재판소는 지방공사직원이 지방의회 의원을 겸할 수 없도록 한 것은 권력분립과 정치적 중립성 보장의 원칙을 실현하고 지방의회 의원의 업무전념성을 담보하고자 하는 목적에서 법의 정당성이 인정된다고 판단하였다.

그러나 현행 지방자치법 제35조는 제5항에서 규정한 지방의원의 겸직금지 대상이 불명확하다는 지적이 있으며, 특히 공공단체와 관리인의 개념이 그렇다(장용근, 2012; 최봉석, 2011). 법 제35조 제5항에 규정된 '공공단체'의 범위가 명확하지 않아 유권해석으로 운영되어 왔으나, 해석상 논란이 있고 규범력이 미약하다는 지적이 있으며(한부영·하동현·김수용, 2010: 4), 실제 법제처와 안전행정부의 공공단체에 대한 해석도 다르게 적용되었다.[9] 이런 이유로 인해 지방자치단체에서는 생활체육협의회, 녹색환경보전회, 바르게살기운동협의회 등의 회장을 겸하는 지방의회 의원들이 겸직사퇴를 거부하는 등 혼란이 발생하기도 하였다.[10]

'관리인'의 범위 역시 마찬가지다. 장용근(2012)은 관리인이 "집행기관"을 의미하는지 "집행기관 이외에 의결기관까지-법제처의견" 포함하는지, "집행기관 이외에 의결기관이나 자문기관까지-행안부의견" 포함하는지에 대해서 불명확하다고 지적하면서, "파산재단의 파산관재인"이나 "기업의 법정관리인"이나 "상속재산관리인" 등을 보면 집행기관을 지칭하는 것으로 보이지만, 이는 본법의 입법취지에 따라 해석의 여지가 있는 것으로 보았다. 이런 이유로 인해 학교운영위원회 위원의 겸직에 대해 법제처와 행안부간에 서로 다른 해석을 내리기도 하였다.[11]

---

8 2010헌마605 지방자치법제35조 제1항 제5호 위헌확인(http://ecourt.ccourt.go.kr/home/storybook/storybook.jsp?eventNo=2010헌마605&dist_type=06).

9 법제처는 자치단체가 재정적으로, 그리고 법률상 또는 사실상 영향력을 행사할 수 있는 단체를 공공단체로 보는 반면, 안전행정부는 '재정적으로' 관리·감독 할 수 있는 단체만을 공공단체로 판단한다(장용근, 2012: 277).

10 지방의원 겸직금지 '고무줄 잣대' 논란, 세계일보(2010. 9. 29.).

11 2010년 법제처는 학교운영위원회 위원겸직에 대해서는 학교장을 사업수행의 주체로 보아 운영위원회 위원을 관리인으로 보기 곤란하다고 판단하였으나, 당시 행안부는 학교운영위원회의 위

Ⅳ. 겸직 찬성론과 반대론의 내용

지방의원의 겸직을 찬성하는 입장은 주로 공익적 목적 등을 감안하여 겸직금지가 타당하지 않다고 보는 것이다. 지방의회 의원은 주민대표인 동시에 주민에 대한 봉사자로서 자치단체가 권장하는 공익활동에 적극 참여하는 것이 바람직하다는 것이다. 또, 공공단체는 공익단체에 해당되고 관리자는 대부분 무보수·명예직으로서 이중보수 수령 및 이권개입 여지가 비교적 적고, 대부분 지원경비규모가 소액으로서 직무상 공정성, 청렴의무 등을 저해할 가능성이 있다고 보기 어렵다고 주장한다.

따라서 경비 등 지원규모와 관계없이 모든 단체에 대해 겸직을 금지하는 것은 공익적 견지에서 타당하지 않다고 보는 것이다(한부영·하동현·김수용, 2010: 39). 지방자치법 제35조 제1항 제5호 위헌확인에서 나온 반대의견에서도 지방공사직원의 지방의회 의원겸직을 무조건 금지하는 것은 입법목적을 달성하는데 있어 지나치게 과도한 제한으로 보았다.[12]

반면, 지방의원의 겸직을 반대하는 입장은 부당한 영향력 행사방지 등을 위해 필요하다는 견해이다. 지방의원이 자치단체로부터 경비 등을 지원받는 단체의 관리인이 되는 경우 보조금의 예산심의 및 정산 등에 있어 직접 이해당사자가 되고, 의원직을 이용한 부당한 영향력 행사를 하거나 당해 지방자치

원이 관리인에 해당한다고 보아 법제처와 다른 해석을 하였다(장용근, 2012: 278).

12 이 사건 법률조항의 입법목적의 정당성은 인정되나, 지방공사의 직원은 지방자치단체의 영향력 하에 있지도 않고, 지방공사의 업무에 관해 부당한 영향력을 행사할 우려도 없으므로, 지방공사의 임원이 아닌 직원에 대해서까지 겸직을 금지하는 것은 입법목적을 달성함에 있어 적절한 수단이 아니며, 특히 지방공사를 설치·운영하는 지방자치단체가 아닌 다른 지방자치단체의 의원인 경우, 그 지위가 서로 상충할 여지가 없으므로 더욱 부적절하다. 그리고, 지방의회 의원의 임기기간 동안 지방공사직원의 직을 휴직하도록 하거나, 이해관계가 상충할 수 있는 특정의제에 대하여 의결권을 제한하는 방법 등을 통하여 입법목적을 충분히 달성할 수 있음에도 일률적, 전면적으로 겸직을 금지하고 있는 심판대상 조항은 최소침해의 원칙에도 위배되고, 심판대상 조항이 추구하고자 하는 공익은 구체적이지 못하고 모호한 반면, 겸직을 전면적으로 금지당함으로써 청구인이 침해당하는 사익은 결코 작지 않으므로, 법익의 균형성도 갖추지 못하였다. 2010헌마605 지방자치법제35조 제1항 제5호 위헌확인(http://ecourt.ccourt.go.kr/home/storybook/storybook.jsp?eventNo=2010헌마605&dist_type=06).

단체의 이익에 반하는 행위를 할 가능성이 있으므로, 이를 사전에 예방하기 위해 겸직제한이 필요하다는 것이다. 또한 보조금 예산의 편성 및 공유재산 무상사용 등 압력행사로 인한 예산 및 자원배분의 왜곡현상이 발생하거나, 보조금 집행에 대한 보고 · 조사 · 시정명령 등의 통제 및 피드백 부실이 초래될 수 있다고 본다(한부영 · 하동현 · 김수용, 2010: 39). 게다가 유급제 도입논거에서 볼 때, 의원겸직의 문제는 의정에 전념하는 전업직 의원충원과 배치된다(황아란, 2008: 35)는 문제도 있다.

V. 평가적 의견

서두에 이미 언급한 것처럼 지방의원의 겸직제한은 양면성을 갖고 있다. 그러나 매년 공공단체에 대해 상당한 보조금이 지원되고 있는 점을 고려할 때, 지방의원의 부당한 영향력 행사방지 등을 위해 공공단체 관리인의 겸직금지 필요성은 있다고 판단된다(한부영 · 하동현 · 김수용, 2010: 39). 다만, 현행 법률이 공공단체와 관리인에 대한 의미가 불명확한 점은 개선되어야 할 것이다. 이에 대해 공공단체를 해당 지방자치단체가 출자 · 출연한 기관 · 단체, 해당 지방자치단체와 계약 또는 위탁을 통해 그 사무를 수행하고 있는 기관 · 단체, 해당 지방자치단체로부터 운영비, 사업비 등을 지원받고 있는 기관 · 단체로 명문화하고, 관리인은 대표, 임원, 상근직 직원과 의결권을 가진 위원회의 장 및 위원으로 규정할 필요가 있는 것으로 본다(최봉석, 2011: 27). 장기적으로 볼 때, 지방의원의 겸직문제는 결국 지역의 정치공동체 활성화와 권력의 오남용을 어떻게 통제할 것인가의 문제와 밀접한 관련이 있다. 지역의 정치공동체가 다양해지고, 그에 따른 시민에 의한 권력통제가 활성화된다면 지방의원의 겸직문제는 지금보다 더 유연하게 변화될 수 있을 것이다.

참고문헌

경기신문. '코걸이 귀걸이'식 지방의원 겸직 '손질' … 책임성 높인다. 2013. 5. 16.
  (http://www.kgnews.co.kr/news/articleView.html?idxno=343052).
국민일보. 국회의원·지방의원 협동조합 임직원 겸직 금지 추진. 2013. 9. 11.
  (http://news.kukinews.com/article/view.asp?page=1&gCode=pol&arcid=0007551887&cp=nv).
김희곤 (2007a). 지방의회의원의 유급제와 지방의회의원의 겸직금지. **공법연구**, 35(3): 259-287.
김희곤 (2007b). 지방의회의원의 겸업금지. **지방자치법연구**, 7(3): 287-329.
서울신문. 광역시·도의원 39% 겸직: 333명, 교수직·사업체 경영 등 맡아 활동. 2013. 4. 19.
  (http://www.seoul.co.kr/news/newsView.php?id=20130419010014).
세계일보. 지방의원 겸직금지 '고무줄 잣대' 논란. 2010. 9. 29.
  (http://www.segye.com/content/html/2010/09/29/20100929004308.html).
안영훈 (2012). **선진 지방자치제도-프랑스**. 서울: 한국지방행정연구원.
연합뉴스. 지방의원 의정활동 불성실하면 의정비 안 준다. 2013. 4. 17.
  (http://news.naver.com/main/read.nhn?mode=LSD&mid=sec&sid1=100&oid=001&aid=000620
  8354).
장용근 (2012). 선출직 공직자의 겸직금지규정에 대한 헌법적 검토. **홍익법학**, 13(1): 257-282.
정재길 (1990). 지방의회의원 겸직금지조항의 타당성을 따진다. **지방자치**, 21: 64-67.
최봉석 (2011). 지방의회 의원의 겸직금지의무에 관한 법제 진단. **지방자치법연구**, 11(2): 3-33.
한국경제. 여야 '기초의회 폐지' 공방. 2014. 1. 6.
  (http://www.hankyung.com/news/app/newsview.php?aid=2014010643991).
한부영·하동현·김수용 (2010). **지방자치단체장과 지방의원의 사회단체장 겸직 개선방안에 관한 연구**. 서울: 한국지방행정연구원.
황아란 (2008). 지방의원 유급제와 의정 전문성의 논리적 관계 구조: 공직진출의 기회비용과 현실적 한계. **지방정부연구**, 12(2): 29-47.

16장 지방공무원 지역인재채용 확대: 찬성 vs 반대

🖿 박영강

I. 서 론

지방공무원 지역인재채용이란 지방공무원의 충원과정에서 공개경쟁시험방식을 벗어나 지역소재 학교장의 추천 등을 통하여 지역의 인재를 충원하는 제도를 의미한다. 동 제도는 이명박 정부의 특성화고교 활성화 정책과 맥락을 같이 하며, 법률적 근거로는 지방공무원법 제25조의4를 들 수 있다. 처음에는 특성화고교 졸업자에 한정하여 기술분야 일반직 9급으로 채용하였으나, 최근에는 전문대 졸업자도 포함시켰다. 그러나 제주도의 경우 "제주특별자치도 설치 및 국제자유도시 조성을 위한 특별법" 제62조에 의거하여 도 조례 제18조로써 7급 이하까지 지역인재채용방식을 확대하고 있다. 따라서 "지방공무원 지역인재채용 확대"란 바로 제주도와 같은 방식의 적용을 의미하는 것이라 할 수 있다.

유사한 방식으로는 국가공무원법 제26조의4의 지역인재의 추천채용 및 견습근무 규정을 들 수 있다. 동 조항에서는 6급 이하 중앙정부공무원 중 일부를 고등학교 이상 졸업자나 졸업예정자를 추천·선발하는 제도인데, 도입초기인 2005년에는 6급 이하로 하였으나, 2010년부터는 7급 이하로 바꾸어 현행 공무원임용령 제22조의3에는 일반직 7급과 일반직 9급 2가지 유형의 채용방식

을 규정하고 있다. 선발된 사람은 소정의 견습기간을 거쳐 임용되며, 현재 7급
의 경우 견습기간은 1년이며, 9급은 6개월이 적용된다.

　　지방공무원의 지역인재의 추천채용이 7급 이하에 적용되는 이유는 현재
제주도를 제외한 지역에서 5급 이상 공무원 경우 임용시험을 안전행정부장관
이 실시하고 있을 뿐 아니라 공개경쟁방식을 취하고 있기 때문이다. 중앙정부
의 5급 공무원 경우에는 지방인재 채용목표제가 적용되어 행정고등고시와 외
무고등고시 중 선발예정인원이 10명 이상인 시험단위에 지방인재 비율이 20%
에 미치지 못하는 경우에 추가선발하는 방식을 취하고 있으며, 안전행정부에
서는 2015년부터 7급 공무원 공채시험에도 지방인재 채용목표제를 도입하는
방안을 검토할 예정이다. 그밖에 1995년부터 "지방고등고시" 라는 명칭으로
신설된 지방직 5급 공무원 충원방식은 폐지되고, 2004년부터 "행정고시 지역
모집"이 신설되어 행정고시와 같은 방식으로 충원하되, 지원자격이나 근무지
역에만 차이가 있다.

　　이상과 같은 분류에 의하면 광의의 지역인재채용에는 지방공무원 추천채
용과 중앙공무원 추천채용 및 5급 공무원의 지방인재 채용목표제, 행정고시
지역모집이 포함되지만, 협의의 지방공무원 지역인재채용에는 9급 이하의 기
술직 공무원과 제주도의 7급 이하 공무원 및 행정고시 지역모집방식이라 할
수 있다.

　　지방공무원 지역인재채용의 제도화 과정에서는 현재와 같은 광의 혹은
협의의 공무원 충원방식을 훨씬 넘어선 "지역인재할당제" 혹은 "지역인재채용
장려제" 등의 이름으로 일찍부터 그 당위성과 위법성에 대한 논란이 제기되어
왔다.

　　지역인재할당제에 대한 최초의 대표적인 주장은 1997년 박찬석을 중심으
로 제기되었다(인재지역할당제 추진위원회, 1998). 동 제도는 수도권과 비수도권
과의 소득수준을 비롯한 사회의 전반적 격차와 수도권 집중을 완화하기 위해
서 지역대학 졸업자의 공직참여와 질 좋은 취업기회를 확대하는 것이 효과적
인 해결방안이 될 수 있다는 점에 착안한 것이다. 이러한 주장은 상당수준 사
회적 공감대를 형성하게 되어 2008년 2월에는 서 훈, 조영재, 한화갑 의원 등

45명의 국회의원이 발의자로 참여한 "국가인재의지역간균형등용촉진법안"이 제안되었다. 동 법안은 4년의 유예를 거쳐 2012년까지 실시되는 한시법 형태를 지녔으며, 사법시험과 군법무관시험, 5급 공개경쟁채용시험, 공인회계사시험, 변리사시험 등 9개 시험에서 선발인원을 지역별 인구비례로 할당할 것을 골자로 하고 있다.

동 법안은 입법화되지 못하고 많은 논란을 불러왔지만, 참여정부 이후 공공부문의 지방대학 출신의 취업기회를 촉진하는 정책으로 발전되었을 뿐 아니라, 공기업은 물론 민간 대기업에게도 지방대 출신을 할당할 필요가 있다는 주장을 불러왔다. 그리고 박근혜 정부에 들어와서는 2014년 1월 28일자로 "지방대학 및 지역균형인재 육성에 관한 법률"이 제정되었다. 동 법률은 6개월 이후 시행되도록 하였으며, 동 법률에는 국가 및 지방공무원 충원의 지역인재 할당은 물론 "공공기관의 운영에 관한 법률"에 따른 공공기관과 상시 근로자 300명 이상인 기업 역시 일정비율 이상을 지역인재로 채용하도록 노력할 것을 규정하고 있다. 또한 의과대학, 한의과대학, 치과대학 및 약학대학, 법학전문대학원, 의학전문대학원, 치의학전문대학원 및 한의학전문대학원 등의 입학자 중 일정 비율 이상을 해당 지역 고등학교 출신에게 할당하도록 노력할 것을 규정하고 있다.

Ⅱ. 지방공무원 지역인재채용을 둘러싼 쟁점

2008년에 발의된 "국가인재의지역간균형등용촉진법안"에 대해서는 정책의 당위성이나 효과에 대한 논란 외에 위헌소지가 있다는 주장도 제기되었다.

당시 동 법안에 대한 대표적 찬성 논리로는 김윤상(1998)의 주장을 들 수 있다. 그는 동 법안이 예산을 수반하지 않으면서 수도권의 권력집중과 인재집중을 완화시킬 수 있는 효과적인 수단이라고 보았으며, 반론으로 제기되는 ① 지역간 인구비례선발로 인한 수도권의 고득점자가 불합격하는 역차별성 문제, ② 거주기준이 차별의 기준이 될 수 없다는 주장, ③ 지역의 대학생을 기준으로 해야 한다는 주장 등이 수도권집중이라는 엄연한 부작용문제와 비교하면 그 타당성이 떨어진다고 하였다. 다만 지역간 인구비례가 위헌시비에 말릴 수 있음을 우려하여 대안으로 당초에는 1/2만 지역할당제를 적용하는 대안을 제시하였으며, 부연하여 대학입시와 대기업입사, 장관과 같은 국가정책참여자에 대해서도 적용을 확대할 필요가 있다고 보았다.

반대 논리로 임도빈(1998)은 지역할당제가 수도권 인구집중현상에 대한 체계적인 현황분석을 토대로 제시된 것이 아니므로 대안이 예상하는 효과를 얻기는 어려울 것이며 새로운 부작용을 유발할 소지도 있다고 하였다. 능력을 중시하는 주요한 국가시험에서 지역적 속성이 미국의 인종차별을 시정하기 위하여 능력원칙의 적용을 제한한 대표관료제 등의 취지에 부합될 것인지에 대해서는 검토의 필요성이 있으며, 특정지역출신이 공직에 있어야 전체 국민의 권리를 신장하는데 기여할 수 있는 지에 대해서도 검토의 필요가 있다고 보았다. 덧붙여 기초단체를 무시한 광역단위의 지역구분과 법안이 제시한 9개 시험 외에 다른 시험이 배제되는 형평성의 문제, 출신지역을 출생지가 아닌 대학을 기준으로 하는 문제 등을 지적하며, 인구집중문제와 대학의 문제 및 국가시험의 문제는 별개의 정책으로 해결될 사안임을 강조하였다.

한편 조홍석(2006)은 동 법안의 인재지역할당제는 직업의 자유, 공무담임권 그리고 직업공무원제도의 본질적 내용 등 헌법상 기본권 또는 다른 헌법적 가치와 충돌할 수 있다고 보았다. 즉, 상대적으로 우수한 대학과 인력이 집중되어 있는 수도권지역 응시자의 공직에의 기회균등침해와 직업공무원제도의 대원칙인 능력주의 원칙을 침해할 수 있어 위헌의 가능성이 존재한다는 것이다. 첫째로는 공무담임권의 보호영역에 대한 침해문제로 인재지역할당제는 공직임명의 기회와 직접적인 관련성을 가지므로 사법시험 등에 대한 응시기회의 균등은 헌법 제25조가 보호하고 있는 공무담임권의 보호영역에 포섭된다. 그러나 할당된 범위 내에서 공무담임권이 보장되므로 우수성적자가 몰려 있을 수도권지역 대학출신자들은 절대적으로 불리한 지위에 놓일 수밖에 없어 공직에의 기회균등을 침해하게 된다는 것이다.

둘째로는 직업의 자유의 보호영역과 침해문제이다. 직업의 자유의 보호영역은 직업선택의 자유와 직업행사의 자유를 주된 내용으로 한다. 그리고 직업선택의 자유는 직업교육장선택의 자유를 전제로 하므로 인재지역할당제가 의도하는 사법시험 등의 인구비례할당은 직업선택의 자유를 침해하게 된다는 것이다. 덧붙여 수도권과 비수도권의 격차로 인하여 동 법안의 입법목적은 공무담임권, 직업의 자유 및 평등권 침해를 정당화할 수 있겠지만, 인구비례에 의한 국가고시의 합격자할당이 수도권의 인구집중억제 및 지역간 균형발전을 위한 적절한 수단인가에 대하여는 많은 의문이 제기된다는 것이다.

2008년에 본격적으로 제안된 이상과 같은 인재지역할당제가 지니는 비판과 위헌성의 문제로 인하여 참여정부에서는 지역인재채용장려제로 그 명칭을 변경하고 다음과 같은 두 가지 방식의 접근을 시도하였다(소영진, 2004). 첫째는 2004년 1월에 제정된 국가균형발전특별법 제12조에 의거한 지방대 졸업생에 대한 채용장려제로 중앙정부의 7급 이하 공무원을 지역별로 인턴제방식을 도입하여 채용하는 방식이다. 그리고 지역인재를 채용하는 민간기업에 대해서는 정부구매계약시에 가산점을 부여하도록 하였다. 둘째는 정부혁신지방분권위원회에서 법적 근거 없이 정부의 정책으로 추진한 것으로 여기에는 ① 2007년부터 시행된 5급 공무원 채용과정에서의 지방대생채용목표제, ② 2005년에 실시된 6급 공무원의 특채를 위한 지역인재추천채용제, ③ 정보통신부에 국한되었던 9급 행정직 공무원의 지역별 구분모집제 확대가 포함된다.

이러한 지역인재채용장려제에 대해서도 역시 찬·반론과 위헌론이 제기되었다(소영진, 2004). 찬성론자들은 동 제도가 불균형 발전의 시정과 지역인재의 유출방지 및 궁극적인 국가경쟁력 향상에 기여할 것으로 주장하였다. 반면 반대론자들은 지역에 따른 공직기회의 차별은 헌법이 정하는 평등권에 반하며, 인재의 하향평준화를 가져와 국가경쟁력을 약화시키며, 지방대생이 특채되더라도 지역을 위해 일하지 않고 수도권으로 이전할 가능성이 높다는 것이었다.

이상과 같이 오늘날의 지방공무원 지역인재채용의 제도화 과정에서는 지역인재할당제와 지역인재채용장려제에 대한 논의를 거친 셈이다. 그리고 전술한 광의의 지역인재채용제도는 참여정부에서 추진된 지역인재채용장려제와 내용이 일치한다. 그런 점에서 수도권출신자에 대한 불이익을 초래할 가능성이 있는 중앙공무원 추천채용 및 5급 공무원의 지방인재채용목표제에는 여전히 효과성과 위헌성 문제가 내포하고 있다고 보아야 할 것이다. 그러나 지방공무원의 충원과정에서 나타나는 지방공무원 추천채용과 행정고시 지역모집의 경우에는 수도권에 아무런 피해를 주지 않으므로 위헌성 문제가 논의될 소지는 없고 지역 내에서 다양한 학교들이 얼마나 참여기회를 가질 수 있느냐에 대한 지역 내 형평성의 문제만 남게 될 것이다. 오히려 지방공무원의 공개경쟁 충원과정에서 수도권과 비수도권의 불평등에 대한 논의가 제기될 수도 있을 것이다. 현재 제주도를 예외로 하고 서울특별시를 제외한 모든 광역단체에서는 응시자격의 제한을 두고 있다. 이러한 제도의 운영은 서울특별시를 예외적으로 취급할 현실적 필요성에 착안한 것이지만, 서울소재 대학이나 거주자에게 취업의 기회를 감소시킬 수 있다는 점에서 지역인재채용장려제와 성격을 같이 하기 때문이다.

덧붙여 2014년 제정된 "지방대학 및 지역균형인재육성에 관한 법률"은 공직충원부문에서 지역인재할당제보다는 정도가 약하지만, 지역인재채용장려제의 내용을 그대로 수용하고 있을 뿐 아니라, 공무원외 공공기관과 민간기업에 대한 지역인재할당제의 근거규정을 두고 있다. 동시에 인기가 높은 법학전문대학원과 의학 관련 학과의 지방출신의 할당까지 규정하고 있으므로 지역인재채용장려제에 못지않은 위헌성 문제가 제기될 소지가 있다고 본다.

Ⅲ. 평가적 의견

전술한 바에 의하면 협의의 지방공무원 지역인재채용은 9급 이하의 기술직 공무원과 제주도의 7급 이하 공무원 및 행정고시 지역모집방식이라 할 수 있다. 여기서 행정고시 지역모집방식은 지역인재채용의 중심적 방식인 추천제가 아닌 특정지역출신자들의 공개경쟁이므로 제도의 취지에 부합되는 정책수단이라 보기 어렵다. 따라서 "지방공무원 지역인재채용 확대"란 곧 현행 9급 이하의 기술직 공무원에 국한된 채용방식을 어느 직급까지 어느 정도의 비율로 확대할 것인가에 대한 문제로 귀결될 수 있다.

최근의 지방공무원 충원 현황을 살펴보면 9급 공무원공개경쟁시험의 경쟁률이 매우 높을 뿐 아니라 합격자는 거의 지역 내 우수대학출신자들이 차지하므로 추천방식을 적용하는 특성화고교나 전문대 졸업자와의 학력수준과는 매우 큰 차이가 있다. 그리고 7급 지방공무원의 경우 정원의 일부를 추천방식으로 채용하려면 모집단위가 최소한 20명 정도는 되어야 의미 있는 인원을 할당할 수 있을 것이다. 그러나 대부분의 광역자치단체에서 매년 전체 7급의 충원규모가 10~20명 정도일 것으로 추정되고, 더욱이 직렬별로 구분해서 선발되므로 직렬별 모집단위는 훨씬 적을 것이다.

이상과 같은 실정을 감안한다면 지방공무원 9급 기술직의 추천채용 확대는 오히려 역차별의 문제를 야기할 수 있으므로 특성화 고교 등 출신자의 사기앙양 차원에서 현 수준을 유지하는 것이 바람직할 것으로 본다. 그리고 지방공무원 7급의 추천채용 역시 적용의 여지가 없다고 보아야 할 것이다.

그 밖에 지역인재채용장려제를 수용한 "지방대학 및 지역균형인재육성에 관한 법률"에 대해서는 논란이 제기되겠지만, 수도권과 비수도권과의 심각한 격차를 고려하면 동 법률의 목표는 충분한 정당성을 가진다고 하겠다. 수단의 위헌성 측면에서는 중앙공무원의 지역인재비율을 30% 내외로 한다면 헌법상의 평등권을 벗어난 공직기회의 차별은 되지 않을 것으로 보인다. 그러나 특정대학이나 대학원 학과의 지역인재 진학의 경우에는 그 비율을 50~60% 수준까지 높일 수 있다고 여겨진다. 예를 들면 현재 부산대의 경우 2003년 입시에서 법학전문대학원의 자대충원비율을 60%까지 허용하였고 동 대학 의학전문대학원에서도 지역출신에 정원의 44%를 할당했기 때문이다.

수단의 효과성 측면에서는 수도권의 인구분산과 지역대학의 수준향상효과가 미미할 수 있다는 비판이 제기될 수 있다. 지역인재가 중앙공무원으로 채용되거나 공공기관이나 및 대기업에 취업하게 되면 세종시나 수도권에서 근무할 기회도 높아지므로 인구분산효과는 확실하게 적을 수 있다. 그럼에도 우수한 인재들이 지역대학에서 공부할 가능성이 높아지므로 그만큼 유학비가 절감될 뿐 아니라, 지역대학에 대한 선호도가 높아지므로 지역대학의 수준이 향상될 것임은 자명하다. 그런 측면에서 동 법률의 수단적 효과는 매우 높을 것으로 보아야 할 것이다. 동시에 동 법률상의 정책은 서울시민들에게도 유리한 측면이 있다. 향후 지역의 우수인재가 수도권대학으로 진학을 적게 할 경우 서울의 고교졸업생들이 지방캠퍼스나 비수도권대학에 진학하는 비율도 그만큼 줄어들 것이기 때문이다.

참고문헌

김윤상 (1998). 지상논쟁/인재지역할당제의 도입. **지방자치**, 116(5): 64-70.

소영진 (2004). 지역인재 채용장려 제도의 문제점. **지방자치**, 187(4): 46-49.

인재 지역할당제 추진위원회 (1998). 인재 지역할당제 왜 해야 하는가?.

임도빈 (1998). 지상논쟁/인재지역할당제의 도입. **지방자치**, 116(5): 64-70.

조흥석 (2006). 인재지역할당제: 헌법적 한계와 현실전제. **공법학연구**, 7(2): 95-129.

17장 지방공무원의 재량권: 확대 vs 축소

                       📖 서 재 호

I. 서 론

공무원의 재량권은 행정법학에서 발달한 개념이다. 행정법학에서는 재량(裁量, discretion)을 '법이 행정에 특정효과의 선택과 결정권을 부여한 것으로 행정의 합목적성이라는 가치를 구현하는 과정에서 공무원에게 부여되는 선택과 결정의 자유'로 정의하고 있으며(홍정선, 2006: 193; Davis, 1969: 4), 법에 의해 재량이 업무를 담당하는 공무원에게 부여된 것을 '재량권'이라고 통칭한다. 행정학계에서는 '재량'의 개념을 정의할 때 행정법에서 정립된 개념을 폭넓게 원용하고 있다(김윤호, 2013; 이환범 등, 2007; 김순양, 2002; Anders, 1991).

법상 공무원의 재량권이 인정될 경우 재량권에 기반한 공무원의 행위는 재량권이 인정되지 않는 행위(일반적으로 기속행위(羈束行爲))와 행정쟁송과정에서 다르게 취급된다. 공무원의 재량권에 기인한 행정행위는 원칙적으로 행정소송의 대상에서 제외되며, 사법부가 재량권 행사에 대한 위법성을 판단할 때에도 담당공무원이 재량권을 행사하는 과정에서 사실을 잘못 인식했는지 여부, 비례원칙과 평등원칙에 위배하고 있는지 여부 또는 동기의 부정 등을 기준으로 재량권의 일탈과 남용여부에 대한 판단에 그친다.[1]

---

[1] 이와 관련된 대법원 판례가 다수 축적되어 있으며, 오스트리아 등에서는 「행정재판소설치법」에서 '행정청의 자유재량에 속하는 사항은 행정재판소의 관할에 속하지 아니 한다'는 조항을 두어 재량행위를 특별하게 다룬다(홍정선, 2006: 195 참조).

행정목적 달성을 위해 요구되는 공무원의 재량은 정책결정과 관련된 재량과 정책집행과 관련된 재량으로 구분된다(Rosenbloom et al, 1997: 30).[2] 정책결정과 관련된 재량은 일차적으로 입법 형태의 의사결정에서 행사된다. 국회나 지방의회, 중앙행정기관은 법규 제정과정에서 법률의 집행을 위한 구체적인 기준과 내용을 행정기관(또는 지방자치단체)이 정하도록 위임하여 행정기관이 정책결정과 관련된 재량권을 행사할 수 있는 근거를 마련한다. 정책결정과 관련된 재량권의 범위에는 입법 형태의 정책결정 뿐 아니라 집행과정에서의 의사결정에 해당되는 행정계획도 포함된다. 이를 '계획재량'이라고 한다. 계획재량에서는 정책집행시 일선관료에게 인정되는 일반적인 재량권 보다 폭넓은 재량권이 인정된다.

정책집행과 관련된 재량은 공공서비스를 생산하고 공급하는 일선관료의 재량권을 말한다. 일선관료는 추상적인 법령을 구체적으로 집행하기 위해 특정한 사례의 사실관계를 확정하여 사실관계가 법령이 정하는 요건에 적합한 것인지를 판단하는 과정에서 재량권을 행사하고, 여러 가지의 수단 중 어떤 효력을 가진 수단을 채택하고 적용할 것인가를 판단하는 과정에서 재량권을 행사한다.

지방자치시대 정책결정과 관련된 지방공무원의 재량권은 과거에 비해 양적·질적으로 확대·강화되고 있다. 지방자치가 부활한 이후 중앙정부는 지속적으로 지방자치단체에 사무의 이양을 추진하고 있다.[3] 지방에 이양되는 사무 중에는 단순한 집행권한을 이양하는 것도 있지만 지방정부가 조례를 제정하거나, 지방자치단체장이 구체적인 기준을 정하여 업무를 수행하도록 하는 사무도 포함된다는 점에서 지방분권과 중앙사무의 지방이양 추세가 지속될 경우

2 재량권에 대한 다른 유형으로 Adler et al(1981)은 재량권 행사의 주체를 기준으로 전문적 재량(professional discretion)과 행정적 재량(administrative discretion)을 구분하였다. 전문적 재량은 보건, 교육, 사회복지 등 분야에서 전문자격을 갖춘 담당자들이 행사하는 재량이고, 행정적 재량은 일반공무원이 행사하는 재량으로 법규나 지침의 제한을 많이 받는다.

3 2000년 이후 우리나라 중앙행정권한의 지방이양성과로 국민의 정부시절 2000년부터 2002년까지 610건이 이양완료되었으며, 참여정부시절 831건이 완료되었고, 이명박 정부에서는 2008년부터 2011년까지 1,231건이 이양추진 중에 있다.

지방정부는 정책결정과 관련된 다양한 재량권을 확보하게 된다.[4]

정책집행과정에서 재량권을 행사할 수 있는 일선 공무원은 실질적으로 가치배분의 역할을 일정 정도 담당할 수 있는 바, 일선관료인 지방공무원의 재량권은 매우 중요하다. 특히 중앙정부가 정책을 결정하고 지방정부가 이를 위임받아 집행하는 정부간 관계구조에서는 지방공무원의 재량권이 행정목적 달성과 정책집행의 성공을 위해 매우 필요하며(정정길 등, 2003: 710; Clark, 1984), 지방정부의 정책자율권이 무엇보다 중요해지는 지방자치의 제도적 배경하에서는 지방자치단체의 정책의 질 확보를 위해 정책결정상 재량권도 매우 중요하다.

지방공무원의 재량권이 중요한 다른 이유는 지방공무원은 일선에서 시민과 면대면 접촉하면서 재량권을 실제 행사하는 일선관료이기 때문이다. Lipsky(1980)의 일선관료제론에 따르면 일선관료는 정책집행의 담당자로 일선관료의 재량행사의 적정성은 정책의 성패를 좌우한다. 국가공무원과 달리 지방공무원은 행정의 최일선에서 주민인 민원인을 상대로 정책을 집행하는 일선관료로서 지방공무원의 적정한 재량행사는 중앙정부 정책의 성패를 좌우할 만큼 큰 영향력을 가지는 것이다.

II. 쟁 점

지방공무원의 재량권이 행정목적 달성을 위해 필요하다고 전제할 경우에도 재량권은 무한정 확대될 수 없다. 지방자치단체 행정조직의 근간이 합법적인 관료제를 기반으로 하는 한 일선관료인 지방공무원의 재량은 부득이한 경우에만 합목적적인 범위 내에서 예외적으로 인정되는 것이 원칙이기 때문이다. 다만 합법적 관료제하에서 공무원의 재량권을 인정할 수밖에 없는 상황인

---

4 지방공무원의 정책결정과 관련된 재량권을 정치적으로 접근하게 되면 지방자치시대 중앙정부의 정책으로부터 지방정부의 정책자율성의 논의로 확대·이전된다. 여기서는 지방공무원의 재량권은 법령을 전제로 인정받는다는 전제하에서 논의하고 있기 때문에 지방정치 차원에서 논의되는 지방정부의 정책자율성은 행정재량권의 개념범위를 벗어난다.

법의 추상성과, 지방자치시대 급격한 환경변화에 대한 행정의 신속한 대응이
라는 현대행정의 특성을 고려하면 지방공무원의 재량권 확대는 불가피한 것으
로 보인다.

지방공무원의 재량권을 정책결정재량권과 정책집행재량권으로 구분할 때
지방자치의 가치를 구현하고 효과를 극대화하기 위해서는 우리나라 지방자치
(local autonomy)와 지방행정(local administration)간의 조화가 고려되어야 한다. 지
방자치는 지역주민의 요구와 지역의 특색에 맞는 지방정책을 지방자치단체가
자율적으로 결정하고 집행하는 것을 지향하지만, 지방행정은 일선행정기관으
로서 행정의 통일성과 일관성 또한 추구한다.[5] 따라서 지방자치시대 지방공무
원의 재량권의 확대와 축소논의는 정책결정에서의 재량권 확보의 규범적 필요
성과 정책집행에서의 통일성과 일관성이라는 현실적인 요구간의 조화를 기본
방향으로 해야 한다.

지방자치시대 지방공무원의 재량권을 확대하거나 축소할 경우 각각 기대
되는 성과에는 다음과 같은 차이가 예견된다. 우선 지방자치를 강조하여 정책
결정에 대한 지방공무원의 재량권을 확대할 경우 행정의 주민대응성과 효율성
이 강화될 수 있으나 행정의 합법성을 저해한다. 반대로 정책결정의 재량권을
축소할 경우 행정의 합법성은 강화되지만 행정의 주민대응성과 효율성은 저하
된다. 정책집행의 재량권이 확대될 경우에는 행정의 합목적성을 강화하여 정
책목적에 적합한 집행가능성이 증대된다. 그러나 지방자치단체간 담당공무원
별로 상이한 행정처분이 내려질 가능성이 증대하여 행정의 통일성과 예측가능
성이 저해된다.

---

5 특히 연방제 국가에서 정책집행에 대한 지방정부의 재량권이 강화될 경우 동일한 상황과 조건
　에서 각 지방정부의 정치적 특성과 이해구조에 따라 동일한 조건의 정책대상 또는 서비스 수
　요자에게 동일한 정책이 집행이 되기를 바라는 중앙정부의 정책이 지방정부의 상황이나 공무
　원 개인의 주관적 가치관·전문지식의 정도차에 따라 차등적 또는 차별적인 결과가 초래될 수
　있는 문제가 있다(Keiser, 1999).

▧ 표 17-1 ▧ 지방자치시대 지방공무원의 재량권에 대한 평가적 전망

	정책결정재량권	정책집행재량권
확대시	· 행정의 주민대응성/효율성 강화 · 행정의 합법성 저해 · 부패가능성 증가	· 행정의 합목적성 증대 · 행정의 통일성/예측가능성 저해 · 부패가능성 증가
축소시	· 행정의 합법성 강화 · 행정의 주민대응성/효율성 저해 · 부패가능성 축소	· 행정의 통일성/예측가능성 강화 · 행정의 합목적성 저해 · 부패가능성 축소
전망	· 확대/강화되는 것이 지방자치이념에 부합, 주민참여에 의한 민주적 통제활성화 필요	· 표준화된 매뉴얼 등 제정을 통한 재량권 행사의 통일적 기준 수립 필요

　　지방공무원의 재량권의 확대와 축소논의는 공무원의 부패와 관련해서도 중요한 의미를 갖는다. 공직부패와 공무원의 재량간 관계가 있음을 인정하는 견해에 따를 경우 지방공무원의 재량권이 확대될 경우 건축, 토지, 환경 등 규제분야의 부패가 만연해 질 수 있기 때문에 지방공무원의 부패를 줄이기 위해 공무원의 재량권을 축소해야 한다는 주장이 가능하다(사공영호, 2002).[6] 그러나 공무원의 재량권과 부패간의 관계는 일반적이지 않으며, 재량권 이외에 공무원 개인적 특성, 사회경제적 요인 등이 보다 중요하기 때문에 행정의 효율성과 합목적성을 위해 재량권을 확대해도 부패가 증가하지 않는다고 할 수 있다. 다만 통상적으로는 공무원이 재량권이 클 경우 그렇지 않은 경우에 비해 부패가 발생할 '가능성'은 증가할 것이다.

　　현재의 행정환경을 고려하면 재량권의 확대는 불가피하다. 따라서 재량권 확대를 전제로 재량권이 확대될 경우 발생할 수 있는 합법성의 저해와 부패가능성의 증가를 완화시키는 것이 필요한 바, 이는 재량권의 한계와 통제로 논의되고 있다.

---

6 실제 부패방지 및 국민권익위원회의 설치와 운영에 관한 법률 제28조는 법령 등에 대한 부패유발요인을 검토하도록 하고 있으며, 동법 시행령 제30조는 부패유발요인 평가에서 부패유발의 가능성 평가의 핵심으로 '부패를 유발할 수 있는 재량권의 존재여부, 법령 등의 기준과 절차의 구체성, 재량통제수단의 존재여부' 등을 명문으로 규정하고 있다.

재량권의 한계는 행정소송법 제27조에서 그 근거를 찾을 수 있다. 행정소송법 제27조는 '행정청의 재량에 속하는 처분이라도 재량권의 한계를 넘거나 그 남용이 있는 때에는 법원은 이를 취소할 수 있다'고 규정하고 있다. 따라서 지방공무원이 가진 재량권은 한계위반, 남용, 불행사시 위법한 것으로 사법심사의 대상이 된다는 한계를 가진다(김항규, 2012: 245-246). 재량권의 한계위반은 재량권의 일탈이라고도 하고, 재량권 부여의 목적에 위배되거나 부정한 동기에서 재량행사를 할 경우 재량권의 남용으로 위법한 재량권 행사가 된다. 또한 행정법의 일반원리인 '평등의 원칙과 비례의 원칙' 등을 위반하여 재량권이 행사될 경우 재량권의 한계를 넘은 위법한 재량권 행사가 된다. 재량권을 행사하도록 하였는데도 담당공무원이 이를 행사하지 않을 경우에도 위법한 재량권 행사에 포함된다.

재량권의 통제는 재량권의 한계를 넘어선 부당하고 위법한 재량권 행사를 제재함으로써 재량권의 일탈과 남용을 막기 위해 필요하다. 지방공무원의 재량권에 대한 통제는 행정내부적 통제와 행정외부적 통제로 구분된다. 행정내부적인 통제수단에는 절차상의 통제, 감독청에 의한 통제, 행정심판에 의한 통제가 포함된다. 행정외부적 통제에는 지방의회에 의한 통제, 법원과 헌법재판소에 의한 통제, 주민에 의한 통제가 있다. 특히 지방공무원의 구체적인 재량행위의 행사를 통제하기 위해 법은 공무원의 재량권 행사과정에서 하자 없는 재량을 행사하도록 촉구하고 있으며, 행정심판과 행정쟁송에서는 '무하자재량행사청구권'이라는 권리를 행정청의 상대방인 국민에게 인정함으로써 재량권의 한계를 실질화하고 있다.

Ⅲ. 평가적 의견

현대행정환경하에서 지방공무원의 재량권은 필요하고 중요하다. 특히 복잡성이 높고 예측가능성이 매우 낮은 지방행정의 현실을 고려하면 성공적인 지방정책의 구현을 위한 지방공무원의 재량권 확대는 불가피해 질 것으로 보이며, 지방자치시대 지방공무원의 정책결정과 관련된 재량권 확대는 지역발전을 위해 매우 필요하다.

지방공무원의 재량권이 확대될 경우 행정의 효율성과 주민대응성, 합목적성의 달성에 크게 기여할 것으로 예견되지만, 합법성과 행정의 예측가능성, 통일성을 저해할 가능성이 크며, 부패를 유발할 가능성을 증대시킨다. 따라서 지방공무원의 재량권 확대에는 반드시 재량권의 한계와 통제를 명확히 할 필요가 있다. 특히 지방자치시대 주민참여의 활성화를 통해 지방공무원의 정책결정의 재량권에 대한 주민의 직접적인 통제를 강화한다면 지방자치를 질적으로 발전시킬 수 있는 토대를 마련할 수 있을 것이다. 또한 각 지방자치단체에 공통적으로 적용될 수 있는 표준화된 재량권 행사지침을 개발하고 이를 행정규칙을 통해 도입한다면 재량권 확보에 따른 합법성과 부패문제 또한 완화시킬 수 있을 것이다.

참고문헌

김순양 (2002). 일선 복지행정 전문 관료의 재량행위 분석: 기초생활보장수급자 선정과정을 중심으로. 한국행정학보, 36(2): 291-312.

김윤호 (2013). 효과적인 재량권 관리의 모색: 규제기관과 재분배기관의 일선관료들을 중심으로. 정부학연구, 19(1): 5-32.

김항규 (2012). 행정과 법. 서울: 대영문화사.

사공영호 (2002). 재량권, 지대 그리고 부패: 토지·건축분야를 중심으로. 한국정책학보, 11(4): 75-98.

이환범·이수창 (2007). 사회복지 전담공무원의 행정재량행위가 국민기초생활보장수급자 선정에 미치는 영향요인 분석. 한국공공관리학보, 21(3): 1-23.

정정길·최종원·이시원·정준금 (2003). 정책학원론. 서울: 대명출판사.

홍정선 (2006). 행정법특강. 서울: 박영사.

Adler, M. & Asquith (eds). *Discretion and Welfare*. London: Heinemann.

Anders, L. (1991). Discretion: An Art of the Possible. *Research Report*. University of Umeåa, Sweden.

Clark, G. L. (1984). A Theory of Local Autonomy. *Annals of the Association of American Geographers*, 74(2): 195-208.

Davis, K. C. (1969). *Discretionary Justice*. Baton Rouge: Louisiana State Univ. Press.

Keiser, L. R. (1999). State Bureaucratic Discretion and the Administration of Social Welfare Programs: the Case of Social Security Disability. *Journal of Public Administration Research and Theory*, 9(1): 87-106.

Lipsky, M. (1980). *Street-Level Bureaucracy: Dilemmas of the Individual in Public Services*. N.Y.: Russell Sage Foundation.

Rosenbloom, D. H. & O'Leary, R. (1997). *Public Administration and Law*. Marcel Dekker Inc.

18장 교육자치제 통합: 찬성 vs 반대

📖 이 기 우

I. 서 론

지방교육행정기관과 일반행정기관의 관계를 어떻게 설정할 것인지에 대한 논쟁이 해방된 이후 현재까지 60여년간 지속되고 있다. 교육행정의 역사는 지방교육행정의 분리론과 통합론의 논쟁의 역사라고 할 정도로 뿌리가 깊다.

우선 교육자치의 개념조차도 명확하지가 않다. "교육자치" 라는 개념은 다른 나라에서도 존재하는 보편적인 개념이 아니라 우리나라에서 특정목적을 위해 조작된 개념이기 때문에 그 의미에 대해서도 극단적인 대립이 있다. 여기서는 먼저 교육자치의 개념에 대한 논쟁을 살펴본다. 다음으로 지방교육행정기관을 일반행정기관으로부터 분리시켜야 한다는 주장의 논거를 살펴본다. 분리론은 헌법 제31조 제4항을 논거로 하고 있으므로 이를 중심으로 살펴본다. 통합론은 먼저 분리론의 논거가 되는 헌법 제31조 제4항이 지방교육행정기관의 구성과는 관계가 없다는 주장과 분리로 인한 폐단이 분리로 인한 장점보다는 훨씬 크다는 주장에 근거해서 지방교육행정기관과 일반행정기관의 통합을 주장한다. 이에 양 주장의 논거를 살펴보고, 양 주장의 타당성을 검토해 본다.

Ⅱ. 쟁 점

1. 교육자치의 개념에 관한 논쟁

교육자치가 무엇을 의미하는지에 대해서 견해가 일치하지 않는다. 우리 헌법은 교육자치라는 개념을 사용하지 않고 있다. 그렇다고 하여 교육자치라는 개념이 외국에서도 널리 사용되는 일반적인 개념도 아니다. 지방교육자치에 관한 법률도 지방 "교육자치" 라는 말을 사용하기는 하지만 그 개념에 대해서는 밝히지 않고 있다.

교육자치제도의 의미에 대한 첫 번째 견해는 주로 교육학계를 중심으로 주장되어 온 개념이다. 교육행정의 자주성과 전문성, 정치적 중립성을 보장하기 위한 일반행정으로부터 분리·독립과 교육의 지방분권과 주민참여를 통한 중앙으로부터 자치를 요소로 하는 제도라고 이해한다. 이는 중앙과 지방의 일반행정기관으로부터 분리·독립된 교육행정기관을 구성하고 운영하는 제도를 의미하는 것이 된다. 교육자치를 이와 같은 이중적인 의미로 이해하는 견해는 한국을 제외하고는 찾아보기 어려운 독특한 견해이다.

다음으로 교육자치를 학교의 자치 내지 자율이라는 의미로 이해한다. 즉, 학교가 교육행정기관으로부터 간섭받지 않고 자주적으로 정치적 중립을 지키면서 전문성을 가지고 학생을 교육하는 제도를 의미한다. 이는 독일어권에서 일반적으로 사용하는 교육자치(pädagogische Autonomie)의 개념이라고 볼 수 있다. 교육자치라는 개념에 자치주체가 명확하지 않기 때문에 학교자치(Schulautonomie)라는 개념을 더 많이 사용한다.

셋째로, 교육의 지방분권 내지 교육에 대한 지방자치라는 개념으로 사용할 수 있다. 이는 미국에서 많이 사용하는 개념(Decentralization in Education)이다. "경찰자치" 혹은 "자치경찰"이 경찰의 분리·독립이 아니라 경찰의 지방분권을 의미하는 것과 마찬가지로 "교육자치" 또는 "자치교육"도 교육에 대한 지방자치를 의미하는 것으로 본다.

교육자치라는 개념이 정립된 것도 아니고, 세계적인 보편성이 있는 것도 아니므로 보편적인 논의를 위해서는 모두가 공유할 수 있는 개념을 찾을 필요가 있다. 교육자치를 학교자치라고 보는 견해는 교육의 자주성과 전문성, 정치적 중립성을 보장하는 헌법 제31조 제4항에 가장 근접한 개념이라고 할 수 있다. 다만, 여기서 다루려는 지방행정기관과 지방교육행정기관의 관계와는 직접적인 관련이 없기 때문에 여기서는 더 이상 언급하지 않는다.

첫째 견해와 셋째 견해는 교육에 대한 지방자치를 논의하고 있다는 점에서 공통점을 가진다. 차이점은 첫째 견해가 지방교육행정기관의 구성방식을 일반행정으로부터 분리·독립을 개념요소로 하는데 비하여 셋째 견해는 지방교육행정기관의 분리·독립 여부를 문제 삼지 않고 교육행정의 지방분권을 교육자치로 본다. 양 견해의 차이는 지방교육행정기관의 구성방식에 있다. 혼동을 피하면서 객관적인 논의를 전개하기 위해서는 서로 상반된 의미를 가진 "교육자치" 라는 개념 대신에 양 견해가 같은 의미로 이해하는 "지방교육행정기관"이란 개념을 사용하기로 한다.

여기서 논의하려는 교육자치와 일반자치의 통합 대 분리 문제는 결국 지방교육행정기관과 일반행정기관의 통합 혹은 분리에 관한 논쟁으로 보면 오해의 소지를 줄일 수 있고 혼동을 피할 수 있다.

2. 지방교육행정기관 분리론의 논거

지방교육행정을 일반행정과 분리시켜야 한다는 학설은 주로 교육학계를 중심으로 주장되어 왔다. 물론 교육학자 중에서도 이에 찬성하지 않는 학자도 있다.

지방교육행정기관 분리론은 주로 헌법 제31조 제4항에서 규정하고 있는 교육의 자주성, 전문성, 정치적 중립성을 근거로 하고 있다. 첫째로, 헌법이 보장하는 '교육의 자주성'이 교육행정기관을 일반행정기관으로부터 분리시키는 근거로 주장된다. 교육의 특수성을 보장하고 그 자주성을 보장하기 위해서는 일반행정기관으로부터 독립된 별개의 행정기관이 교육사무를 처리하여야 한다는 것이다. 특히 인사와 재정의 분리와 독립이 없으면 일반행정에 교육행정이 예속된다고 한다.

둘째로, 헌법이 보장하는 '교육의 전문성'이 교육행정기관 분리의 근거로 주장되고 있다. 즉, 교육의 전문성과 특수성 때문에 이를 지원하고 조성해 주는 교육행정도 교육에 대한 깊은 이해와 고도의 교육행정식견을 구비한 요원에 의해서 운영·관리되어야 한다는 것이다. 즉, 교육행정은 고도의 전문성을 요하기 때문에 일반행정청으로 하여금 교육사무를 처리하게 할 수 없고 전문지식을 구비한 별도의 교육행정청이 독립하여 처리하여야 한다는 것이다.

셋째로, 헌법이 보장하는 '교육의 정치적 중립'이 지방교육행정기관의 분리에 대한 근거로 주장된다. 특히 정당에 의해 지방교육행정기관의 구성이나 운영에 영향을 받아서는 안 된다는 것을 강조한다. 정당의 공천을 받아 구성되는 지방자치단체의 장이 지방교육행정기관의 구성이나 운영에 영향을 미쳐서는 안 된다는 논리이다.

넷째로, '지방교육의 특수성'이 교육행정을 일반행정으로부터 분리시키는 근거로 제시된다. 이는 교육사무를 분권화함으로써 지방의 특성과 이해관계를 반영하도록 한다는 의미이다. 즉, 지방교육행정을 국가교육행정으로부터 독립시킴으로써 지역특색을 교육행정에 부각시킬 수 있도록 하자는 것이다. 이는 교육에 대한 지방자치를 설명한 것이지 분리론의 논거라고 보기는 어렵다.

3. 교육행정기관 통합론의 논거

통합론은 먼저 분리론이 주장하는 헌법 제31조 제4항의 교육의 자주성, 정치적 중립성, 전문성이 지방교육행정기관의 구성과는 아무런 관계가 없다는 점을 지적한다. 즉, 지방교육행정기관을 일반행정기관으로부터 분리하고 독립시켜야 한다는 주장이 헌법적 근거가 없다고 한다. 또한 양 기관을 분리·독립하는 경우에 부작용이 크며 통합하는 경우에 긍정적인 효과가 크다는 점을 논거로 한다.

먼저 교육의 자주성은 교육의 주체인 학교나 교사가 교육행정청의 지나

친 간섭을 받지 않고 다양한 교육적인 구상을 실현할 수 있도록 하자는 취지로 이해한다. 교육행정기관을 분리·독립시킨다고 하더라도 교육행정청의 학교에 대한 간섭이 줄어든다는 것은 경험칙과 맞지 않다는 점을 지적한다. 분리론은 학교와 교사의 자율성을 의미하는 교육의 자주성을 교육행정기관의 자주성으로 잘못 해석하고 있다고 비판한다. 이는 학교자치의 근거이지 교육행정기관자치를 의미하는 것이 아니라는 것이다.

다음으로 교육의 정치적 중립성은 교육이 특정정권의 파당적 이익을 위해 이용되어서는 안 된다는 것을 의미한다. 교육의 정치적 중립을 위해서는 학교와 교사의 자율성이 중요한 것이지 교육행정기관의 구성방식과 직접적인 관계가 있는 것은 아니라고 주장한다. 이는 학교자치의 정치적 측면을 표현한 것이지 교육행정기관의 구성과는 관계가 없다는 것이다.

다음으로 교육의 전문성도 교육행정기관의 전문성이라기보다는 교육을 담당하는 교사의 전문성이라는 점을 강조한다. 헌법이 보장하는 교육의 전문성은 교육행정의 전문성이 아니라 교육담당자의 전문성을 의미한다는 것이다. 오늘날 행정의 전문성은 다른 행정에도 요구되며, 교육에 특유한 것은 아니라는 것이다. 헌법이 특히 교육의 전문성을 요하는 것은 교육의 질적 보장을 위해서는 아무에게나 교육을 맡겨서는 안 되며, 교육적 전문성을 지닌 교사에게 맡기고 상식에 근거한 교육행정청이 교사의 전문적 영역에 과도하게 개입해서는 안 된다는 것으로 역시 학교와 교사의 자율성의 다른 표현이라고 본다. 지방교육행정기관의 구성과는 직접적인 관계가 없다는 것이다.

다음으로 지방교육행정기관을 일반행정기관으로부터 분리함으로써 야기되는 부작용이 매우 크다는 점에서 양 기관의 통합을 주장한다. 먼저 지방교육은 일반행정과 격리된 것이 아니라 상호 긴밀한 연관을 가지고 있음에도 불구하고 양 기관을 분리함으로써 서로 협력이 이루어지지 않고, 갈등이 심화될 수 있다는 점을 든다. 특히 일반행정기관과 교육행정기관이 교육적인 견해를 달리하는 경우에는 행정의 원만한 수행이 어렵고 기능이 마비될 수도 있다는 점을 든다. 예컨대 학교부지의 선정은 일반행정기관의 도시계획과 상호 연계되며 통학로 정비는 일반행정기관의 도로교통행정과 연계되어 상호간의 협력

과 지원 없이는 어렵다. 그럼에도 불구하고 양 기관을 분리하는 경우에 학교
는 동네 속에서 격리된 섬으로 존재하게 된다는 점이다. 또한 일반행정기관과
지방교육행정기관간의 교육에 대한 업무의 중복으로 예산의 낭비와 무책임성
을 야기한다는 점을 들고 있다. 또한 지역발전을 시키는데 있어 학교가 중심
적인 위상을 갖고 있음에도 불구하고 양 기관이 분리되어 칸막이가 형성되어
종합적인 교육발전과 지역발전을 달성하기 어려운 점도 지적되고 있다. 그에
비하여 양 기관을 분리함으로써 얻게 되는 실익은 별로 없다는 점을 든다.

Ⅲ. 평가적 의견

1. 지방교육행정기관의 헌법상 위상과 체계정합성

헌법은 교육감이나 지방교육행정기관에 대해서 명시적인 언급을 하지 않
고 있다. 지방자치에 관련된 헌법상의 규정은 헌법 제117조와 제118조이다. 헌
법 제118조 제1항은 지방자치단체의 기관으로 지방의회를 두도록 하고 있다.
제118조 제2항은 " … 지방자치단체의 장의 선임방법 기타 지방자치단체의 조
직과 운영에 관한 사항은 법률로 정한다"고 규정하고 있다. 헌법이 지방자치
단체의 기관으로 헌법이 명시적으로 언급하고 있는 것으로는 지방의회와 지방
자치단체의 장에 관한 것이다. 교육감은 헌법상 보장되는 지방자치단체의 기
관은 아니다. 헌법이 예정한 지방자치단체의 기관은 의결기관으로 지방의회를,
집행기관으로 지방자치단체의 장이다.

지방교육자치에 관한 법률 제18조 제1항은 "시·도의 교육·학예에 관한
사무의 집행기관으로 시·도에 교육감을 둔다"라고 규정하고 있다. 그 밖에
교육에 관한 교육감의 위상을 지방자치단체의 장과 유사하게 규정하고 교육행
정에 관한 지방자치단체장의 관여를 배제하고 있다는 점을 종합적으로 보면
교육감을 지방자치단체의 교육행정에 관한 최고 집행기관으로 보고 있는 것으
로 보인다. 이에 따르면 지방자치단체에는 두 개의 집행기관이 존재하게 된다.

일반사무에 대해서는 지방자치단체장이 집행기관이 되고, 교육사무에 대해서는 교육감이 집행기관이 된다. 이로써 지방자치단체의 집행기관은 두 개가 된다. 몸통은 하나인데 머리가 두 개가 된다. 정상적인 기관조직원리와 합치되지 않는다.

헌법 제118조에서 지방자치단체의 집행기관으로 지방자치단체의 장만을 규정하고 있는데 법률로 교육감을 지방교육사무에 대한 집행기관의 장으로 규정하여 지방자치단체장의 권한을 지방교육사무로부터 배제한 것이 헌법이 설계한 지방행정기관의 체계에 부합하는지 여부에 대한 의문이 제기된다.

2. 교육의 자주성과 전문성, 정치적 중립성과 지방교육행정기관의 구성

교육의 자주성과 전문성, 정치적 중립성은 모든 선진국에서 교육의 기본원리로 받아들이고 있다. 하지만 이것 때문에 지방교육행정기관을 일반행정기관으로부터 분리·독립시켜야 한다는 논리로 연결시키는 주장은 대한민국을 제외하고는 찾아보기 어렵다. 따라서 분리론의 논거는 일단 보편성이 없는 이례적이고 독특한 주장이다.

다음으로 교육의 자주성과 전문성, 정치적 중립성의 보호대상은 교육을 담당하는 학교와 그 구성원인 교사, 학부모, 학생 등이라고 볼 수 있다. 보호의무의 주체는 교육행정청이 된다. 그런데 분리론은 교육의 자주성과 정치적 중립성, 전문성의 보호대상을 교육행정기관이라고 봄으로써 보호의 대상과 보호의무의 주체를 혼동하고 있는 것이다. 만약 분리론처럼 교육의 자주성과 전문성, 정치적 중립성의 보호대상을 교육행정청이라고 보면 교육행정청은 누구의 간섭도 받지 않고 독립하여 학교와 교사에 대한 간섭을 할 수 있게 되어 오히려 교육의 자주성, 정치적 중립성, 전문성을 해하는 결과를 초래한다. 따라서 분리론의 주장논거는 자기모순을 범하고 있다는 점을 지적하지 않을 수 없다.

만약 분리론의 주장이 맞다고 한다면 국가의 교육기관에도 같은 원리가 적용되어야 한다. 왜냐하면 헌법 제31조 제4항은 일종의 제도적 보장으로서 지방자치단체뿐만 아니라 국가에도 적용되는 조항이기 때문이다. 그렇다면 교육부장관을 대통령이 임명하는 것도 교육의 정치적 중립성과 자주성, 전문성을 해한다는 것이 된다. 또한 국회가 교육에 대한 법률을 제정하고 예산을 심의하는 것도 마찬가지로 헌법 제31조 제4항에 반한다는 것이 된다. 국가교육기관에 대해서는 침묵을 하면서 유독 지방교육행정기관에 대해서만 분리와 독립을 주장하는 것은 설득력이 없다. 만약 국가기관에 대해서도 같은 논리를 주장한다면 대통령의 최고 국정통할권과 국회대표성의 일반성을 부정하는 것이 된다.

3. 입법자의 입법재량과 지방교육행정기관의 구성

앞에서 논의한 것처럼 지방교육행정기관을 일반지방행정기관으로부터 분리시켜야 한다는 주장의 헌법적 논거는 찾기 어렵다. 지방교육행정기관을 어떻게 구성할 것인지는 입법정책의 문제이다. 외국의 입법례를 살펴보아도 다양한 제도를 가지고 있다.

지방자치단체에 교육감과 지방자치단체장이 두 개의 집행기관이 되어 서로 칸막이 행정을 하는 것은 어느 모로 보아도 득보다는 실이 현저하게 많다. 문제를 해결하기 위한 근본적인 방안은 두 개의 집행기관을 하나로 통합하는 방안이다. 즉, 대부분의 국가들이 채택하고 있는 것처럼 지방자치단체의 교육행정기관을 지방자치단체의 외청으로 설치하거나 지방자치단체의 보조기관으로 하도록 제도를 개선하는 것이 바람직하다.

2013. 5. 28 제정된 지방분권 및 지방행정체제개편에 관한 특별법 제12조 제2항에서 "국가는 교육자치와 지방자치의 통합을 위하여 노력하여야 한다"라고 규정한 것은 지방교육행정기관의 구성에 관하여 해방이후 지금까지 지속되어온 60년간의 교육논쟁을 입법적으로 정리하여 종지부를 찍은 것이라고 볼 수 있다.

참고문헌

고전 (2009). 제주특별자치도법상 교육 관련 쟁점 분석. 교육법연구, 21(1): 1-20.

김신복 (2003). 교육자치와 지방자치는 다르다. 교육개발, 30(6): 45-49.

김흥주 (2008). 교육자치의 과거와 현재, 그리고 미래구상. 한국교육개발원.

손승남 (2001). 교육자치의 본질과 학교운영위원회의 활성화 방안. 한독교육학연구, 6(2): 67-93.

이기우 (2005). 교육자치의 본질과 과제. 민주법학, 27: 100-125.

이승종 (2004. 5). 지방교육자치의 본질. 지방행정, 15-21.

표시열 (2010). 지방교육자치의 기본가치와 주요쟁점. 교육법연구, 22(21): 145-167.

하연섭 (1999). 교육자치와 일반자치의 관계 재정립 방안. 교육개발, 117: 30-33.

Roland Bast. *Pädagogische Autonomie*. Bochum 2000.

19장 자치경찰제: 실시여부, 실시단위

양 영 철

I. 서 론

정권이 바뀔 때마다 자치경찰의 실시는 중심정책이나 공약이었지만 실시된 적이 없는 우리나라다. 심지어 해방 직후 미군정시절에도 기초자치단체에 자치경찰의 도입이 거의 실시단계에 와 있었지만 무산되었고, 참여정부에서는 자치경찰법안이 마련되어 국회에 제출까지 하였지만 역시 무산되었다. 이명박 정부에서는 논의조차 한 흔적이 없이 내부토론으로만 끝났다. 이제 박근혜 정부에서도 인수위원회에서부터 지금 지방자치발전위원회에서 자치경찰 TF를 만들어서 자치경찰 도입을 위한 안을 마련하고 있다.

그나마 그동안 한 가지 다행인 것은 제주특별자치도에 자치경찰을 도입한 것이다. 제주자치경찰이 출범한지도 8년에 접어들고 있다. 출범할 때는 우리나라 지방자치에 있어서 획기적인 제도라는 기대를 받았다. 그럼에도 불구하고 제주특별자치도의 자치경찰은 아직도 도 내에서는 단순한 조직정도, 도외에서는 경찰 같지 않은 경찰, 하나의 실험용 정도로 평가받고 있을 뿐이다. 그러나 우리나라에서 자치경찰의 도입은 다음 두 가지 점에서 큰 의의가 있다.[1]

첫째, 국정운영의 혁신이라는 점에서다.

우리나라 경찰의 특징 중 가장 큰 특징은 지역치안을 비롯한 경찰기능을

---

[1] 양영철, 자치경찰론(서울: 대영문화사, 2008) 참조.

국가경찰이 독점하고 있다는 점이다. 이러한 독점으로 인하여 우리나라 경찰은 획일적인 문화에서 벗어나지 못하였고, 이 문화는 결국 경찰을 국민의 보호자가 아닌 정권의 보호자로서의 역할을 하게 만들었다. 과거 우리나라 경찰이 독재정부의 수호자라는 오명을 받게 된 점도 바로 국가경찰의 독점에서 오는 병폐라고 할 수 있다.

주지하는 바와 같이 유럽의 국가들은 다양한 경찰조직을 가지고 있다. 스페인의 경찰은 국가경찰, 주정부경찰, 기초자치단체경찰을 비롯하여 소규모 지역에는 군인경찰까지 있다. 이탈리아는 재정경찰까지 있을 정도로 매우 다양하다. 프랑스도 마찬가지로 국가경찰, 군인경찰뿐만 아니라 자치경찰조직을 가지고 있다. 미국도 마찬가지다. 연방경찰이 있는가 하면 자치경찰로서 주정부경찰, 기초자치단체의 경찰을 가지고 있다.

우리나라도 제주도에서 자치경찰이 실시됨으로써 비로소 경찰구조의 다양성을 지니게 되었다. 뿐만 아니라 지금까지 정권의 통제에서만 있었던 경찰이 자치경찰 실시로 비로소 주민통제 속으로 들어 왔다는 점이다. 이는 매우 미미하지만 우리나라 경찰역사뿐만 아니라 정치·행정 발전에 일대 획을 긋는 제도가 시작되었다는 징조다. 자치경찰은 지역치안은 이제 지역주민의 손에 되돌려 주는 의미뿐만 아니라 국가경찰과 자치경찰의 경쟁관계의 시작이라는 점에서 국정운영의 획기적인 변화라고 할 수 있다.

둘째, 분권의 실천이라는 점에서다.

자치경찰제를 도입함에 있어서 무엇보다도 중요한 의미는 자치경찰제 실시가 한국지방자치를 완결시키는 지름길이다. 자치경찰은 전통적인 국가권력기관의 중립화 내지 분권화로의 정부조직개편이라는 점에서, 또한 지방화 시대에 의해 권력의 중앙집중으로부터 지방분권의 이념을 달성하고, 지역의 특수한 사정에 맞는 경찰행정을 편다는 점에서 지방분권의 이념과 실제와 일치한다.

특히, 최근의 민주주의는 자신의 이익을 직접 참여하여 지키는 강한 민주주의(strong democracy)가 새로운 패러다임으로 자리 잡아 가고 있다. 때문에 주민의 참여 없는 치안행정은 지방자치에 있어서 아무런 의미가 없는 것이라 할 수 있다. 이처럼 자치경찰은 지방분권에서 매우 중요한 주제 중의 하나다. 지방자치가 교육과 치안에서부터 시작하였다고 할 정도로[2] 지방자치에 있어서 자치경찰은 충분조건이라고 할 수 있다. 극단적으로 말하면 지방자치를 실시하는 나라치고 자치경찰제도를 실시하지 않은 나라가 없다.

셋째, 국가경찰의 효율적 운영을 위해서도 필요하다.

우리나라와 같이 국가경찰이 지역치안까지 담당하는 경우는 업무의 통일성을 유지하여 효율성을 제고하고, 전국의 치안서비스를 균질화할 수 있다는 장점이 있다. 또한 우리나라와 같이 남북한의 대치된 상황에서는 경찰의 안보역할이 중요하기 때문에 국가경찰이 치안업무를 독점하는 것이 바람직하다고 주장한다.

그러나 국가경찰이 지역치안까지 독점함으로써 많은 단점이 나타나고 있다. 지역특성을 반영하지 못하고 주민통제밖에 있기 때문에 비민주적이며, 중앙정치에 휩쓸려서 정치적 중립을 지켜내지 못할 때가 많다. 또한, 지휘계통의 복잡화와 관료화로 비능률성이 속출하는 단점을 지니고 있다. 이는 역으로 자치경찰이 출범해야 할 소이기도 하다.[3] 이제는 국가경찰은 국가경찰답게, 자치경찰은 자치경찰답게 업무를 분담하여 국가경찰도 업무추진에 효율성을 기할 수 있을 것이다.

그러면 우리나라에서 언제 자치경찰이 전국적으로 도입될 것인가? 모두가 도입되어야 한다는 당위론에는 동의를 하지만 도입할 때마다 뜨거운 감자로 여겨 손을 대려 하지 않는다. 자치경찰은 지방분권에서는 없어서는 안 될 충분조건임에도 불구하고 국가경찰이 있는데 또 뭘 다시 경찰을 만드냐는 무시

---

2 Harvey Wallace, Cliff Roverson, Craig Stechler, Fundamentals of Public Administration(N.J: Prentice-Hall, 1995), p.4. 이에 대한 참고문헌은 Charles Reith, A New Study of Police History(Edinburg, UK, 1956), Carl Klockers, The Idea of Police(Beverly Hills: Sage Publication, 1985)를 참조할 것. 여기에서는 영국의 자치경찰 출발과정에 대하여 소상하게 기술하고 있음.

3 자치경찰의 장·단점에 대한 논의는 다음과 같은 논문을 참고.
김해룡, 지방분권과 지방자치경찰제도, 한국경찰학회보, 6권, 2003. 1; 허경미, 지방자치경찰제도의 도입모형에 관한 연구, 한국지방정부학회 2003년도 춘계학술대회 발표논문집, 2003, p.372; 조철옥, 경찰행정학(서울: 대영출판사, 2003), pp.213-221; 정덕영, 자치경찰제 실시와 경찰인력수급방안에 관한 연구, 한국경찰학회보, 제11호, 2006, pp.81-83.

형도 있다. 자치경찰을 만들면 자치단체장과 지방의원들이 더욱 강해진다는 우려 등 걱정형도 있다. 자치경찰을 만들면 예산만 들어갈 것인데 만들어서 세금을 더 내는 것이 아니냐는 돈 걱정형도 있다. 모두가 자치경찰에 대한 이해부족에서 오는 걱정이라고 할 수 있다. 그러나 앞에서 기술한 자치경찰의 의의는 어떠한 제도나 재정으로도 달성하는 없는 지방자치의 핵심이다.

II. 쟁 점

정권마다 자치경찰에 대한 도입실패는 거듭했지만 이 과정에서 지방자치경찰에 대한 관심과 이해의 폭을 넓히는데 많은 역할을 한 것도 사실이다. 반대만 하던 국가경찰 쪽에서도 긍정적인 검토가 한창이다. 그럼에도 불구하고 아직도 쟁점사항에 대해서는 대립각이 누그러지지 않고 있다. 대표적인 쟁점의 내용을 정리해 보면 다음과 같다.[4]

첫째, 도입단위다.

도입단위는 자치경찰의 설치를 어디에 할 것인가에 대한 부분이다. 즉, 자치경찰을 광역자치단체에 도입할 것인가, 아니면 기초자치단체에 도입할 것인가, 절충점으로 광역과 기초자치단체에 둘 다 도입할 것인가에 대한 부분이다. 도입단위는 자치경찰을 논의할 때마다 가장 먼저 쟁점으로 제시되어 자치경찰의 논의와 도입을 가로 막고 있다.

광역자치단체에 설치를 주장하는 측은 최근의 범죄가 광역적이기 때문에 광역적 대응이 필요하고, 기초자치단체간에 재정적 편차가 크기 때문에 광역자치단체 내의 자치경찰서비스의 형평성을 위해서, 그리고 규모의 경제에 의한 효율성을 제고할 수 있다는 장점을 내세운다.

반면에 기초자치단체의 설치는 지역의 다양성을 반영할 수 있으며, 주민들의 재산과 생명은 주민에 가장 가까운 정부, 즉 기초자치단체에 부여하는

---

4 양영철, 박근혜 정부의 자치경찰 도입모델에 관한 연구, 한국지방자치학회보, 제25권 제2호, pp.111-119.

것이 보충성의 원칙에 부합하며, 사건 등이 발생하였을 때 신속하게 대응할 수 있는 이점은 광역에 비해 월등하다고 주장한다.

둘째, 사무구분이다.

이는 자치경찰사무의 범위를 말한다. 자치경찰이 현재 국가경찰사무와 같이 사법경찰업무까지 맡을 것인가, 아니면 예방을 중심으로 하는 행정경찰사무에 한정할 것인가에 대한 부분이다. 사법경찰업무까지 맡게 된다면 이것은 지방자치단체로 하여금 지역경찰의 업무를 완전하게 이관 받는다는 점에서 자치경찰의 효과를 극대화할 수 있다는 장점이 있다. 그러나 이 경우는 국가경찰과의 대부분 인원, 조직, 업무가 자치경찰로 이관하는 과정에 숱한 갈등이 일어날 것이며, 위임받은 자치단체의 비대화와 권력화로 인한 역작용도 만만치 않을 것이라는 점을 강조하면서 반대를 한다. 반면에 자치경찰에 지역경비, 지역교통, 지역방범이라는 예방경찰의 사무만을 부여하면 자치경찰이 신속하게 신설될 것이며 자치단체가 가장 필요한 사무에 대하여 집행력을 높일 수 있다는 장점이 있는 반면에 권한이 너무나 적어서 경찰 같지 않은 경찰이라는 비판을 받을 소지가 많다.

셋째, 지휘감독 계통이다.

누구의 지휘를 받느냐에 대한 부분이다. 일본 경찰과 같이 조직의 편재만 자치단체에 있고 지휘감독은 국가경찰에 의하여 받느냐, 미국과 같이 자치단체의 조직이기 때문에 자치단체장과 지방의회의 지휘와 감독을 받느냐, 절충안으로 영국과 같이 국가와 지방자치단체로 구성된 조직에 의해서 지휘·감독을 받느냐 등이다. 소위 일본형은 전국의 치안서비스를 형평성 있게 제공하고, 광역적인 범죄와 국제범죄 등 최근에 늘어나는 범죄에 대한 대응을 잘 할 수 있다는 장점이 있는 반면에 실제적으로는 국가경찰 총수가 자치경찰에 대한 최종책임자이기 때문에 이는 자치경찰이라고 할 수 없다는 점이다. 미국형은 기초자치단체에 자치경찰이 설치되어 있고 모든 인사, 재정 등에 대한 권한과 책임이 기초자치단체에 있기 때문에 자치경찰에 대한 민주성, 다양성, 신속성 있게 대처할 수 있는 장점이 있다. 반면에 이미 기술한 광역자치단체의 설치 의의인 광역적 대응, 균질한 경찰서비스 제공, 효율성 있는 조직운영 등의 장점을 살릴 수 없다는 단점이 있다. 영국형인 국가, 지방의회, 집행부가 추천하는 인사로 구성되는 위원회에서 자치경찰 운영을 지휘감독하는 방안은 다양한 의견을 수렴하기 때문에 민주성과 통제가 적절하게 이루어지고, 국가와의 협력 강화로 전국에 균형 있는 치안서비스를 제공할 수 있다는 장점이 있다고 지지한다. 반면에 이에 반대하는 입장은 위원회의 단점인 책임주체가 분명하지 않고, 의사결정이 늦을 수밖에 없는 단점이 있다고 주장한다.

넷째, 정치적 중립문제다.

경찰업무의 성격상 정치적 중립문제는 매우 중차대하다. 정치적 중립문제는 인사와 가장 연관이 깊은데 정치적 중립보장을 위한 제도를 어떻게 만들어 가느냐에 대한 점이다. 자치경찰공무원도 현재 지방공무원과 같이 지방자치단체의 인사위원회에서 인사를 전담할 것인지, 아니면 따로 인사위원회를 구성할 것인지에 대한 점이 논쟁점이다. 뿐만 아니라 인사위원회 구성도 논쟁거리다. 인사위원회를 자치단체장이 현재처럼 인사위원회 구성을 독점하게 할 것인가, 아니면 국가경찰, 지방의회, 지방자치단체장이 추천을 하도록 할 것인가 등이다.

현재와 같이 해당 자치단체장이 구성하는 인사위원회에 전담시키면 명확하게 책임성은 확보할 수 있는 장점이 있으나 자치단체장의 관여로 정치적 중립을 유지할 수 없다는 주장이 반대파의 논리다. 자치경찰에 대한 인사위원회 구성을 국가경찰, 지방의회, 지방자치단체장이 추천하는 인사로 이루어져야 한다는 주장은 상호간에 견제로 정치적 중립성을 더욱 보장할 수 있는 인사정책이 이루어진다는 장점은 있지만 역시 위원회의 단점인 책임성, 효율성, 지연성 등의 단점이 큰 문제라면서 반대한다.

다섯째, 자치경찰의 설치를 선택제로 할 것인가 여부다.

우리나라는 지역의 다양성을 살리기 위하여 실시하는 지방자치가 실제로는 지방자치법률 하나만 가지고도 획일적으로 운영하고 있는 모순에서 벗어나지 못하고 있다. 자치경찰제도 여타의 제도와 마찬가지로 전국적으로 일제히 꼭 같은 형태로 설치할 것인가, 아니면 지역마다 다양하게 설치할 것인가, 심지어 자치경찰의 설치를 의무적으로 할 것인가 아니면 선택적으로 할 것인가도 쟁점사항 중에 하나다.

선택제는 지역간의 다양성이 있기 때문에 관광경찰, 환경경찰, 교통경찰 등 다양한 형태로 둘 수 있도록 할 수 있다. 뿐만 아니라 국가경찰이 자치경찰 대신에 계속 자신의 지역치안을 맡는 것이 좋다고 생각하는 자치단체와 그렇지 않은 자치단체간에 선택의 여지를 줄 수 있다는 점이 장점이다. 반면에 치안업무는 지방자치에 있어서 매우 필수적인 업무이기 때문에 선택의 문제가 될 수 없고 반드시 자치단체에 설치되어야 한다고 주장한다.

이 밖에 교육과 훈련, 국가경찰과의 협력, 재정부담의 비율, 국가경찰공무원의 전직 등에 대한 사항도 쟁점 중에 하나다. 그러나 이 문제는 상기의 쟁점에 비해 중요도가 약하기 때문에 지면관계상 생략할 수밖에 없다.

Ⅲ. 평가적 의견

상기의 쟁점문제는 도입단위와 깊은 관련이 있는 분야가 많다. 도입단위가 광역이면 도입의 사무도 광역적이고, 따라서 사법경찰사무까지 수행해야 한다. 기초자치단체가 도입단위가 될 경우에는 선택제도가 도입할 명분과 실리가 충분하지만 광역자치단체의 도입단위시에는 선택제를 도입할 수 없다. 광역자치단체의 도입단위는 어느 광역자치단체 하나가 빼어지기 때문에 이를 위해서 국가경찰이 예비로 조직과 인원을 남겨 둘 수가 없기 때문이다. 이러한 점까지 포함하여 다음과 같은 장점을 기대할 수 있기 때문에 기초자치단체가 도입단위가 되어져야 한다.

첫째, 현실적인 측면이다.

광역자치단체가 도입단위가 되는 것을 바라는 기관은 사실상 광역자치단체뿐이라고 해도 과언이 아니다. 시·도지사가 경찰권까지 가졌을 때의 모습을 쉽게 받아드릴 수 없는 기관은 우선 국가경찰이다. 광역단위 자치경찰은 곧 국가경찰이 해체 내지는 대폭적인 축소를 의미하기 때문이다. 이는 결국 대통령 등 최고정책결정자들이 받아드리기 쉽지 않다. 또한 국회의원도 자신의 업무 중에 하나인 국가경찰의 사무를 자신과 경쟁하는 시도지사에게 이관하는

것을 결코 받아드리지 않을 것이다. 심지어 국민들도 시도지사들의 현재 부패
와 인사권 남용 등에 대한 의문을 가지고 있기 때문에 아직은 아니다 라고
생각하는 국민이 더 많다는 점이다. 따라서 광역자치단체의 도입단위는 정책
지지동력이 너무나 약하다.[5]

둘째, 국가경찰을 격하시킬 명분이 아직은 약하다는 점이다.

우리나라 국가경찰은 부패의 문제만 정리를 하면 매우 훌륭한 경찰이라는
것은 국제적으로 인정을 받고 있다. 일본의 경찰이 한국에서 여름 밤 자정이
넘었는데 동네 운동장과 공원에서 여중생들이 즐겁게 노는 모습을 보고 한국
치안이 세계 최고라고 칭찬을 하는 말을 들었다. 국가경찰이 맡고 있는 치안이
아직은 높은 평가를 받고 있다는 증거이기도 하다. 뿐만 아니라 우리나라는 지
역의 갈등이 유난히도 많다. 이 대부분이 임금, 교육, 노동, 통일, 환경 등 국가
사무에 관한 사항이다. 국가사무에 대한 데모 등 격렬한 갈등을 자치경찰이 나
설 명분이 없다. 국가경찰은 남북간의 긴장이 상존한 지금 전투경찰 등 안보의
일부를 수행하고 있다. 이를 자치경찰이 대신해 줄 수는 없다는 점이다.

셋째, 지방자치단체가 현재 필요한 것은 예방경찰이다.

지역의 살인사건을 비롯한 유괴, 강도, 강간 등의 업무를 국가경찰 대신
자치단체와 자치경찰이 맡을 실익이 있는가. 지역의 살인사건이나 흉포한 사
건이 일어날 때마다 자치단체장이 수사본부를 설치한다고 가정하면 적어도 아
직은 국가경찰이 맡는 것이 실리가 있다고 생각할 것이다. 자치단체가 필요한
것은 주차 및 과속단속 등 지역교통, 해수욕장과 공원 등 유원지 관리, 학교주
변 등 청소년 출입지역에 대한 안전을 위한 방범, 관광객 보호, 노인 보호, 유
해음식물 단속, 환경 및 어업 등 특별사법경찰업무 등의 업무를 경찰의 힘을
가지고 집행하는 것이 시급한 일이다. 이 사무들은 주민들의 생활과 밀접하기
때문이다. 이 시급한 일이 자치경찰이 없기 때문에 집행력이 약하고 그래서
재정투자에 비해 효과성은 매우 뒤지는 것으로 나타났다.

혹자는 자치경찰을 광역자치단체에 설치해서 이러한 업무를 수행할 수

---

5 양영철, 참여정부에서의 자치경찰도입 실패에 관한 연구, 제21권 제1호, 2009.

있지 않느냐고 할지도 모른다. 그러나 상기 업무들은 광역적 업무라기보다 기초자치단체의 업무이기 때문에 기초자치단체에 설치하는 것이 타당하다고 사료된다.

결론적으로 말하면 우리나라에서는 명분과 실리면에서도 자치경찰은 기초자치단체에 설치하는 것이 바람직하다. 다만 광역자치단체는 지원과 조정이라는 업무를 자치경찰이 아닌 일반 행정차원에서 이루어지는 것이 타당하다고 사료된다.

참고문헌

양영철 (2013). 박근혜 정부의 자치경찰 도입모델에 관한 연구. 한국지방자치학회보, 25(2): 111-119.

양영철 (2009). 참여정부에서의 자치경찰도입 실패에 관한 연구. 한국지방자치학회보, 21(1): 147-171.

양영철 (2008). 자치경찰론. 서울: 대영문화사.

Harvey Wallace, Cliff Roverson, Craig Stechler (1995). *Fundamentals of Public Administration*. N.J: Prentice-Hall.

4부

자치권과 정부간 관계

20장 지방법률제안권

김성호

Ⅰ. 서 론

헌법 제52조는 "국회의원과 정부는 법률안을 제출할 수 있다"고 규정하고
있어 법률안제출권은 국회와 정부에만 인정되고 지방자치단체는 법률안제출권
이 인정되고 있지 않다. 지방자치법 제22조 단서에서도 주민의 권리제한, 의무
부과, 벌칙제정은 법률의 위임이 있어야 한다고 규정하면서도 관련법제개정을
위한 절차는 입법미비로 방치되고 있다. 그러므로 모든 입법과 정책의 결정은
국회와 중앙정부에 전속되어 있는 것으로 보인다. 최근 국회와 중앙정부에서
지방자치단체에 영향을 주는 입법과 정책을 결정하면서 지방자치단체의 의견
을 제대로 수렴하지 않고 일방적으로 결정함에 따라 지방자치단체가 이의를
제기하고 중앙과 지방간 대립의 양상을 띠는 등 문제가 발생한 바 있다. 심지
어 특별법상 의무화된 지방분권조차도 입법추진이 지지부진하였다. 그동안 중
앙정부는 중앙행정권한의 지방이양촉진법(1999), 지방분권특별법(2004), 지방분
권촉진법(2008) 등 특별법을 제정하여 지방분권을 15년간 동안 추진하였으나
성과는 미흡하였다. 가장 큰 이유는 국가 내에 지방자치단체의 의견을 입법추
진 할 수 있는 제도적 장치가 미비되어 있다는 데 있다. 따라서 이러한 문제
를 해결하기 위하여 지방자치단체에게도 법률안제출권을 인정하자는 논의가
있다. 이것은 두 가지 형태로 논의된다.

첫 번째는 국회의원 및 중앙정부와 대등하게 지방자치단체에 직접적인 법률안제출권을 부여하는 것으로서 헌법개정을 전제로 한 논의이다.

두 번째는 현행헌법하에서 지방자치단체에 법률제안권을 부여하는 것으로서 지방자치단체가 법률안을 마련하여 국회 또는 중앙정부에 법률안을 제안할 수 있는 권한을 부여하는 방안이다. 이에 대한 찬성론과 반대론에 대하여 검토한다.

추가적인 쟁점으로 이러한 법률안제출권 혹은 법률제안권을 모든 지방자치단체에게 부여할 것인가 아니면 일정 수 이상의 지방자치단체 혹은 지방자치단체협의체 및 연합체에 부여할 것인가의 문제가 있다. 또한 법률안을 제출할 수 있는 범위를 제한하여 지방의 사무에 한정할 것인가 아니면 모든 국가사무에 대하여 제출(제안)할 수 있도록 할 것인가에 대하여도 검토하여야 한다. 다만, 이러한 쟁점들에 대해서는 근본적으로 지방의 법률제안권을 찬성하는 입장에서만 논해질 수 있는 쟁점이고, 현재까지 이에 대한 본격적인 논의는 없는 것으로 보인다.

Ⅱ. 찬성론

지방자치단체 또는 그 협의체에 법률안제출권을 부여하는 방안은 헌법수준에서 지방자치단체에게 국가입법에 참여기회를 보장하는 방안 중 가장 강력한 방안이 될 것이다. 이는 헌법 제52조를 개정하여 지방자치단체 또는 그 협의체에게 다음과 같은 이유로 국회에 법률안을 제출할 수 있는 권한을 부여해야 한다고 보는 입장이다.

1. 법률의 입법미비와 결함보완 가능

지방자치단체와 그 협의체에 법률제안권을 부여할 경우, 법률 및 정책의 입법미비와 정책결함을 사전에 보완할 수 있다. 그 이유는 현대의 입법이 입법대상 사항에 대하여 고도의 전문적·기술적 지식을 필요로 하고 있으며, 더욱이 이해대립이 복잡한 입법의 경우, 국가는 각종 심의회, 위원회 등에 의한 조언과 권고, 각종 단체(이익단체, 직능단체), 민간전문가나 실무자의 의견청취 등 외부로부터의 정보나 조언이 입법심의 및 정책수립과정에 불가결하기 때문이다.

지방자치단체는 넓은 의미에서 국가 통치구조의 일익을 담당하고 있으며, 주민에 가까운 행정을 수행하고 다수의 법령을 실제로 적용·집행하고 있는 지역의 통치단체로서 지방행정에 관한 전문적인 지식과 경험을 가진 공무원을 상당수 보유하고 있다. 이들은 국가공무원들이 미리 예상하지 못하고 있는 법률이나 제도의 장·단점을 지방행정현장에서 경험적으로 터득하고 있기 때문에 그 의견이나 경험을 국가의 입법 및 정책결정에 반영시킨다면, 입법미비나 정책결함을 사전에 보완함으로써 현실에 적합한 법률, 주민이 공감할 수 있는 법률의 제정·개폐가 가능할 수 있다.

국가가 입법하는 법률은 지역의 특수성이나 다양성보다는 전국적 획일성·균일성을 중요시하므로 사회적·경제적인 여건의 변화에 기민하게 대응할 수 없다는 약점을 가지고 있다. 따라서 지역의 실정이나 주민의 희망사항을 잘 알고 있는 지방자치단체 또는 그 전국적 협의체에게 법률제출권을 부여할 수 있는 제도가 필요하다.

2. 법률의 실효성 확보와 비용절감

법률의 실효성을 확보하고 주민의 신뢰와 준법정신의 제고를 통해 비용을 절감하기 위해서는 주민의 의사를 대표할 수 있는 지방자치단체 또는 그 협의체에 법률안제출권을 부여할 필요가 있다. 국민이나 주민이 수용하기 어려운 법률을 사전에 차단함으로써 법규범과 법생활간 괴리를 최대한 줄이고 현장적응도와 실효성을 확보함으로써 예상하지 못한 비용을 줄일 수 있다. 따라서 주민의 의사가 국가의 법률 제·개정 과정에 반영되도록 할 필요가 있다.

3. 행·재정적 부담 합리적 배분

지방자치단체의 행·재정적 부담을 합리적으로 배분할 수 있다. 국가가 지역실정에 맞지 않는 법률을 일방적으로 시행하므로 인하여 지방자치단체의 역량부족 및 협조미비로 인한 불필요한 비용이나 갈등을 최소화할 수 있을 것이다. 이로써 2012년 국가가 일방적으로 취득세를 감면하거나 2012년 영유아보육료 부담을 지방자치단체와 협의 없이 결정·시행하므로 인한 갈등 등을 미연에 방지하고 지방자치단체의 재정실정에 부합되는 제도실행으로 정책의 실효성을 높일 수 있다.

4. 주민의사와 공감대 형성

주민의 의사와 공감대를 형성할 수 있다. 지방자치단체 또는 그 협의체에 법률안제안권을 부여할 경우, 지역의 특수성이나 지역주민의 이익을 충분히 배려한 "주민에 가까운 입법(bürgernähere Gesetzgebung)"을 가능하게 한다. 국가의 법률이 주민의 의사와 공감대를 형성할 경우, 법규범으로써의 효용성은 극대화 될 수 있다. 사실 국가의 입법은 획일성·균일성을 중요시 하는 성향을 가지기 때문에 지역의 특수성·개성·다양성을 반영하기 어려운 구조적 문제를 안고 있다. 그 결과 새로운 행정수요에 따른 법률이 제정되고 정책이 수립되어도 지역의 특수성·다양성을 고려하지 못하면, 주민의 민원을 확대하거나 저항하게 될 우려가 있다.

국가의 법률로 전국적·획일적·통일적인 기준이나 규격을 정하여 지방자치단체에 일방적으로 요구하는 것은 지방자치의 본래의 취지와 지역적합성에 반한다고 볼 수 있으므로 주민의 의사를 반영할 필요가 있다.

5. 국가와 지방자치단체간 갈등 사전 해소

국가와 지방자치단체간 갈등을 해소할 수 있다. 국가는 다원화된 사회의 대립과 갈등을 합리적으로 해소함으로써 국가발전을 이루어 나가야 할 책무가 있다. 따라서 국가는 지방자치단체를 비롯하여 이익단체, 직능단체, 지역주민 간에 대립되는 이해와 갈등을 조정하고 합리적인 대안을 마련하기 위한 갈등 해소자로서의 기능을 해 나가야만 국가의 위상과 권위가 확립될 수 있을 것이다.

결국 이것은 법률안제출권이 국회와 중앙정부에 전속하여 지방자치단체는 발전적 법률안의 개발과 적용에서 소외되어 있음은 물론이고, 지방자치단체와 이해관계가 있는 사안에 대해서조차도 적극적으로 대응할 수 있는 효과적인 수단을 갖고 있지 못하다는 것이 문제이다.

이상과 같은 이유로 지방자치단체 또는 그 협의체에게 국회에 법률안을 제출할 수 있는 권한을 부여해야 한다고 주장한다. 이를 인정하기 위해서는 헌법 제52조를 개정하여야 한다.

이러한 주장의 논거는 지방자치단체의 기관구성도 민주적 정당성이 있을 뿐 아니라, 지방자치단체는 중앙행정부와는 달리 조례제정권을 가지고 있기 때문이다. 조례는 법률과 더불어 법규범이고 법규범간에는 상호 밀접한 관계가 있으므로, 조례를 제정할 수 있는 지방자치단체가 조례와 관련하여 중요한 의미를 가지게 되는 법률안을 제출하는 것은 법이론적으로나 사회통념상으로나 문제가 될 일이 아니라고 본다. 이와 관련하여 법령을 제출할 수 있는 정부와 비교하여 조례제정권을 지닌 지방자치단체가 국회에 직접 법률안을 제출할 수 있는 지위를 헌법상 보장하는 것이 타당하다고 보는 것이다.

Ⅲ. 반대론

현행 헌법 제52조의 문리적 해석상 명백히 법률안제출권은 국회의원과 정부에게만 부여되어 있는 권한으로 해석하는 것이 학계의 다수 견해이다. 이는 국회의원과 정부에게 일종의 재량권을 부여한 것이 아니고 또 그 밖의 국가기관 또는 주체도 법률안을 제출할 수 있다는 것을 전제로 한 예시규정이 아니라 법률안제출권을 국회와 정부에 한하여 부여하는 제한적 의미의 수권조항으로 해석하는 것이 옳다는 입장이다. 이에 따라 현행헌법하에서는 지방자치단체에 직접적인 법률안제출권을 인정하는 것은 위헌시비의 문제를 발생시키므로 인정할 수 없다고 본다.

나아가 헌법 제52조를 개정하여 법률안제출권자로 지방자치단체를 인정하려는 방안에 대해서도 그것이 헌법이 채택하고 있는 정부형태 및 대의민주주의 구조에 부합되느냐 하는 것이 문제될 수 있다고 본다.

이러한 견해들은 명시적으로 헌법의 개정을 통하여 지방자치단체에 법률안제출권을 부여하는 것에 반대 입장을 밝히고 있지는 않지만, 대의제민주주의하에서 지방의 이익을 대변하는 지방자치단체의 경우 부분적 대의라는 점에서 국회나 정부와 다르다고 보면 국회와 정부와 대등하게 지방자치단체에 직접적인 법률안제출권을 인정하는 것에 부정적이다.

그러나 지방자치단체에 정부나 국회에 법률안을 제안하여 일정한 절차를 통해서 정부나 국회가 해당 법률안을 발의하여 국회에서 처리하도록 하는 간접적인 법률제안권을 부여하는 방안에 명시적으로 반대하는 견해는 보이지 않는다.

IV. 평가적 의견

지난 2012년말 국회에서는 전격적으로 영유아무상보육의 범위를 확대하는 결정을 내리고 이에 따라 영유아무상보육료를 50% 부담하고 있는 지방자치단체의 부담이 급격하게 증대되는 사태가 발생하였다. 그리고 2013년에 중앙정부는 전반적인 경기침체를 회복시키기 위해 부동산경기를 활성화한다는 명목으로 대표적인 지방세인 취득세를 영구적으로 인하한다는 방침을 발표하고 연말 국회에서 관련 「지방세법」이 개정·공포되었다.

영유아무상보육의 범위를 확대하고 부동산경기를 활성화한다는 입법의 취지는 바람직하나, 국회와 중앙정부의 결정에 따라 지방자치단체의 재정상황이 급격하게 영향을 받는다는 문제가 있다. 더군다나 이러한 정책의 결정과정에서 지방자치단체와는 아무런 협의가 없었고, 관련하여 정부방침 발표이후 지방자치단체가 무수히 반대 의견을 피력하였음에도 불구하고 당해 정책들은 중앙정부의 뜻에 따라 진행되었다는 점이다. 결국 지방자치단체의 자주재정권에 심각한 영향을 미치는 정책을 결정하고 관련 법률을 제정하는 과정에 지방의 입장과 의견은 제대로 반영되지 않고 있는 실정이다.

따라서 정책의 이해당사자인 지방자치단체의 의견을 제대로 국정에 반영하기 위해서는 입법과정에 지방의 참여를 인정하는 것이 무엇보다 절실하다 할 것이다.

구체적으로 헌법개정을 통하여 지방자치단체에 직접적인 법률안발의권을 부여하는 방안이 가장 강력한 수단이다. 따라서 지방자치단체 협의체 등에 대표성을 인정하여 법률안제출권을 부여하거나, 지방자치단체를 대표하는 별도의 기구(이를테면 지역대표형 상원 혹은 일명 '지방원' 등)를 설치하여 그에 법률안제출권을 부여하는 방안은 대의제민주주의 원리를 충분히 고려하고 지방의 부분적 대의성도 감안한 방안이 될 수 있을 것으로 보인다.

또한 헌법개정 없이 지방자치단체에 사실상의 법률제안권을 부여하는 방안은 충분한 설득력이 있는 것으로 판단된다. 현재 제주특별자치도의 법률안의견제출제도는 제주특별자치도지사 → 지원위원회 → 관계 중앙행정기관의 장 → 지원위원회 → 제주특별자치도지사 등의 순서를 거치고, 제출된 의견에 대한 구속력이 없어, 관계중앙행정기관의 장이 검토하여 타당성을 인정하지 않을 경우에는 법률안으로 제출될 기회를 상실한다는 점에서 비효율적이고 실효성도 매우 낮다. 따라서 제주특별자치도의 절차를 답습하지 말고 지방자치단체가 법률안을 정부에 제안하면 정부는 일정한 절차를 거쳐서 국회에 제출하도록 구속력을 부여하는 것이 필요하다. 특히 지방자치법 제22조 단서에 의해 법률의 위임여부에 조례제정권이 제약을 받고 있는 상황에서 국회에 위임의 근거법률을 마련해 달라는 취지의 법률제안권을 제출할 수 있도록 인정하는 것은 현행법체계하에서는 매우 필요한 것으로 판단된다.

기타 법률제안권의 인정범위와 관련하여 개별 지방자치단체에 적용되어야 할 사항은 지방자치단체가, 전체 지방자치단체와 관련된 사항에 대해서는 지방자치단체 협의체 등에게 대표성을 부여하여 법률제안권을 제도화하는 것이 합리적이라고 생각된다.

또한 법률제안권의 내용적 범위는 비단 학리적 의미에서의 지방자치단체의 사무에 한정하는 것이 아니라 국가사무라 할지라도 지방자치·지방분권에 관련된 사항에 대해서는 폭넓게 인정할 필요가 있다. 예를 들어, 지방세의 결정에 관한 사항은 법률에 의해 결정되는 국가사무로 되어 있지만, 지방의 입장에서는 재정과 관련하여 가장 중요한 사항이기 때문에 당연히 이에 관한 제안권이 인정될 필요가 있는 것이다.

참고문헌

김남철 (2010). 지방자치단체 국정참여의 공법적 과제-상원 또는 지방원 도입에 관한 논의를 중심으로. **지방자치법연구**, 10(3).

김성호 (2012). 지방자치단체의 국회입법과정참여방안. 공법학회세미나자료집.

김성호 (1997). **지방자치단체의 국가정책결정 참여방안**. 서울: 한국지방행정연구원.

안성호 (2007). 지방자치단체 국정참여의 실태와 확충방안. 국회 정책토론회 발제문.

이기우 (2005). 지방자치 기반강화를 위한 헌법개정. **한국지방자치학회보**, 17(4).

최철호 (2012). 국회법상 위원회의 법안심의제도 개선방안. 국회입법의 발전방향과 주요과제세미나. 국회입법조사처·한국입법학회.

홍준형 (2007). 국가입법·정책 결정에 대한 지방자치단체의 참여. 한국공법학회. **공법연구**, 36(2).

21장 자치사무 확대필요성: 찬성 vs 반대

📖 하 혜 수

Ⅰ. 서 론

양분을 빨아드리는 뿌리의 힘에 비해 가지가 너무 무성하면 그 나무는 시들어버리고, 반대로 뿌리의 힘은 강한데 줄기와 가지가 허약하면 그 나무는 제대로 성장하지 못 할 것이다. 어떤 경우든 나무의 주된 기능인 산소배출과 그늘조성에 심각한 문제를 초래할 것이다. 이러한 관계를 국가에 비유하면, 중앙정부의 힘이 강하면 국가의 통합성은 꾀할 수 있지만 지방의 개성은 위축될 것이고, 반대로 지방의 자율성이 강하면 지역의 특성에 맞는 맞춤형 정책추진은 가능하지만 국가의 통합성이 깨질 수 있다. 이러한 관점에서 국가사무와 자치사무의 비율을 정하는 문제는 지방의 창의성과 국가의 발전을 가름하는 관건이다.

이론상으로는 정부에서 수행하는 사무(또는 기능)의 100%가 국가사무로 구성된 경우 완전집권이고, 모든 사무가 자치사무로 채워진 경우 완전분권이다. 그러나 실제로 완전집권 또는 완전분권현상을 발견하기는 어렵다. 지방자치의 수준이 높은 어떤 선진국에서든 자치사무의 비중이 100%인 사례가 없고, 매우 낮은 후진국에서도 국가사무의 비중이 100%인 사례는 존재하지 않는다. 국가사무와 자치사무의 적절한 조합이 중요하다는 사실을 알 수 있다. 이러한 조합도 국가마다 다르고, 동일한 국가에서도 발전단계에 따라 다를 수 있다.

지자체의 자치역량이 낮은 상황에서 자치사무의 확대는 사무처리의 성과를 떨어뜨릴 것이고, 반대로 자치역량이 높은 상황에서 자치사무의 축소는 지자체의 개성과 창의성을 저상시킬 것이다.

자치사무의 확대를 둘러싼 논쟁도 완전한 집권 또는 분권을 전제하지 않으며, 현재 상황의 진단에 바탕을 두고 있다고 볼 수 있다. 찬성론자들은 자치사무의 비중이 너무 낮다는 진단하에 확대를 주장하고, 반대론자들은 지금도 충분하다는 진단하에 확대에 따른 부작용을 우려하고 있다. 자치사무 확대에 대한 찬반 논쟁도 이러한 기본전제를 염두에 두면서 고찰할 필요가 있을 것이다.

Ⅱ. 쟁 점

1. 찬성론

자치사무의 확대에 대한 찬성 논거는 다음 세 가지로 요약된다. 첫째, 주민의 편의증대에 기여한다. 국가사무는 중앙부처의 일선기관인 특별행정기관(국토관리청 등)을 통해 처리되거나 기관위임사무(자치단체장에게 위임한 사무)의 형태로 처리된다. 그에 반해 자치사무는 지방의회의 의결과 자치단체장의 결정에 의해 처리된다. 지방의원과 자치단체장은 주민의 직선에 의해 선출된 주민대표로서 주민의 선호와 편의를 가장 우선시한다. 중앙부처도 주민의 편의와 선호를 고려하지만 주민의 대표가 상대적으로 주민의 의사에 더 민감하다고 볼 수 있다. 주민의 선호와 의견에 대한 반영여부가 다음 선거에서의 당선여부를 판가름하기 때문이다. 또한 자치사무는 주민의사의 반영여부뿐만 아니라 그 속도와 정확성을 높인다는 점에서 주민편의를 증대시킬 수 있다. 자치사무는 지자체에서 자율적으로 결정하기 때문에 주민들은 손쉽게 접근하여 신속하고 편리하게 일을 볼 수 있다. 중앙부처에서 최종적 권한을 가진 기관위임사무의 경우 기초지자체-광역지자체-중앙부처로 이어지는 결재단계를 거쳐야 하고, 이는 시간지연과 정보의 왜곡을 초래할 수 있다. 특히 인허가사무일 경우 특별행정기관 등 관련 기관의 협조를 받아야 하므로 주민들은 더 큰 불편을 감수해야 한다. 따라서 자치사무의 확대를 통해 지자체의 자율적 업무영역이 늘어날 경우 신속, 정확, 편리한 업무처리를 통해 주민의 편의가 증대될 수 있다.

둘째, 지자체의 개성과 자율성이 증대된다. 국가사무나 기관위임사무는 사무처리의 기본방향, 처리에 소요되는 비용부담, 최종적인 책임 모두 중앙정부에서 담당하게 된다. 국가사무와 기관위임사무는 중앙정부에서 모든 지역에 공통으로 적용할 수 있는 기준을 제시하기 때문에 지역의 개성과 창의성이 발휘되기 어렵다. 예컨대, 지방도로의 폭에 대한 기준은 전국적으로 통일되어 있는데, 울릉도는 지형이나 지세상 이러한 도로폭 기준을 맞추기 어렵다. 도로개설이 자치사무로 되어 있는 경우 그 지역의 형편이나 특성에 맞게 탄력적인 기준을 적용할 수 있을 것이다. 이처럼 기관위임사무의 이양 등을 통한 자치사무의 확대는 지자체의 자율적 결정영역을 증대시켜, 지방의 특성과 개성에 맞는 정책추진을 가능하게 할 수 있다. 지방자치법(제169~170조)에는 자치사무와 기관위임사무에 대하여 중앙정부의 통제를 달리 규정하고 있다. 자치사무의 경우 법령위반시 서면으로 시정을 명하고, 그 기간에 이행하지 않으면 취소하거나 정지할 수 있도록 규정하고 있는데 반해 국가위임사무의 경우 법령위반이 없더라도 관리와 집행의 지체가 발견되면 주무부장관이 서면으로 이행을 명하고 그 기간에 이행하지 않으면 해당 지자체의 비용부담으로 대집행하도록 규정하고 있다. 자치사무의 확대는 중앙정부의 감독과 통제를 감소시키고, 그에 비례하여 지자체의 재량과 자율성을 증대시킬 수 있다는 것이다.

셋째, 주민자치의 정착에 기여한다. 주민들은 관할지자체에서 결정하여 처리하는 자치사무에 대하여 적극적인 관심을 보일 수 있다. 자치사무는 지자체에서 결정하고 최종적인 책임도 지게 되므로 주민들이 참여하여 의견을 개진하면 개선의 여지가 높지만 기관위임사무의 경우 그렇지 못하다. 기관위임사무에 대해서는 중앙정부에서 기본방향을 정하고 최종적인 책임도 지게 되므로 지자체는 대행기관 또는 대리기관에 불과하다. 주민들도 반복학습을 통해 이러한 사실을 인식하게 되고, 기관위임사무에 대한 관심부족으로 이어질 것이다. 또한 기관위임사무에 대해서는 법령의 위임이 없는 한 지방의회에서 조례를 제정할 수도 없다. 주민의 대표를 통한 의사결정(대의민주주의)이 이루어지기 어렵고, 나아가 주민제안(조례제개정 청구)과 주민투표(직접민주주의) 등에 있어서도 제약을 받게 될 것이다. 만약 기관위임사무가 자치사무로 전환될 경우 지자체의 권한이 확대되고, 이는 대의민주주의(지방의회의 조례재정)를 활성화하고, 주민의 직접 참여에 의한 주민자치 및 로컬거버넌스(local governance)를 촉진할 것이다.

2. 반대론

자치사무의 확대에 대한 반대 논거는 다음 세 가지로 요약된다. 첫째, 지자체의 칸막이를 강화시킬 수 있다. 자치사무의 확대는 지자체의 자율과 재량을 증대시켜 자치단체의 이기주의적 정책추진을 야기한다. 자치사무에 대해서는 지자체가 전적으로 권한과 책임을 가지고 있으므로 이들 사무비중이 높아질 경우 지자체의 경계를 벗어나는 문제에 대해서는 소홀하게 된다. 소위 지자체별 칸막이가 증대되고 이는 자원의 낭비를 초래할 수 있다. 하천의 상류 지역에 위치한 지자체들은 지역경제발전을 위해 공단조성을 추진하고 하류의 지자체들은 하천의 정화를 위해 많은 자원을 투자할 경우 비효율과 낭비를 초래할 수 있다. 단순히 예산낭비에 그치지 않고 지자체간 갈등과 충돌로 이어질 수 있다. 지자체들은 각자 자치사무의 처리에 필요한 비용과 그로 인한 편익에만 관심을 가질 것이다. 예컨대, 상수원 수질의 개선을 위해 하류 지자체가 상수원 이전을 추진할 경우 상류 지자체가 주민들의 재산권 제약을 이유로 반대하면서 지자체간 갈등이 일어날 수 있다. 자치사무의 증대는 이러한 칸막이 현상과 지자체간 갈등을 심화시킬 수 있을 것이다.

둘째, 지역간 불균형을 심화시킬 수 있다. 자치사무의 증대는 자연히 조세체계의 변화를 초래하게 된다. 국가사무와 기관위임사무에 대해서는 원칙적으로 국가에서 재정부담을 하도록 규정하고 있는데, 주로 국세와 국고보조금 등으로 충당하게 된다. 자치사무는 주로 지방세와 세외수입 등에서 필요한 재원을 충당하고 있다. 즉, 자치사무의 증대는 국세의 이양을 통한 지방세 증대와 국고보조금의 감소로 연결될 수 있다. 그런데, 지방세의 비중증대는 지역간 조세기반의 차이로 인해 지자체간 재정격차를 심화시킬 수 있다. 지자체간 재정격차는 지역의 빈익빈 부익부 현상을 야기하고, 주민들의 서비스 형평성 저하로 이어질 수 있다. 거주하는 지역에 따라 주민이 받게 되는 서비스의 수준이 현저히 다를 경우 헌법에 보장된 평등권을 위태롭게 할 수 있다. 지자체의 일반회계에서 차지하는 자체재원(지방세와 세외수입)의 비율로 측정하는 재정자립도가 10% 이하인 지자체가 있는가 하면 90% 이상인 지자체도 존재할 정도로 조세기반의 격차가 극심하다. 이러한 극단적인 사례 외에도 대도시(인구 50만명 이상 지자체)와 농촌(군)의 조세격차도 매우 심각한 실정이다. 자치사무의 확대는 이러한 지자체간 재정격차를 더욱 심화시킬 수 있다는 것이다.

셋째, 국가정책과 지방정책간 연계를 약화시킬 수 있다. 자치사무의 확대는 필연적으로 국가사무 및 기관위임사무의 감소를 초래한다. 국가사무, 특히 기관위임사무의 축소는 국가적 기준의 설정 등 국가목적의 달성을 어렵게 할 수 있다. 국가하천정비사업, 즉 4대강 사업을 둘러싸고 중앙정부와 지자체가 갈등을 빚은 사례에서 이러한 사실을 확인할 수 있다. 기관위임사무인 국가하천관리에 대하여 지자체가 반대하거나 집행을 게을리할 경우 중앙정부는 1단계로 이행명령을 하고, 이행하지 않을 경우 대리집행자를 지정하여 대집행할 수 있다. 기관위임사무를 자치사무로 전환할 경우 하천정비에 대한 권한은 지자체에서 갖게 된다. 이 경우 국가에서 하천을 포함한 SOC계획을 수립하더라도 지자체의 자체계획에 의한 하천정비를 추진할 경우 국가계획과 지방정책간 연계가 이루어지지 않을 수 있다. 제주특별자치도를 추진하면서 특별행정기관의 기능을 제주도로 이양하였는데, 국가재정지원, 정보제공, 교육실시 등 국가정책과의 연계에 있어서 애로를 겪은 바 있다. 이러한 예에서와 같이 자치사무의 확대는 국가정책과 지방정책간 연계를 약화시키고, 이는 정책성과의 저하로 이어질 수 있다.

Ⅲ. 평가적 의견

자치사무의 확대는 주민편의 증대, 지자체의 개성과 자율성 확대, 그리고 주민자치의 촉진을 위해 필요하다. 자치사무 확대는 지자체간 칸막이 증대, 지역간 불균형 심화, 그리고 국가정책과 지방정책의 연계 약화 등을 초래할 수 있다. 이러한 두 가지 상충되는 주장을 절충하기 위해서는 먼저 자치사무의 적정 수준을 찾는 노력이 필요하다. 후진국에 비해 선진국에서 자치사무의 비중이 높다는 점에서 우리나라도 자치사무를 확대할 필요가 있다(이승종, 2005: 338; 이달곤 외, 2012: 142). 그러나 OECD 국가들의 경우에도 그 나라의 역사, 소득수준, 정부규모 등에 따라 자치사무의 비중이 다르다(하혜수 외, 2013). 이러한 점에서 자치사무의 비중을 30% 또는 40%의 비중으로 확대해야 한다고 주장하기는 어렵다. 2009년 현재 우리나라의 자치사무 비중은 28.3%인데, 이는 2002년 27%에 비해 1.3% 늘어난 수치이다. 지난 정부에 이어 현 정부에서도 자치사무의 확대노력은 계속 되고 있지만 적정 수준에 대한 논거는 찾기 어렵다.

이러한 상황에서 한 가지 대안은 지자체의 자치역량에 따라 자치사무의 수준을 달리 정하는 방법이다. 모든 지자체에게 자치사무의 비중을 동일하게 늘이는 대신 지역의 특성, 지자체의 역량과 의지, 주민의 자치의식 등을 고려하여 자치단체마다 다른 수준의 자치사무를 갖도록 해주는 것이다. 즉, 지자체의 자치역량과 수권의지 등을 고려하여 자치사무의 비중을 달리하는 차등적 권한이양(asymmetrical devolution)을 실시하는 것이다(하혜수·최영출, 2002). 실제로 자치단체의 성과, 역량, 의지 등에 따라 권한이양의 정도를 달리하는 차등적 권한이양은 미국, 영국, 일본, 북유럽 국가에서 발견되고 있다. 우리나라도 제도적으로는 지자체의 능력을 고려하여 시범적·차등적 사무이양을 실시할 수 있지만 적극적으로 활용하지 않고 있다(홍준현, 2001). 인구 50만명 이상의 지자체에 대해서는 지방자치법상 대도시 특례를 규정하고 있으므로 차등적 사무이양을 곧바로 추진할 수 있다. 앞으로 대도시뿐만 아니라 중소도시, 농촌

지자체, 그리고 도서낙후지역 등에 대해서도 이러한 차등적 사무이양을 실시
할 필요가 있을 것이다.

참고문헌

이달곤·하혜수·정정화·전주상·김철회 (2012). **지방자치론**. 서울: 박영사.

이승종 (2005). **지방자치론**. 서울: 박영사.

하혜수·최영출 (2002). 차등적 지방분권에 대한 비교연구: 영·미·일·북유럽을 중심으로. **한국
행정학보**, 36(2): 109-127.

하혜수·하혜영·문광민 (2013). 재정분권이 국가경쟁력에 미치는 영향: 소득수준 및 정부규모
에 따른 비선형적 효과를 중심으로. **한국정책과학학회보**, 17(1): 61-88.

홍준현 (2001). 중앙사무의 지방이양에 있어서 차등이양제도의 도입방향. **지방지방자치학회보**,
13(3): 5-24.

22장 특별지방행정기관의 정비: 찬성 vs 반대

🖍 권 영 주

I. 서 론

국가사무를 지역적 차원에서 처리하는 방법에는 크게 '지리적 분권화 (territorial decentralization)'와 '기능적 분권화(functional decentralization)'의 두 가지가 있다(Colin Mellors & Nigel Copperthwaite, 1987: 14-15). '지리적 분권화'는 지역을 중심으로 일반지방자치단체에게 포괄적 권한과 기능을 이양하는 것이며, '기능적 분권화'는 기능을 중심으로 국가의 특별지방행정기관에게 제한된 권한과 기능을 위임하는 방법이다(김익식, 1994: 2-3).

우리나라는 일반지방자치단체와 특별지방행정기관을 통하여 중앙정부의 국가사무를 처리하는 이원적인 방식을 채택하고 있다. 이러한 이원적 운영에 있어서 일반지방자치단체는 지역을 토대로 종합적인 지방행정을 수행하는데 반해, 특별지방행정기관의 경우는 각각의 중앙부처가 해당 지역에 지국이나 지부와 같은 성격의 하부기관을 설치하여 주어진 특정기능만을 전담하여 수행 하도록 하고 있다.

이원적 방식과 관련하여 우리나라 지방자치법 제102조와 '행정기관의 조 직과 정원에 관한 통칙' 제18조에서는 특별지방행정기관의 설치에 관한 원칙 적인 규정을 두고 있다. 지방자치법 제102조에서는 국가사무는 법령에 다른 규정이 없으면 단체장에게 위임하여 처리한다는 취지의 규정을 두고 있다. 즉,

국가사무는 지방자치단체의 장에게 위임하여 처리하는 것이 원칙이고 예외적으로 법령에 다른 규정이 있으면 특별지방행정기관에서도 처리할 수 있는 것이다. '행정기관의 조직과 정원에 관한 통칙' 제18조에서는 중앙행정기관의 업무를 지역적으로 분담하여 수행할 필요가 있고, 당해 업무의 전문성과 특수성으로 인하여 지방자치단체 또는 그 기관에 위임하여 처리하는 것이 적합하지 아니한 경우에 특별지방행정기관을 둘 수 있다고 규정하고 있다. 이 규정도 지방자치단체 및 그 기관에 위임하여 처리하는 것이 원칙이고 예외적으로 당해 업무의 전문성과 특수성을 감안하여 예외적으로 특별지방행정기관을 둘 수 있다는 것이다. 따라서 특별지방행정기관은 일정한 지역의 종합행정을 수행하는 지방자치단체의 보완적 기능을 수행한다고 볼 수 있다.

그러나 실제 우리나라에서의 특별지방행정기관은 지속적으로 증가되어 왔다.[1] 또한 사무의 전문성이나 광역성 등의 사유로 불가피하게 특별지방행정기관을 설치하는 것이 아니라 부처의 이기주의가 작용하여 남설되는 경향이 있었다. 중앙정부의 각 부처가 해당 사무를 지방자치단체에 위임하여 처리하기보다는 지방에 직속하급기관인 특별지방행정기관을 설치하여 수행하는 것이 관리·감독에 편리할 뿐만 아니라 부처이익에도 부합하기 때문이다.

이에 문민정부 이래 역대정부에서는 특별지방행정기관에 대한 정비계획을 지속적으로 실천하고자 노력하였다.[2] 그러나 이러한 노력에도 불구하고 특별지방행정기관의 충분한 정비가 이루어지지 못하고 있다. 특별지방행정기관을 설치하고자 하는 중앙의 각 부처의 논거와 이를 반대하는 지방자치단체 등의 논리가 서로 대립하고 있기 때문이다.

---

1 2013년말 현재의 특별지방행정기관의 수는 5,175개이다. 유형별로 보면 세무행정이 186개, 공안행정이 2,597개, 고용노동행정이 47개, 지방우정청 등 현업행정이 1,998개, 기타 행정이 350개이다.

2 국민의 정부인 1998년 10월 기획예산위원회에서 경영진단안 등의 정비안을 마련하였고, 참여정부 시기에는 정부혁신지방분권위원회 내 별도 T/F를 구성하여 관계부처·자치단체·전문가·관련단체 등이 참여하는 회의를 100여 차례 개최한 바 있으나 그 정비는 이루어지지 못했다(안영훈 외, 2012). 다만 이명박 정부에서는 국도·하천, 해양·항만, 식·의약품 등 3개 분야를 중심으로 특별지방행정기관의 사무와 인력·예산·장비 등을 지방자치단체로 이관하였다. 박근혜 정부의 지방자치발전위원회에서도 특별지방행정기관의 정비를 국정과제로 하여 지속적으로 추진하고 있다.

Ⅱ. 쟁 점

특별지방행정기관을 설치할 것인가 아니면 이를 정비할 것인가에 대하여
는 다양한 논리가 제시되어 왔다(김성호, 2006; 금창호·김상미, 1996; 김영수·금창
호, 2002; 오재일·한장희, 2008; 이시철, 2007; 정원식·안권욱, 2009). 이들 논리를
자세히 살펴보면 내용상 유사한 측면이 많다. 즉, 특별지방행정기관의 설치논
리에 관한 논거는 전국적 통일성, 전문성, 광역행정의 필요성 등에서 주장하고
있는 반면, 특별지방행정기관의 정비논리는 특별지방행정기관의 남설로부터
발생하는 문제점을 지적함으로써 그 논거를 제시하고 있다. 이들 논거에 대하
여 이하에서 정리해 둔다.

1. 특별지방행정기관 설치의 논거

특별지방행정기관 설치의 논거를 정리하면 다음과 같다.

첫째, 기능적 분권화를 실현하기 위하여 필요하다(김영수·금창호, 2002:
235). 앞에서도 언급한 바와 같이 지역적 차원에서 국가사무를 처리하기 위한
방법으로 콜린 멜로스(Colin Mellors)와 니겔 코퍼스웨이트(Nigel Copperthwaite)는
지역적 분권화와 기능적 분권화를 제시하고 있다. 지역적 분권화와 기능적 분
권화의 차이점은 지리적 분권화의 경우 권한과 기능의 포괄적 이양임에 비해
기능적 분권화는 그것의 제한적 위임이라는 데에 있다. 이와 같이 지역적 차
원에서 국가사무를 처리하기 위한 방법의 하나로 기능적 분권화를 채택하는
것은 이를 통해 균일한 공공서비스의 제공, 중앙정부의 통제가능성, 책임의 명
확화, 최적규모의 조직설계 등의 장점을 살릴 수 있기 때문이다(김영수·금창호,
2002: 235).

둘째, 전국적인 통일성을 기하기 위하여 필요하다. 지역적 차원에서 이루
어지는 사무 중에는 전국적으로 통일적 처리를 요하는 사무들이 있다. 예를
들면, 물가정책, 금융정책, 수출입정책, 측량단위, 근로기준, 국제적 조약관련

사무 등이다. 국제무역기구(WTO), 국제노동기구(ILO) 등에 가입하면 거기에서 정한 규정을 국내적으로도 적용해야 한다. 이들 규정의 지역적 실현을 위해서는 중앙정부가 직접 지방에 특별지방행정기관을 설치하여 수행하지 않으면 안된다. 만약 이들 사무를 지방자치단체에서 처리하면 전국적 통일성을 해할 우려가 있다.

셋째, 행정의 전문성을 확보하기 위하여 필요하다. 현대의 행정기능은 양적으로 팽창하고 있을 뿐만 아니라 질적으로도 고도의 전문성과 기술성을 요하는 경우가 많다. 예를 들면, 고도의 기술을 요하는 검사·시험·연구, 항공관리, 기상행정, 원자력개발 등 지방자치단체의 기술로는 도저히 감당하기 어려운 사무가 있다. 이러한 행정의 전문성과 기술성을 요하는 사무에 대해서는 지방자치단체와는 별도의 전문적 사무를 취급할 특별지방행정기관을 설치하여 운영하는 것이 효율적이다.

넷째, 광역행정을 실현하기 위하여 필요하다. 물론 광역자치단체도 광역행정을 수행하는 하나의 방법이다. 그러나 행정사무 중에서 지방자치단체의 구역과는 다른 구역에서 광역행정을 수행할 필요가 있는 사무들이 있다. 수자원 관리, 국유림, 항만, 고속도로, 국립공원 등은 지방자치단체의 구역과 일치하지 않는다. 이와 관련된 사무는 그러한 행정수요에 대응하는 구역을 설정하여 특별지방행정기관을 설치하여 처리하는 것이 훨씬 효율적이다.

다섯째, 가외성 내지는 실질적 효율성의 증진차원에서 필요하다(이시철, 2007: 30). 특별지방행정기관의 정비논리 중에는 중복성을 문제로 삼고 있으나, 그 중복의 문제는 심각하지 않을 수 있다는 것이다. 지방중소기업청과 지방정부 관련 부서간의 업무중복을 예로 들어 보자. 양자 모두 중소기업의 지원이라는 공동목표를 가지고 있다. 중기청의 경우, 같은 내용의 기업지원을 하면서도 실질적 업무를 쪼갠 결과로 제한된 범위의 기업과 개인에 대하여 지원하는 경향이 있고 그 수혜의 폭을 넓힐 필요가 있다는 의견이 있다. 이환범·주효진(2003)의 연구에서처럼 양 기관간에 자금, 수출, 벤처창업, 기술지도 등 기능의 중복은 관찰되지만 각자의 역할과 실질적인 업무는 차별화되어 있다고 한다면 표면적인 중복은 큰 문제가 아닐 수도 있다.

여섯째, 특별지방행정기관의 설치에 관한 논거는 아니지만, 이들 지방자치단체에 이양함에 있어서 지방의 준비자세와 능력을 문제삼고 있다(이시철, 2007: 36-38). 특별지방행정기관을 정비하면 그 기능을 대부분 지방자치단체가 수행할 수밖에 없다. 그럴 경우 지방자치단체가 그 기능을 넘겨받을 자세와 능력을 갖추고 있는가의 문제이다. 구체적으로 그 이유를 몇 가지 들면 다음과 같다. 지방정부가 특별지방행정기관이 수행하던 사무들을 수행할 전문성을 갖춘 조직과 인력, 고도의 전문성을 요하는 장비 등을 갖추지 못하여 관련 사무를 수행할 능력이 부족하다는 것이다. 또한 자치단체장의 선심행정에 따른 단속소홀, 난개발 등으로 관련 업무가 부실화 될 것이며, 업무와 관련하여 지역간 분쟁발생시 지방정부는 이를 해결할 수 있는 메커니즘이 없어 국가의 특별지방행정기관의 존치가 불가피하다는 등의 주장이다(김성호, 2006: 50-51).

요컨대 특별지방행정기관의 설치에 관한 근거는 기능적 분권화, 전국적 통일성, 전문성과 기술성, 광역행정, 가외성 내지는 실질적 효율성, 지방자치단체의 수용태세 등이다. 이러한 특별지방행정기관의 설치에 관한 이론적 근거에 기초하여 우리나라의 법령에서는 특별지방행정기관의 설치를 인정하고 있다. 정부조직법 제3조 제1항에 '중앙행정기관에는 소관사무를 수행하기 위하여 필요한 때에는 특히 법률로 정한 경우를 제외하고는 대통령령으로 정하는 바에 따라 특별지방행정기관을 둘 수 있다'고 규정하고 있으며, 이의 시행령인 '행정기관의 조직과 정원에 관한 통칙' 제18조에서는 특별지방행정기관의 설치가 가능한 경우를 구체화하고 있다.

이에 근거하여 〈표 22-1〉에서 보는 바와 같이 21개 부처 5,175개의 특별지방행정기관이 설치되어 있으며, 208,000명의 인원(전체 615,000명의 34%)이 근무하고 있다.

▨ 표 22-1 ▨ 특별지방행정기관의 설치 현황(2013. 12월말 현재)

유형별	기관명	기관수		
		1차 기관	2·3차 기관	계
세무행정	지방국세청, 세관	53	133	186
공안행정	지방교정청, 지방검찰청, 지방경찰청, 지방해양경찰청, 철도공안사무소	81	2,513	2,594
고용노동 행정	지방고용노동청	6	41	47
현업행정	지방우정청, 우체국		1,998	1,998
기타행정	지방국토관리청, 지방해양항만청, 지방보훈청, 지방통계청, 지방산림청, 지방중소기업청, 지방식약청, 지방환경청	119	231	350
	지방공정거래사무소, 지방조달청, 지방병무청, 지방기상청, 국립검역소, 특허청서울사무소, 광산보안사무소			
계		259	4,916	5,175

2. 특별지방행정기관 정비의 논거

국가사무의 지역적 차원의 수행은 원칙적으로 일반지방행정기관에서 하고, 전국적인 통일성이 요청되거나 전문성 및 기술성 혹은 광역성으로 인해 지방자치단체에게 위임하여 처리하는 것이 적합하지 않을 경우에 예외적으로 특별지방행정기관을 설치하여 그 기능을 수행하도록 하고 있는 것이 우리나라의 입법취지이다. 그러나 현실적으로 위에서 살펴본 바와 같이, 중앙 각 부처의 편의성과 부처이기주의로 말미암아 특별지방행정기관이 남설되어 그 수는 5천개를 넘어서고 있다. 이로 말미암아 특별지방행정기관은 많은 문제점을 노정하고 있다. 특별지방행정기관의 문제점은 곧 특별지방행정기관의 정비의 논거이기도 하다. 이들 논거를 정리하면 다음과 같다.

첫째, 행정은 민주적으로 이루어져야 한다는 민주성의 행정이념에 위반된다. 특별지방행정기관은 중앙정부의 하급기관으로, 여기서 수행되는 사무는 중앙정부의 권한하에 이루어지며, 그 책임도 중앙정부가 지게 된다. 따라서 그 정책과정에서 주민이나 이익집단 등 지방의 행위자들의 참여가 전혀 보장되어 있지 않다. 이는 결국 특별지방행정기관이 지방에 설치되면 될수록 비례하여 지방행정의 민주성은 약화된다는 것을 의미한다(김영수·금창호, 2002: 243).

둘째, 특별지방행정기관의 남설은 분권화에 역행하는 것이다. 첫째와 관련되지만, 특별지방행정기관은 지역주민에 대해서는 책임을 지지 않으며 오로지 그 기관을 설치한 중앙부처에 대하여 책임을 지게 된다. 따라서 특별지방행정기관의 증가는 분권화보다는 집권화로 향하게 될 것이다.

셋째, 특별지방행정기관의 남설은 우리나라 지방자치체계에 위배된다는 것이다(오재일·한장희, 2008: 7; 안영훈, 2012: 8). 우리나라는 대륙계 국가로서 지방에서 국가사무를 집행할 경우 지방자치단체에 위임하여 처리하는 것을 원칙으로 하고 있다. 그럼에도 불구하고 특별지방행정기관을 남설하는 것은 대륙계 법체계를 채택하고 있는 우리나라의 지방자치체계에 대한 위반이다. 대륙계 법체계를 갖는 일본·프랑스 등의 국가들이 최근 지방분권을 가속화하면서 특별지방행정기관을 축소하거나 지방자치단체와의 명확한 업무분담으로 기능 중복을 최소화하고 있는 추세에도 위배된다(한국지방자치학회, 2002: 15-18).

넷째, 지방행정의 종합성을 저해한다(김영수·금창호, 2002: 244). 복잡하고 다양한 지역문제를 효율적으로 해결하기 위해서는 개별적인 사무들이 상호 유기적으로 연계되어 종합적으로 이루어져야 한다. 그러나 특별지방행정기관은 기능적 분화에 의하여 개별적인 사무들이 지방자치단체 내의 다른 사무들과 유기적인 연계없이 별도로 처리되는 것이 일반적이다. 이러할 경우 지방행정의 종합행정을 저해하여 지방행정의 효율성을 저하시킨다.

다섯째, 특별지방행정기관의 남설은 많은 갈등을 야기한다는 것이다. 이러한 갈등은 지방에서의 갈등과 중앙에서의 갈등을 함께 내포하고 있다. 우선 지방에서의 갈등은 특별지방행정기관과 지방자치단체간의 갈등이다. 유사한 사무임에도 불구하고 다른 두 기관에서 그러한 사무를 취급할 경우 유사한 사무에 대한 전혀 다른 행정이 이루어질 가능성이 높다. 양 기관은 서로 다른 논리와 조직목표 및 법적 근거에 의해 설립되어 있기 때문이다. 다음으로 중앙정부 내에서도 부처간의 갈등이 발생할 수 있다. 특히 중앙의 현업부처인 각 부처와 총괄부처인 안전행정부간의 갈등이 심할 것이다. 중앙의 현업부처는 지방자치구역과는 다르게 자기에게 편리한 구역을 설정하여 특별지방행정기관을 설치하는 경향이 있다. 이는 지방에 대한 총괄적인 지도·감독권을 가지고 있는 안전행정부의 활동을 저해시켜 조정을 어렵게 함으로써 현업부처와 안전행정부간의 갈등이 발생할 것이다.

여섯째, 사무의 중복으로 비효율성을 야기할 것이다. 한 국가 내에서 유사한 업무를 중앙부처와 지방자치단체가 거의 동일한 지역에서 중복적으로 수행함으로써 업무처리의 효율성을 저하시키고 있다. 즉, 업무의 중복수행으로 인하여 지휘체계의 이원화, 인력 및 재원의 중복투자, 민원인의 불편초래, 업무처리의 비효율성을 초래하고 있다(이은재, 17: 11). 그러나 이에 대해서는 가외성 내지는 실질적 효율성의 증진차원에서 중복성을 심각하게 생각하지 않은 이론이 있음은 앞에서 살펴보았다.

Ⅲ. 평가적 의견

이상에서 특별지방행정기관 설치의 논거와 그 정비의 논거를 살펴보았다. 우리나라에서는 국가사무를 지방에서 처리할 때 지방자치단체나 특별지방행정기관을 통하여 처리하는 이원적 방식을 채택하고 있다. 우리나라의 법령은 지방자치단체를 통하여 처리하는 것이 원칙이고, 예외적인 경우에만 특별지방자치단체를 통하여 처리하게끔 하고 있다. 그럼에도 불구하고 우리나라 특별지방행정기관의 수를 보면 중앙부처의 편의와 이기주의에 의하여 남설되는 경향을 보이고 있다. 때문에 특별지방행정기관 정비의 논거의 더욱 설득력이 있다고 할 수 있다.

이에 국민의 정부이래 역대 정부에서는 지속적으로 특별지방행정기관의 정비를 추진하고 있다. 국민의 정부에서는 특행기관 정비를 100대 국정과제에 포함하여 구체적인 이관대상을 검토하였으나 실행계획을 수리하지 못했으며, 참여정부에서는 지방분권특별법에 의해 특별지방행정기관 정비의 추진근거를 마련하였으나 구체적인 실행계획은 확정하지 못했었다. 다만 제주특별자치도에 대한 특별지방행정기관만을 정비했다. 이명박 정부에서는 국도·하천, 식·의약품, 해양·항만의 3개 분야에서만 일부 사무에 대하여 정비가 이루어졌다. 박근혜 정부에서도 이를 국정과제로 선정하여 추진하고 있다.

　　그럼에도 불구하고 특별지방행정기관의 정비는 소기의 성과를 이룩하지 못하고 있다. 최근에는 특별지방행정기관의 정비에 대한 논거보다는 특별지방행정기관이 정비되지 못하고 있는 이유에 대한 관심을 보이고 있다(오재일·한장희, 2008; 18-19; 이시철, 2007: 31-34). 이에 대하여 저자는 관료정치가 작용하여 특별지방행정기관의 정비가 어려운 것이 아닌가 생각한다.

　　관료정치를 이해함에는 아마카와(天川晃, 1986: 132-135)의 관료정치모델이 도움이 된다. 그는 분권개혁을 둘러싸고 두 개의 대립축이 존재한다고 한다. 하나는 집권분권이고, 다른 하나는 분리융합이다. 집권분권은 사무에 대한 권한을 누가 가질 것인가의 문제이고, 분리융합은 그 구역 내의 중앙정부의 사무를 누가 담당할 것인가의 문제이다. 이 두 가지 축이 결합하여 최소한 4개의 행위자를 가정하고 있다. 집권분리를 주장하는 현업부처, 집권융합을 주장하는 안전행정부, 분권융합을 주장하는 광역자치단체, 분권분리를 주장하는 기초자치단체이다. 각각의 주체가 그 고객인 계열단체나 정치가를 동원하여 때로는 경합하고 때로는 연합하면서 결국 현상유지로 수렴해 간다고 한다. 우리나라의 특별지방행정기관의 정비가 이루어지지 않는 이유도 상당 부분 아마카와 관료정치모델에 의해 설명이 가능할 것으로 생각된다.

　　이러한 관료정치가 작용하는 한 특별지방행정기관의 정비는 소리만 요란할 뿐 큰 성과없이 끝날 가능성이 크다.

참고문헌

금창호·김상미 (1996). **특별지방행정기관과 지방자치단체와의 관계정립방안**. 서울: 한국지방행정
연구원.

김성호 (2006). 구역개편 논의의 본질과 과제: 지방행정 개편과 국가의 특별지방행정기관 정
비. **지방행정**, 55(629).

김영수·금창호 (2002). 특별지방행정기관의 조정방안. **지방정부연구**, 6(4): 231-249.

김익식 (1994). 지방자치단체와 특별지방행정기관간의 기능재조정. **한국행정연구**, 3(3).

안영훈 (2012). 이명박 정부의 특별지방행정기관 정비실적 평가. 한국행정학회 하계학술대회
발표논문.

오재일·한장희 (2008). 특별지방행정기관의 재정비에 관한 고찰. **한국거버넌스학회보**, 5(1):
1-33.

이시철 (2007). 특별지방행정기관 기능이관 논의의 쟁점과 방향. **지방정부연구**, 11(2): 25-46.

이은재 (1997). 특별지방행정기관과 지방자치단체간 관계 재정립 방안. **지방행정연구**, 12(3).

이환범·주효진 (2003). 지방분권적 시각에서의 지방중소기업청 조직 통폐합 논의에 대한 평
가. **한국사회와행정연구**, 14(3): 123-148.

정원식·안권욱 (2009). 독일의 특별지방행정기관 기능이관을 통한 기능적 행정체제개편의 성
과와 영향: 바덴-뷔르템베르크 주정부 사례를 중심으로. **현대사회와 행정**, 19(3): 25-52.

한국지방자치학회 (2002). 특별지방행정기관과 지방자치단체간의 관계 재정립 방안 연구.

Clive Gray (1994). *Government Byond The Centre*. Macmillan Press: London.

Mellors, Colin & Nigel Copperthwaite (1987). *Local Government in the Community*. Cambridge: ICSA
Publishing Limited cambridge.

天川晃 (1986). '變革の構想: 道州制論の文脈'. 大森彌·佐藤誠三郎. 日本の地方政府. 東
京大學出版會.

23장 특별구 및 자치구의 지방자치쟁점

🍟 임 승 빈

I. 서 론

　　서울시의 특별구 그리고 광역시의 자치구 존폐논의는 이명박 정부에서 강력하게 추진하고자 했던 자치행정구역통폐합을 위한 '지방행정체제개편위원회'의 2012년 4월 13일 폐지발표에서 촉발되었다고 해도 과언이 아니다. 한편, 박근혜 정부에 들어와서 2013년 10월에 '지방행정체제개편위원회'와 '지방분권추진위원회'가 통폐합되어 '지방자치발전위원회'가 발족되어 지방자치발전의 비전과 추진전략 등을 담은 지방자치발전종합계획을 특별법 시행일 1주년인 2014년 5월까지 마련해 대통령과 국회에 보고할 계획이라고 한다. 동 위원회는 파급효과가 크고 자치단체의 자율성과 역량을 강화할 수 있는 6개 핵심과제를 선정하여 중점논의할 예정이며 6개 핵심추진과제는 ① 자치사무와 국가사무구분체계 정비 및 중앙권한의 지방이양, ② 지방재정 확충 및 건전성 강화, ③ 교육자치 개선, ④ 자치경찰제도 도입방안 마련, ⑤ 특별·광역시 자치구·군의 지위 및 기능개편, ⑥ 주민자치회 도입으로 근린자치활성화 등이다. 즉, 박근혜 정부의 지방 관련 국정과제 가운데 ⑤ 특별·광역시 자치구·군의 지위 및 기능 개편과제가 중요하게 다시금 강조하게 된 것이다.

　　따라서 본고에서는 지방자치발전에 엄청난 영향을 미칠 수 있는 서울시의 특별구 그리고 광역시의 자치구 존폐논쟁점에 대한 분석과 외국의 유사 제도분석을 통하여 각 주장이 내세우는 논거가 타당성이 있는지를 검증하고자 한다.

Ⅱ. 특별구 그리고 광역시의 자치구 폐지

1. 찬성

특별시나 광역시의 자치구를 행정구로 전환하는 것은 지금까지 자치구의 자치권을 폐지하여 광역시의 하급기관으로 만드는 것으로, 모든 권력과 자원이 시청에 집중하는 것을 의미한다. 광역시의 경우 구청장은 임명제로 전환되고, 구의회는 폐지된다. 서울특별시의 경우에 구청장은 선출하지만 구의회는 폐지한다. 근거로서 첫째로는, 대주민서비스 및 복지의 불균형을 위해 행정구로 전환할 필요가 있다는 주장이다. 찬성하는 주장의 내용을 보다 구체적으로 보면 생활권과 행정권 괴리로 인한 불편을 해소하기 위해 행정구 전환이 필요, 각종 인허가 사안에 대하여 시와 구의 입장이 다른 경우 사업지연으로 인해 막대한 사업차질과 손실초래, 대도시 권역으로서 종합행정을 저해, 행정운영 경비 과다 등 행정의 비효율을 초래하므로 행정구로 전환해야 한다는 주장 등이다.

2. 반대

대도시 내에는 지역마다 다양성과 이질적인 요소가 적지 않으므로 이를 충분히 반영할 수 있는 개방적이고 포용적인 자율성이 요구된다. 통합성을 강조한 나머지 도시 전체가 획일화되는 경우에 도시는 활력을 잃고, 도시 내에서 지역간 경쟁에 의한 혁신기능도 소멸되고 만다. 또한 중앙의 시청에 의한 백화점식 행정은 전문성도 결여된다. 특별시나 광역시의 시청이 직접 주민의 일상적인 작은 생활문제까지도 직접 챙기고 균형과 도시간 경쟁을 위한 큰 문제도 챙기려 하면 어느 하나도 제대로 처리하지 못하는 만성적인 과부하현상에 시달리게 된다. 대도시 내에서는 시청과 자치구청간의 분업이 필요로 하게 되며 이를 위하여 대도시 내의 지방분권화가 필요하다. 특별시나 광역시와 같은 대도시의 행정은 한편으로는 도시 전체로서의 일체성과 종합성이 있어야 하고 다른 한편으로는 도시 내에서 다양성이 있어야 한다. 전자를 위하여 특별시나 광역시는 다른 광역지방자치단체인 도에 비하여 자원과 권한이 집중되어 있다. 이 점에서 현재 자치구제도는 재원이나 권한면에서 다른 시·군과 같은 다른 기초지방자치단체에 비하여 준자치상태에 있다고 볼 수 있다.

특히, 우리나라의 대도시는 주로 주변지역을 합병하여 인위적으로 합병한 경우가 대부분이다. 이에 대도시 내에서 지역간의 다양성과 차별성이 큰 편이다. 서울의 경우 강남구와 금천구, 노원구, 인천의 연수구와 부평구, 옹진군 등은 도시의 기능, 생활환경, 주민들의 의식이 매우 다르므로 이에 상응하는 분권적인 행정이 필요하다. 지역적 여건과 특성에 상응하는 전문화된 행정은 시청의 획일적인 행정으로는 대응하기 어렵고 지역단위의 자치구청이 필요하게 된다는 주장이다. 우리나라에서 자치구제도를 도입한 지 20년 넘었지만 이를 폐지할 정도로 문제가 심각하지는 않고 오히려 주민근접행정을 통하여 지역마다 특색있는 행정, 정책의 다양성 등을 살려나가고 있다는 주장이다. 또한, 일본에서도 동경도의 경우 특별구를 행정구로 전환한 적이 있지만 다시 이를 부활하여 자치권을 부여한 바 있으며 지금은 23개 특별구의 권한을 강조하는 분위기이다. 더군다나 현행 자치구제도의 문제점은 행정구로 전환해도 해결하기 어려운 것이 대부분이라는 주장이다.

Ⅲ. 평가적 의견

1. 일본 東京都의 都市行政의 특징

광역이면서 기초자치단체의 특성을 가진 東京都이다. 수도인 東京都制의 법적 성격은 도도부현이라는 광역자치단체로서 27市, 6町, 8村의 기초자치단체

▨ 표 23-1 ▨ 동경도 내의 일반시행정과 특별구행정과의 차이점

항목		동경도 내 일반시(27개)	특별구(23개)
지방자치단체의 종류		보통자치단체	특별자치단체
처리사무		자치법상의 예시	원칙으로서 시업무 및 특례지도에 의함
조직	의회의원의 정수	상한 100인	상한 60인
	인사위원회 및 공평위원회	인구 15만명 이상은 인사위원회, 미만은 공평위원회	모두 설치함
세재원	세의 부과징수와 재정조정	市町村稅의 부과 재정조정 없음	市町村稅 가운데 법인분, 고정자산세, 특별토지보유세는 도가 부과, 재정조정제도 있음
	지방교부세의 교부	國家로부터 교부	都로부터 교부
	지방채의 허가	권한은 도도부현 지사	권한은 자치대신
都와의관계	조정조치	도지사의 조언 및 권고	조언 및 권고 이외에 도는 구사무처리에 관해 조정조례를 제정할 수 있음
	협의회의 설치	설치의무 없음	설치의무
그외	구역변경	자치단체간의 폐치분합 및 변경은 시신청으로 지사가 처분	구의 동의를 얻어 지사가 처분
	교육위원회의 권한	교육사무를 집행	교직원의 임용, 신분취급, 교재용도서, 교육과정의 확정은 都교육위원회의 권한
	사무위임	국가와 도의 사무가 위임	도의 특례
	조합설치	설치가능	설치불가

자료: 일본지방자치법 제8조 제1항에 의해 東京都의 경우는 조례 제62호(1948년)에 의해 규정되고 있다.

를 가지고 있다는 점이다. 都는 다른 광역자치단체와는 달리 기초자치단체의 성격을 아울러 가지고 있어 23개의 특별구를 두어 시정촌과 같은 업무를 수행하고 있는 것이 특색이다. 따라서 동경도가 기초적인 자치단체로서의 성격도 띠고 있기 때문에 특별구의 법적 성격은 보통자치단체가 아닌 특별자치단체로서 그 기능과 권한은 동경도에 의해 제약을 받고 있다. 동경도와 특별구의 문제는 일본의 대도시 행정체계를 확정하는데에 있어서 지방자치법의 반포된 1947년 이래로 지금까지 논란이 계속되어 오고 있다. 동경도의 특별구는 1947년에 지방자치법이 제정되었을 때만 해도 시정촌과 같은 기초적 자치단체였으나 1952년 전후복구의 원활한 수행을 위해 구청장직선제가 폐지되고 구의회에서 선출하여 도지사가 임명하는 도의 내부조직으로 변경되었다. 이와 같은 상황은 1974년까지 계속되다가 1974년에 구청장직선제가 부활되고 지금의 특별구의 행정을 맡게 된 것이다. 동경도를 광역행정만 수행하는 도도부현으로 하고 특별구에 자율성을 주어 기초자치단체로 하여야 하는가 혹은 대도시의 특성상 대부분의 행정업무가 광역적이기 때문에 지금과 같은 방식의 특별구행정을 수행하여야 하는가에 대한 논의는 지금도 계속되고 있으나 그 방향성은 오히려 특별구를 폐지 또는 준자치정부로서 강화시키자는 것이 아니라 특별구를 일반시에 준하는 완전한 기초자치단체에까지 만들고자 하는 논의인 것이다.

2. 準자치구와 行政區

대도시 내부의 지역사회를 기초로 하여 지역사회의 이념에 맞는 자치단체 내부에 하위단위로서 준자치적 기구를 설치하는 것이 準자치구라고 말할 수 있다. 그러나 영국의 Borough의 경우는 완전한 자치구이라고 볼 수 있으며 일반시와 같은 기초자치단체 역할을 하고 있는 것이다. 또한 영국 대도시권의 District도 규모면에서 인구면에서도 약 30만명 정도로 일반시와 같은 권한과 역할을 하고 있다고 볼 수 있다.

미국의 경우는 뉴욕시에 5개의 구를 두고 있으나 행정구이면서 주민직선의 구청장을 두고 있다. 독일의 쾰른시의 경우는 주민선거에 의해 구의회를 두고 있다. 프랑스의 경우는 1982년 대도시법에서 파리, 마르세이유, 리용 3시에는 구의회가 설치되어 구는 시회의원과 구회의원의 선거구가 되며 구의회의 1/3은 구선출의 시의회의원, 2/3는 구의회의원으로 선출되었다.

반면에 準自治區라는 것은 행정구도 아니고 자치구도 아닌 중간적이며 절충적인 제도라고 할 수 있다. 일본에서는 舊市制(1888년에 제정) 6조의 區에 대한 규정에서는 법인구로서 재산, 시설물에 관한 사무를 처리하는 것으로 준자치구의 성격을 규정하고 있다. 그러나 일본의 사례는 실질적으로는 주민대표기관을 가지고 있지 않으므로 행정구와 큰 차이점을 발견할 수 없다. 행정구에 주민자치적인 요소를 가미하여 준자치구적인 요소를 더욱 가미하려고 하는 것이 행정구에 구의회를 두는 방안이다. 그러나 이렇게 되는 경우에는 사무권한의 일정부문에 대한 본청으로부터 이양이 불가피해지며 도시 전체로서의 통합성은 잃게 된다. 따라서 일본에서도 행정구의 준자치구화는 논의만 하고 있지 실행은 되지 못하고 있다고 할 수 있다.

행정구라는 용어는 일본에서 기인된 것인데 대도시의 내부행정기구로서 자치단체는 두지 않고 구청(일본명은 區役所임)에 의해 행정사무를 처리하는 소위 행정구를 말한다. 이 제도는 집권의 원리를 반영하는 것으로서 대도시의 일체성을 강조하는 것으로서 행정의 통일성, 능률성, 간소화 요청에 부합하는 것이라고 할 수 있다. 그러나 제도상의 문제점은 적으나 행정조직 내의 분권 요청 및 주민자치의 욕구가 커지면서 구청에 어떠한 권한을 이양해야 하는지에 대한 검토는 끊임없이 제기되고 있는 것이다. 일본에서 행정구의 시작은 길게는 1888년 구청장제를 둔 市制의 시작과 같이 하나 이때는 대민창구행정이 주된 사무였다. 그러나 현행 법제상 지정시의 구는 1888년 당시의 구제와는 달리 행정구이지만 구청에는 많은 권한사무가 있으며 대도시 행정에 있어서 고도의 사회경제적 행정수요에 대응하고 있는 것이다. 이러한 행정구의 필요성 혹은 그 본질은 시대에 따라 달라지지만 기본적으로는 대도시 행정의 一體性, 地域性을 가지고 있다고 할 수 있다. 행정구청의 본질은 일체성과 지역성의 개념을 가지고 있다. 서비스의 一體性의 관점으로 보면, 행정구청이란 지정시의 시정에 있어서 全市的 내지 원활한 운영, 발전을 위해 행정사무가 시장의 책임하에 분담된 곳이므로 각구가 독자적인 행정운영을 꾀한다는 것은 불가능한 것이다. 地域性의 관점으로 보면 대도시 행정이기 때문에 발생하기 쉬운 주민과 행정의 거리증대, 신속한 주민서비스 저하 등의 문제에 대처하기 위해, 구역 내의 시장의 권한에 속한 사무를 처리하는 곳으로 주민생활에 가까운 사무를 주민의 신변에서 처리하기 위해 행정구청을 설치하는 것이다. 지정시의 行政區制度는 전술한 동경도의 특별구제도와는 다르다. 동경도의 특별구는 특별자치단체로서 구청장과 구의회의 직선제를 실시하고 있으나 지정시의 구는 사무분장을 위한 행정구적인 성격을 가지며 자치단체의 성격은 띠고 있지 않다. 따라서 지정시의 구청은 지정시의 하부행정기관에 있다. 또한 지정시는 구선거관리위원회, 구농업위원회, 인사위원회를 설치하는 것이 가능하나 이것은 현행 일반시의 사무권한과 같다. 이와 같이 지정시의 특별제도는 지방자치법에 의해 대도시 특례라는 규정으로 운영되고 있다.

3. 평가적 의견

첫째, 주요 국가의 대도시 행정체계는 단층제이기도 하고 2층제이기도 하다. 뉴욕, 파리의 경우도 하위계층인 District, Arrondisment은 자치계층이 아닌 행정구와 같은 역할을 하고 있다. 일본의 경우 수도인 동경도는 2층제이며 영국도 런던은 2층제를 취하고 있다. 그러나 일본의 경우 우리나라의 광역시에 해당되는 지정시들 가운데 가장 인구가 많은 요코하마(橫浜)市의 약 330만명과, 오사카(大阪)市 약 250만명은 부산시의 약 360만명, 대구시의 약 250만명과 비교가 가능하다. 이들 지역에서의 指定市는 행정운영은 광역자치단체이면서 동시에 기초자치단체인 점이 특색이라고 할 수 있다.

참고문헌

나와타 요시히코 (2004). 협동형 사회에 있어 지역자치구제도의 과제. **월간자치포럼**, 540: 17-22
    (제1법규).

시정촌의 합병에 관한 연구회 (2007a). 새로운 마을만들기를 목표로-합병 시정촌의 조직의 실
    태-(총무성).

시정촌의 합병에 관한 연구회 (2007b). 대도시에 있어서 시정촌 합병의 추진에 대해(총무성).

요리모토 카츠미 (2004). 근린자치와 근린정부. **월간자치포럼**, 540: 11-16(제1법규).

요시카와 히로타미 (2004). 지역자치구 및 합병특례구. 지방자치연구기구. **지역정책연구**, 29:
    39-49.

이시자키 세이야 (2005). 지역자치구의 가능성과 과제. 자치체연구소. 주민과 자질, 511: 14-21.

일본도시센터 편 (2004). 근린자치의 방법과 근린정부-다양하고 주체적인 커뮤니티의 형성을 목표
    로. 일본도시센터.

임승빈 (2013). **지방자치론**. 제6판. 서울: 법문사.

24장 지방자치단체 분쟁조정기구 활성화:
찬성 vs 반대

류영아

I. 서 론

사회가 복잡해지고 이해관계가 첨예하게 대립하는 경우가 많아짐에 따라 지방자치단체가 갈등 및 분쟁의 당사자가 되는 경우가 증가하고 있다. 상호 연계하여 처리해야 하는 사안이 많아지고 있기 때문에 정부간의 갈등과 분쟁은 필연적이라고 할 수 있다. 갈등관리 및 분쟁조정이 제대로 이루어지지 않게 되면 사회적 비용이 늘어나고 갈등 및 분쟁이 더욱 확대된다는 점에서 분쟁조정기능이 중요하다고 할 수 있다. 우리나라에서는 1990년대부터 지방자치단체와 관련한 갈등 및 분쟁을 조정하는 공식적인 정부기구를 설립하여 운영하고 있지만 그 활용도가 높지 않아서 실효성에 의문을 제기하는 경우가 많다.

지방자치단체 분쟁조정기구는, 지방자치단체와 중앙정부간의 갈등 및 분쟁을 조정하는 '행정협의조정위원회(이하, 행협위)', 광역자치단체간, 광역자치단체와 기초자치단체간, 광역자치단체를 달리하는 기초자치단체간의 갈등 및 분쟁을 조정하는 '중앙분쟁조정위원회(이하, 중분위)', 기초자치단체간의 갈등 및 분쟁을 조정하는 '지방분쟁조정위원회(이하, 지분위)'가 있다. 행협위, 중분위, 지분위는 분쟁의 대상이 다르기 때문에 서로 다르게 구성·운영되고 있다.

10년 이상의 역사를 가지고 있는 분쟁조정기구이지만 조정사례가 많지 않고, 최근에는 분쟁조정기구의 결정내용을 이행하지 않는 경우가 발생하였다. 증가하는 갈등 및 분쟁을 조정하기 위하여 이미 구성되어 있는 분쟁조정기구를 적극적으로 활용하자는 의견(찬성론)과 분쟁조정기구의 조정 이외의 방식을 활용하자는 의견(반대론)이 있는데, 이를 요약하면 다음과 같다.

Ⅱ. 찬성론

1990년대부터 설치된 지방자치단체 분쟁조정기구를 적극 활용하자는 찬성론이다. 복잡한 행정환경변화에 맞게 필요한 제도를 수정, 보완하여 기구의 현실성과 대표성을 확보한다면 분쟁조정기구가 활성화될 것이라는 입장이다. 구체적으로는, 위원회의 구성, 위원회의 권한, 관련 법규의 개정 등으로 요약할 수 있다.

첫째, 분쟁조정기구의 공정성 및 중립성을 확보하기 위하여, 민간위촉직 위원의 숫자와 중앙 및 지방자치단체 공무원의 숫자가 유사하도록 조정하는 것이 필요하다(은재호, 2010: 121). 특히, 행협위의 경우에는 13인의 위원 중 4인에 불과한 민간위촉직 위원의 수를 8명으로 확대하여 공무원과 민간전문가가 유사한 비율로 행협위를 구성하는 것을 제안할 수 있다.

둘째, 분쟁조정기구의 조정결정에 대한 분쟁대상자의 수용성을 높이기 위해서, 중앙정부와 지방자치단체를 대표하는 위원의 숫자가 유사하도록 조정하는 것이 필요하다(은재호, 2010: 120). 현재 행협위의 경우에는 중앙정부를 대변하는 위원의 숫자가 많기 때문에 조정결정에 대해 지방자치단체가 불복하는 사례가 발생하였다고 판단할 수 있다.

셋째, 행협위, 중분위, 지분위 등 분쟁조정기구에 갈등관리 전문가 및 분쟁조정 전문가를 영입하는 방안을 제안할 수 있다. 현재, 분쟁조정기구에는 갈등·분쟁·조정·협상 등의 전문가가 없기 때문에 전문적인 조정활동이 불가능하고 위원들이 다수결방식으로 조정결정하고 있다(홍성만 외, 2008: 13; 은재호, 2010: 121; 이선우, 2011: 93). 대표성이 결여된 위원들이 다수결로 결정한 내용에 대해 분쟁의 당사자가 전문적인 조정의 결과라고 받아들이기 힘든 상황이라고 할 수 있다.

넷째, 분쟁조정기구에 직권조정권을 부여하여 공익을 현저히 저해하거나 조속한 조정이 필요한 경우에는 신속하게 조정절차를 밟을 수 있도록 하는 것이 필요하다(홍성만 외, 2008: 12). 현재 행협위에는 직권조정권이 없고 중분위와 지분위에는 직권조정권이 있는데, 세 개의 분쟁조정기구에 직권조정권을 부여하여 세 기구가 통일성 있게 운영되는 방안을 제안할 수 있다.

다섯째, 분쟁조정기구가 결정한 조정결정에 대해 강제력을 부여하는 방안이 있다. 현재 중분위와 지분위는 조정결정을 받으면 이행계획서를 제출하게 하고, 이행하지 않으면 이행하도록 강제하고 있는데(지방자치법 제148조, 제170조에 의거한 직무이행명령, 행정대집행), 행협위는 이행강제력에 대한 규정이 없는 상황이다. 강제력이 없기 때문에 행협위 조정결정의 실효성이 낮고 당사자 일방이 위원회의 결정에 따르지 않는 경우가 생긴다고 보고 있으며, 시간과 비용의 소모가 큰 소송으로 가기 전에 강제하는 것이 시간과 비용의 부담을 줄일 수 있다는 논리이다. 즉, 행협위, 중분위, 지분위 모두 통일되게 이행강제력을 부여하는 방안이다(주재복 외, 2010: 28). 하지만, 중앙정부 위주로 구성된 행협위에서 결정한 조정결정에 이행강제력을 부여하게 되면 또다른 갈등을 야기할 수 있음을 주의해야 하며 제도개선이 선행된 후에 강제력을 부여하는 것을 논의해야 한다는 입장도 있다(이진수, 2012: 170-171; 임정빈 외, 2013: 209).

여섯째, 기존에 존재하는 행협위, 중분위, 지분위 등에 사전 모니터링 기능을 부여하도록 하여(홍성만 외, 2008: 12) 사전 의견수렴절차를 거치도록 법제화하고 사후적인 분쟁조정 뿐만 아니라 사전적인 갈등관리기능까지 담당하도록 분쟁조정기구의 업무영역을 확대하는 것을 제안할 수 있다.

III. 반대론

복잡한 행정환경변화에 적극적으로 대응하고 선제적으로 반응하기 위해서는, 기존의 분쟁조정기구를 활용하기 보다는 새로운 제도를 도입하는 것이 필요하다는 반대론이다. 그동안 행협위, 중분위, 지분위 등에 대한 개선방안을 제안해 왔지만 현실에서 반영된 경우가 거의 없고 기존 제도로는 한계가 있기 때문에, 발상을 전환하여 새로운 조정방안을 찾고자 하는 입장이다.

첫째, 갈등사안이 복잡다기하기 때문에 현재 존재하고 있는 세 개의 위원회로 지방자치단체와 관련한 각종 갈등 및 분쟁을 조정하기는 불가능하다는 시각이다. 이미 환경분쟁조정위원회, 재래시장분쟁조정위원회, 공동주택관리분쟁조정위원회, 유통분쟁조정위원회 등 중앙 및 지방에 다양한 위원회가 존재하고 있기 때문에, 십수 년 전에 설치한 위원회에서 다양한 분야의 분쟁을 조정하는 것이 현 상황에서는 실효성이 크지 않다는 것이다(이민호, 2013: 87).

둘째, 새로운 총괄기구를 신설하여 지방자치단체와 관련한 갈등 및 분쟁을 종합적으로 조정해야 한다는 입장이다(임동진 외, 2012: 476-478). 국무총리실 산하에 총괄기능을 가진 정부간 분쟁지원센터를 설치하자는 주장(은재호, 2010: 124-125), 중앙과 지방이 참여하는 공식적 협의기구인 중앙·지방 협력회의를 법제화하여 공식적인 소통채널을 통해 중앙과 지방이 협력할 것을 논의하는 움직임도 있다(이민호, 2013: 4; 20).

셋째, 분쟁이 발생한 후에 사후적으로 분쟁을 조정하는 것보다는, 갈등이 발생하기 전에 미리 예방하고 해결을 위한 제도적 절차를 구축하는 것이 더욱 적극적이라는 시각이다. ① 서울시 등 일부 지방자치단체에서 '공공갈등 예방 및 조정에 관한 조례'를 제정하여 운영하는 것이 그 실례라고 할 수 있다. ② 사전적 모니터링 기능을 가진 기구를 신설하거나, 지방자치단체와 관련한 각종 분쟁을 사전에 모니터링할 수 있도록 국무총리실에 담당자를 배치하여 '사전 모니터링'을 수행하도록 할 수 있다. ③ 분쟁의 선제적 관리기능을 가진 기구를 신설하는 방안이 있다(정정화, 2011: 24). 갈등 및 분쟁을 사전에 협의할

수 있는 '사전 협의기구'를 설치하여 갈등 및 분쟁이 발생하기 전에 이해관계
자들과 조정전문가 등이 미리 모여서 토론하고, 토론과정을 공개하고 합의하
는 절차를 제안할 수 있다.

넷째, 대안적 분쟁해결방식(Alternative Dispute Resolution: ADR)을 적극 활용
하여 한국형 분쟁조정기구로 발전시키는 것이 필요하다는 입장이다(홍성만 외,
2008: 13; 은재호, 2010: 121-122; 정정화, 2011: 24; 임동진 외, 2012: 384-385). 대안적
분쟁해결방식은 재판 이외의 여러 가지 분쟁해결방법과 제도를 모두 포함하여
통칭한 것으로(Davis and Netzley, 2001: 83), 소송에 비해 시간과 비용을 절감할
수 있고 합의를 거치면서 분쟁당사자간 감정적 갈등을 해소할 수 있다는 장점
이 있다(정정화, 2011: 7). 미국에서는 클린턴 행정부에서 대안적 분쟁해결법
(Alternative Dispute Resolution Act of 1998) 등을 제정하여 연방정부기관에게 대
안적 분쟁해결방식의 사용을 의무화하였고(주재복 외, 2010: 31), 지방정부간의
분쟁조정을 위하여 지방정부간 조정법(Inter-Governmental Coordination Act)을 제
정하여 조정을 독려하고 있다(은재호, 2010: 122).

다섯째, 장기적으로는 공공토론위원회(Commission Nationale du Débat Public:
CNDP) 방식을 활용하는 것을 제안할 수 있다. 프랑스의 공공토론위원회는 시
민의 참여여부를 감시하는 역할을 담당하면서 관련 정보를 사회 전체가 알 수
있도록 시민에게 제공하고 시민이 국가사업에 대해 의사표현할 수 있도록 유
도하며 객관적인 내용의 공공토론이 활성화될 수 있도록 조력하는 역할을 하
고 있다. 즉, 시민들의 적극적인 의사표현과 토론문화의 전통을 바탕으로 사회
적인 합의형성을 통해 대규모 국가사업 등을 추진하면서 분쟁발생을 사전에
예방하는 방식을 활용하고 있다. 프랑스의 공공토론위원회는 분쟁을 조정하는
기구는 아니지만 갈등 및 분쟁의 발생을 사전에 방지하는 적극적인 역할을 하
고 있다는 점에서 도입의 가능성을 고려해 볼 수 있다. 특히, 다수 대중의 의
견을 수렴한다는 점에서 시간과 비용이 많이 소요되지만, 장기적으로는 갈등
및 분쟁으로 인한 사회적 비용을 줄일 수 있기 때문에 이를 활용하는 것을
제안할 수 있다.

여섯째, 심의민주주의(deliberative democracy) 방식을 도입할 수 있다. 이는

참여적 의사결정을 통해 합의를 도출하여 갈등 및 분쟁을 해결하는 방식으로, 의사결정과정에 이해관계자들이 폭넓게 참여하고 토의하여 집합적 의사결정의 질을 높이는 합의형성적 접근(consensus building approach)인데, 심의과정에 상당한 시간이 소요되고 성숙한 합의문화가 전제되어야 한다는 조건이 있다(정정화, 2011: 7). 참여적 의사결정기법으로는 포커스그룹, 공론조사, 시나리오워크숍, 시민배심원제도, 규제협상, 협력적 의사결정, 라운드테이블, 합의회의 등이 있다(은재호 외, 2008: 16-27).

　일곱째, 민간기업, 노사관계 등에서 활용하고 있는 수단을 활용할 수 있다(임동진 외, 2012: 385-386). 현재 노동분야에서 사용자와 노동자가 각자 원하는 위원을 선임해 노사 스스로 선임한 위원이 참여하여 예비조정하는 사적조정 방식을 도입하는 것을 고민하고 있는데, 지방자치단체와 관련한 갈등 및 분쟁에서도 이러한 방식을 도입할 수 있을 것이다.

IV. 평가적 의견

　행정부에 소속된 행협위, 중분위, 지분위는 사법적 판단을 하는 기구가 아니라 대안적 분쟁해결(ADR)기능을 수행하도록 만들어졌지만, 그 구성과 운영상의 한계 때문에 활용이 저조하고 분쟁당사자가 조정결정에 불복하고 분쟁이 장기화되는 한계를 보이고 있다. 아직도 십수 년 전에 정해진 법규의 내용을 그대로 적용하고 있고 조정신청건수가 현저하게 적어서 기구의 실효성이 의심스러운 상황까지 직면하게 되었다. 변화하는 행정환경, 복잡한 지방자치단체환경에 대응하기 위해서는 갈등 및 분쟁과 관련한 제도의 개선이 필요한 상황이다.

　앞서 고찰한 바와 같이 찬성론은 기존의 제도를 보완하여 운영하자는 입장이고, 반대론은 새로운 제도 및 기술을 도입하여 현실에 맞는 조정기능을 수행하자는 입장이다. 2014년 2월 현재, 찬성론에 해당되는 기존 제도를 보완하자는 움직임은 상대적으로 적고, 반대론에 해당되는 새로운 제도를 도입하자는 움직임이 상대적으로 많은 상황이다. 갈등 및 분쟁을 연구하는 국내 연구단체가 한국갈등학회, 한국갈등관리학회, 한국공공갈등학회, 한국조정중재협회 등 다양하게 존재하고 있고 현장에서의 갈등 및 분쟁은 앞으로도 계속 확대될 것이라는 점을 감안하면, 지방자치단체 분쟁조정에 대한 고민과 제도개선의 노력이 반드시 필요할 것으로 보인다.

참고문헌

은재호 (2010). 정부간 분쟁조정제도 개선방안 연구. 입법과 정책, 2(2): 97-130.

이민호 (2013). 중앙·지방 협력체계 사례 연구조사. 서울: 한국행정연구원.

이선우 (2011). 원활한 갈등조정을 위한 필요조건: 경험으로부터의 교훈. 한국행정학회보, 20(3): 87-106.

이진수 (2012). 중앙분쟁조정위원회 분쟁조정제도의 개선방안에 관한 연구. 지방행정연구, 26(3): 147-172.

임동진·이로리 (2012). 대안적 갈등해결방식 제도의 운영실태 및 개선방안 연구. 서울: 한국행정연구원.

임정빈·류영아 (2013). 지방자치단체의 분쟁조정제도의 발전방안. 한국자치행정학보, 27(4): 183-201.

정정화 (2011). 한국사회의 갈등구조와 공공갈등: 국책사업 갈등사례를 중심으로. 한국사회와 행정연구, 22(3): 1-27.

주재복·김건위 (2010). 자치단체 분쟁·갈등의 해결지원 강화방안. 서울: 한국지방행정연구원.

홍성만·김광구 (2008). 공공갈등관리기구의 운영과 실효성에 대한 탐색적 연구: 정부간 갈등관리 기구를 중심으로. 한국공공관리학보, 22(4): 1-17.

Davis, B. D. and M. Netzley (2001). Alternative Dispute Resolution: A Business and Communication Strategy. *Business Communication Quarterly*, 64(4): 83-89.

5부

지방재정

25장 지방재정위기에 관한 인식: 위기이다 vs 아니다

🖎 이 상 용

I. 서 론

최근 지방채무 급증에 따른 지방재정 전반에 대한 의구심이 정치권과 언론을 통해 증폭되고 있고, 새 정부 출범이후에도 지방재정의 위기가 국가위기로 번질 수 있다는 우려가 나오고 있다. 그렇다면 과연 우리나라 지방재정에 위기의 징후는 없는지, 있다면 재정위기의 정도는 어느 수준인지가 쟁점으로 부각되고 있다.

일반적으로 특정 지방자치단체의 재정압박 내지 재정위기의 징후는 채무부담액의 규모, 조세부담의 초과수준, 행정서비스 수준의 저하 속에서 재정수지의 악화나 행정서비스 공급 중단여부로 나타나게 된다.

그런데, 지방자치단체의 재정위기는 기본적으로 중앙과 지방간의 역할분담, 재정자주권의 정도 등 자치권의 범위와 수준에 따라 상이하게 나타나며, 동시에 국가와 시대에 따라 재정위기의 역사적 배경을 달리하고 있다는 점에서 재정위기의 원인이나 관리방식 등을 일의적으로 표현하기가 용이하지 않다. 즉, 어떤 재정상태를 재정위기로 볼 것인지에 대한 인식은 재정위기의 범위, 성격에 대한 분석을 통하여 이루어져야 한다. 여기에는 각 자치단체가 직면한 개별 재정상황 등도 고려하여 자치단체의 재정상태를 정확하게 파악할

수 있어야 할 것이다

　　美회계검사국(General Accounting Office: GAO)은 재정위기란 "해당 지역사회가 자신보다 나은 지역사회와 동등한 공공서비스 수준을 달성하기 위해 해당 지역주민이 실질적으로 높은 조세부담을 감내하는 상태"로 정의하고 있는데, 이는 지방세의 가격기능이 거의 없는 우리나라 지방재정에서 볼 때, 재정위기의 본질적인 측면을 포착하지 못한 정의라고 할 수 있다. 이보다는 "일정한 공공서비스 수준하에서 수입과 지출간 불균형으로부터 발생한 현금흐름의 지속적인 부족(펜실베니아주 재정위기법 47조)"이 재정위기에 대한 올바른 정의라고 판단된다. 그리고 이러한 상태가 지속적으로 확대되어 재정위기가 회복 불가능한 재정상태에 있을 경우를 재정파산이라고 할 수 있을 것이다.

　　요컨대, 재정위기(fiscal crisis)란 재원부족이나 방만한 재정운영에 따른 과도한 재정지출로 자치단체가 기본적으로 공급해야 할 공공서비스가 충족되지 못함으로써 자치단체로서의 기능이 정지될 우려가 높은 재정상태를 말하며, 재정파산(bankruptcy)이란 "이러한 재정상태를 근본적으로 재구축하지 않고서는 자치단체로서의 기본적인 기능조차 회복될 가능성이 없는 재정상태"를 의미한다. 즉, 재정위기란 일시적인 세수감소나 지출증가로 인하여 발생한 재정수지가 악화되는 재정상태라기 보다는 상당기간 구조적으로 재정수지가 악화되어 자치단체 스스로의 자구노력만으로는 재정수지의 개선이 불가능한 재정상태라고 할 수 있을 것이다.

Ⅱ. 지방재정위기 인식에 대한 찬반론

　　지방재정의 위기에 대한 인식을 찬성과 반대로 구분하여 그 논거를 살펴보기로 한다.

1. 찬성론

최근 우리나라의 국가재정 상황은 경제위기를 극복하는 과정에서 재정확대로 인한 재정수지의 불균형 및 부채 급증, 정부의 감세정책에 따른 세수기반의 약화, 보육·급식·교육 등의 재정수요와 저출산·고령화에 대응하기 위한 각종 사회복지 재정수요 발생 등으로 인하여 적자위험에 노출되어 있다. 특히, 저출산·고령화 등 인구구조 변화와 복지수요의 급증으로 인해 발생하게 되는 재정규모의 팽창은 법적 강제력 없이 정부의 재량만으로는 효과적으로 관리하기가 곤란한 상황에 놓여 있다.

우리나라 국가채무 수준이 OECD나 외국에 비해 아직 양호하다고 볼 수 있지만, 그 증가속도와 구조적 특성을 감안할 때 재정위기 방지를 위한 적극적인 재정관리 노력이 필요한 시기임에 틀림없다. 특히, 국가재정의 영향을 크게 받고 있는 지방재정의 경우, 현재 지방공사·공단과 산하기관의 채무는 지방공기업 경영평가라는 측면에서 중앙정부(안전행정부)와 해당 자치단체가 기본적인 관리는 하고 있으나, 이들 채무가 지방자치단체의 직접 관리 채무범위에서 제외되어 있다.

이로 인해 대다수 지방자치단체의 경우는 과다한 지방채무로 인해 재정압박을 받고 있지는 않지만, 최근 채무증가율이 높게 나타나고 있고, 지방자치단체가 출자한 공사의 부채규모는 심각한 수준에 있는 것으로 파악되고 있다. 즉, 지방공사·공단의 부채 중 특히, 도시개발공사의 부채는 해당 지방자치단체의 재정에 큰 부담을 주는 동시에 사회적 우려를 촉발하고 있다. 특히 2012년 현재 지방공기업의 부채는 72.5조원으로 평균 부채비율이 77.1%에 달할 정도로 악화된 상태이다. 이러한 재무건전성의 악화의 주된 요인은 사업타당성 분석을 무시한 채 신규 투자사업을 무리하게 추진한 데 기인한다.

따라서 스스로 재정난을 해결할 수 있는 세입구조의 한계 속에서 지방공기업 부채를 포함한 우리나라 지방재정의 총부채규모는 거의 100조원에 이르며, 대규모 전시성 개발사업이나 호화청사 건립 등으로 인해 재정위기 징후가 매우 높다는 입장을 견지하고 있는 찬성론자의 논거를 요약하면 다음은 같다.

첫째, 향후 우리나라 국가재정은 세입여건이 크게 개선되기 어려운 여건에서 저출산·고령화, 양극화 등 경제·사회적 환경변화에 따른 재정지출이 확대되어 재정수지의 악화 및 국가채무 누적의 심화가 예상됨에 따라 중앙정부의 재정건전성 강화조치가 있게 될 경우, 지방재정은 이에 크게 영향을 받지 않을 수 없다.

둘째, 중앙정부로부터 이전재정(지방교부세, 국고보조금)의 규모가 크게 급증하고 있고, 이에 대한 의존도가 더욱 심화되어 갈 수밖에 없는 지방재정 상황에서 최근 부동산경기의 불황에 따른 자체세입의 기반 위축, 경상비용의 과중한 부담, 사회복지비의 지속적 증가, 지방채무의 급증 및 통합재정수지의 적자발생 등의 문제는 지방재정의 지속가능성을 곤란케 하는 요인이 되어 재정위기로 이어질 수 있다.

셋째, 지방재정지출의 증가를 주도한 세출분야는 사회개발이나 사회복지인데, 이러한 사회복지의 재원조달은 자체재원이라기 보다 중앙정부의 보조금에 크게 의존하고 있으며, 보조금의 지속적 증가는 매칭되는 지방비부담의 증가를 가져오게 되어 결국 지방재정을 압박하는 요인이 되고, 중·장기적으로 지방재정의 위기를 불러올 수 있다

넷째, 단체장의 재선(再選)을 위한 낭비적인 정치적 선택과 행태, 일회성 행사·축제, 전시성 대규모 투자사업의 실패, 호화청사 건립 등 지방재정의 방만한 운영과 비효율적 관리는 재정압박을 초래하여 긍극적으로 재정위기에 직면하게 된다.

2. 반대론

우리나라 지방채 규모는 국가부채 규모에 비해 상대적으로 미미하여 거시경제와 국가재정에 미치는 영향은 매우 제한적이고, 주요 재정변수(국가재정 및 지방재정 규모, 지방세수입, 지방자치단체 자산)와 비교할 때 지방채의 상대적 비중은 매우 낮은 수준이다. 따라서 지방채로 인해 발생하는 문제점들이 거시경제나 금융시장에 큰 충격을 줄 수는 없다고 볼 수 있다. 비록 일부 지방자

치단체들이 지방채를 과도하게 발행하여 자체 재정압박을 받고 있으나 일부 자치단체에 제한적인 영향을 미치는 수준이다. 또한 중앙정부는 복지를 비롯한 각종 사무를 지방정부로 넘기면서 이에 따른 재정적 지원에는 소극적 자세를 보임에 따라 지방자치단체의 재정부담만 악화시켜 왔다. 따라서 지방재정 건전성의 책임도 지방자치단체에만 있는 것이 아니기 때문에 지방재정위기라고 볼 수 없다는 입장이 있다. 이를 강조하는 반대론자의 논거를 요약하면 다음과 같다.

첫째, 중앙의 지방에 대한 통제수단 강구라는 의혹제기에서 지방재정 위기문제가 다루어지기 쉽다. 즉, 현재 지방자치단체의 재정자립도가 대단히 낮은 실정에서 중앙정부의 이전재원이 큰 비중을 차지하고 중앙정부에 더욱 의존적일 수밖에 없는데, 이는 지방자치단체의 운명은 오로지 중앙정부에 의하여 좌우될 수밖에 없다는 것을 의미한다. 즉, 중앙정부에 대한 지방자치단체의 의존도가 심화될수록 자치권의 범위는 위축될 수밖에 없으며, 결국에는 지방자치제도의 존재 의의는 상실하게 된다.

둘째, 재정위기 인식의 직접적인 원인으로 지목되고 있는 지방자치단체의 지방채남발, 방만한 재정투융자 등은 지방채 발행심사나 지방재정 투융자심사라는 제도적 장치에 의하여 관리되고 있기 때문에 현행 제도하에서는 재정위기가 원천적으로 불가능하다. 특히, 중앙정부는 미국이나 일본의 예를 들어 과도한 지방채 발행에 큰 우려를 나타내고 있으나 우리나라는 비모채주의에 입각하여 엄격한 지방채발행제도를 운영하고 있기 때문에 지방채 발행의 남발이 원천적으로 불가능하다. 실제로 지방채 발행기준에 저촉되는 지방자치단체는 거의 없는 실정이고, 최근 급격하게 늘어난 지방공사 부채는 중앙정부의 제도적 장치로 다시 엄격한 관리가 이루어지고 있다. 설령 최악의 경우, 지방정부가 지방채의 남발이나 과도한 재정투융자로 재정위기를 초래하였다 해도 승인권을 갖고 있는 중앙정부도 일정부분 책임을 면할 수 없다. 2012년말 기준 지방채 잔액은 26조 7,559억원(지방공기업 추채 제외)인데, 특히 2009년 지방채 잔액 급증의 원인은 2008년 이명박 정부의 세계경제 위기탈출을 위한 지방예산의 조기집행과 지방채 이자에 대한 이차보전정책 등에 기인한다. 또한 단체별 지방채무의 추이를 보면, 광역자치단체의 채무가 전체의 61.5%(2004)에서 71.8%(2012)로서 대부분 서울, 부산, 대구, 인천, 광주, 대전 등의 지하철 부채이다. 즉, 결국 지방채무 증가에 따른 지방재정위기는 일부 광역자치단체와 몇몇 개별 자치단체의 문제인 것이다.

셋째, 각종 재정관리 및 재정통제수단이 구비되어 있음에도 재정위기의 책임을 일방적으로 당해 지방자치단체에 전가한다는 것은 현행 중앙과 지방간 행재정관계를 무시한 무책임한 발상에 불과하다. 우리나라의 경우 중앙정부와 지방정부간 책임과 권한이 불일치하여 행정서비스 수요와 재원공급간에 부조화가 초래되는 등 제도적 모호성이 존재하고 있다. 뿐만 아니라 중앙정부가 소득탄력적이고 세수신장성이 높은 조세를 대부분 차지하고 있는 반면에 지방정부는 소득탄력성이 낮은 재산과세위주로 세원이 편재되어 있어 행·재정 수요의 증가에 대한 지방자치단체의 대응능력은 그만큼 낮다고 볼 수 있다.

넷째, 지방재정 상황을 상시 모니터링하고 재정위기를 사전에 예측하여 선제적으로 대응하기 위한 재정위기 관리대책을 마련할 필요성이 제기되어 2011년에 지방재정위기 조기경보시스템(early warning system: EWS)이 도입되었다. 세입결손, 채무과다, 낭비성지출, 자금현황 등 주요 재정상황을 모니터링함으로써 재정위기 상황을 사전에 예측하고 경보를 작동시키는 위기관리시스템이다. 이 제도는 지방재정위기 사전예측과 선제적 대응을 위해 지방재정위기 관리시스템의 일환으로 도입되어 있기 때문에 지방재정위기 징후는 사전에 예방할 수 있다.

Ⅲ. 평가적 의견

지방재정환경을 둘러싼 대내·외적 여건의 변화와 내부통제력의 결함 등으로 지방재정의 모순이 누적된 상태에 있을 경우 강력한 외부적 충격이 발생한다면 우리나라의 지방자치단체도 재정위기상태에 직면할 개연성은 충분히 존재한다고 볼 수 있다. 재산세위주의 지방세 구조, 상급정부와의 행·재정관

계, 지역의 기반이 되는 특정산업의 침체, 사회문화적 변화에 따른 지출구조의
변동 등에 적절히 대응하지 못할 경우 지방재정위기로 이어질 수 있을 것이
다.

특히, 지방자치단체가 운영하고 있는 도시개발공사, BTL·MRG(최소운영수
입보장) 등의 민간투자를 통해 수행하고 있는 정책사업으로 인해 지방재정의
위험관리에 적신호등이 켜진 만큼, 향후 공기업부채 및 민간투자사업의 관리
강화에 역점을 두어 지방재정위기에 대한 선제적 대응 및 사전예방을 하기 위
한 조기경보시스템을 더욱 강화할 필요성이 있다. 그리고 광범위한 자주과세
권과 경영행정권을 보유하고 있지 않은 우리나라 지방자치단체가 독자적으로
행사할 수 있는 재정수단은 크게 미흡할 뿐만 아니라 자체세입구조가 대단히
취약하고 자치단체간 재정불균형이 심각한 현실여건을 감안하여 지방재정위기
에 대응할 필요가 있다.

그러나 지방재정위기 조기경보시스템이 중앙정부가 지방자치단체를 통제
하는 변형된 수단으로 변질되는 등 본래의 취지를 벗어나지 않도록 재정위기
관리제도의 도입 초기부터 이러한 오해를 최소화할 수 있는 제도적 장치가 마
련되어야 한다. 즉, 재정위기관리 조기경보시스템의 운영에서 자치단체의 반발
이나 정치적 갈등이 발생하지 않도록 사전적 조치가 강구되어야 한다.

그런데, 현행 재정위기 조기경보시스템은 지방재정법에 근거를 두고 있으
나 구체적 운영방법에 대한 법적 내용이 미비되어 있다. 즉, 지방재정법령에
재정위기단체의 지정, 의무 및 이들 단체에 대한 제한조치와 재정건전화 이행
부진에 대한 불이익 등과 관련한 법적 근거는 두고 있으나, 조기경보시스템상
의 재정위험요소에 대한 사전 모니터링을 포함한 구체적인 운영방안은 아직
미비하다. 또한 지방재정의 종합적 진단시스템으로서 재정운영 전반을 점검하
고 그에 따른 분석결과를 주민 등 정보이용자에게 공개하는 현행 지방재정분
석과의 관계가 명확하게 정립되어 있지 못하다. 따라서 중장기적으로는 재정
위기에 관한 특별법으로서 가칭 「지방재정위기관리법」 또는 「지방재정위기법」
을 마련하여, 재정위기관리에 대한 제반조치 사항을 명문화하는 방안은 고려
할 필요가 있다.

참고문헌

권용훈·하혜영 (2014).   지방재정 위기실태와 재정건전화방안. 국회입법조사처. 이슈와 논점, 788.

김종순 (1997). 미국의 재정위기와 재정진단. 서울: 한국지방행정연구원.

서정섭·신두섭 (2010). 채무과다지역 심층분석 및 조치방안. 서울: 한국지방행정연구원.

이효 (1998). 재정위기에 대비한 지방채 운용방안. 서울: 한국지방행정연구원.

임성일 (2011). 지방자치단체의 채무관리 개선방안. 서울: 한국지방행정연구원.

小西砂千夫 (2008). 自治体財政健全化法. 学陽書房.

日本地方財政學會 (2010). 地方財政の破綻と再生. 東京: 勁草書房.

坂田期雄 (1981). 危機の自治體財政. 東京: き"ょうせい.

26장 재정분권화 확대: 찬성 vs 반대

🖊 서 정 섭

I. 서 론

지방분권을 성공적으로 정착하기 위한 가장 중요한 분권이 재정분권(fiscal decentralization)이며, 재정분권은 지방자치가 제대로 정착하기 위한 필수조건이다. 재정분권화란 상위정부로부터 낮은 단계의 정부에게 조세 및 지출에 관한 의사결정권을 포함한 재정적 권한과 책임을 이양하는 것을 의미한다(최병호, 2001: 4). 재정분권화의 논리는 Tiebout모형과 Oates의 분권화정리에 바탕을 두어 주민들의 요구를 충족하는데 중앙정부보다 지방정부들이 보다 효율적이라는 것에 기초하고 있다. 이에 우리나라에서도 1991년 지방자치제를 부활시켰으며 참여정부 시기에는 재정분권의 확대를 국정과제의 하나로 추진하였고 이후 지방자치단체 및 지방자치·지방재정학자들은 재정분권의 확대를 지속적으로 주장하고 있다.

재정분권화는 지방자치단체의 재정자율성을 확대하고 재정책임성을 확보할 수 있다는 논리에서 주장되고 있다. 현재 재정분권의 확대요구는 세입 측면, 즉 세입분권을 강하게 주장하고 있는 실정이다. 지방자치 실시이후 재정분권을 지속적으로 추진하였으며, 참여정부 기간 동안 재정분권을 국정과제의 하나로 추진하였지만 여전히 실질적인 재정분권은 이루어지지 않고 있다. 조세배분에서 국세 대 지방세의 비중이 지방자치 실시이후 8대 2의 구조로 현재까지 이어지고 있다. 다시 말해 지방의 세입 측면에서 재정분권이 이루어지지 않아 재정자율성의 확대와 재정책임성의 확보를 어렵게 한다는 것이다. 2013 년도 지방자치단체의 평균 재정자립도는 51.1%로 재정자립의 수준이 낮으며, 국세 대 지방세의 비중이 80.1%대 19.9%로 지방세의 비중이 낮고, 지방세로 인건비를 해결하지 못하는 단체가 244개 지방자치단체 중 51.2%(125개)에 이른다. 현실적인 지방재정의 열악한 환경을 고려하여 지방에서 재정분권의 확대를 강하게 요구하고 있다. 재정분권 확대의 방식에서 세입분권의 현실적인 어려움을 고려하여 세출분권에 긍정적인 입장을 표방하는 경우도 있다. 또 다른 한편에서는 국가재원의 효율적 사용 및 재정분권의 부작용을 고려하여 재정분권의 확대에 부정적인 입장과 주장들이 있다.

재정분권의 확대와 관련하여 찬성과 반대는 중앙정부(기획재정부)와 지방자치단체간에 입장이 극명하게 차이가 있으며 지방자치 관련 학자와 국가재정 관련 학자간에도 분명한 입장차이를 보이고 있다. 재정분권의 확대에 대한 찬성과 반대의 주장논거가 무엇인지 정리할 필요가 있다고 본다.

II. 찬성론

재정분권의 확대는 지방자치, 자율성과 책임성 및 지방특성의 관점에서 요구되며, 지방자치단체와 지방자치, 지방재정 및 경제학자들에 의해 강하게 주장되고 있다. 우리나라에서 지방분권의 지속적인 확대요구는 아직 지방분권의 수준이 낮으며, 지방의 자율성과 책임성 강화, 지방특성을 반영한 지역발전 등의 입장에서 출발하고 있다.

첫째, 우리나라에서 지방분권의 확대는 지방자치의 관점에서 '2할 자치' 수준에 그치고 있는 점에서 요구되고 있다. 지방자치제를 부활한지 20년이 넘었음에도 불구하고 아직 지방의 재정자립 수준이 낮다. 특히, 국세 대 지방세의 비중이 8대 2를 근거로 지방자치단체장이나 지방자치학회 등에서는 현재 우리나라 지방자치 수준이 인사권, 재정권, 자치입법권 등에서 2할 자치에 머무르고 있어 지방자치 활성화를 위해 그에 맞는 권한과 자율성을 보장해야 한다는 점에서 재정분권을 더욱 확대할 것을 주장하고 있다. 지방자치단체의 열악한 재정환경을 고려할 때 현재 20%에 불과한 지방세 비율을 높여 중앙의존적 재정구조를 탈피하고 지방자치·주민자치를 위해 지방세의 비중을 높여야 한다고 한다. 현재 지방세의 비중을 8대 2의 구조에서 5대 5의 구조로 확대하여 '5할 자치'를 주장하기도 한다.

둘째, 재정분권화 논리의 핵심은 지역주민의 수요에 대한 탄력적 대응과 지방자치단체의 책임성 확보에 있다(김종순, 2007: 84-87). 재정분권화의 확대, 그 중에서도 세입분권화의 확대는 지방자치단체 재정운영의 자율성과 그에 따른 책임성 확보차원에서 주장하고 있다(이영희, 2012: 25-27; 이상용·하능식, 2007: 10; 임성일, 2003). 우리나라 중앙과 지방간 재원배분을 보면 세입배분은 79 : 21인 반면 세출배분은 40.5% : 59.5%로 세입과 세출과의 괴리가 매우 큰 구조로 되어 있으며, 괴리로 인한 지출은 중앙정부로부터의 이전재원으로 충당하고 있다. 이전재원 비중이 높은 현행 지방재정구조는 지방자치단체의 재정자율성을 저해할 뿐만 아니라 지방자치단체의 재정책임성도 약화시키는 계기가 된다. 재정분권은 세입분권과 세출분권으로 구분해 볼 수 있는데 여기서는 세입분권에 초점을 두고 있다. 1995년 지방자치제 실시이후 지방세규모는 증가하였지만 국세대비 지방세비중은 증가하지 않았으며, 지방세입 중 지방세수의 비중이 27% 정도로 OECD국가와 비교할 경우 단일형 국가평균 38.3%, 연방형 국가 44.8%에 비해 매우 낮은 수준으로 평가하고 있다. 지방자치단체의 낮은 지방세수 비중은 중앙정부로부터의 이전재원에 의존할 수밖에 없어 재정책임성이 결여된다. 지방재정운용에서 연성예산제약이 발생하지 않도록 하기 위해서는 지방세입 중 지방세수 비중을 증가시키도록 해야 한다. 즉, 지방자치단체의 자율성과 책임성 확보를 위해 재정분권의 확대를 주장하며 그 중에서도 세입분권의 확대를 요구하고 있다.

셋째, 재정분권의 추구는 지역주민의 잠재력과 지역산업의 특성이 제대로 발휘되어 궁극적으로 지역주민의 삶의 질을 제고시킨다. 재정분권은 지방자치단체의 자율성에서 한 걸음 더 나아가 다양한 계층으로 이루어진 지역주민,

나아가 지역특성이 내재된 지역사회의 자율권 제고로 이어질 때, 그 본질의
의미가 살아난다고 한다(우명동, 2007: 159-160). 흔히 재정분권의 필요성을 말할
때 지역의 차별성을 고려한 지역특성을 발휘할 수 있는 지역발전을 말한다.
우명동(2007)은 세출분권의 수준이 높을수록, 그리고 세입분권의 수준이 높을
수록 주민들의 삶의 질 향상가능성 역시 높아진다는 입장에서 참여정부의 재
정분권 정책을 평가하였다. 특히 지역의 특수성에 바탕을 둔 지역주민의 삶의
질 제고에 초점을 두고 재정분권이 지역사회의 차별적 특성을 얼마나 반영하
고 있으며, 나아가서 지역의 자발적인 혁신의지와 연계하여 지역혁신을 촉진
시키는지의 여부를 확인하였다. 평가결과를 보면 '국가균형발전특별법'은 지역
의 특수성에 바탕을 두고 지역경제 주체들의 상호관련성을 제고시킴으로써 궁
극적으로 지역주민의 삶의 질의 제고시키고자 하는 정책의지가 담겨 있으며,
'균특회계'의 혁신계정의 경우 지역혁신의 개념에 부응한 것으로 긍정적인 정
책방향이라 결론짓고 있다. 이는 지방자치단체의 지출출처는 문제 삼지 않고
절대적인 가용경비 수준에 초점을 맞추는 입장으로 세출분권을 긍정적으로 평
가한 것이다. 세출분권에 대하여 긍정적인 반응을 보이는 한국조세재정연구원
(2008: 56-64)은 참여정부의 재정분권 정책에서 지방양여금을 폐지하고 분권교부
세를 신설하여 지방교부세율을 증가시킨 것이나 국고보조금을 개편하여 균특
회계를 도입한 것이나 균특회계에 제주계정을 도입한 것에 대하여 지방의 자
율성 확대 측면에서 긍정적으로 평가하고 있어 세출분권에 찬성하고 있는 것
으로 판단할 수 있다.

　　넷째, 재정분권은 세입분권, 세출분권 외에 지방재정운영의 자율성 확대를
요구하고 있다. 이는 지방자치단체 재정운영에 대한 중앙정부 관여와 통제의
폐지 내지는 완화를 요구하는 것이다. 참여정부에서는 지방자치단체의 재정운
영의 자율성을 제한하던 지방예산편성지침 및 지방채 개별 승인제도를 폐지하
고, 국고보조사업 정비, 포괄보조금제도 도입 및 탄력세율제도 도입 등으로 자
율성을 증진시켰다(김재훈, 2007: 18-21).

Ⅲ. 반대론

재정분권의 확대를 반대하는 논리는 우리나라 재정분권 수준이 낮지 않고, 재정분권화의 효과가 확실하지 않으며, 연성예산제약이며 경제성장에 부정적인 영향을 미치며 지역간 재정격차를 확대시킬 수 있다는 점에서이다. 재정분권화 확대의 반대입장은 국가재정 전체를 다루는 기획재정부와 조세재정연구원 등이다. 이들의 입장과 주장은 다음과 같다.

첫째, 재정분권화 확대를 반대하는 첫 번째는 우리나라의 재정분권 수준이 OECD국가와 비교하여 결코 낮지 않다는 주장이다(이영·현진권, 2006: 95-117). 재정분권은 세입분권과 세출분권으로 구분할 필요가 있으며, 세입분권 수준은 OECD국가들과 비교하면 국제간 비교에서 결코 낮지 않으며, 세출분권 수준(지방자주재원+이전재원)은 오히려 높게 나타난다고 주장하고 있다. 재정분권에는 비용이 수반되는 만큼 무조건 지방에 세원을 이양하는 것은 바람직하지 않으며 적정재정분권(optimal fiscal decentralization)이란 개념으로 적정 분권화 수준을 추정하는 접근방식이 바람직하며, 우리나라의 경우 국가 전체의 효율성 관점에서 이전재원을 통한 재정분권이 바람직할 수 있으며 지방자주재원을 과도하게 강조할 필요성이 없다고 한다.

둘째, 현실적으로 현재 우리나라 지방자치단체간의 재정력 격차가 상당한 수준에 이르고 있고, 동원할 수 있는 재원의 원천 역시 재정력의 격차를 그대로 반영하고 있어 재정분권은 이의 완전한 해결책이 될 수 없고, 오히려 세입분권의 확대는 지방자치단체의 재정력 격차를 심화시킬 수 있다고 한다(이병량, 2005: 224-225). 현재의 우리 상황에서 재정분권(세입분권)만이 추진된다면 상대적으로 재원의 원천이 풍부한 지방자치단체의 경우에는 재정력 강화에 긍정적인 효과를 미칠 것이나, 반대로 재원의 원천이 빈약하여 재정상황이 취약한 지방자치단체의 경우 재정분권이 재정력 강화에 미미한 영향을 미치거나 거의 영향을 미치지 못하게 될 것이다. 그렇다면 지방자치단체간에는 재정력 격차가 더욱 심해지고 공공재 공급에서도 양적·질적 차이가 나타나 궁극적으로 지방자치단체간의 균형적인 발전을 저해할 것이라고 주장하고 있다.

셋째, 재정분권이 경제성장에 부정적인 효과를 가져올 수 있다는 측면에서 재정분권의 확대를 반대하는 입장도 있다. 재정분권에 대한 평가는 자원배분의 효율성이나 형평성 관점에서 이루어질 수 있지만, 재정분권이 과연 경제성장에도 영향을 미칠 것인가에 대하여 많은 학자와 정책입안자들이 관심을 가지고 있다. 재정분권과 경제성장의 관계를 실증분석 한 외국문헌 정리에 따르면, 양자간에는 학자마다 상반된 결과를 발표하고 있어 양자간의 관계를 아직 명확히 결론을 내리기 어렵다고 하고 있다(김정훈·김현아, 2008: 37-40). 그러면서 재정분권 수준, 특히 지방세출의 비중이 지나치게 높을 경우 경제성장에 부정적인 효과를 미친다는 연구결과도 있으므로 재정분권을 지나치게 강조하는 것이 경제적 역효과를 가져올 수 있다고 한다(김정훈·김현아, 2008: 129). 최병호·정종필(2001)은 지방재정의 이론에 의하면 재정분권화의 가장 중요한 근거는 효율성으로 재정분권화가 경제성장에 기여할 수 있다는 점에서 광역자치단체 기준으로 재정분권화와 지역경제성장간의 관계를 실증분석한 결과, 재정분권화는 지역경제성장에 오히려 부정적인 결과로 분석되었음을 확인하였다.

넷째, 재정분권화의 부작용으로 거시경제의 불안정성, 지방자치단체 재정건전성의 악화, 부패심화 등을 들고 있다(김필헌·김소린, 2011: 61-62; 권오성·배인명, 2007: 202-203). 이러한 염려는 재정분권화의 확대에 부정적 요소가 되고 있다. 지방자치단체의 재정권한이 커질수록 지출이 확대될 가능성이 있으며 이로 인해 지출의 비효율성이 발생할 뿐만 아니라 재정적자를 초래할 수 있어 지방재정의 건전성 악화로 이어질 수 있다는 주장이 있다.

Ⅳ. 평가적 의견

재정분권화의 확대에 대한 지방의 찬성입장과 중앙의 반대입장이 대립하고 있다. 재원배분 측면에서 지방의 입장과 기획재정부의 입장이 대립하고 있으며, 재정운영의 자율성을 제한하는 재정운영상의 규제를 폐지해 왔던 안전행정부도 자방의 재정자율성 확대에 따른 부작용을 고려하여 투융자심사제도 강화, 지자체 파산제 도입 등을 추진하고 있다. 재정분권화의 확대에 대한 찬성입장과 반대입장의 주요 논거를 정리하고 향후 전망과 저자의 의견을 제시하고자 한다.

첫째, 현재 국세 대 지방세의 비중은 8대 2이며, 지방세입에서 지방세수의 비중은 27%로 지방세수의 비중이 너무 낮은 점을 고려하여 지방세의 비중을 높여 중앙의존적 재정구조를 탈피하고자 하는 차원에서 세입분권의 확대를 강하게 요구받고 있다. 세입분권 확대의 요구는 지방자치단체 재정자율성의 신장과 연성예산제약이 발생하지 않는 재정책임성 확보의 차원에서 주장되고 있다. 이와 더불어 지역의 차별성을 고려한 지역특성의 발전을 통한 지역주민의 삶의 질 향상, 즉 지역주민의 행복을 위해 세출분권도 동시에 주장되고 있다. 다만 재정분권은 세입분권과 세출분권을 구별할 경우 세입분권의 주장이 더욱 강하며 현실적인 어려움을 고려하여 세출분권에 대하여서도 긍정적인 입장을 보이는 경우도 있다.

둘째, 재정분권의 확대에 반대하는 입장은 우리나라의 재정분권화 수준이 OECD국가와 비교할 경우 그리 낮지 않으며 세출분권의 경우 오히려 높다고 주장하고 있다. 우리나라의 경우 지방자치단체간에 세원의 원천이 불균등하기 때문에 재정분권을 강화하면 지역간 재정격차가 심화될 수 있으며, 경제적인 측면에서 경제성장에 부정적인 영향을 가져올 수 있기 때문이라고 한다. 또한 재정분권화의 강화는 재정지출의 팽창을 가져오고 지출의 비효율성을 초래하여 재정건전성을 악화시킬 수 있다고 한다.

셋째, 향후 지방자치단체의 자율성 강화와 책임성 확보차원에서 재정분권화는 더욱 요구될 것이며 세입분권의 확대가 전망된다. 왜냐하면 복지지출의 확대 등 재정수요가 확대되기 때문에 지방의 세입능력을 강화해야 하기 때문이다. 하지만 재정분권의 확대는 순기능만 하는 것이 아니라 역기능도 발생하기 때문에 재정분권화의 강화에 따르는 부작용 방지를 위한 재정준칙 내지는 건전성 악화 방지를 위해 지방자치단체 파산제 도입 등으로 재정분권화의 강화에 따르는 부작용을 방지할 수 있는 조정기재의 운영이 필요하다고 본다.

참고문헌

권오성·배인명 (2007). 재정분권화의 영향에 관한 국제비교 연구. 서울: 한국행정연구원.

김정훈·김현아 (2008). 참여정부 재정분권평가와 정책과제. 한국조세연구원.

김재훈 (2007). 참여정부 재정분권 평가. 한국지방자치학회보, 19(4)(통권 60호).

김필헌·김소린 (2011). 지방, 과연 자치체인가: 바람직한 지방세제 확대방안. 지방세 이대로 좋은가. 한국지방세연구원 창립기념 학술 세미나 자료집.

우명동 (2008). 참여정부 재정분권정책의 성격에 관한 소고: 재정분권의 '현상'과 '본질'을 중심으로. 한국지방재정논집, 13(1)(통권 24호).

이병량 (2005). 노무현 정부의 재정분권에 대한 평가: 성과와 한계. 한국행정연구, 14(4), 겨울호.

이영희 (2012). 재정책임성제고를 위한 국세와 지방세의 세원배분 재조명. 건전성과 책임성 강화를 위한 지방세제 개편 방안. 국제컨퍼런스 참고자료집. 한국지방세연구원.

이상용·하능식 (2007). 참여정부 재정분권 수준측정과 정책평가. 서울: 한국지방행정연구원.

임성일 (2003). 분권시대의 중앙·지방간 재원배분 체계 재구축. 한국지방재정학회·한국지방재정공제회. 성공적인 지방분권을 위한 재정개혁과제.

최병호·정종필 (2001). 재정분권화와 지역경제성장간의 관계에 관한 연구: 재정분권화지표의 개발과 실증분석. 한국지방재정논집, 6(2)(통권 24호).

27장 지방자주재원 확대 vs 중앙이전재원 확대

ⵣ 이 희 재

I. 서 론

　　지방자치단체를 운영하기 위한 수입원인 지방세입은 연구자에 따라 다양한 기준에 의해 구분되고 있는데, 대표적인 것이 자주재원과 의존재원으로의 구분이다. 자주재원은 지방정부가 직접 징수하는 수입으로서 지방세와 지방세외수입을 지칭한다. 반면, 의존재원은 중앙정부나 상위 지방정부로부터의 지원금으로서 지방교부세, 보조금, 재원조정교부금 등을 지칭한다. 우리나라는 1991년 지방자치제도가 재도입된 이래로 2013년 현재까지 자주재원의 비중이 지속적으로 감소하고 있으며, 특히 보조금은 1991년에 비해 2배 이상 증가(안전행정부, 2013)했을 정도로 의존재원의 비중이 급증하고 있다. 2013년 지방세 수입으로 해당 자치단체의 인건비를 자체적으로 충당하지 못하는 자치단체가 244개 중에서 125개 단체(안전행정부, 2013)로 51.2%에 이를 정도이다.

　　이처럼 중앙정부에 대한 자치단체의 의존성이 심화된다면, 진정한 의미의 지방자치가 제대로 이루어질 수 없으므로 지방자주재원의 비중을 늘려야 한다는 이론이나 실무의견이 지속적으로 나오고 있다. 하지만 현실적으로 우리나라의 모든 지방자치단체의 재정상황이 똑같지 않으므로, 지방자주재원의 비중을 늘리는 경우 지역간 격차가 더욱 심해질 수 있기 때문에 중앙이전재원을 확대하는 쪽이 오히려 바람직하다는 이론이나 실무의견도 만만치 않다. 한 쪽

입장의 장점은 곧 반대쪽 입장의 단점으로 파악될 수 있다. 본문에서는 기존 문헌들의 검토를 통해, 각 입장을 간단히 정리하고 평가해 보기로 한다.

Ⅱ. 지방자주재원의 확대입장

먼저 지방자주재원의 확대를 주장하는 논거들을 살펴보기로 한다. 지방자주재원 확대의 주요 논거는 지방재정의 자주성 확보, 아래로부터의 발전이론, 끈끈이 효과의 방지, 지역자구노력의 강화를 들 수 있다.

1. 지방재정의 자주성 확보

지방자치(local autonomy)를 '일정한 지역의 주민들이 자치단체를 구성하여 그 지역의 공공문제를 "자신의 부담으로" 스스로 또는 그 대표자를 통해 처리하는 것'으로 정의하여 자치권을 자치입법권, 자치행정권, "자치재정권"으로 나누는 경우(손희준 외, 2011: 24), 지방자주재원은 지방자치의 필수요소가 된다. 지방자주재원 확대는 "자신의 부담으로" 중앙정부로부터 자주성을 확보하기 위한 필요조건이 되는 것이다.

세원의 분리방식 중 하나인 독립세주의도 유사한 논리를 취하고 있다. 독립세주의란 지방자치단체에 중앙정부로부터 독립된 고유한 세원을 할당하여 지방이 자주적이고 독립적으로 지방재정을 운용해 나갈 수 있도록 하자는 세원분리방식이다. 독립세주의는 지역공공재를 생산하는 지방예산의 결정과정에서 주민상호간의 긴밀한 의사소통을 가능하게 하여 주민들의 각종 요구를 종합적으로 평가하게 해주는 한편 지방자치단체의 수입에 확실성을 부여해서 계획적인 행정을 가능하게 해준다(우명동, 2001: 299). 지방자주재원이 확대될 경우, 독립세주의의 장점도 살아나게 될 것이다.

2. 아래로부터의 발전이론

지방정부는 중앙정부에 비해 납세자와의 접촉이 용이하며 지역별로 구체적인 정보를 확보할 수 있기 때문에 부과 및 징세행정이 용이하다. 아래로부터의 발전이론(development from below theory)에 따르면, 주민들은 지방세를 납부하게 되면 지방정부의 재정지출로 인한 개발효과 및 환경개선의 혜택이 자신에게 직접적으로 돌아오게 된다고 생각하기 때문에 중앙정부보다 지방정부에 납세하는 것을 선호한다고 한다(김종순, 2001: 333). 자주재원인 지방세는 주민들에게 조세납부를 통해 참여의식과 관심을 증대시키게 되며, 지방정부의 의사결정에 관심을 갖게 만들기도 한다(손희준 외, 2011: 25).

3. 끈끈이 효과의 방지

끈끈이 효과(flypaper effect)란 하위 지방정부가 중앙정부나 상위 지방정부로부터 지원금을 받을 경우, 그것을 이용하여 그 지역주민의 조세부담을 경감시키기보다는 더 많은 공공재를 공급하게 되는 현상을 설명하는 용어이다. 마치 파리가 파리잡이 끈끈이에 달라붙으면 그대로 붙어서 움직일 수 없는 것과 마찬가지로, 외부로부터 들어오는 돈은 지방정부가 그대로 몽땅 지출해버린다. 외부로부터 들어오는 돈은 손 안에서 당장 이용 가능한 돈이기 때문이다(전상경, 2011: 24; Oates, 1999: 1129). 끈끈이 효과는 예산극대화를 위한 관료들의 행태로 인해 발생하기도 한다. 관료들은 지역주민들에게 중앙이전재원의 정확한 수준을 알릴 인센티브가 전혀 없기 때문이다(Rosen and Gayer, 2010: 533). 하지만 지방자주재원의 경우, 여러 과정을 거쳐 힘들게 조달되고 지역주민의 조세부담으로 이루어져 총액이 알려지는 자금이므로 끈끈이 효과가 일어나기 어렵다.

4. 지역 자구 노력의 강화

현행 우리나라의 지방세입구조는 중앙이전재원 비율이 지방자주재원 비율에 비해 훨씬 큰 상황이다. 기초자치단체, 특히 군 단위의 경우, 중앙이전재원의 비율이 전체 세입의 80%를 넘어가는 곳이 대부분(안전행정부, 2013)이다. 탄력세율을 적용할 수 있도록 제도가 마련되어 있지만, 적용하는 단체는 많지 않다. 조세저항이 크기 때문이다. 과태료 등 지방세외수입을 늘리기 위해 단속을 강화하고, 지방세체납액을 받아내는 등 조세징수 노력을 높여도 그 효과가 미미하다. 지방자주세원의 확보가 많아지면 오히려 발전지역으로 분류되어 보통교부세 등 중앙정부로부터의 이전재원이 깎인다. 지방자치단체의 입장에서 보면, 조세저항이 크고 조세징수효과가 미미한 지방자주재원을 확보하려고 애쓰기보다는, 자구 노력을 포기하고 낙후지역으로 분류되어 중앙이전재원을 더 받아내는 것이 이득이다. 지방자주재원의 비율을 높이면 이와 같은 지방자치단체들의 도덕적 해이를 방지하고, 지역 자구 노력을 강화할 수 있다.

Ⅲ. 중앙이전재원의 확대입장

재정연방주의(fiscal federalism)을 강조한 Oates(1999)는 정부간 지원금(inter-governmental grants)이 다른 지방정부에 대한 편익파급효과의 내부화, 지방정부간의 재정력 균등화, 전반적 조세체계의 개선과 같은 세 가지 역할을 갖는다(Oates, 1999: 1126)고 주장하였다. 이를 바탕으로 중앙이전재원을 확대를 주장하는 입장의 논거를 살펴보면, 외부성의 내부화, 각 지방정부간의 재정력 균등화, 중앙정부와 지방정부간의 재정력 균등화, 지역생산의 역외 유출입 보전으로 요약될 수 있다.

1. 외부성의 내부화

경제주체가 시장의 가격기구(mechanism)를 통하지 않고 대가의 교환 없이 무상으로 다른 경제주체에 이득이나 손해를 끼치는 현상을 외부성(externality)이라고 한다. 지방정부의 경제적 행위는 관할구역 뿐만 아니라 이웃구역에도 영향을 미친다. 특정지역의 지방정부가 제공한 공공서비스가 특별한 비용부담 없이 이웃지역에도 혜택을 주기도 하고, 조세수출(tax exporting)을 통해 공공서비스 비용의 일부를 다른 지역주민들에게 부담하게 할 수도 있다. 전자는 긍정적 외부성이며, 후자는 부정적 외부성의 예이다. 경제학에서 이런 외부성은 코즈(Coase)가 주장한 바와 같이 이해당사자의 협상에 의해서 조정되거나, 피구(Pigou)가 주장한 바와 같이 긍정적 외부성에 대해서는 보조금(grant)을, 부정적 외부성에 대해서는 피구세(Pigou tax)를 통해서 해결할 수 있다. 중앙이전재원은 일종의 피구식 해결책으로서 외부성을 내부화할 수 있으며, 조건부 정률보조금(conditional matching grants)의 방식으로 많이 활용된다(Oates, 1999: 1127). 긍정적인 외부성을 주는 자치단체의 행위에 대해서는 중앙이전재원을 높이고, 부정적인 외부성을 주는 자치단체의 행위에 대해서는 중앙이전재원을 낮추는 식으로 외부성을 내부화하여, 지방공공재 공급의 효율성을 높이는 것이다. 만약 중앙이전재원의 비율이 높다면, 그 효과는 더욱 높아질 것이다.

2. 지방정부간의 재정력 균등화

수평적 재정불균형(horizontal fiscal inequality)은 동일한 계층의 지방정부들간에 재정력의 차이가 발생하는 것을 의미한다. 지방정부간에는 여러 가지 요인들 때문에 지역경제력 격차가 발생하고, 이는 재정력 격차를 초래한다. 지방자주재원의 비율이 확대될 경우, 수도권 지역의 일부 지방자치단체와 도서산간 지역의 지방자치단체들간의 재정력 차이는 엄청나게 벌어질 것이다. 그에 따라 자치단체의 주민이 받을 수 있는 공공서비스의 차이도 커질 것이다. 그러나 한 나라의 국민이라면 자신이 살고 있는 지역적인 위치 때문에 국가로부터 받는 최소한의 서비스(national minimum)에 차별적 대우를 받아서는 안 된다.
즉, 수평적 재정불균형은 헌법상에 보장된 평등권과 연관되는 것이다. 따라서
중앙이전재원 비율이 확대되는 것이 바람직하다. 이처럼 재정력 균등화를 위
해서는 지방정부들의 재정수요와 재정능력을 고려하여 일정한 공식에 따라 배
분되는 무조건적 보조금이 사용된다(Oates, 1999: 1128).

3. 중앙정부와 지방정부간의 재정력 균등화

수직적 재정불균형은 한 국가 내에서의 서로 다른 정부계층간에 존재하
는 재원조달능력과 지출책임간의 부조화로부터 유래(전상경, 2011: 281)되므로
중앙이전재원이 필요하다는 논거가 될 수 있다. 첫째, 우리나라는 소득세, 법
인세, 부가가치세 등과 같이 경제발전에 탄력적인 대부분의 조세는 중앙정부
의 재원으로 되어 있으므로 중앙이전재원을 통해 지방으로 이전해 줄 필요가
있다. 둘째, 정치적, 경제적, 사회적 환경변화로 인하여 새로운 행정서비스가
요구되어 기존의 지방자치단체들이 예상하지 못했던 지출들이 발생할 수 있
다. 우리나라는 그동안 민주화와 지방자치의 정착으로 인하여 사회의 각 부분
에 많은 변화가 수반되었고, 이것 때문에 종전에는 생각할 수 없었던 많은 새
로운 행정수요가 창출되고 있으므로 중앙이전재원을 통해 이에 대응해 줄 필
요가 있다. 셋째, 중앙정부는 조세행정상의 축적된 전문기술로 인하여 징세가
보다 효율적이며, 지방정부는 주민들과 직접 접하고 있으므로 주민들의 다양
한 요구에 보다 효율적으로 대응할 수 있다. 따라서 중앙정부는 지출수요보다
더 큰 재원을 가질 수 있고, 지방정부는 재원에 비해 더 큰 지출수요를 갖게
되어 서로 재정적 부조화가 발생할 수 있다. 중앙이전재원을 통해 재정적 부
조화를 없앨 필요가 있다.

4. 지역생산의 역외 유출입 보전

김정완(2009)의 분석결과에 따르면, 지역생산은 지방에서 수도권으로 유입

되고 있다. 특별시와 광역시는 부가가치의 유입이 발생하며, 도는 유출이 발생한다. 이는 직주분리현상에 의해 발생하는데, 근로자들이 서울에 거주지를 두고 지방에서 근무하는 경우가 많기 때문에 수도권으로 부가가치가 유입되고 있는 것이다. 재정자립도를 기준으로 할 때, 잘사는 지역으로 부가가치가 유입되고, 못사는 지역은 부가가치가 유출되고 있으므로 분배의 역진성을 보이고 있다. 지역생산과 지역귀착의 일치라는 효율성과 지역간 균형개발이라는 형평성의 차원에서 지역생산의 지역간 유출입을 조정할 수 있는 정부정책이 요구된다(김정완, 2009: 122-124). 이 경우, 지방세 및 세외수입을 기본으로 하는 지방자주재원의 확대는 지역간 분배의 역진성을 더욱 부추기게 된다. 따라서 유입된 지역의 재원을 걷어 이를 유출된 지역으로 돌려주기 위해서는 중앙이전재원의 확대가 필요하다.

IV. 평가적 의견

이상에서 살펴본 바에 따르면, 지방자주재원의 확대논거는 지방자치의 '이상'에 바탕을 두고 지방재정의 자주성을 확보하며, 지역자구노력을 강화하는 것이 그 핵심이다. 한편, 중앙이전재원의 확대논거는 지방자치의 '현실'에 바탕을 두고 지역간 경제력 격차를 완화하고 역외 유출입문제를 해결하는 것이 그 핵심으로 보인다. 우리나라는 1960년 12월 서울특별시장, 도지사 선거 이래로 약 30여년간의 공백기를 지나, 1991년부터 지방자치가 재도입되어 지속적으로 추진되고, 제도적 성장을 지속하고 있다. 세계화 및 지방화는 이미 거스를 수 없는 시대적 추세이며, 지역의 의지에 부응하는 지역사회 구축을 고려하면, 바람직한 발전방향은 지방자주재원의 확대로 보인다. 하지만, 현실적인 자치단체 간 재정력 격차문제는 지속적으로 지방자치의 발목을 잡게 될 것이며, 이를 해결하기 위해서는 결국 자치단체별 유형화를 통한 차별적 접근이 필요하다고 생각된다. 재정력이 뛰어난 자치단체의 경우, 지방자주재원을 확대하고 중앙의 통제를 줄여주는 방향으로 제도를 마련해 주어야 할 것이며, 재정력이 낮은

자치단체의 경우, 중앙이전재원을 확대하여 재원을 보전해주면서도 지역자구
노력을 활성화 시킬 수 있는 대안마련을 고심해야 할 것이다.

참고문헌

김정완 (2009). 지방재정의 이론과 실재. 서울: 대영문화사.

김종순 (2001). 지방재정학. 서울: 삼영사.

손희준·강인재·장노순·최근열 (2011). 지방재정론. 서울: 대영문화사.

우명동 (2001). 지방재정론. 서울: 해남.

안전행정부 (2013). 2013년도 지방자치단체 통합재정 개요(상). 서울: 안전행정부.

전상경 (2011). 현대지방재정론. 서울: 박영사.

Oates, W. (1999). An Essay on Fiscal Federalism. *Journal of Economic Literature*, 37(3): 1120-1149.

Rosen, S. H. and Gayer, T. (2010). *Public Finance*. New York, N.Y.: McGraw-Hill Higher
    Education.

28장 복지재원의 중앙정부 전담부담: 찬성 vs 반대

🖋 손 희 준

I. 서 론

　지방자치를 재도입한 1991년 예산기준으로 사회개발비의 비중이 13.5%에 불과하던 것이 2007년에는 51.2%로 전체 세출의 절반을 초과하였고, 이 중에서 사회복지비는 2008년 17.3%이던 것이 2013년 22.3%로 가장 높은 수준을 나타내고 있다.[1] 이처럼 복지재원의 비중증가는 지방재정에 가장 큰 부담으로 작용하고 있다. 왜냐하면 2011년 12월 31일 국회는 익년도 예산심의과정에서 과거 소득하위 70%에게만 주던 0~2세에 대한 보육료를 소득수준에 관계없이 전액지원하기로 하여, 보조금예산 3,698억원을 증액결정하였으며, 이에 따라 모든 지방정부는 이에 대응하는 지방비부담액 약 3,788억원을 수반하게 되었는데, 지방은 이미 2012년도 당초예산을 확정한 상태이어서 반영할 수 없었다. 이처럼 국회가 일방적으로 국고보조사업비를 증액편성하는 바람에 지방은 추가경정예산을 편성해야 했고, 이에 따른 지방비부담 역시 증가하게 되었기 때문이다.

---

[1] 지방세출예산의 기능별 분류체계가 2008년부터 사업예산제도의 도입에 따라 현재는 세출항목이 총 14개이며 사회개발비는 사회복지비와 보건비, 문화 및 관광비와 교육비 등으로 세분되었다 (손희준 외, 2011).

특히 박근혜 정부는 출범하면서부터 다양한 복지공약으로 인한 재정부담을 여하히 충당할 것인가가 논란이었는데,[2] '증세 없는 공약실천'을 강조하여 재정당국을 어렵게 하고 있다. 실제로 한국지방세연구원은 기초연금 1.1조원, 기초생활급여 1.1조원 등 연간 5조원의 추가적인 지방재정수요가 야기될 것이며, 사회복지공무원의 증원에 따라 연간 2,300억원의 추가소요를 예측하고 있다. 이처럼 중앙정부에 의한 복지사업 뿐만 아니라, 지방정부가 스스로 결정한 각종 복지사업에 대한 부담에 대한 논의는 계속 진행 중이다.

이와 관련해서 신규사업의 결정과 추진주체에 따라 재원부담규모와 부담주체도 결정되어야 한다는 원인자부담원칙이 우선되어야 하는지, 아니면 실제 복지사업의 수혜계층과 대상은 지역주민이기 때문에 수혜자부담원칙이 적정한 것인지에 대한 논란도 늘 있어 왔으며, 주장의 논거가 무엇인지를 확인할 필요가 있겠다.

Ⅱ. 찬성론

무상보육과 무상급식, 기초연금과 청소년 및 여성복지, 다문화가정에 대한 지원 및 노인복지 등 다양한 복지사업의 재원에 대해서 국가, 즉 중앙정부가 전액을 부담해야 한다는 주장은 주로 안전행정부와 지방자치단체의 입장으로 핵심내용은 다음과 같다.

첫째, '저출산 고령화' 등 현재 우리나라가 직면하고 있는 복지수요는 대부분 개별 지방자치단체가 담당할 수 없는 전국적이며 국가적인 정책문제로, 그 파급효과(spillover effect)와 영향 역시 국가적인 차원의 문제이기 때문에, 몇몇 지방이 대처하기에는 한계가 있다는 주장이다. 즉, 복지기능이나 사무의 성격이라는 측면에서 볼 때, 대부분의 복지기능과 사업은 지역적 한계를 갖는

---

2 박근혜 대통령은 후보시절부터 '국민행복 10대 공약'을 통해 맞춤형 복지와 생계주기형 복지 등을 내세워 추산기준에 따라 상이하긴 하지만, 2018년까지 4대 사업만 해도, 총 50조 5,000억원에 달한다고 예측하고 있다(김필헌, 2013).

지방자치단체의 고유기능이나 사무가 아니라는 주장이다. 실제로 2013년 현재 전체 국고보조사업의 50%에 달하는 18조 3,230억원 규모가 복지사무인 것을 통해서 알 수 있다.

또한 오츠(W. Oates)의 재정연방주의 이론(fiscal federalism)에 의하면 중앙과 지방의 재정부담이나 기능분담에 관한 기준은 각 단계의 정부가 수행하는 기능의 파급효과를 기준으로 하는 것이 바람직한데, 파급범위가 전 국민에 미치는 순수공공재(pure public goods)인 국방, 사법, 거시경제정책, 외교 등은 중앙정부가 담당하고, 좁은 지역의 주민에게만 한정적인 영향을 주는 지방공공재(local public goods)는 해당 지역의 지방정부가 담당하는 것이 효율적이라는 것이다(Oates, 1972). 따라서 최근 대규모 재원부담을 수반하는 복지기능과 사무는 파급효과가 전국적이며 전 국민에게 미치는 영향이 커, 지방이 아닌 중앙정부가 담당해야 할 기능이기 때문에 이에 대한 비용 역시 중앙이 부담해야 한다는 것이다.

둘째, 제공되는 서비스의 질과 양에 있어 지역별 차별 없이 일정한 수준의 공급을 보장한다는 의미에서 국가적 최저수준(national minimum) 달성과 관련된 주장이다. 즉, 국민은 어느 지역에 거주하든지 일정 수준 이상의 기본적인 서비스를 제공받을 권리가 있다. 동시에 국가와 정부는 이에 대해 책임이 있는데, 특히 기초생활보장이나 기초연금, 무상보육 등은 이에 해당하기 때문에, 지방정부보다는 중앙정부가 이에 대한 책임을 지고 전국적인 수준에서 균질한 서비스의 제공을 보장하기 위해 직접 공급하거나, 아니면 전액 보조사업의 형태를 취하되 지방정부는 그 서비스의 전달이나 공급만을 책임지는 것이 오늘날 복지국가(welfare state)의 기본이라는 것이다. 경우에 따라서 분권화된 공공서비스 공급을 통해 자원배분의 효율성을 높일 수도 있으나 공공서비스 공급비용의 지역간 격차, 주민소득의 지역간 격차, 재정력 격차 등으로 인해 지역간 공공서비스 공급의 격차가 발생하면, 중앙정부가 정률의 보조금 교부를 통하여 공공서비스의 생산비용을 낮추든지 또는 지역의 구매력을 증대시켜 해당 공공서비스 공급 확대를 유도하여야 한다는 것이다.

셋째, 재원분담과 관련된 전통적 재정학의 입장은 국가와 지방이 담당해야 할 재정기능이 상이하다는 것이다. 즉, 국가 또는 중앙정부가 담당하는 국가재정의 기능은 머스그레이브(Musgrave)가 주장한 자원분배(resources allocation)기능과 소득재분배(income redistribution)기능 및 경제안정화(economic stabilization)기능 모두를 수행하는 반면, 지역적 한계와 발권(發券)기능이 없는 지방정부는 이러한 3가지 재정기능 중에서 대부분 자원배분기능에 치중해야 한다는 것이다(R. Musgrave & P. Musgrave). 따라서 국세와 지방세의 배분원칙 역시 조세원칙 중에서 보다 지역에 고착되는 재산과세가 정착성의 원칙을 가장 잘 반영하기 때문에 이를 지방세원칙으로 적용하며, 동시에 지방재정 역시 자원배분기능에 초점이 두어져야 하며, 누진과세나 소득재배분 정책을 위한 복지기능은 중앙이 도맡아 하는 것이 적합하다는 주장이다.

넷째, 주로 특별부과금(special assessment) 분담원칙에 적용되는 기준으로서, 환경오염을 야기하거나 손해를 끼친 사람에 대해 그 원인행위에 대한 부담을 지우는 원인자부담원칙에 의하면, 최근 각종 복지정책의 결정과 복지대상 확대 등은 대부분 중앙정부와 국회가 하였기 때문에, 지방이 부담하기보다는 당연히 이에 대한 원인자부담금의 일종으로 중앙정부가 전액부담해야 한다는 주장이다. 왜냐하면 이러한 복지사업의 확대와 신규사업의 결정은 결코 지방정부 스스로의 판단이나 결정에 의한 것이 아니기 때문이다.

다섯째, 현실적으로 지방재정은 중앙재정에 비해 상대적으로 여유가 없기 때문에 복지재원은 중앙이 전액부담해야 한다는 것이다. 물론 최근 중앙재정의 세입 역시 상당한 세수결손이 발생하고 있지만, 지방재정은 중앙에 비해 상대적으로 더욱 열악하다. 국세와 지방세의 비중은 지방자치를 도입이후 거의 변함없이 8대 2의 비중이 유지되고 있으며, 지방재정자립도 역시 1991년 67%이던 것이 2013년에는 51%수준으로 계속 낮아지고 있어, 지방교부세와 보조금 등 의존재원이 없으면 실제 재정운용을 제대로 하기 어렵다(손희준, 2013). 특히 지방재정의 가용재원이라고 할 수 있는 의무적 경비 또는 법정경비를 제외한 재량적 지출(이상용 외, 2013)의 비중이 지속적으로 낮아지고 있는데, 이러한 현상이 기초자치단체 중에서 특히 자치구에 집중되고 있어 재정난을 가중시키고 있기 때문에 더욱 문제라는 것이다.

Ⅲ. 반대론

복지재원에 대한 중앙정부의 책임론과 전액부담에 대해서, 근본적으로 반대를 하는 측은 주로 국가재정의 입장을 대변하는 기획재정부와 조세재정연구원 등이다. 이들의 입장과 주장은 다음과 같다.

첫째, 지방이 주장하는 사회복지기능이나 사무가 중앙정부의 책임이라는 것은 실제로 지방자치법 등에서 규정하고 있는 자치사무를 통해서 보면 잘못 이해하고 있다는 것이다. 즉, 주민들의 복지와 복리증진은 중앙정부만의 담당업무가 아니라 오히려 주민들과 밀접한 관계를 가지고 있는 자치단체의 자치사무이며, 현행 법률은 국가가 담당해야 할 사무를 제외하고는, 예시적으로 다음과 같은 사무를 지방자치단체가 수행하도록 규정하고 있다는 것이다(지방자치법 제9조). ① 지방자치단체의 구역, 조직 및 행정관리 등에 관한 사무 ② 주민의 복지증진에 관한 사무 ③ 농림·상공업 등 산업증진에 관한 사무 ④ 지역개발 및 주민의 생활환경시설의 설치·관리에 관한 사무 ⑤ 교육·체육·문화·예술의 증진에 관한 사무 ⑥ 지역민방위 및 소방에 관한 사무 등이다. 따라서 주민복지는 중앙의 담당업무라기보다는 지방의 고유사무이며, 기능이라는 주장이다.

또한 재정연방주의의 기준인 서비스의 파급효과와 규모의 경제(economy of scale)효과 등은 기술발전과 인구규모에 따라 국가별로 차이가 나는 것이며, 연방제인지 아니면 단방제인지에 따라 적용기준도 달리해야 하기 때문에 단순히 복지기능을 중앙이 100% 담당해야 한다는 논거로 삼기는 어렵다는 것이다.

둘째, '저출산 고령화' 등 우리 사회의 문제를 해결하기 위해서는, 복지정책과 기능을 최저수준의 국민생활 수준(national minimum)이라고 판단하는 것은 이해하지만, 이를 전액 중앙이 부담하라고 하기 보다는 지방과의 협력이나 연계를 통해 수행하는 것이 전 세계적 추세이며, 오히려 지방의 이해관계가 더 크기 때문에 이미 국고보조사업으로 시행하고 있다는 것이다. 즉, 전국적으로 획일적인 수준을 요구하기 보다는 지역적 특성을 반영하여 차등적 대응이 오히려 더 효과적이며 효율적이라는 주장이다. 따라서 중앙의 전액부담이 아니라, 적정한 지방비부담액(matching)의 설정을 통해 이 문제는 충분히 해결할 수 있다고 주장한다(김정훈, 2013).

셋째, 소득재분배 등 전통적인 재정학 이론에서 강조하는 중앙과 지방간 재정기능의 차별화는 오늘날 실효성이 떨어지며, 오히려 새로운 재정학의 주류는 지방정부 역시 중앙정부와 함께 소득재분배기능을 위한 복지기능과 정책의 수행이 가능하며, 오히려 바람직하기까지 하다는 것이다. 즉, 지방자치이론 중에서도 '보충성의 원칙'과 같이 주민밀착형, 현지성 등을 감안하면 복지서비스는 중앙정부에 비해 상대적으로 더 잘 공급할 수 있으며, 더 적합하기 때문에 그에 따른 재정부담 역시 지방정부가 일부 부담해야 한다는 것이다.

넷째, 환경오염에 대한 오염자부담금(polluter pays principle)이나 교통유발부담금 등 다양한 원인자부담금이 적용되고 있기는 하지만, 상수원보호구역과 물부담금 등에서는 오히려 수익자부담금(benefit charge principle)이 적용되기도 하기 때문에, 일률적으로 원인자부담금이 수혜자부담에 비해 상대적으로 우월하다고 주장할 수 없고, 복지사업의 수혜자는 지역주민이기 때문에 지방정부의 부담이 더욱 요구된다고 주장한다.

다섯째, 현실적으로 지방이 중앙에 비해 상대적으로 열악하다고 주장하지만, 중앙재정 역시 결코 안정적이지 않고, 최근에는 세수결손과 다양한 재정수요에 직면하고 있기 때문에 여력이 별로 없다는 것이다. 특히 건전재정의 확보라는 '재정준칙주의'가 엄격히 요구되는 시점에서, 오히려 중앙재정은 상대적으로 채무비율이 더 많다. 또한 과거 IMF사태와 2008년 미국의 서브프라임 모기지사태에 의한 세계경제 위축 등 거시경제의 불안정성과 북한의 위협, 중국과 일본 등 인접국가와의 경쟁력 심화와 환율, '고용 없는 경제'로 인한 실업률의 증가 등 국가적 재정수요는 지방에 비해 더욱 크고, 앞으로 더욱 증가할 것이며, 지방의 채무수준은 중앙에 비해 작아, 고통분담이라는 차원에서 지방재정의 역할은 더욱 크게 요구된다는 주장이다(김현아, 2013).

IV. 평가적 의견

지방과 중앙의 주장이 팽팽하게 대립하고 있는 가운데, 쉽사리 논리적으로나 이론적으로 어느 한 쪽의 손을 들어주기는 쉽지 않다. 그러나 문제의 발단과 현상분석을 통해 야기될 문제를 최소화 할 수 있는 대안이 무엇인지를 판단해 보고자 한다.

첫째, 복지업무와 기능이 과연 중앙과 지방 어느 쪽에 속하는 것인지를 결정하기가 쉽지는 않다. 하지만 결국 중앙과 지방의 책임전가를 통해 피해를 보거나 문제가 발생할 여지를 보면 주민과 국민의 차이를 구분하는 것에 지나지 않는다. 사회복지의 성격도 개별 사업에 따라 다를 수 있기 때문에, 현행 사회복지보조사업의 기준 보조율을 참고하여 중앙과 지방이 합의할 수 있는 수준을 결정해야 할 것이다.

둘째, 복지재원이 국민최저수준(national minimum)의 보장을 위한 것인지, 아니면 지역의 특성과 재정력을 반영하여 차별적으로 부담할 수 있는지에 대한 판단 역시 일반적으로 복지는 국가책임이기 때문에 전액부담해야 한다고 하기보다는, 복지정책에 따라 대상과 범위가 결정되기 때문에 중앙정부의 부담수준과 내용을 차등적으로 결정해야 할 것이다. 그러나 최근 무상보육사업이나 기초연금 등 전국적으로 균질적인 사업은 가능한 중앙정부가 전액부담하는 것이 원칙이라고 생각된다. 왜냐하면 이에 대한 결정과 추진은 중앙정부가 일방적으로 하고 부담만을 지방에 강요하였기 때문이다.

셋째, 재정의 기능적 측면에서 중앙과 지방의 차이는 인정되지만, 지방재정이 전통적으로 자원배분기능만을 담당하는 것은 아니라고 판단된다. 아울러 최근 전 세계적으로 재정분권화(fiscal decentralization)의 추세를 보더라도 소득재분배와 다양한 주민밀착형 복지사업과 서비스의 전달은 대부분 지방정부가 담당하는 것이 효율적인 것으로 판명되어 지방의 역할과 기능은 확대될 것으로 판단된다. 다만, 지방자치단체의 개별 특성과 재정력 등을 감안하여, 지방이 자율적으로 선택하고 추진할 수 있도록 복지사업의 대상과 방법론에 대해선 신축성을 인정하여야 할 것이다.

넷째, 수익자부담원칙과 원인자부담원칙은 항상 충돌하고 있는 것으로, 복지사업에 대해서는 수익자부담금이 오히려 적합할 수 있으나, 이 역시 오로지 생색내기를 위해 중앙정부와 정치권이 복지사업 확대와 결정만을 하고, 부담을 지방에 강요하는 현실에서는 사전에 '지방재정부담심의위원회'의 의결을 받게 하거나, '지방재정영향평가제도'를 도입하여 재정부담의 일방적 강요는 차단해야 할 것이다.

다섯째, 중앙과 지방재정 중 어느 쪽이 복지재원을 제대로 담당할 수 없을 정도로 열악한가에 대해서는 양측 주장의 옳고 그름을 떠나, 사회복지정책의 방향과 내용 및 규모 등에 대해 충분한 검토와 사전 계획수립이 전제되어야 할 것이다. 단순히 정권창출을 위한 복지정책의 남발은 지양되어야 하며, 세출조정과 세수의 정확한 예측 등이 전제되어, '건전재정의 기조'를 중앙과 지방 모두가 지켜야 할 것이다.

참고문헌

김정훈 (2013). 중앙·지방 재정관계의 국제비교와 시사점. 2013년 재정학 공동학술대회 발표논문.

김필헌 (2013). 박근혜 정부 복지공약의 지방재정 부담비용 추계. 한국지방세연구원. **지방세포럼**(통권 10호).

김현아 (2013). 중앙 지방간 복지재정 부담 개편방향. 한국지방재정학회·한국조세연구원 공동 정책 세미나 발표논문.

손희준 (2013). 사회복지보조금의 중앙·지방 간 분담체계에 관한 연구. 한국지방자치학회. **한국지방자치학회보**, 25(3).

손희준 외 (2011). **지방재정론**. 서울: 대영문화사.

이상용·이효·서정섭 (2013). 지방자치단체 의무지출과 재량지출의 분류에 관한 연구. 한국지방재정학회 동계학술대회 발표논문.

Musgrave, R. & Musgrave, P. (1984). *Public Finance In Theory and Practice*. New York, McGraw-Hill Book Co.

Oates, Wallace E. (1972). *Fiscal Federalism*. New York, Harcourt Brace Jovanovich.

29장 취득세 인하정책에 대한 논쟁과 갈등

배인명

I. 서 론

1952년 신설된 취득세는 1973년과 1974년 사치성 재산의 취득 등에 대하여 중과한 이후 부동산투기를 억제하기 위한 수단으로 활용되어 왔다(박상수·임민영, 2012). 하지만 1998년 외환위기 이후에는 경기활성화를 위하여 중과세율을 낮추는 개편이 이루어졌고, 그 이후 여러 차례 세율인하정책이 반복되었으며, 2013년 12월 10일에는 주택취득세를 영구인하하는 지방세법 개정안이 국회를 통과하였다. 동 개정안에 따르면 취득세율을 6억원 이하 주택은 2%에서 1%로, 6~9억원 주택은 현행 2% 유지, 9억원 초과 주택은 4%에서 3%로 1%p 인하하며, 정부의 부동산대책발표일인 2013년 8월 28일부터 소급적용하기로 하였다.

하지만 '취득세 영구인하' 방안이 발표된 이후 지방재정의 급감을 우려한 지방자치단체들의 거센 반발이 이어졌다. 이에 대하여 중앙정부는 지방재정의 손실을 보전해주기 위하여 지방소비세의 전환율을 부가가치세의 5%에서 11%로 인상하는 방안을 제시하였으며, 이러한 내용을 포함하는 '부가가치세법 개정안'은 취득세 영구인하를 위한 지방세법 개정안과 함께 국회를 통과하였다.

취득세에 대한 중앙정부의 감면정책으로 유발된 중앙정부와 지방자치단체간의 갈등은 2013년이 처음은 아니다. 2005년 1월 개인간 부동산유상거래에 대하여 등록세의 25%를 감면하였고, 2005년 12월에는 개인간 주택유상거래에 대하여 취득세의 25%, 등록세의 50%를 감면하였으며, 2006년 9월에는 2009년 12월까지 개인 및 법인의 주택유상거래를 대상으로 취득세와 등록세를 각각 50% 감면하였다. 2010년 1월에는 감면기한을 2010년 12월까지, 2010년 11월에는 감면기한을 2011년 12월까지 연장하기로 결정하였다. 2011년 3월에도 주택거래비용을 낮추기 위해 9억원 초과 1주택 또는 다주택에 대한 취득세는 4%에서 2%로, 9억원 이하 1주택 취득세는 2%에서 1%로 각각 50%씩 인하하였고, 2012년초 취득세율이 다시 복귀되었다가 2012년 9월 10일 취득세율을 12억원 초과 3%, 9~12억원 2%, 9억원 미만 1%로 다시 인하하였다.

이러한 상황 속에서 지방자치단체들은 지속적으로 조세감면에 따른 지방세수 감소에 대한 보완대책 없는 취득세 인하에 대하여 반대해 왔으며, 이에 대하여 중앙정부는 지방재정부족액에 대한 보전대책을 마련해 줌으로써 중앙과 지방간 갈등을 봉합하여 왔다. 예를 들어 2011년 정부는 취득세 인하에 따른 지자체 세수부족분을 전액보전하되 보전방식은 지방채 발행지원 후 예산지원을 하기로 하였다. 즉, 지방의 자금유동성 지원을 위해 2011년 지방채발행분에 대해 공공자금관리기금을 통해 전부 인수하고, 이자를 포함한 취득세 보전분은 2012년 예산에 반영·지원하기로 하였다.

이와 같이 취득세가 지속적으로 중앙정부의 부동산정책의 수단으로 활용되고 있고, 이에 대한 중앙정부와 지방자치단체간의 갈등이 반복되고 있는 상황에서, 본고에서는 취득세 인하정책에 대한 여러 논의를 정리해 봄으로써 앞으로의 취득세 정책에 대한 방향 설정에 도움을 주고자 한다.

Ⅱ. 취득세의 의의

우리나라에서 취득세는 특별·광역시 및 도세이다. 〈표 29–1〉에서 보듯이

§ 표 29-1 § 연도별 지방세 규모(결산기준)

	2007	2008	2009	2010	2011	2012
지방세 합계	43,531,553	45,835,149	45,056,548	50,079,901	52,300,144	53,938,064
보통세	35,079,907	36,868,810	36,141,852	41,372,965	45,787,231	47,292,273
취득세	7,261,465	6,876,713	6,643,871	6,824,895	13,849,322	13,802,393
등록세	7,253,623	7,142,906	7,131,373	7,372,592	-	-
면허세	76,502	72,611	73,457	73,513	1,269,703	1,246,039
주민세	7,410,705	8,115,149	7,536,882	596,089	318,291	331,874
재산세	3,767,442	4,918,496	3,828,040	4,745,157	7,618,777	8,050,462
자동차세	2,369,873	2,610,900	2,834,009	3,208,159	6,489,170	6,592,537
도축세	51,870	52,361	55,701	58,080	3,992	-
레저세	864,333	989,020	1,002,264	1,067,458	1,072,226	1,129,293
담배소비세	2,761,010	2,916,402	3,010,708	2,874,881	2,785,028	2,881,196
주행세	3,263,083	3,077,627	3,287,072	3,080,460	-	-
지방소비세	-	-	-	2,678,932	2,960,700	3,033,522
지방소득세	-	-	-	7,916,320	9,420,020	10,222,894
목적세	7,768,962	8,527,777	8,315,061	8,052,336	5,781,668	5,965,914
도시계획세	1,882,827	2,182,788	2,269,228	2,436,591	1,932	1,432
사업소세	543,293	588,491	591,216	-	-	-
공동시설세	728,963	799,494	808,020	649,662	813,088	883,036
지역개발세	99,952	92,561	90,789	95,143	-	-
지방교육세	4,513,927	4,864,443	4,555,808	4,871,011	4,966,647	5,081,446
지난연도 수입	682,684	438,562	-	-	731,246	679,878

취득세(등록세 포함)가 전체 지방세에서 차지하는 비율은 2007년 33.34%에서 지속적으로 낮아져서 2012년에는 25.6%를 차지하고 그치고 있다.[1] 하지만 취

---

1 2011년 기존의 15개 지 방세목을 간소화함으로써 현재에는 11개의 지방세목으로만 구성되어 있

득세의 규모는 2012년 18조 8,493억원으로 나타나고 있는 등 11개 지방세 세목 중 가장 큰 규모를 나타내고 있는 기간 세목으로 자리매김하고 있다.

취득세는 부동산이나 차량 등을 취득한 자에게 부과하는 세목이기 때문에 재산세의 일종으로 분류된다. 일반적으로 재산세는 국세보다는 지방세로 적합하다고 알려져 있다. 이론적으로 볼 때 지역간 이동이 제약되어야만 지방세로 적합하기 때문이다. 만약 조세부담의 일부 또는 전부가 다른 지역으로 전가된다면 그 지역은 최적 규모 이상의 공공서비스를 공급하게 될 것이고, 반대로 다른 지역의 조세부담을 수입하여야 하는 지역에서는 최적 규모 이하의 공공서비스를 공급하게 될 것이기 때문에 사회자원배분의 비효율이 발생하게 된다(김종순, 2003). 또한 전통적 관점에서 볼 때 재산세는 공공서비스에 대한 사용료로 인식되기 때문에 응익의 원칙에 부합된다(Aaron, 1975). 응익의 원칙 역시 지방세의 조건 중 하나이다. 이러한 이유로 재산세는 가장 대표적인 지방세 세목 중 하나로 세계 여러 나라에서 활용되고 있다.

하지만 이론적인 논의에서의 재산세는 재산보유과세를 의미한다. 취득세는 재산관련세이기는 하지만 재산보유과세가 아닌 재산거래과세이다. 이론적으로 재산거래과세는 재산보유과세 보다는 일반소비세와 유사한 세목으로 간주된다(최병호, 2007). 따라서 재산세에 대한 이론적인 논거를 취득세에 적용하는 것은 적절하지 않을 수 있기 때문에 보다 신중한 논의가 필요하다.

Ⅲ. 취득세 인하에 대한 찬반양론

많은 학자들은 다양한 측면에서 취득세의 문제점들을 지적하면서 취득세의 인하, 혹은 폐지를 주장하고 있다. 그 주장들을 살펴보면 다음과 같다.

첫째, 재산거래과세는 부동산경기에 따라 크게 변동하기 때문에 안정성이

다. 우선 기존의 취득관련분 등록세와 기존의 취득세가 취득세로 통폐합되었으며, 보통세인 재산세와 목적세였던 도시계획세가 재산세로 통폐합되었다. 또한 취득과 무관한 등록세와 면허세가 등록면허세로, 공동시설세와 지역개발세가 지역자원시설세로, 자동차세와 주행세가 자동차세로 통합되었으며, 도축세는 폐지되었다.

낮은 세목이다. 따라서 취득세에 대하여 과도하게 의존한다면 지방재정 전체가 불안정하게 될 가능성이 높아진다는 것이다. 반면 재산보유과세는 안정성이 매우 높기 때문에 재산거래과세를 인하하고 재산보유과세를 강화하여야 한다고 주장하고 있다(김종순, 2003).

둘째, 여러 학자들은 재산거래에 대한 과세는 재산거래의 빈도에 따라 크게 달라지므로 수평적 불공평성을 야기할 가능성이 높다. 소유자의 담세능력은 재산거래의 빈도에 비해 보유재산가액의 크기에 비례하기 때문에 재산거래과세보다 재산보유과세가 더욱 형평성을 높일 수 있어 취득세를 인하하고 재산세를 강화하여야 한다고 주장하고 있다(지대식·최수, 2003).

셋째, 재산거래과세를 강화하면 부동산거래비용을 높이는 결과를 초래하여 부동산거래를 위축시킴으로써 시장의 거래를 왜곡하는 비효율적 결과를 초래한 가능성이 높아진다(지대식·최수, 2003). 따라서 효율적 자원배분을 이루기 위해서는 취득세의 인하 혹은 폐지가 필요하다는 것이다.

〈표 29-1〉에서 보듯이 우리나라에서는 2012년 재산세의 규모가 8조 504억 원으로 취득세의 60%에도 미치지 못하고 있다. 이와 같이 재산거래과세인 취득세의 비중이 재산보유과세인 재산세에 비해 월등히 높은 상황에서 재산보유과세를 강화하고 재산거래과세 부담을 완화하자는 주장은 상당한 설득력을 가지고 지속되어 왔다. 하지만 취득세 인하에 대하여 부정적인 시각도 만만치 않다. 그 이유는 다음과 같다.

첫째, 취득세는 지방자치단체의 기간세목이므로 취득세의 인하는 지방재정의 대폭적인 축소를 야기한다. 한국지방세연구원은 2013년 '취득세 영구인하' 정책으로 인해 지방세수가 통상 거래량 기준으로 약 2.4조원 감소할 것으로 추정하였다. 2.4조원은 2013년 당초 예산기준으로 지방세수의 약 4.5%수준에 이르기 때문에 취득세율의 인하는 지방재정에 큰 타격을 줄 수밖에 없다.

만약 취득세의 인하가 불가피하다면 어떠한 방법으로라도 재정감소분이 보전되어야만 지방자치단체들의 반대를 피할 수 있을 것이다. 재정보전방안으로는 위에서 논의하였듯이 취득세를 인하하는 대신 재산세를 인상하는 방안을 생각해 볼 수 있다. 하지만 이러한 방안은 국민들의 조세저항을 야기할 가능성이 높기 때문에 바람직하지 않다는 주장들이 있다. 즉, 취득세는 취득당시 1 회성으로 부과되고 구매자는 세부담을 고려하여 의사결정을 하기 때문에 상대적으로 조세저항이 낮은 세목인 반면, 재산세는 매년 반복적으로 부과되어 국민들의 조세체감도가 높은 세목이기 때문에 조세저항이 크다(하능식, 2013).

또한 취득세의 규모가 재산보유과세에 비해 크기 때문에 취득세를 인하한 만큼 재산세를 인상하기 위해서는 대폭적인 세율인상이 필요하고, 이는 거센 조세저항으로 이어질 수 있다. 더욱이 우리나라에서 재산세는 기초자치단체의 세목이고, 취득세는 광역자치단체의 세목이기 때문에 취득세의 보전대책으로 적합성이 떨어진다. 이러한 이유로 재산거래과세 부담을 완화하고 재산보유과세를 강화하는 방안은 우리나라의 상황에서 현실화하기에 어려움이 있다.

둘째, 취득세 인하를 주장하는 자들의 의견에 따르면 재산거래과세를 인하하면 부동산경기가 활성화되어야 하는데 실제 취득세 인하로 인해 부동산경기가 활성화되지 않는다는 것이다. 최근 우리나라에서의 연구들을 살펴보면 취득세 인하의 영향이 매우 제한적이라는 것을 알 수 있다. 박상수·임민영(2012)의 연구에 따르면 2006년 9월 이후 '취득세 감면정책'이 지속적으로 활용되고 있음에도 불구하고 주택거래부진은 지속되고 있다. 아울러 2011년 3·22 조치로 2011년말까지 한시적으로 취득세율을 인하한 후에도 늘어나는 주택거래량은 거의 없는 것으로 나타났다. 또한 하능식(2013)의 연구에서는 2011년 3월 취득세 감면정책 시행이후 분기별 평균 거래량은 감면정책 시행이전에 비해 오히려 줄어든 것으로 나타나 취득세 인하정책이 부동산경기에 영향을 미치지 못했음을 보여주고 있다. 한재명·유태현(2011)의 연구에서도 2005년과 2006년에 이루어진 부동산거래세 인하가 전국, 서울, 서울 강남권 그 어디의 부동산거래도 활성화시키지 못한 것으로 분석되었다.

IV. 평가적 의견

이상에서 살펴본 바와 같이 이론적으로 볼 때, 재산거래과세인 취득세의 인하는 효율성, 형평성, 안정성 등 다양한 측면에서 바람직할 수 있다. 하지만 이에 대한 반대의견도 만만치 않다. 특히 많은 연구들이 취득세의 인하가 왜곡된 부동산거래시장의 문제를 시정하여 자원배분을 더욱 효율화할 것이라는 기대는 최근 우리나라에서는 적용되지 않고 있음을 보여주고 있다. 따라서 지방재정을 위축시키면서까지 부동산경기의 활성화를 위해 취득세 부담을 완화할 필요가 없다는 것이다.

그럼에도 불구하고 지속적으로 취득세 감면정책이 활용되어 왔던 우리나라에서 취득세를 인하하지 않는다면 '거래절벽'에 부딪쳐서 부동산거래시장이 얼어붙을 가능성이 높다. 이러한 상황에서 취득세 영구인하정책은 불가피한 조치였던 것으로 보인다. 또한 취득세 영구인하로 인한 재정감소분에 대한 보전을 위하여 지방소비세율을 인상하기로 한 방안도 적절하다고 판단된다. 하지만 앞으로도 계속 '취득세의 인하'가 부동산정책의 일환으로 활용될 경우 어떻게 지방재정의 감소를 보전해 줄 것인지에 대하여 보다 근본적인 대책을 마련할 필요가 있다.

이와 관련하여 취득세를 국세와 맞교환하는 방안도 고려해 볼 수 있을 것이다. 예를 들어 배인명(2011)은 신장성, 안정성, 그리고 보편성의 측면에서 취득세 보다는 부가가치세가 더욱 우수하기 때문에 취득세를 국세화 하는 대신 부가가치세의 일부를 추가적으로 지방소비세화하는 방안은 중앙정부가 취득세를 부동산정책의 수단으로 활용함으로써 발생할 수 있는 중앙과 지방자치단체들간의 갈등을 근본적으로 해결할 수 있는 방안이라고 주장하고 있다.

이상에서 살펴본 바와 같이 취득세의 인하정책은 지방재정에의 영향, 부동산경기의 활성화에 대한 효과, 재정보전대책 등 다양한 측면들을 종합적으로 고려하여 신중히 결정하여야 할 것이다. 그렇지 않으면 중앙과 지방간의 갈등이 재발되는 악순환이 계속될지도 모른다.

참고문헌

김종순 (2003). 지방재정학. 서울: 삼영사.

박상수·임민영 (2012). 주택 관련 취득세 감면정책의 문제점과 개선방안. 한국지방세연구원.

배인명 (2011). 국세와 지방세의 조정에 대한 연구: 부가가치세와 취득세의 교환 방안을 중심
으로. 현대사회와 행정, 21(3).

유태현·한재명 (2007). 지방소비세의 합리적 도입방안에 대한 연구. 한국지방재정논집, 12(3).

지대식·최수 (2003). 부동산관련세제의 정비·개선방안 연구. 국토연구원.

최병호 (2007). 부동산 거래세제 개편에 따른 지방재정의 주요 이슈와 대응. 응용경제, 9(2).

하능식 (2013). 취득세 세율인하의 문제점과 지방재정 대응방안. 월간지방자치.

Aaron, Henry (1975). *Who Pays the Property Tax?: A New View.* Washington DC: The Brookings
Institute.

6부

커뮤니티와 시민참여

30장 읍면동 기능 강화: 찬성 vs 반대

🖲 유 희 숙

Ⅰ. 서 론

지방분권 및 지방행정체제 개편을 위하여 대통령 소속으로 설치된 지방자치발전위원회[1]는 지방자치발전 20대 과제 중 우선 파급효과가 크고 지방자치단체의 자율성과 핵심역량을 강화할 수 있는 6대 핵심과제를 선정하여 추진하고 있다. 자치사무와 국가사무 구분체계 정비 및 중앙권한의 지방이양을 비롯해 지방재정 확충 및 건전성 강화, 교육자치와 지방자치 통합, 자치경찰제 도입, 특별·광역시 자치구·군의 지위와 기능재편, 주민자치회 도입을 통한 근린자치 활성화 등이 핵심추진과제이다. 이와 같은 핵심과제들은 향후 지방자치단체의 행정환경에 큰 변화를 가져올 것이며, 주민과 가장 밀접한 읍면동의 기능변화에도 영향을 미치게 될 것이다.

특히, 대통령의 지시에 의해 지방자치발전위원회가 국가사무와 자치사무의 재배분작업을 본격적으로 실시하고 있다는 점과 안전행정부가 근린자치 활성화를 위하여 읍면동 주민을 중심으로 구성되는 주민자치회[2]를 시범실시하고

---

1 제4장 제44조(지방자치발전위원회의 설치) 지방분권 및 지방행정체제개편을 추진하기 위하여 대통령 소속으로 지방자치발전위원회를 둔다. 지방분권 및 지방행정체제개편에 관한 특별법(2013. 5. 28).

2 2011년 '지방행정체제개편에 관한 특별법'에 근거하여 구성된 대통령 소속 지방행정체제개편추진위원회가 '지방행정체제개편에 관한 특별법'에 의거하여 주민자치회 모델안을 마련하고, 지방행정체제개편 기본계획에 반영하였으며, 안전행정부가 이에 기반하여 구체적인 사업계획을 수

있는 점을 감안할 때 이번 지방자치발전 핵심과제들은 1999년 읍면동 기능전환정책과는 달리 읍면동의 기능 강화 필요성이 전제되고 있다. 읍면동 기능강화 문제는 주민자치기능 강화와 행정의 효율성 제고 및 주민서비스 기능 강화라는 측면에서 분명 개선의 여지가 있다.

최근에는 읍면동에 종합복지서비스 제공기관으로서의 기능이 추가되면서 읍면동의 기능 강화에 대한 논의가 새롭게 이루어지고 있다. 읍면동의 기능강화는 읍면동의 복지중점의 기능전환으로 당연한 결과라는 인식과 읍면동의기능 강화는 시군구 본청과의 업무중복성이 우려된다는 인식이 팽배하게 맞서고 있다. 이와 같이, 읍면동 기능 강화와 관련하여서는 지역별 특성, 주민자치기능, 또는 복지서비스, 주민접근성 등 다양한 측면에서 찬반의 논의가 이루어지고 있다.

Ⅱ. 쟁점: 찬성 vs 반대

1. 읍면동 기능 강화 찬성의 관점

1) 현장중심의 주민생활지원 서비스 제공

1999년 읍면동 기능전환 추진이후 읍면동의 행정기능이 축소되었으나 현장중심의 행정서비스 제공이라는 측면에서 자율방범대, 읍면동정 자문위원회운영, 방역소독 등과 같은 일부사무가 시군구로부터 읍면동으로 재이관되고있다. 보건·복지·주거 등 주민생활지원기능이 부각되고 행정지시(협조)에 의한 보조적 사무도 지속적으로 증가하고 있는 바, 지역적 특성 및 주민의 접근성을 고려하여 현장중심의 주민생활지원이 가능하도록 읍면동의 권한과 기능

립하였다. 주거단위의 근린자치를 활성화하기 위하여 읍면동의 기능 및 역할 확대를 전제로 읍면 주민을 중심으로 구성되는 주민자치회의 성공모형을 제시하고 시범실시하고 있다. 안전행정부는 .주민자치회 도입에 따른 시행착오를 최소화하기 위해 전국적인 확산 전에 31개 읍면동을 선정하여 1년간('13년 5월~'14년 하반기) 시범실시하고 2017년까지 점진적으로 전국 전면실시를 목표로 하고 있다(2013년 4월 11일 안전행정부 보도자료).

이 강화되어야 한다는 것이다.

2) 체감도 높은 복지전달체계 구축

최근 정부는 국민중심의 맞춤형 복지전달체계를 구축하기 위해 도시형과 농촌형으로 구분하여 전달체계를 개편하고 있다. 도시형은 접근성·편의성이 높은 동 주민자치센터의 복지행정기능을 강화하여 주민자치센터를 맞춤형 복지허브기관으로 개편하고, 농촌형은 농촌 특성을 반영하여 접근성 및 서비스 제공기능 강화를 위해 면사무소와 읍사무소에 적정 복지인력을 배치하여 읍·면사무소의 복지기능 강화를 고려하고 있다.[3] 이러한 복지서비스를 주민의 욕구에 맞게 제공하기 위해서는 읍면동은 단순히 전달자의 역할만 수행하는 것이 아닌 기획부터 전달까지 전 과정에 대한 업무처리능력을 갖추어야 하며, 읍면동이 업무처리를 할 수 있도록 충분한 권한과 기능을 강화할 필요가 있다는 것이다.

3) 자발적 주민참여를 위한 주민자치 제도화

2013년부터 시범실시 되고 있는 주민자치회의 제도화를 통해 읍면동의 종합행정적 기능과 실질적인 현장집행기능을 활성화시키고 주민자치를 강화할 필요가 있다는 것이다. 현실적으로 우리나라의 지방자치제도는 기초자치단체의 범주를 시·군·구에 두고 있으므로 읍면동은 자치의 권한을 가지지 못한 상태이다. 주민자치회를 근린의회 성격의 자치기구로 그 위상을 설정하기 위해서는 최소한 읍면동에 준자치단체와 같은 위상과 역할 그리고 권한을 부여하는 제도의 변화가 동반되어야 한다는 것이다.

4) 지역별 특성을 고려한 읍면동 기능 강화

세종특별자치시는 광역사무와 기초사무를 동시에 수행하는 단일계층행정체제로서 1자치 2행정계층(광역시-읍면동)형태를 구성하고 있다. 최근 세종시는

---

3 관계부처합동(2013. 9) 국민중심의 맞춤형 복지전달체계 구축방향.

단층제(기초·광역)업무 동시수행의 한계를 극복하고 세종시 특성(도농복합)에 걸맞는 신속하고 다양한 행정서비스를 제공하기 위해 읍면동 기능 강화를 검토하였다.[4] 인력 및 광역업무수행의 노하우 부족에 따른 본청업무 과부하, 읍면동 기능 약화로 인한 대민서비스 질 저하, 행정수요 미온적 대처 등의 부작용을 극복하기 위해 점진적으로 읍면동 기능 강화를 추진할 방침이다. 제주특별자치도 역시 읍면동 기능 및 권한 강화의 필요성을 제기하였다. 특별자치도 출범시 읍면동 기능 및 권한 강화와 관련해 사무위임 및 행정조직 확대 등 많은 노력이 있었으나 최근 예산지원 부족으로 일선에서 행정업무를 처리하는 데 애로사항이 많다고 강조하고, 내년도 예산편성시 읍면동의 주민불편생활 해소 및 긴급한 환경정비사업 등에 대해서 읍면동의 의견을 수렴하고 필요 사업비를 편성하도록 하였다.[5]

2. 읍면동 기능 강화 반대의 관점

1) 행정전산화로 인한 읍면동 민원업무량 감소

일반적으로 읍면동은 주민등록, 지방세 증명발급, 매장 및 화장, 의료급여, 폐기물 관리, 복지수혜자 조사 및 관리 등의 업무를 추진하고 있다.[6] 이와 같은, 읍면동 업무 중 대부분을 차지하고 있는 민원서류 및 제증명 발급업무들은 온라인 행정서비스가 발달하면서 업무량이 대폭적으로 감소하고 있다. 뿐만 아니라, 세무업무의 전반이 본청으로 이관됨으로써 점차 읍면동의 일반행정기능은 약화되었다. 이러한 변화에 따라 점차 시군구청에 의한 광역적·종합적 행정의 필요성이 높아지고 있으므로 읍면동 기능 강화는 불필요하다고

---

4 충청투데이, 세종시, 읍면동 기능 강화 검토 중, 2012. 12. 5.

5 아시아뉴스통신, 읍면동 기능·권한 강화해야, 2012. 7. 23.

6 일례로 경기도의 경우 국민기초생활보장수급가구는 2005년 109,798가구에서 2009년 123,645가구로, 저소득 및 한부모 가족은 2006년 25,337가구에서 2009년 32,571가구로 꾸준히 증가하고 있다. 또한 경기도의 주요 추진정책을 살펴보면 무한돌봄사업 확대 실시, 현장(도민)중심 행정서비스 구현, 현장(도민)중심의 재난사고 대응체계 마련 등으로 읍면동의 역할이 중요한 사업으로 중점 추진되고 있다.

본다.

2) 읍면동 복지서비스 전달의 한계

읍면동은 종합상담, 정보제공, 방문상담, 통합사례관리 의뢰 및 사후관리 등 동 복지업무에 대한 총괄 및 관리를 수행한다. 그러나 이러한 복지업무는 읍면동 주민센터에서만 수행하기 어렵기 때문에 결국 시군구의 주민생활지원국에서 통합적으로 관리되고 있어 읍면동의 복지서비스 제공은 한계가 나타날 수밖에 없다는 관점이다.[7] 특히, 과거 빈번하게 발생한 복지비 횡령의 경우 주민센터에 근무한 공무원이 대부분이며, 이는 현지성이 강하면 비리가 발생할 수밖에 없다는 것을 의미하기 때문에 상위기관의 관리감독이 충분히 이루어져야 할 필요성이 있는 바, 읍면동의 기능 강화가 이루어지게 되면 복지서비스 전달체계의 한계와 관리감독의 어려움이 발생할 수 있다는 것이다.

3) 형식적인 주민참여

읍면동은 주민생활과 밀접한 정책을 집행하고 있어 대민 최일선 행정기관임에도 불구하고 그에 맞는 권한이 제대로 확보되어 있지 않으며, 실제 주민이 참여하여 의결할 수 있는 권한도 미비하고, 문화·교양 프로그램을 제공하는 수준에 머물고 있는 바, 행정의 효율성이나 주민자치를 실현할 수 없는 구조라는 것이다. 물론 주민자치회의 시범실시가 이루어지고 있어 주민자치위원회보다는 위상도 높아지고 지역의 다양한 주민자치활동도 독립적으로 수행하고 참여하게 되었으나, 주민참여를 위한 권한이 명확하게 주어지지 않는 이상 읍면동 기능 강화에 대한 의미가 없다는 관점이다.

---

7 시군구 단위는 관할범위가 크기 때문에 복지서비스 접근성이 낮고, 읍면동 단위는 관할범위가 작기 때문에 인력배치에 대한 문제가 있다는 것이다. 이러한 문제를 해결하기 위해 최근 '희망복지지원단'이 개소되었고, 읍면동 복지업무 지원 및 관리를 수행하고 있다.

Ⅲ. 평가적 의견

1999년 읍면동 기능전환 이후, 지방행정체제 변화, 시군구로부터 읍면동으로의 사무재이관, 주민생활 지원기능 부각 및 행정지시(협조)에 의한 보조적 사무증가, 지역적 특성 및 주민의 접근성 등 다양한 관점에서 읍면동의 기능강화에 대한 찬반이 이루어지고 있다. 어떠한 관점에서든 주민생활지원 서비스의 효율적 제공 및 주민자치영역을 확대하기 위하여 읍면동 단위의 기능 확충이 필요하다고 할 수 있는 바, 이를 위해서는 몇 가지 보완이 이루어질 필요가 있다.

먼저, 본청과 읍면동 인력간 "순환보직네트워크" 구축이 필요하다. 읍면동의 업무는 주민과 가장 밀접한 정책을 집행하게 되어 있는 만큼 관련된 업무에 대한 풍부한 경험을 갖춘 인재가 배치되어야 한다. 또한, 읍면동사무소 공무원의 행정서비스 전달 및 정책홍보 역량 강화를 위한 전문교육 실시가 필요하다. 특히, 최근 증가하고 있는 복지 및 재난관리 업무를 위해 지역 내 대학이나 교육기관과 협력하여 교육을 실시하고, 교육이수 후 수료증을 부여하여 인사고과 및 성과에 반영하는 제도가 마련되어야 한다.

다음으로는 읍면동장의 권한이 확대될 필요가 있다. 읍면동의 업무는 주민생활과 밀접한 부분들이 대다수로 주민의 요구에 적극적이고 능동적으로 대처할 수 있어야 하는 만큼 읍면동장의 직결권 등의 권한을 일정부분 확대하여 주민의 욕구를 빠르게 충족시킬 필요가 있다. 이와 더불어, 읍면동장의 업무이해도 제고 및 원활한 업무수행을 위해 재임기간을 일정기간(약 2년) 보장하는 최소임기제를 실시할 필요가 있다. 지역에 따라 다소 편차가 있으나 읍면동장의 임기는 평균 짧으면 6개월에서 길게는 2년으로 지역의 현안을 제대로 파악하고 생활밀착형 정책을 수행하기에는 임기가 너무 짧다.

참고문헌

관계부처합동 (2013. 9). 국민 중심의 맞춤형 복지전달체계 구축방향. 사회복지위원회 안건 붙임자료.

국민일보. 경북, 읍면동 주민센터 복지기능 강화. 2013. 6. 27.

류영아·김필두 (2010). 주민자치센터의 활성화에 대한 인식 조사. **현대사회와 행정**, 20(3).

아시아뉴스통신. 읍면동 기능·권한 강화해야. 2012. 7. 23.

안전행정부 보도자료. 2013. 4. 11.

조석주 (2005). 읍면동 기능전환정책의 평가와 발전방안. **지방행정연구**, 19(3).

조석주 (2005). 주민자치센터에 대한 주민의식분석과 발전방안. **한국지방자치연구**, 7(1).

지방분권 및 지방행정체제개편에 관한 특별법. 2013. 5. 28.

충청투데이. 세종시, 읍면동 기능강화 검토 중. 2012. 12. 5.

31장 새마을운동의 재점화 필요성

소 진 광

I. 서 론

어떠한 정책이든 역사와 분리하여 평가할 수 없다. 새마을운동도 예외가 아니다. 2차 세계대전 이후 한국은 식민지배의 구조적 결함과 또 1950년부터 3년간의 전란을 통해 생산기반시설이 붕괴되어 세계 최빈국에 속해 있었다. 특히 남과 북이 이질적인 정치체제로 갈라지면서 남쪽의 대한민국은 지하자원까지 부족하여 근대화에 취약할 수밖에 없었다. 이러한 상황에서 한국은 1960년대부터 산업화 정책을 통해 국가발전을 도모하기 시작하였다. 그러나 산업화는 농촌의 상대적 박탈감과 도시인구 수용능력의 한계로 인해 지역간, 계층간, 산업별 격차로 인한 이중, 삼중의 문제를 초래하였다. 이러한 상황에서 국가작동체계의 구축이 무엇보다 시급한 과제로 떠오르게 되었다. 당시 국가의 존재이유와 관련하여 국가가 시급히 해결하여야 하는 과제는 산업화의 지속적인 추진, 농촌빈곤 해결, 국가작동체계 구축 등이었다.

이러한 맥락에서 한국의 새마을운동은 서구지향적 지역사회 발전모형에서 탈피하고 지역사회 잠재력을 최대한 동원하여 성공한 독창적인 지역사회 발전모형으로 평가된다. 새마을운동이 성공할 수 있었던 요인은 학자마다 다르게 지적되고 있으나 대체로 국민적 자각, 주민참여 동기부여, 상황에 맞는 새로운 교육제도 도입, 신념과 야망을 지닌 지도력 등으로 요약된다. 이러한 성공요인은 새마을운동이 단순한 일회적 사업이 아니라 어떠한 상황에도 적용 가능한 변화대응능력임을 시사한다.

한국에서의 새마을운동은 산업화를 통해 급격한 도시화를 겪고, 상대적으로 농촌의 경제가 도시에 비해 하향길로 접어들 무렵인 1970년에 태동하였다. 산업화는 상대적으로 기반시설이 갖추어져 있는 도시를 중심으로 생산시설의 집적을 초래하였고, 농촌인구의 도시집중을 부추겼다. 이로 인해 도시문제도 심각해졌지만 무엇보다도 농촌의 황폐화는 효율적인 국토운영을 어렵게 하고, 국가통합을 저해하는 요인으로 작용하고 있었다. 즉, 산업화가 국가전체적인 경제성장을 도모하였으나 도시와 농촌, 공업과 농업의 부조화를 초래하여 도시문제와 농촌문제를 동시에 유발하고 있었고, 이는 곧바로 국가운영의 부담으로 귀결되고 있었다. 한국 정부가 산업화를 적극적으로 추진하면서 농촌문제에 관심을 갖게 된 것도 그 때문이다.

다른 한편, 비록 새마을운동이 국민들의 삶의 수준을 높이기 위해 시작되었지만, 종종 국민들을 경제발전에 헌신하도록 몰아붙이고, 노동분쟁과 반정부 활동을 억제하기 위한 유효한 수단으로 활용되었다는 주장도 있다. 그러나 새마을운동에 관한 대다수 연구들은 새마을운동의 순기능적인 성과에 주목하고 있다. 즉, 1970년대 새마을운동이 국정운영의 중요 과제로 다루어지다 보니 관료들의 과잉추진으로 인한 문제점이 없지는 않았지만(2013년 1월 21일, 이재창 당시 평택군수의 증언), 국민들에게 사회변화과정에 대한 자신감을 심어주었고, 농촌빈곤을 어느 정도 해소하였으며, 지방행정체제의 구축을 통해 국가작동체계를 완성하였다(소진광, 2011).

새마을운동에 관한 기존 연구들은 대체로 주민들의 생활환경 개선, 소득 증대 등 성과를 분석하고, 성공요인을 도출하는데 초점을 두고 있어서 1970년대 한국 사회의 단면을 고증하듯 정태적 논의에 함몰되어 있다. 다른 한편 새마을운동에 관한 연구가 당시 새마을운동을 촉발하고 이를 중요 국정운영과제로 추진했던 특정정치체제에 대한 평가와 희석되면서 본래의 지역사회개발 관점이 소홀히 다루어지고 있는 측면도 있다. 그러나 한국의 새마을운동은 한정된 자원을 효율적으로 활용하는 과정논리를 포함하고 있고, 지역사회 주민들의 역량 강화를 통해 지역사회 내부자원을 동원할 수 있는 체제를 구축하였으며, 공공분야와 민간부문의 상호작용을 원활하게 하여 공익의 범위를 확대하였고, 결과적으로 변화를 관리할 수 있는 실천력을 제고할 수 있어서 국제기구로부터 개발도상국의 농촌빈곤문제를 해결할 수 있는 우수사례로 지목받고 있다.

　이러한 상황에서 한국의 새마을운동에 관한 연구는 두 가지 측면에서 새로운 도전을 받고 있다. 즉, 한국의 새마을운동에 관한 긍정적 평가는 당시 한국적 상황에서만 가능했던가에 대한 물음과 새마을운동이 특정의 경제발달 수준, 즉 농촌빈곤 탈피단계를 벗어나 발전에 관한 미래소망을 충족시켜줄 수 있는가에 대한 의구심이 그것이다. 전자와 관련한 물음은 다른 개발도상국에서 실시되기 시작한 새마을운동을 분석하여 답을 얻을 수 있을 것이고, 후자와 관련한 물음은 사회변화과정에서 새롭게 대두되고 있는 패러다임의 틀 속에서 한국의 새마을운동을 재평가함으로써 그 해답을 찾아야 할 것이다(소진광, 2007a).

　이 글은 이러한 문제인식에 근거하여 새마을운동 경험을 40여년이 지난 현재의 시점에서 재점화할 논리적 근거를 탐색하기 위한 것이다. 특히 21세기에 들어서면서 국제기구 및 개발도상국들은 당장의 농촌빈곤문제를 해결하고 국가경제를 발전시키기 위해 한국의 새마을운동 경험에 관심을 기울이고 있다. 또한 한국의 국내 환경에서도 그간 급속한 산업화로 인한 공동체 붕괴의 대안으로 새마을운동을 재점화해야 한다는 목소리도 높아지고 있다. 이러한 관점에서 이 글은 기존 연구에서 밝혀진 사실관계를 21세기 지역사회발전 관련 주요 패러다임 관점에서 접근한다. 새마을운동이 시작된 1970년대엔 지역(사회)발전 분야에서 20세기 후반 논의되기 시작한 새로운 핵심용어인 '사회적 자본(social capital)', '거버넌스(governance)', '지속 가능한 발전(sustainable development)'에 대한 인식이 거의 없었거나 논의대상이 아니었다. 그러나 1970년대 한국의 새마을운동 경험을 다양한 각도에서 재해석하면 이들 지역(사회)발전 분야의 새로운 패러다임을 충족시키고 있음이 증명된다.

　결국 한국의 새마을운동은 당시 국내 현안이었던 각종 공간격차(도시와 농촌) 및 분야격차(농업과 근대산업)와 계층격차문제를 해결하는데 효과적이었고, 한정된 자원을 효율적으로 동원하여 국가작동체계를 구축하는 성과를 거두었다. 이러한 새마을운동의 국내적 성과는 21세기 인류가 공통적으로 대응하고자 하는 각종 문제를 해결하기 위한 '사회적 자본 축적', '거버넌스 구축', 그리고 '지속 가능한 발전'을 실현할 수 있는 모범적 사례로 인정받고 있다.

Ⅱ. 새마을운동 경험의 수요

새마을운동을 21세기 현 시점에서 재점화할 필요성은 세계화와 국내 환경변화 측면에서 접근할 수 있다. 이러한 접근은 소극적으로 문제를 해결하기 위한 것일 수도 있고, 적극적으로 미래의 발전가치를 도모하기 위한 것일 수도 있다.

1. 새마을운동의 세계화 수요

21세기 국제연합(UN)은 '건전하고 지속 가능한 인류문명'을 실천하기 위한 공동의 목표를 새천년개발목표(MDGs) 형식으로 제시하였다. 이들 새천년개발목표의 대부분은 1970년대 한국의 새마을운동 성과와 연계되어 있어서 이를 실현하기 위한 국제기구 및 각국의 관심이 한국의 새마을운동에 쏠리고 있다. 한국의 새마을운동은 산업화로 인해 붕괴되기 시작한 지역사회를 재건하고, 주민들의 주도권을 회생시켰으며, 공공분야와 민간분야의 상호작용을 활성화하는데 기여하였다. 이러한 과정논리는 세계화 맥락과도 연계되어 있다. 즉, 세계화는 정보·교통혁명으로 인해 공간활용능력이 증대되고 있음에도 불구하고 지역사회에 대한 관심을 오히려 증대시키고 있다.

지역사회는 공공분야의 가장 기초적인 원단위(元單位)로 개별 구성원과 공공분야의 최대 단위인 국가를 연결하는 출발점이다. 또한 '발전(development)'이란 '인간의 정주공간과 관련하여 삶의 질을 향상시키기 위한 변화의 관리방식'

으로 정의될 수 있다. 여기서 변화는 방향과 속도라는 성분으로 이루어져 있다. 이 경우 방향은 실현하고자 하는 목표를 지향하고 있어서 다른 변화의 주체가 경험한 것을 모방하거나 수정하여 설정되기도 하고, 직면한 문제를 해결, 극복 혹은 완화하기 위해 설정되기도 한다. 변화방향의 설정은 바람직한 상태를 판별할 수 있는 가치와 연계되어 있다. 변화주체의 규모가 클수록 인류문명의 발전에 내재되어 있는 가치의 보편성은 증대된다.

발전현상과 관련하여 흔히 변화의 방향은 구조적 성분으로, 변화의 속도는 기능적 성분으로 인지되고 있다. 변화의 방향이 과거로부터의 추세를 반영하고 있기 때문일 것이다. 변화의 속도 또한 사회구조에 의해 가속도가 붙을 수 있기 때문에 구조적 속성을 포함하고 있다. 따라서 변화의 관리는 구조적 한계를 벗어나기가 어렵다. 구조적 한계를 뛰어 넘는 변화의 관리는 새로운 제도형성 및 체제의 구축과 관련되어 있다. 지역사회의 발전과 국가의 발전 혹은 보다 광범위한 문명권의 발전현상이 각각 다른 차원의 척도로 접근되고 있는 이유가 여기에 있다.

다른 한편 변화의 속도는 실현하고자 하는 목표와 관련되어 있는 변수의 조작능력과 함수관계에 있다. 목표관련 변수를 정치하게 정의하고 이와 관련되어 있는 자원과 정책수단이 효율적으로 사용될 경우 그렇지 못한 경우에 비해 목표는 쉽게 실현될 수 있다. 목표를 실현하기 위한 수단은 사실관계에 근거하여 작동되어야 원래 의도한대로 변화를 이끌어낼 수 있다. 이러한 사실관계는 실증지향적 학문에서 추구되고 있는 이론체계의 근거를 제공하는 것으로 알려져 있다. 가치판단과 사실관계는 원래 다른 인식논리에 근거하고 있어서 흔히 추구하는 방향과 정책현실과의 괴리는 항상 논란의 대상이 되고 있다.

특정한 국가에서 성공한 지역사회 개발경험이 다른 환경의 국가에도 적용되기 위해서는 가치의 보편성과 수단의 범용성을 확인할 수 있어야 한다. 시간좌표에서 사회현상과 관련되어 있는 변수와 상호작용하는 주변환경은 실증적 범위를 초월할 수도 있기 때문이다. 사회현상은 자연현상과는 달리 인과율(因果律)을 밝혀내기가 매우 어렵다. 인류문명의 발전을 추구하는 과정에서 대부분의 수단 확보가 개연성(蓋然性)과 계기성(繼起性)에 의존하고 있는 이유가 여기에 있다. 따라서 공간변화를 도모하기 위한 도구적 합리성(instrumental rationality)은 다른 환경에서의 경험에 근거하여 의제(擬製)되는 경우가 많다(소진광, 2007b).

국제연합 아시아·태평양 경제·사회 이사회(UNESCAP)는 2002년 제56차 이사회에서 "가난한 사람들에게 활력을 불어 넣은 성공사례와 모범적 실천사례는 실제 빈곤층에 다가갈 수 있는 방식으로 보급되어야 한다. 그러한 시범사업의 성공적 성과에 근거하여 빈곤퇴치모형은 다른 개발도상국에도 적용될 수 있을 것이다"고 선언한 바 있다. UNESCAP은 2003년 아시아 최빈국에 해당하는 라오스, 네팔, 캄보디아 3개국에서 한국의 새마을운동을 시범적으로 실시하기로 결정하고 2004년부터 2005년까지 시범사업을 수행한 바 있다. 그러나 이들 시범사업은 체제, 제도 및 지역사회 특성을 고려하지 못하고 그때까지의 공적개발원조(ODA)방식을 답습하여 한국에서와 같은 성과를 거두지 못했다.

새마을운동의 세계화 사업은 개도국 공무원 및 사회지도층 인사에 대한 새마을교육, 개도국에서의 새마을운동 시범사업 추진으로 요약된다. 개도국 주요 인사를 대상으로 한 새마을교육은 주로 초청연수를 통해 이루어졌는데, 새마을운동에 대한 최초의 외국인 초청연수는 1973년에 있었다. 우리의 새마을운동 경험을 다른 개도국에 적용하기 위한 노력은 1990년대 후반부터 있어 왔다.

2. 새마을운동의 국내 수요

새마을운동이 21세기 지역사회 발전모델로 각광받는 이유는 나라와 마을마다 다른 시간적 범위를 모두 포괄할 수 있고, 나라와 마을마다 다른 현실을 반영할 수 있다는 점이다. 특히 21세기 지역사회발전을 위한 실천수단은 나라와 마을마다 다른 '현재적'이고, '현지적'인 특수성을 반영할 수 있어야 한다. 우리의 새마을운동 경험이 단순히 1970년대 한국의 농촌을 발전시키고 당시 한국이 안고 있던 구조적 결함을 치유했다는 평가만으로 다른 개발도상국에 적용될 수는 없다. 다른 개발도상국에 새마을운동 방식을 접목하기 위해서는 새마을운동이 각 나라와 마을의 '현재' 및 '현지의 특수성'을 개선할 수 있는 성격을 포함하고 있어야 한다.

이러한 관점에서 새마을운동의 국내 수요근거는 다음과 같이 요약될 수 있다. 우선 새마을운동은 성공한 지역사회 개발모형(community development model)이라는 점이다. 인류사회가 산업화의 역기능으로 위협받고 있는 시점에서 지역사회 재건은 하나의 해법으로 등장하고 있다. 1950년대 많은 개발도상국은 농촌, 농업을 발달시키기 위해 다양한 노력을 시도한 바 있다. 그러나 대부분의 이러한 노력들은 목표에 함몰되어 과정을 소홀히 다루었기 때문에 실패하였다. 그러나 새마을운동은 과정과 주민을 주체로 하는 절차를 중요시하였기 때문에 성공하였다. 즉, 새마을운동은 한국사회가 산업화의 와류에 휩쓸리던 1970년대와 1980년대 마을단위의 공통가치를 창출하고 공동체 인식을 높이는 계기를 마련해 주었다.

둘째, 새마을운동은 처음 단계에선 농촌을 발전시키고 다음엔 도시사회를 포괄하는 혼합적 실천이론(mixed practical theory)이었다. 근대화 이론이 한 방향으로의 구조개혁을 추구했다면 새마을운동은 인간사회에 필요한 모든 분야에 걸쳐 개선점을 제시하고 실현했다는 장점을 지니고 있다. 즉, 새마을운동은 공간과 분야를 선순환적으로 연결할 수 있는 과정논리를 제공한다.

셋째, 새마을운동은 외부자원(정부에서 지원한 시멘트 등 건자재)과 내부자원을 조화시켜 지역사회를 발전시킨 종합적 전략(comprehensive strategy)이었다. 근대국가의 공통적인 문제는 공공분야와 민간분야의 적정한 분배구조 및 배분구조와 관련되어 있다. 특히 근대국가는 국민을 통치대상으로 하는데서 관료화의 병폐를 낳았고, 공공재의 외부효과에 의존하려는 수동적 국민을 양산하였다. 그러나 새마을운동은 정부의 작은 지원으로 주민들의 내부자원을 동원하는 효과를 가져왔다. 이와 같이 새마을운동은 공공분야와 민간분야를 통합하여 제3섹터(the third sector)를 구축한 성과를 거두었다.

넷째, 새마을운동은 정부의 하향식 물자지원으로 촉발되었지만 본질적으로 주민들의 자발적 의사결정과정에 기초한 상향식 접근(bottom up approach)이었다. 새마을운동을 촉발하는 초기단계에서 정부가 지원한 시멘트와 철근 약간은 주민들의 주도권과 소유인식을 촉발하기 위한 것이었지, 사업의 주도권을 확보하기 위한 것이 아니었다. 정부는 주민들의 의사결정에 개입하지 않았기 때문에 상향적 지역사회 개발과정을 유도할 수 있었다. 이러한 과정에서 새마을운동은 지역사회 특성에 맞게 다양한 방식으로 확산되어 갔다.

다섯째, 새마을운동은 다양한 조직과 절차에 따라 추진되었고, 역시 마을 상황에 적합하도록 다양한 사업과 프로그램을 포함한 방법론(methodology)이었다. 즉, 새마을운동은 특정사업이 아니라 다양한 사업을 주민들이 다양한 의사결정방식을 통해 선택할 수 있는 방법론이었다. 새마을운동을 이끌고 책임질 지도자 선발과정도 다양했고, 새마을운동과 관련한 각종 주민조직도 다양했다. 이와 같이 다양한 새마을운동 사업추진 양태는 새마을운동이 방법론 위주로 실천되었다는 증거다.

여섯째, 새마을운동은 보다 나은 상태를 추구하는 인류보편적 사회에서 누구에게나, 어떤 상황에서나 적용 가능한 패러다임(paradigm)이었다. 새마을운동이 종래의 획일적이고, 관료주의적인 국가작동체계에 다양하고, 차별화된 지역사회 차원까지 끌어들인 점은 이 시대가 요구하고 있는 새로운 가치를 수용했다는 증거다. 이러한 맥락에서 새마을운동은 인류사회의 다양성을 포함할 수 있는 패러다임으로 평가될 수 있다.

일곱째, 새마을운동은 주민에 의해, 주민을 위해, 주민들이 스스로 문제를 찾아내고, 해결하는 방식으로 전개되었다. 이러한 과정에서 주민들의 자조기반이 구축되어 공공재 외부효과의 병폐를 최소화하고, 지역사회에서 소외된 계층을 포섭할 수 있는 사회통합 회복력을 갖추게 되었다. 21세기 국내적으로 복지수요에 대한 국민들의 요구가 거세지면서 이러한 새마을운동의 경험은 시사하는 바가 크다. 즉, 새마을운동 방식은 낭비적이고 사회탄력성을 위협하는 복지수요를 지역사회에서 생산적이고 유연하게 흡수할 수 있는 실천논리를 제공하게 될 것이라는 기대이다.

Ⅲ. 21세기 관점에서의 새마을운동 가치

새마을운동의 성과에 대한 평가는 결과론적인 것과 과정에 관한 것으로 대별할 수 있다. 결과론적 평가는 주로 새마을운동의 순기능적 측면을 강조하고 있다. 물론 급격한 변화를 짧은 기간 안에 소화하다보니 전통가치를 보전하는데 소홀했다든지, 과거와 현재를 단절한 사례를 들어 '시행착오'의 일면을 지적할 수 있다. 그러나 대부분의 새마을운동 평가는 순기능적 결과에 초점을 두고 있다.

이러한 측면에서 새마을운동은 21세기 인류사회가 공통적으로 추구하고 있는 사회적 자본(social capital)을 축적하고, 거버넌스 체제(governance system)를 구축하며, 지속 가능한 발전(sustainable development)을 실현할 수 있는 순기능을 축적하였다고 평가된다. 새마을운동은 특정결과에 함몰되지 않고, 관련 변수에 유연적으로 대처할 수 있는 과정논리를 띠고 있어서 이들 21세기 인류가 지향하고 있는 사회적 자본을 축적하고, 거버넌스 체제를 구축하며, 지속 가능한 발전을 실현하는데, 적절하고, 효과적이며, 효율적이고, 파급효과가 크며, 지속 가능한 사업추진방식이라는 것이다. 하지만 새마을운동은 얼마만큼의 사회적 자본을 축적하고, 어느 정도의 거버넌스 체제를 구축하며, 지속가능성을 실현할 수 있는가와 같이 특정수준에 의해 평가되는 것이 아니고, 그러한 방향으로 작동하고 있는지의 여부에 따라 평가되어야 한다. 나라마다 마을마다 '현재'와 '현지특수성'이 다르기 때문이다. 결국 새마을운동의 이러한 평가는 사회적 자본을 축적하고, 거버넌스를 구축하며, 지속가능성을 실현하는 방향으로의 변화를 관리할 경우에 정당화 된다.

모든 국가와 지역사회는 다양한 문제를 포함하고 있어서 이들 문제를 해결, 극복, 완화하고 싶어 한다. 국가와 지역사회의 발전은 문제를 인식하고 문제와 관련된 변수를 찾아내며, 이들 변수를 조작 혹은 관리함으로써 성취된다. 그러나 국가나 지역사회가 인식하는 문제는 세 가지 유형으로 구분된다. 즉, 과거의 추세나 원인으로 인해 현재 나타나고 있는 문제, 현재의 추세나 원인으로 인해 미래 나타남직한 문제, 그리고 미래 특정시점에서의 욕구와 예상되는 현상과의 괴리로 인한 문제가 그것이다. 이러한 문제는 해결, 극복, 완화되면서 발전으로 이어지는데, 이 과정에서 인지된 문제를 해결할 것인지, 극복할 것인지, 아니면 완화할 것인지를 결정하는 과정이 매우 중요하다. 새마을운동 추진방식은 이러한 의사결정과정에 주목하고 있었기 때문에 40여년이 지난 오늘날에도 활용 가능하다. 따라서 21세기 새마을운동의 재점화 필요성은 과정 논리에 기초를 두고 접근되어야 한다.

발전은 변화를 관리하는 과정이고, 방식이지 특정시점에서의 결과만을 의미하지 않는다. 이러한 관점에서 21세기 지역사회발전은 사회적 자본을 축적하고, 거버넌스 체제를 구축하며, 지속 가능한 여건을 조성하는 과정으로 접근되어야 한다. 즉, 변화는 새로운 요소의 도입과 기존 요소의 소멸로 이루어져 있다. 따라서 변화를 도모하는 개발행위는 취할 것과 버릴 것을 선택하고 이를 실천하는 과정으로 이루어져 있다. 목표가 분명한 기업, 혹은 군대와 같은 조직에서의 계획은 수단의 선택에 집중되어 있다. 그러나 다양한 삶을 추구하는 주민들의 공동체인 지역사회발전을 도모하기 위한 계획은 지향하고자 하는 가치의 동질성을 확보하고 그러한 가치추구의 실천수단을 마련하는 등 매우 복잡하다.

지역사회개발은 보다 광역적 공간을 대상으로 한 경제지표 중심의 지역 개발과는 달리 비교적 소단위 공간을 대상으로 사회지표를 개선하는데 목표를 두고 있다. 즉, 지역사회개발은 지역사회 단위에서 변화를 관리하기 위한 종합적 노력을 의미한다. 지역사회개발은 어느 한 단면의 변화에 초점을 둔 것이 아니라 전반적인 변화에 초점을 두고 있어서 간혹 지역사회 구성원의 태도변화 자체가 성과로 인식되곤 한다. 따라서 좋은 지역사회 발전계획은 우선 목표를 정하는 과정으로부터 출발한다(Kelly, Eric Damian & Barbara Becker, 2000: 21).

이러한 맥락에서 지역사회발전은 공동체를 형성하는 것 자체일 수 있다. 질병으로부터의 자유, 빈곤퇴치 등은 인류가 추구해온 가장 보편적이고 궁극적인 소망이다. 이러한 소망은 집단과 개인을 구분하지 않는다. 그러나 공동체

인식을 바탕으로 형성된 지역사회는 개인보다는 사람과 사람 사이의 관계가 더 중요하다. 특정집단이 공유할 수 있는 가치란 공간구조와 공동체 활동을 통해 표현된다. 공간구조는 인간활동과 상호작용하며 변화하고 또한 인간활동을 제약하는 속성을 지니고 있다. 이러한 관점에서 공간구조의 변화가 종종 인간활동 혹은 공동체 활동의 성과로 인식되는 경우가 많았다. 새마을회관의 존재가 해당 지역사회의 공동체 의사결정과정과 동일시되는 경우가 여기에 속한다.

한국에서 농촌빈곤의 구조적 결함을 치유하기 위해 1970년 국가적 관심사로 출발한 새마을운동은 농촌지역사회의 공간구조 개선에 1차적인 초점을 두고 있었다. 공간구조 개선은 가시적이라서 변화를 쉽게 확인할 수 있을 뿐만 아니라 이로 인해 새로운 인간활동을 가능케 하는 촉진제로 여겨졌기 때문이다. 그러나 공간구조의 변화는 지역사회 여건형성이지 새마을운동 자체의 성과로 보기 어렵다. 다만 우리나라의 새마을운동은 우선 가시적인 공간구조의 변화를 통해 마을주민들의 태도변화를 유도했다는 점에서 지역사회개발에서 요구되는 종합적 접근방식을 충족시키고 있다. 특히 우리나라의 새마을운동은 지역사회 내부의 공동체 인식을 강화하고 이를 활용하여 내·외생 변수를 결합하였다는 점에서 기존 다른 서구의 지역사회 개발이론과 다르다. 서구의 지역사회 개발이론은 성공한 사례를 정리한 것이어서 환경이 다른 지역사회에 적용할 경우 부작용이 나타나거나 혹은 예상치 못한 다른 결과를 초래하곤 하였다.

새마을운동의 재점화 필요성도 우선 21세기 지역사회가 당면하고 있는 각종 문제를 해결하고, 다음으로 사회적 자본을 축적하고, 거버넌스 체제를 구축하며, 인류사회의 지속가능성을 확보하기 위한 맥락에서 인정된다. 그러나 사회적 자본, 거버넌스 및 지속가능성은 나라마다, 마을마다 각기 다른 변수의 도입, 조작, 관리를 통해 다양한 양태를 띠고 있다. 새마을운동이 특정지표의 결과물이 아니라 해당 국가 및 마을의 긍정적 변화방향 혹은 변화과정으로 평가되어야 하는 이유가 여기에 있다.

사회적 자본 관점에서 새마을운동의 재점화 필요성은 지역사회(마을)의 공통기반 구축, 공동목표 수립, 좋은 이웃관계 형성 및 유지, 사회안전망 확보 및 미래 공동이익 창출로 요약된다. 거버넌스 관점에서 새마을운동의 재점화 필요성은 상향식 집단의사결정, 내부자원 동원과정, 공공재 생산과 관련하여 구성원의 공동생산(co-production), 구성원의 주도권(initiative)과 소유인식(ownership)으로 요약된다. 또한 인류문명의 지속가능성 관점에서 새마을운동의 재점화 필요성은 자원절약, 자연보호, 환경정화로 요약된다.

이러한 새마을운동의 재점화 필요성은 종종 적실성, 효과성, 효율성, 파급효과 및 사업의 지속가능성 측면에서 설명되는데, 이러한 사업성과 항목과 성분별 측정지표를 상호 비교하기 위해 〈표 31-1〉과 같이 제시될 수 있다. 즉, 사회적 자본의 공통기반 구축성분은 마을주민들의 신뢰수준으로, 공동목표 정립은

▨ 표 31-1 ▨ 새마을운동의 재점화의 논거

사업성과 항목	사업성과 성분	사업성과 지표
사회적 자본 축적	공통기반 구축	신뢰도 변화
	공동목표 정립	가치공유 정도
	좋은 이웃관계 형성, 유지	네트워크(조직) 형성
	사회안전망 확보	규범준수 정도
	미래 공동이익 창출	이타주의(약자 배려 정도)
거버넌스 구축	상향식 의사결정	의결방식
	내부자원 동원과정	주민부담률
	공공재 공동생산	주민참여율
	주민주도권과 소유인식	사업수혜범위(혹은 수혜율)
지속가능성 실현	자원절약	자원재활용
	자연보호	생태체계 유지
	환경정화	마을청소

주민들의 가치공유 정도로, 좋은 이웃관계 형성 유지는 주민조직(네트워크)으로, 사회안전망 구축은 규범준수 여부로, 그리고 미래 공동이익 창출은 이타주의(자원봉사활동)로 측정될 수 있다. 거버넌스의 상향적 집단의사결정은 마을회의 방식으로, 내부자원 동원과정은 사업비 전체에서 주민부담이 차지하는 비율로, 공공재 공동생산은 주민참여율로, 그리고 주민주도권과 소유인식은 사업 수혜범위(혹은 수혜율)로 측정 가능하다. 지속가능성 실현의 자원절약은 자원 재활용률로, 자연보호는 생태체계 유지(공원관리 등)로, 그리고 환경정화는 마을청소 주민참여자 수로 측정 가능하다. 이러한 과정논리는 이 시대 급격히 증가하고 있는 공공재 수요, 포괄적 복지에 대한 막연한 기대로 나타남직한 정부의 실패를 치유할 수 있다.

IV. 평가적 의견: '현재화' 및 '현지화'의 관점

새마을운동은 지역사회 현실문제를 해결하고, 미래의 공동이익을 창출하기 위한 지역사회개발 실천논리를 띠고 있다. 이러한 관점에서 국내에서의 새마을운동 재점화와 개도국에 대한 새마을운동 경험의 전수, 실시는 국내 당면한 문제를 해결하고, 미래가치를 도모하며, 개도국 실정에 맞게, 개도국이 당면하고 있는 현실 문제에 적용될 수 있어야 한다. 특히 후자의 관점에서 새마을운동이 다른 개발도상국의 발전을 지원할 수 있기 위해서는 1970년대 한국의 문제, 경제, 문화, 사회기반이 다른 국가의 문제가 아니라 바로 적용대상국 자체의 현재 문제에 주목하고, 대상국 주민의 수요(needs)를 우선 충족시킬 수 있어야 한다. 이 세상의 모든 국가, 주민, 지역사회는 동일한 천체물리적 동일 시점에 존재하지만 그들의 현재 상황은 모두 다르다. 발전수단은 현실문제의 해결, 극복, 완화를 지향할 것이기 때문에 모든 나라, 지역사회에 적용 가능한 통일된 절차와 내용으로 구성되어 있지 않다.

근대화 이론(Modernization theory)은 계몽주의 맥락에서 근대적(Modern)인 것과 전 근대적(pre-Modern)인 것을 구분하고 근대적인 것을 성취하는 것을 '발전(development)'현상으로 설명한다. 즉, 근대화 이론은 모두에게 적용 가능한 '현대'를 정의하고, 이에 도달하기 위한 방법을 제시하고 있다. 개발도상국이 필요한 것은 다른 나라의 '현대'를 모방하기 위한 '현대화'가 아니라 자신들의 현실문제를 극복, 해결, 완화하기 위한 '현재화' 과정이다. 즉, '현재화'는 각기 다른 상황을 고려한 '적정기술(appropriate technology)'의 존재이유와 같이 각기 다를 수밖에 없는 '근대상황(modern situation)'을 추구한다.[1]

개발도상국을 발전시키기 위해 우리의 1970년대 새마을운동 경험을 활용하기 위해서는 우리의 1970년대 상황이 아니라 개발도상국가의 21세기에 대한 성찰이 필요하고, 우리가 1970년대 추구했던 가치가 아니라 개발도상국이 21세기에 필요로 하는 가치, 지향하고자 하는 기본수요(basic needs)의 충족수준에 주목하여야 한다. 우리의 과거 경험이 당시 상황에 고정되어 반복적으로 투영되거나, 우리의 경험을 주입하기 위해 개도국 상황을 정지시키듯 마름질해서는 아니 되는 이유가 여기에 있다. 개도국에 우리의 새마을운동 경험을 적용하는 것은 우리 경험을 자랑하기 위한 것이 아니라 개도국의 현실상황을 개선하기 위한 것이다.

변화를 도모하기 위한 실천수단은 우선 사실관계에 대한 검증을 거쳐 적용하여야 하는데 상황이 다른 경우 적용범위는 좁아들기 마련이다. 1950년대 말 대두되기 시작한 종속이론은 그때까지 발전 관련 이론의 토대가 되었던 서구사회의 경험에 대해 의문을 제기한 최초의 시도였다. 새마을운동 역시 서구사회의 경험에 근거하지 않고 있다는 점에서 종속이론과 유사하다. 다만 종속이론은 이론과 모형의 성과 차이를 지적하는데 그치고 대안적 실천수단을 제시하지 못했다는 점에서 새마을운동과 다르다(소진광, 2007b: 182-183).

이러한 맥락에서 새마을운동을 개도국에 적용하기 위해서는 '현대화', 즉 보편적, 획일적 '근대화'가 아닌 개도국 현실로부터의 '현재화' 전략이 필요하

---

1 근대화 이론(modernization theory)에서의 '근대화'란 산업화, 도시화로 대표된다. 이들 산업화와 도시화가 초래한 각종 문제를 근대화 과정에서 치러야 할 '통관비용' 정도로 인지하고 있는 점이 근대화 이론의 가장 큰 모순점이다. 즉, 근대화 이론은 추구할 가치와 이에 수반되는 양태를 하나의 '묶음(package)'으로 취급한다. 이러한 모순점은 20세기 후반 인류의 공통가치가 환경오염으로부터 자유로운 '지속가능성(sustainability)'임을 확인함으로써 더욱 분명해졌다.

다. 개발도상국을 지원하기 위한 새마을운동은 단순히 21세기 동일 시점에서의 보편성을 추구하는 것이 아니라 나라마다, 마을마다 다른 현실에 기반을 둔 '변화의 방향'에 기초하여 접근되어야 한다. 한국이 새마을운동을 통해 이룩한 성과는 당시 선진국의 가치를 충족시켰다는 것이 아니라 우리의 현실문제를 우리 방식으로 해결했다는 사실이다. 즉, 21세기 새마을운동의 추진방향은 현재의 가치, 개발도상국의 가치에 기초하여 접근해야지, 1970년대 한국이 추구했던 가치를 강요하거나 재현하기 위한 논리로 접근해서는 아니 된다.

또한 새마을운동이 1970년대 성공할 수 있었던 것은 '주민에 의한, 주민을 위한, 주민의 방식으로' 추진되었기 때문이다. 이러한 사업추진방식은 마을마다의 특수한 상황을 반영하기 쉽고, 이에 따라 사업의 차별화가 가능하다. 같은 사업을 같은 방식으로 추진하였다면 주민들의 자발적 참여를 이끌어내기도 어려웠을 테고, 마을 내부자원을 동원하기도 어려웠을 것이다. 마찬가지로 우리의 새마을운동 경험을 개발도상국에 적용하여 지역사회발전을 도모하기 위해서는 철저한 '현지화 전략'이 필요하다. 이러한 현지화 전략은 오랫동안에 걸친 지역연구(regional studies)를 필요로 한다.

참고문헌

내부부 (1980). 새마을운동 10년사.

새마을운동중앙회중앙연수원 (2012). 새마을교육 40년사. 새마을운동중앙회중앙연수원.

새마을운동중앙회중앙연수원 (2011). 2011 새마을운동 세계화 사업 백서.

소진광 (2011). 새마을운동 경험을 활용한 한국 공적개발원조의 방향. 사회과학연구, 17: 65-95.

소진광 (2010). 새마을운동을 통한 지역사회 공동가치 창출. 새마을운동과 지역사회개발연구, 6.

소진광 (2007a). 지역사회 거버넌스와 한국의 새마을운동. 한국지방자치학회보, 19(3): 93-112.

소진광 (2007b). 아시아 개발도상국에서의 새마을운동 시범사업 성과평가: 라오스와 캄보디아
    를 중심으로. 한국지역개발학회지, 19(4): 179-202.

소진광 (2004). 사회적 자본 측정지표에 관한 연구. 한국지역개발학회지, 16(1): 89-118.

Arndt, H. W. (1987). *Economic Development: The History of an Idea*. Chicago: The University of
    Chicago Press.

Coleman, J. (1988). Social Capital in the Creation of Human Capital. *American Journal of
    Sociology*, 94: 94-121.

Haq, Mahbub ul. (1995). *Reflections on Human Development*. Oxford: Oxford University Press.

Kelly, E. D. and B. B. Becher. (2000). *Community Planning: An Introduction to the Comprehensive
    Plan*. Island Press.

Putnam, R. (1993). The Prosperous Community: Social Capital and Public Life. *The American
    Prospect*, 13(spring): 35-42.

32장 참여제도의 확충(충분성): 찬성 vs 반대

◢ 김 혜 정

I. 서 론

시민참여란 시민에 의한 정치참여를 의미하는 것으로 공공의 관심, 수요, 가치들을 정부 및 공공의 의사결정에 반영하는 과정 전반을 의미한다(Creighton, 2005: 7). 이상적인 민주주의의 실현을 위해 지역사회와 국가수준 모두에서 시민이 참여할 수 있도록 하기 위해서는 시민이 참여할 수 있는 제도의 구비가 필요하다(Barber, 2004: 261). 물론 시민은 제도를 통해 참여하는 방법뿐 아니라 비제도화된 방법을 통하여도 정치과정에 참여할 수 있다. 그러나 시민이 비제도화(예: 시위, 폭동 등)된 방법을 통해 참여를 하게 되면 여러 가지 비용이 상승할 뿐만 아니라 참여의 난이도도 높아져 참여를 어렵게 하고 사회적 갈등을 유발하여 안정을 저해할 수 있다는 점에서 참여의 제도화는 의의를 갖는다.

반면 참여제도를 확충하는 것에 대하여 회의적이거나 우려를 표하는 견해 역시도 존재한다. 시민이 지니는 전문성과 역량의 한계, 참여비용의 상승, 참여의 대표성이나 정당성의 문제, 사회적 불안정성 유발 등과 더불어 대의민주주의 이념과의 충돌 등을 지적하는 관점이 그것이다.

이하에서는 참여제도의 확충과 관련한 논점을 이해하기 위하여 참여를 유형화하여 접근해 보고, 참여제도 확충에 대한 찬성론과 반대 논점들을 정리하여 봄으로써 우리나라 참여제도의 구축의 방향성에 대해 논의해보고자 한다.

Ⅱ. 참여제도의 유형 분류

참여를 유형화하는 방법은 기준에 따라 다양하지만 크게는 두 가지 방식으로 접근 가능하다. 정부가 시민에게 권한을 부여하는 수권양태에 따라 접근하는 방법과 시민의 활동양태를 기준으로 접근하는 방법이 그것이다.

정부의 수권양태에 의한 분류로 Arnstein(1969)은 총 8단계로 분류(조작, 치료, 정보제공, 상담, 회유, 협동관계, 권한이양, 시민통제)하고 이를 비참여, 형식적 참여, 실질적 참여 세 단계로 구분하였다. Creighton(2005)은 정부가 제공하는 참여를 연속적 활동으로 이해하고 네 개의 카테고리, 즉 정보제공, 절차적 참여, 협의 및 집합적 문제해결, 합의형성으로 제시한다. OECD(2001: 23)는 정부가 시민에게 부여하는 권한 및 정책적 영향력의 수준에 따라 정보제공, 협의, 적극적 참여로 구분하였다. Sharp(1990: 72)는 특별한 기준없이 정부개방(공청회, 회의공개), 정보수집(서베이, 고충처리), 지역수권, 공사협동 등으로 직접참여제도를 제시한다(이승종, 2005: 23 재인용).

시민의 활동양태를 기준으로 분류한 참여유형론으로 Zimmerman(1986: 6-13)은 참여자의 자발성을 기준으로 능동적 참여와 수동적 참여로 유형화한다. 수동적 참여는 공직자가 시민에게 문제 및 문제의 해결을 위한 계획과 관련한 정보를 제공하거나 정책대안에 관한 문제와 의견에 관한 여론을 조성하는 행위로 PR, 정보공개, 여론조사 등이 대표적인 제도이다. 능동적 참여는 주민총회, 공청회, 민간자문위원회, 주민투표, 주민발안, 주민소환, 자원봉사 등 보다 적극적인 참여제도에 참여하는 활동유형을 의미한다. 제도화가 되어 있는가의 여부에 따라 구분하면 제도적 참여와 비제도적 참여로 나눌 수 있다. 제도적 참여는 법규 또는 절차 등을 통하여 공식적으로 인정되어 있는 참여활동을 의미하고, 비제도적 참여는 공식적으로 인정되어 있지 않은 활동을 의미한다(이승종 외, 2011: 104-105). 제도적 참여와 비제도적 참여의 구분은 시대와 상황에 따라 상대적인 개념이므로 참여제도의 확충은 법규 또는 절차상으로 공식적으로 인정되는 참여활동의 범주를 넓히는 것을 말한다.

▧ 표 32-1 ▧ 정책과정별, 정부와 시민간 영향력관계별 참여제도 유형화

		참여유형		
		정보제공형(반응적)	협의형(교호적)	참여형(적극적)
정책단계	정책설계	주민설명회	주민참여예산제도	주민투표제도
			정책자문/정책자문위원회/정책자문단	주민제안제도/주민아이디어모집
		정책설문조사/여론조사	공청회	심의위원회
	정책집행	신문고/직소민원	각종위원회/운영위원회	시민감시관/명예기자제/민간환경감시단
		인터넷민원실/인터넷게시판/인터넷의견수렴/인터넷주민참여	주민참관 확대간부회의	부조리신고보상제도
		결재문서 공개		
		소식지/시정운영상황 공개		
	정책평가	평가/감사결과 공개		주민감사청구제도
		옴부즈만	시민감사관	주민소환제도
		행정서비스만족도조사/전화친절도평가		행정서비스품질평가제

자료: 정명은 외 (2013: 118).

　　참여제도를 유형화하는 방식을 참여과정에서 정부와 시민간의 영향력 관계 내지는 결정권의 위치를 기준으로 종합해 볼 때 다음의 세 가지 유형화가 가능하다(이승종, 2005: 23-26; 강인성, 2008: 221; 이승종 외, 2011: 102-103). 첫째, 반응적(reactive or passive) 참여로 정부가 주도권을 갖는 참여제도이다. 시민이 참여하기는 하지만 제도적 절차에 따라 소극적으로 반응하는데 그칠 뿐, 참여의

결과에 대하여 유의미한 영향력을 갖지 못하며, 참여결과는 정부의 결정에 압도된다. 민원실, 고충처리, 정보공개, 서베이 등이 여기에 포함된다. 둘째, 교호적(interactive) 참여이다. 정부와 시민간의 대등한 상호작용이 이루어지는 참여제도로, 공청회, 자문위원회, 공사협동 등의 제도가 포함된다. 셋째, 통제적(controlling) 또는 적극적(active) 참여로 시민이 상당한 주도권을 갖는 제도이다. 심의위원회, 지역수권, 직접민주제(주민발의, 주민소환, 주민투표), 토의민주주의 제도가 여기에 해당한다.

정명은 외(2013)는 위의 참여제도 유형을 정책과정에 적용시켜 분류하였다 (〈표 32-1〉).

Ⅲ. 참여제도의 확충에 대한 찬성론과 반대론

1. 찬성론

참여제도를 확충할 것을 지지하는 관점은 참여가 지닌 긍정적 기능과 효과에 주목하고, 그러한 장점을 극대화할 수 있도록 하기 위해 참여제도를 확대할 것을 주장한다. 다른 한편으로는 참여제도가 미비되어 있을 경우 비제도적 참여가 많아져 사회적 불안정을 초래한다는 관점에서 제도적 참여경로를 확대해야 한다고 본다.

참여가 지니는 긍정적 기능과 장점으로 제시되는 것은 다음과 같다. 참여는 시민의 수요와 선호가 반영됨으로써 의사결정의 질이 개선되고, 시민의 다양한 아이디어가 투입될 수 있고, 시민의 이해도와 수용성이 높아짐에 따라 집행의 실현가능성이 높아진다. 갈등의 완전한 해결은 아닐지라도 사전 협의를 통해 최악의 갈등상황은 회피할 수 있고, 참여과정에서 정보를 얻고 배움으로써 교육적 효과를 얻는다. 시민은 정치효능감과 자아성취감도 얻을 수 있으며, 정책의 민주성과 정당성도 증대된다(Kweit and Kweit, 1981: 33-36; Creightman, 2005: 18).

참여가 지니는 이와 같은 긍정적 기능과 효과를 극대화하기 위해서는 참여제도의 확충이 필수적이라고 본다. 참여제도의 확충은 참여에 필요한 비용을 줄임으로써 시민의 참여를 촉진하는 기능을 하게 되기 때문이다. 이 외에도 참여제도의 확충은 다음과 같은 긍정적인 측면을 지닌다.

첫째, 참여제도의 확충은 시민들로 하여금 보다 접근이 가능한 제도적 참여방법을 선택할 수 있도록 함으로써 참여의 접근성을 높인다.

둘째, 참여제도가 확충되지 않은 상황하에서는 참여에 필요한 자원이 결핍되어 있는 빈곤계층은 참여과정에서 소외되기 쉽다. 참여제도의 확충은 참여과정에서 소외될 수 있는 빈곤계층의 참여를 촉진시킴으로써 참여의 대표성을 제고한다.

셋째, 시민은 제도화된 방법뿐만 아니라 비제도화된 방법을 통하여도 정치과정에 참여할 수 있는데, 제도화가 충분히 이루어질수록 비제도적 참여의 양상이 줄어들 가능성이 높아진다. 따라서 참여제도의 확충은 비제도적 참여 발생에 따른 사회적 불안정과 참여의 비용을 낮추는 긍정적 기능을 한다.

넷째, 참여에 대한 공직자의 수용성은 제도적 참여가 비제도적 참여에 비하여 상대적으로 높은 바 참여제도의 확충은 참여로 인한 시민과 공직자와의 마찰·갈등을 줄임으로써 참여효과를 제고하는 긍정적 측면을 지닌다.

요컨대 참여제도의 확충을 지지하는 입장에서는 참여제도화가 참여의 긍정적 기능을 제고하면서도 안정을 조화시킬 수 있는 방안이 된다는 것이다. 더욱이 우리나라의 과소한 참여수준을 개선하기 위해서도 참여제도화의 확대가 필요하다고 본다.

2. 반대론

참여제도의 확충에 대하여 반대 및 우려를 표하는 관점은 주로 시민의 참여 확대가 가져올 다음의 부작용들에 주목하는 경우가 많다.

첫째, 참여의 대표성과 불평등의 문제이다. 참여를 적극적으로 이용하는 시민은 보편적인 일반 시민이기 보다는 특별한 이익을 대표하는 엘리트인 경우가 많다는 것이다. 이 경우 참여하는 시민은 일반 시민 전체를 대표하는 것이 아닌 특정의 이익이나 관심을 주창할 가능성이 높다는 것이다. 시민의 참여가 높은 사회경제적 지위(Socio-Economic Status: SES)일수록 선거운동이나 지역공동체 활동 등에 보다 적극적인 것으로 나타났다는 연구 등이 이를 뒷받침한다(Verba and Nie, 1972; Milbrath et al., 1977; Dalton, 2008: 39). 특정가치나 이익에 편향된 참여자들이 참여과정을 지배하게 되어 참여의 불공평이 발생할 우려가 있다(Curry, 2001; Kinsley et al., 1997).

둘째, 참여로 인한 갈등과 위험의 증대에 대한 우려이다. 시민들의 참여로 시민 대 정부간의 갈등과 시민 대 시민간의 갈등 등 정치체제 차원의 갈등이 증가할 수 있다. 이와 같은 정치체제 내 갈등의 증대는 정책결정을 더욱 어렵게 만들어 체제 내 소음을 증가시키고 정책결정자는 시민대응에 보다 어려워질 수 있다.

셋째, 시민참여의 제도화는 행정의 지체를 유발한다. 시민의 이질적인 의견을 수합하는 과정을 거쳐야 하기에 의사결정시간이 지연되고 참여과정에서 충돌과 갈등이 발생한 경우 행정의 지체를 초래하는 원인이 될 수 있다는 것이다(Kweit et al., 1981: 96-98). 합의도출이 어려워져서 결국 중우정치가 발생할 수 있다는 점에서 Wilson(1966: 29)은 효과적인 지역사회를 위해 소수의 참여가 필요하다고 주장하기도 하였다.

넷째, 시민의 참여는 시책의 정당화 수단으로 이용당 할 수 있다(Smith, 1979: 263; Mosher, et al., 1967: 519). 형식적 공청회나 전문가의 의견을 명목상으로 제시하는 형식적 참여를 통해 합의를 유도할 수 있는데 이 경우 시민의 참여는 오히려 시민의 불만족을 증대시킬 수 있다.

다섯째, 시민의 역량과 자질에 관한 문제이다. 일반 시민은 충분한 지식과 경험, 시간, 정보, 기술 등을 지니고 있지 못하여 복잡한 행정업무를 이해하고 합리적인 판단을 내릴 전문성을 가지지 못한다(Hart, 1972: 609). 엘리트주의의 입장에 있는 민주주의 이념가들은 기본적으로 이러한 견해를 취하고 있다.

여섯째, 참여에 따른 비용문제이다. 참여의 곤란성에 있어서 가장 큰 한계로 빈번하게 제시되는 것으로(Kweit et al., 1981: 39-40) 시민의 참여는 행정과정에 있어서나 시민에게 있어서 모두 추가적인 비용을 발생시킨다. 여기서의 비용은 금전적 비용 뿐만 아니라 시간과 노력 등 비금전적인 것 모두를 포함한다.

참여제도의 확대에 반대하는 관점들이 참여가 지니는 편익을 모두 부정하는 것은 아니지만 도구적인 관점에서 참여가 야기하는 비용의 상승이 압도적임을 지적하는 경우가 많다. 이러한 관점에서 Moynihan(2003: 173)이 제시한 시민의 참여에 따른 행정적 비용과 도구적 편익을 정리하면 〈표 32-2〉와 같다.

표 32-2 ▒ 참여의 행정적 비용과 도구적 편익

비용/편익		내용
행정적 비용	직접적 행정비용	· 참여조정을 위한 공직자의 시간과 노력 · 공직자의 시간과 노력의 기회비용 · 시민에 대한 참여기회 공지비용 · 관련정보 제공 등 시민교육비용 · 불가피한 갈등과 대립의 관리비용
	결정과정 비용	· 과도한 행정적 지연, 의사결정과 집행의 지연 · 합의도출 및 종결가능성 축소
	의사결정 결과비용	· 의사결정이 적시에 이루어지지 않음 · 시민의 전문성 부족 · 복잡하고 기술적인 문제를 해결하기 부적절하고, 기술적·과학적 정보가 간과될 수 있음 · 혁신과 새로운 정책을 저지할 수 있음 · 단기적 시각의 목표 강조 가능
	공직자의 이기적 관점비용	· 공직자의 힘인 안건의 통제능력을 상실하게 하여 권력과 위신 저하 · 공직자의 정책적 영향력 축소 · 안정성, 정규성, 일상성 축소
도구적 편익		· 시민의 선호가 반영된 효과적이고 적절한 정책형성 가능 · 공공서비스 전달에 대한 추가적인 혁신적 아이디어 제공 · 정부의 민주적 정당성에 대한 대중들의 인식을 높임 · 공공결정의 수용성 제고 · 보다 효과적인 정책결과 야기 가능 · 공공서비스 제공에 시민사회의 도움을 받음

자료: Moynihan (2003: 173).

Ⅳ. 평가적 의견

이상에서의 논의에서 본 바와 같이 참여제도의 확충에 대해서는 긍정적인 입장과 비판적인 입장으로 구분된다. 찬성론과 반대론의 논리 모두 그 논리적 타당성을 가지고 있으나 참여제도의 확충에 비판적인 관점들의 내용들을 보면 시민의 참여필요성이나 제도화 자체를 부정하는 것은 아님을 확인할 수 있다. 그보다는 제도의 운영과정에서 발생할 수 있는 부작용이나 비용상승에 대한 우려가 대부분이다. 더욱이 참여로 인한 갈등과 비용의 상승, 시간의 지연 등에 대한 지적들은 참여가 억압되어 집권적인 결정이 이루어졌을 때 사후 유발되는 갈등 역시 매우 크고, 참여제도화가 오히려 사회적 갈등이나 위험, 비용, 행정적 지연 등을 전자에 비하여 상대적으로 줄일 수 있다는 점에서 항상 타당하다고 보기 어렵다. 시민의 자질이나 역량 역시 과거에 비하여 많이 상승하였다는 점이나, 시민참여가 정부의 전문적 사안을 무조건 묵살하는 결정을 유발하는 것도 아니라는 점에서 비판론이 제시하는 관점은 기우일 수 있다. 또한 공직자들의 참여에 대한 거부감문제(행정적 비용 관점)도 있을 수 있으나 시민의 참여열의가 증가함을 고려할 때 제도적 참여에 대한 거부감은 비제도적 참여에 대한 거부감 보다는 작을 것이므로 공직자 관점의 비용 역시도 큰 문제로 보기는 어렵다. 참여의 적정수준에 관한 문제에 있어서는 우리의 참여현실은 적정 참여수준 이하로 평가되고 있다는 점에서(이승종 외, 2011: 520), 적정수준에 이를 때까지 참여가 활성화될 수 있도록 하는 방안의 마련이 필요하다. 이러한 관점에서 볼 때 참여는 제도화를 통하여 확대되는 것이 바람직하다 하겠다. 다만 참여의 제도화에 따른 부작용을 최소화하기 위한 대책의 마련 역시 필요하다.

참여제도의 확대에 따른 부작용을 최소화하기 위해서 참여제도화의 방향을 제시하면 다음과 같다.

첫째, 참여제도는 누구에게나 평등하게 참여의 기회를 제공하는 것이어야 한다. 즉, 사회계층 및 집단에 영향을 받지 않는 공정하고 공개된 제도이어야 한다(Milbrath et al., 1977: 151). 이러한 원칙이 지켜져야 대표성이 확보될 수 있을 것이다. 참여제도의 공개성 제고를 위해서는 구체적으로 참여대상의 폭을 넓히고, 참여에 필요한 시간, 기술 및 절차를 간소화하고 참여비용을 최소화하는 노력이 필요하다.

둘째, 다양한 참여제도가 마련되어야 한다. 다양한 계층과 집단의 참여가 골고루 이루어지기 위해서는 다양한 참여제도가 마련될 것이 요청된다.

셋째, 잠재적인 비제도적 참여를 흡수할 수 있도록 사회변화 및 시민의 여론을 고려하여 융통성 있게 제도화되어야 한다. 또한 제도적 참여를 시민참여의 기본적 수단으로 하되, 보완적 수단으로서 비제도적 참여도 인정함으로써 참여의 외연을 제약하지 않도록 해야 한다(윤주명, 1991: 59; 이승종 외, 2011: 338 재인용). 왜냐하면 정해진 절차와 규칙이 지배하는 제도적 참여만으로는 시민의 창의적인 참여의지를 위축시킬 수 있고, 비제도적 참여의 통로가 열려 있어야만 참여제도의 관주도적 운용을 방지하고 참여제도의 확충을 위한 실질적인 압력으로 작용할 것이기 때문이다(Jones, et al., 1978).

넷째, 참여의 기회는 사전적·예방적으로 부여되도록 제도화되어야 한다. 사후적·교정적으로 이루어지는 경우 의사결정의 시정가능성 및 시정에 따른 수혜의 범위가 제약될 수밖에 없다.

다섯째, 정책제언형 참여제도로 구성해야 한다. 현재 이루어지는 시민참여는 주로 개별적인 고충처리 및 시민의 요구파악 정도에 그치고 있어 참여를 통한 여론의 시책반영은 사실상 대단히 미흡하다는 점에서 참여제도는 정책제언형 형태로 방향전환이 이루어지도록 유도하는 노력이 필요하다.

여섯째, 참여제도의 유형으로서 수동적·교호적·적극적 참여제도로 구분하였는바 참여제도화의 방향이 일방향적으로 적극적 참여제도화로 가야하는 것은 아니다. 시민들이 참여하는 방식을 다양화해야 한다는 점에서도 각 유형별 제도 확충은 의미를 지닌다. 다만 적극적 참여제도가 민주정치의 이상에 가장 가깝다는 점에서 각 정책과정별로 적극적 형태의 직접참여제도를 중심으로 한 참여제도화의 강조가 의미를 지닌다.

이상의 참여제도 확충의 기본방향과 더불어 참여제도를 운영함에 있어서 고려해야 할 원칙들을 함께 제시하면 다음과 같다.

첫째, 참여제도는 일반적으로 정부주도로 마련되는 경향이 있는 바, 정부는 시민으로부터의 협조획득을 위한 형식적 참여의 수단으로 참여제도를 이용하지 않아야 한다.

둘째, 한번 구축된 참여제도는 지속적·안정적으로 운영해야 한다. 이를 위해서는 참여의 법적 인정, 기관장의 지속적인 관심 등이 요구된다.

셋째, 참여제도는 현실적이고 작동 가능하도록 운영해야 한다(Barber, 2003: 262). 형식적이고 의례적인 형태의 참여제도 운영으로는 소기의 목적을 달성하기 어렵다.

넷째, 현 대의제도에 보완적이고 양립 가능한 것이어야 한다.

마지막으로 개인이나 소수자에 대한 보호가 확보되어야 하고, 공동체라는 이름으로 다수자의 권리가 남용되지 않도록 해야 한다.

참고문헌

강인성 (2008). 지방정부 주민참여제도의 정책과정과 참여유형에 따른 영향력 분석: 16개 광역 자치단체를 중심으로. 한국행정학보, 42(3): 215-238.

윤주명 (1991). 일선관료제와 시민간의 공적상호작용에 관한 연구: 시민의 관료제 대응을 중심으로. 연세대학교 박사학위논문.

이승종 (2005). 참여를 통한 정부개혁: 통제적 참여방식을 중심으로. 한국공공관리학회보, 19(1): 19-39.

이승종·김혜정 (2011). 시민참여론. 서울: 박영사.

정명은·장용석 (2013). 주민참여 제도화 논리에 대한 탐색. 한국정책학회보, 22(1): 109-136.

Arnstein, Sherry (1969). A Ladder of Citizen Participation. *Journal of the American Institute of*

Planners, 35(4): 216-224.

Barber, Benjamin R. (2003). *Strong Democracy- Participatory Politics for a New Age*. University of California Press.

Creighton, James L. (2005). *The Public Participation Handbook-Making Better Decisions through Citizen Involvement*. Jossey-Bass.

Curry, Nigel (2001). Community Participation and Rural Policy: Representativeness in the Development of Milenium Greens. *Journal of Environmental Planning and Management*, 44(4): 561-576.

Dalton, Russell J. (2008). *The Good Citizen: How a Younger Generation is Reshaping American Politics*. Washington, D.C.: CQ Press.

Hart, David K. (1972). Theories of Government Related to Decentralization and Citizen Participation. *Public Administration Review*, 32: 603-621.

Jones, Kathleen, J. Brown, and J. Bradshaw (1978). *Issues in Social Policy*. London: Routledge & Kegan Paul.

Kinsley, T. G., and J. B. McNeely and J. O. Gibson (1997). *Community Building Coming of Age*. Washington. D.C.: The Development Training Institute. The Urban Institute.

Kweit, Mary Grisez and Robert W. Kweit (1981). *Implementing Citizen Participation in a Bureaucratic Society*. New York: Praeger.

Milbrath, Lester W. and M. L. Goel (1977). *Political Participation: How and Why Do People Involved in Politics?*. Chicago: Rand McNally College Publishing Co.

Mosher, Frederick C., ed. (1967). *Governmental Reorganizations: Cases and Commentary*. Indianapolis: Bobbs-Merrill.

Moynihan, Donald P. (2003). Normative and Instrumental perspectives on Public Participation- Citizen Summits in Washington, D.C.. *The American Review of Public Administration*, 33: 164-188.

Sharp, Elaine B. (1990). *Urban Politics and Administration: From Service Delivery to Economic Development*. New York & London: Longman.

Smith, Michael Peter (1979). *The City and Social Theory*. New York: St. Martin's Press.

Verba, Sidney and Norman H. Nie (1972). *Participation in America-Political Democracy and Social Equality*. New York: Harper and Row.

Wilson, James Q. (1966). The War on Cities. *The Public Interest*, 3.

Zimmerman, Joseph F. (1986). *Participatory Democracy: Populism Revisited*. New York: Praeger.

33장 기초선거에서의 정당공천제

🔖 고경훈

I. 서 론

기초자치단체장 정당공천제는 1995년 지방선거부터, 기초의원 정당공천제는 2006년 지방선거부터 도입된 이래 기초지방선거에 대한 정당공천제가 많은 논란을 낳고 있다. 정당공천체가 실시되면서 유력 정당의 공천권은 국회의원의 손에 들어가게 되었다. 많은 정치지망생들이 국회의원의 눈에 들려고 기를 쓰며 국회의원에게 정치후원금을 낸다. 그리고 영남과 호남처럼 정당 독점이 강한 지역에서는 공천을 받기만 하면 당선된다는 공식이 세워졌다.

그 결과 주민을 위한 자치가 아니라 지역구 국회의원을 위한 자치라는 말이 나올 정도로 지방자치가 왜곡되고 있다. 게다가 정당공천제로 인해 지방행정이 중앙정치의 논리에 따라 휘둘려서 풀뿌리 민주주의가 제대로 착근되지 못한다는 비판이 지속적으로 제기되어 온 것이 사실이다. 이러한 비판의 근거로서 많은 전문가들은 당 공천을 받기 위해 대선·총선 등 각종 선거에 지방의원들이 동원되고 있다며 이 과정에서 지자체의 본래 목적인 생활정치가 도외시되고 있다고 주장하고 있다. 지방선거가 중간평가적 의미를 띠게 되면서 후보의 면면이나 정책은 무의미해지고, 정당의 기호만 보고 찍는 '일렬투표', '묻지마 투표'가 만연했다. 아무리 뛰어난 능력을 지닌 후보라도 중앙정치의 바람에는 맥을 추지 못했다. 정당공천이 막강한 위력을 발휘한 상황에서 당선된 기초단체장과 의원들은 주민보다는 소속 정당과 국회의원의 눈치를 보게 될 게 뻔하고, 이는 지방자치의 왜곡으로 연결될 수밖에 없다.

기초선거에서 정당공천 폐지를 주장하는 입장은 정당공천제가 확대됨으로써 지방선거를 중앙정치에 완벽히 예속시켰다면서 유권자보다는 국회의원에게 잘 보여야 선거에 나서 당선될 수 있는 사슬이 생겼고, 이는 매관매직의 공천비리를 만발시켰다고 주장한다.

그러나 정당공천 폐지를 반대하는 입장은 정당공천제 폐지는 위헌의 요소가 있을 뿐 아니라 여성을 비롯한 사회적 약자의 정치적 진출을 가로막는다고 주장하고 있다.

기초선거에서 정당공천제 폐지를 둘러싼 두 가지 쟁점과 이에 대한 평가적 의견을 살펴보기로 한다.

Ⅱ. 정당공천제에 대한 쟁점

1. 찬성론(순기능)

정당공천제 찬성론은 첫째, 지방자치의 책임성을 제고한다는 것이다. 찬성론의 입장은 지방자치는 지방에서의 정치이고, 정당은 독자적인 정책을 제시하고 그 결과에 대하여 책임을 지는 집단이기 때문에 책임 있는 대의정치를 위해서는 정당정치는 효과적인 수단이 될 수 있다고 본다. 또한 후보자들이 당선을 위하여 이익단체로부터 인적·물적 지원을 받지 않도록 하여 당선 후 공직자의 정책결정에 영향을 미치지 않도록 하여 궁극적으로는 지방자치의 책임성을 제고하는데 기여할 수 있는 것이다(한상우, 2009: 451-452).

둘째, 정당공천제의 실시는 한국의 정치발전과 지방자치발전에 적극 기여한다는 주장이다(강경태, 2009; 박광주, 2006; 안순철, 2001; 조성대, 2003; 황아란, 2010). 지역의 정당기반을 강화시켜 대중정당화로 진행될 것이기 때문에 정당발전으로 이어지며, 이는 의회민주주의 내지 대의제민주주의의 발전을 가져오고 궁극적으로는 정치발전에 기여할 것이라는 입장이다(가상준, 2009; 강경태, 2009; 김남철, 2007; 황아란, 2010).

셋째, 정당공천제는 유권자에게 후보자 선택의 기준을 제공한다는 점에서도 긍정적인 기능을 한다는 점이다. 지방선거에서 정당의 공천이 배제되면 유권자는 극도로 정보가 제한된 상태에서 투표할 수밖에 없다. 정당공천제는 많은 후보군 중에서 어려운 선택을 하여야 하는 시민들에게 분명한 정보를 주게 됨으로써 선거과정상의 효율성을 높일 수 있다(김병준, 2002: 271, 이동윤, 2010: 83; 한상우, 2009: 452). 또한 정당은 후보자에 대한 책임을 져야 하기 때문에 공천과정에서 어느 정도의 후보자 검증이 이루어 질 수 있고 따라서 정당공천제는 무분별한 정치신인의 난립을 방지하는 일종의 '거름망' 역할을 한다. 즉, 자질이 부족한 정치인들을 걸러내지 못함으로써 발생할 수 있는 정치적 비효율을 극복할 수 있게 해준다는 것이다.

넷째, 정당공천제는 유능한 정치지도자를 발굴하고 육성할 수 있게 도와주며, 정당공천제를 통해 지역의 정치인재를 충원할 수 있다고 한다. 정당중심으로 지방에서 새로운 정치지망생들을 발굴하고 양성하여 경험을 쌓도록 하고, 이들의 활동이 성숙되면 역시 정당을 통하여 중앙정치 무대로 진출할 수 있다는 것이다(가준상, 2009: 224; 김봉채, 2010: 465; 우성호 외, 2010: 63; 이동윤, 2010: 83). 특히 인적·물적자원이 부족한 정치신인의 경우, 정당의 체계와 제도를 이용함으로써 정치권에 보다 쉽게 진입할 수 있다고 본다(송광태 외, 2010: 19; 육동일, 2009: 42).

다섯째, 정당공천제에 의하여 형성된 지방의회는 지방자치단체장의 전횡에 대한 견제기능을 할 수 있다는 점이다. 우리나라의 지방자치단체는 기관대립형을 취하고 있어서 의회가 효과적으로 기능하기 위해서는 기본적으로 양 기관간의 적절한 힘의 균형이 필요하다. 그러나 우리의 경우, 집행기관이 의결기관에 비하여 과도하게 우위에 있는 것으로 평가되어 개선이 요청되고 있다. 정당참여의 허용은 열세에 있는 지방의회의 위상을 강화시킴으로써 양 기관간의 균형에 이바지할 수 있다. 지방의회 의원들은 정당이라는 매개체를 통하여 집행기관에 대하여 조직적·집합적인 힘을 행사할 수 있을 것이기 때문이다.

그러나 만일 정당참여가 인정되지 않으면, 의원들은 개별적으로 의정활동을 수행하지 않으면 안 되고, 정당공천제가 실시되지 못한 상태로 선출된 지방의원은 소속 정당이 없기 때문에 적극적이고 체계적으로 단체장의 전횡을 막기 어렵다.

2. 반대론(역기능)

지방선거에 대한 정당의 공천반대론은 첫째, 정치적 성격이 낮은 지방행정이 정당개입으로 인해 합리성을 상실하게 되어 비능률을 초래한다는 것이다. 지방자치 또는 지방행정은 지역주민에 대한 공공서비스를 제공하고 지역발전과 개발 등 지역적 기능에 초점을 맞추어야 하기 때문에 비정치적이고 탈정치적 성격을 지녀야 한다고 주장한다. 특히 기초자치단체의 주요 업무라고 할 수 있는 쓰레기 수거, 도로정비 등 지역주민들과 밀접한 상관관계에 있는 업무들은 정당성이나 정치성을 띠는 일이 아니다.

둘째, 정당후보자들은 당선이후, 중앙당이나 지역 국회의원에게 예속될 가능성이 높다는 점이다(송광운, 2008: 119; 이상묵, 2007: 61). 제도적으로 중앙당 혹은 정치지도자와 지역구 국회의원 등에 의해 지명되는 공천절차의 비민주성과 불투명성은 중앙과 지방 사이의 수평적이고 협력적 관계가 아닌 수직적·위계적 관계를 형성하여 지방정치의 중앙정치 예속화와 중앙과 지방의 괴리현상을 촉발시키고 있다는 것이다(박재욱, 2002: 128). 이는 지역구 국회의원이나 정치유력자에게 순종하는 단체장과 지방의원들을 양산하게 되고, 지방선거로 선출된 지방 정치인들은 지역주민에게 봉사하는 것이 아니라 중앙당이나 국회의원에게 봉사하는 모순적인 구조를 가지고 있게 될 수 있다.

셋째, 정당공천제로 인하여 지방의회와 자치단체장간의 견제와 균형이라는 제도적 기능이 잘 작동되지 않게 된다는 점이다. 지방자치제는 지역주의 정치의 영향을 받아 동일 지역에서 단체장과 지방의회가 동일한 정당에 의해서 장악되기 쉽다. 때문에 지방의회는 동일 정당출신의 단체장에 대한 견제기능을 제대로 하지 못하게 된다. 기관대립형 지방자치제의 기본적 기능이 작용되지 못하게 되는 것이다(허철행, 2011: 238).

넷째, 정당공천제는 후보자들에 대한 시민들의 선택권을 제한하게 된다. 정당에 대한 기여도나 지역 국회의원에 대한 충성도, 정치자금 공여정도 등을 근거로 공천하기 때문에 능력 있는 지역 정치인들의 정치입문이 어려워지고 이로써 시민선택의 여지가 제한된다. 즉, 정당에 적을 두고 있지 않은 유능하고 전문적인 인재가 지방자치단체에 진출하는 것을 어렵게 한다는 것이다(김순은, 2001: 37).

이처럼, 정당공천제를 찬성하는 쪽은 풀뿌리 민주주의 내지는 정당정치의 필요성을 주장하는 반면, 정당공천제를 반대하는 쪽은 정당발전의 미비와 공천제에 따른 부작용을 논하면서 정당공천제 반대를 주장하고 있다. 그러나 정당공천제는 그 자체로 역기능과 순기능을 모두 포함하고 있는 제도로, 어떤 쪽이 더 우월하다고 판단하기는 쉽지 않다. 이 때문에 해결의 실마리를 찾기 위해서는 해외 각국의 사례연구를 통해 정당공천 상황에서 나타나고 있는 현실적인 문제들을 점검할 수 있는 재검토가 필요하다.

3. 정당공천제에 대한 해외사례

미국 지방선거는 일반적으로 각 주단위선거는 정당의 주도로 실시되나 지방선거에서는 정당참여가 허용되는 주와 금지되는 주로 구분되며, 정당참여를 배제하는 경우는 대체로 3가지 유형이 있다. 첫째, 자치단체선거에서 정당활동은 활발히, 그리고 공개적으로 전개되지만 입후보자는 정당표시를 하지 않는 유형으로 시카고가 여기에 속한다. 둘째, 후보자가 정당표시를 하지 않을 뿐만 아니라, 정당도 정당의 이름을 내결로 선거운동을 하지 않고 배후에서 다른 조직체를 조정하는 형태로 활동하는 유형으로 디트로이트와 달라스를 들 수 있다. 셋째, 명시적·묵시적 정당활동 일체를 자치단체선거에서 공식적으로 배제하는 유형으로, 4분의 3 이상의 주가 이에 속한다(안형기, 2007: 673). 미국의 기초자치단체 역시 정당공천을 금지하는 곳이, 허용하는 곳보다 약 4배 이상 높게 나타난다. 미국 기초자치단체장의 정당공천 여부는 2,520개의 지방정부 중에서 80.8%인 2,035개는 정당의 공천을 받지 않는 Non-partisan지역이고, 나머지 19.2%인 485개는 반드시 정당의 공천을 받아야 하는 Partisan지역이다. 예를 들어, 캘리포니아주의 경우 260개 기초자치단체 중에서 100%인 260개 지방자치단체가 모두 Non-partisan지역으로 나타났고, 텍사스주(99.4%)와 일리노이스주(87.4%)는 166개 지역으로 나타났고, 델라웨어주(98.4%)와 메사츄세츠주(97.7%)는 126개 지역이 정당공천을 배제하는 지역(Non-partisan)으로 나타났다(주용학, 2007: 44-49).

미국 지방정부선거에서의 정당참여 허용비율은 점차 줄어들고 있다. 미국의 지방선거제도 개혁은 지역의 세력화된 정당지도자들로부터 과도하게 집중된 영향력을 제거하기 위해, 그리고 지방선거가 중앙정치 무대의 연장으로 이용되는 것을 막기 위한 목적으로 도입된 것이었다. 이러한 배경은 우리나라의 정치현실과 상당히 유사한 것으로 지적될 수 있다. 즉, 정당지도자들에 의한 정당운영과 선거에 미치는 절대적인 영향력, 그리고 지역패권주의로 요약되는 지방선거 결과가 중앙정치의 영향을 그대로 반영해 준 것이라는 점은 과거 미국의 지방선거제도 개혁의 배경과 거의 일치하는 점이다(송광태·임승빈, 2010: 23).

영국은 1972년 지방자치법 개정을 계기로 지방자치는 완전히 정당정치의 영향력 아래 들어가게 된다. 1980년에 실시된 도시권 기초자치단체선거에서 보수당과 노동당의 점유율이 91.4%에 이를 정도였다. 대부분의 지역에서 정당소속이 선거승리를 위한 필요조건이 되어 버렸을 정도로 지방선거에 정당이 미치는 영향이 막강한 것이다. 또한 지방의회 의원과 주민과의 개인적 유대관계는 상대적으로 약하게 나타나며, 지방의원들은 그들 자신의 활동에 의해 평가받기보다는 소속 정당에 대한 평가에 의해 평가받게 된다. 즉, 지방선거에서의 정당투표는 그 지방의회를 지배하고 있는 다수당이나 소수당에 대한 평가라든지 정당의 지방조직의 각 지역에서의 활동에 대한 평가가 아니라, 국정 차원에서 중앙정당으로서의 여당과 야당에 대한 평가라는 성격을 갖는 것이다(정만희, 2004: 12).

프랑스의 경우 지방의회선거에 정당의 관여를 폭넓게 인정하여 정당중심의 지방선거를 실시하고 있다. 그러나 정당이 후보자를 추천할 때에는 반드시 지역의 의사를 존중하기 때문에 지역에서 어느 정도의 명망을 얻은 후보자가 특정정당을 표방하는 것이 통례가 되고 있다. 그 결과 지방선거를 통해 얻게 된 지위는 중앙의 상·하원의원으로 진출하는 발판으로 작용하기도 한다. 특히, 시장 혹은 광역단체장의 상당수가 중앙의 상·하원직을 겸직하기도 하는데, 지역의 이익을 중앙에 대변할 수 있다는 장점으로 작용한다(지방의회발전연구원, 2004: 231-232).

프랑스의 시·읍·면의회 의원선거는 후보자에게 투표하지 않고 정당에 투표하는 2회 투표제(élection à deux tours)이다. 제1차 투표(le premier tour de scrutin)결과 총투표자의 절대 다수(50% 이상)를 획득한 정당이 있으면 선거가 끝나지만, 그런 정당이 없을 때에는 제2차 투표를 실시한다. 투표결과 절대다수(제1차 투표결과) 또는 상대다수(제2차 투표결과)의 지지표를 얻은 정당별로 의석배분을 하고, 제1당에 의석의 50%를 프리미엄으로 배분하도록 되어 있다(Code Electoral, Art. L. 253, L. 254 Auby and Auby, 1991: 136-138).

일본의 지방선거는 1950년에 제정된 통합선거법인 공직선거법에 근거를 두고 있다. 공직선거법에 의해, 공직의 후보자가 되려고 하는 자는 문서로서 그 취지를 당해 선거장에서 제출하여야 한다. 이때 후보자 제출서에 정당 기타 정치단체의 명칭을 기재하는 '당파'라고 하는 난이 있는데, 여기에 기재하지 않고 공란으로 남겨 놓고 그 증명서를 제출하지 않은 후보자가 무소속이 된다. 만약 정당이나 정치단체가 발행하는 증명서를 제출하고 당파라는 란에 기재하면 공인되었다고 한다. 공인이란 정당이 그 당에 소속하는 인물을 선거의 성식후보자로 인정한다는 뜻이다. 공인을 받지 않고 부소속으로 출마한 후보자라도 그들 모두가 정당과 전혀 관계가 없는 것은 아니다. 겉으로는 무소속이라는 것을 내세우지만 실질적으로 정당의 지원을 받는 경우도 많다. 이때 정당이 후보자를 지원하는 방법에는 두 가지가 있다. 그 한 가지 방법은 추천이다. 추천이란 정당이 형식적인 무소속 후보자를 선거운동에서 지원하는 것을 말한다. 많은 경우 공인 후보를 내지 않는 정당은 정책적으로 연계하고 있는 정당에서 출마한 후보자나 무소속인 후보자를 추천한다. 다른 한 가지 방법은 지지이다. 지지는 정식으로 추천을 하지 않지만 실질적으로 후보자의 선거운동을 지원하는 것을 말한다. 지지는 공인이나 추천에 비하여 지원의 정도가 약하다.

후보자는 일반적으로 정당조직을 총동원하는 국회의원선거에서는 공인을 중시하지만, 정당의 색깔을 내세우고 싶지 않은 지방자치단체의 단체장선거나 지방의회의 의원선거에서는 무당파 지지층을 끌어들이기 위해 무소속으로 입후보하여 정당의 추천이나 지지를 받는 형태를 취하는 경우가 많다. 지방에서 당선가능성이 높은 유력자가 입후보하면, 중앙의 다수 정단들이 같은 유력자에 대하여 추천이나 지지를 표명한다. 이러한 현상을 일본에서는 '아이노리'라고 한다. 중앙정당의 입장에서 지방에 대하여 일정한 영향력을 확보하기 위한 궁여지책이다. 일본에서는 정당의 당적을 가진 채 무소속으로 입후보하여도 문제가 되지 않는다.[1]

Ⅲ. 평가적 의견

1. 정당의 지방분권화 및 지역정당의 허용

지역정당의 존립을 가능하도록 하는 제도적 보완이 필요하다. 지역정당은 정치의 다원화와 지방화 추세와 연관되어 있다. 즉, 지역사회가 안고 있는 각종 문제들 속에는 국가적 차원에서 해결되어야 할 것도 있고, 광역적 수준에서 해결해야 할 것도 있지만 대부분은 자치단체 수준에서 처리되어야 하는 사항이 많다. 이런 점에서 지역정치를 지향하는 정당의 존재도 필요하다고 할 수 있다. 가령 자치단체가 처리해야 할 수준의 문제가 있다고 하더라도 현재의 정당제도로는 전국적 규모의 정당만이 개입할 수 있기 때문에 지역정치가 중앙정치의 논리에 의해 좌우될 위험성은 상존하는 것이다. 따라서 지역문제

---

1 2006년 나가노현 지사선거에서 다나카 야스오 후보는 신당 일본 당수임에도 불구하고 무소속으로 입후보 서류를 제출했기 때문에 무소속 후보로 보도되었다. 그러나 2009년 치바현선거에서는 완전 무소속을 강조하여 당선된 모리타 켄사쿠는 현역의 자민당 지부장으로 자민당 지부에서 정치헌금을 받았기 때문에 문제가 된 사례도 있다.

가 결국 중앙정치화 되고 만다. 이런 문제들을 원천적으로 해소하기 위해서도 지역정당의 허용여부를 검토할 필요가 있다(강경태, 2009: 246-248).

2. 정당공천기준의 명확화

정당공천제의 실태를 통해 나타나는 것처럼, 선거에서의 문제점으로 지적된 것 중의 하나는 바로 공천과정상의 비리문제이다. 지방선거에서 정당공천의 공정성시비를 불식시키기 위해서는 객관적이고 합리적인 후보 공천기준의 확립과 이의 철저한 적용이 요망된다. 공직후보자 선정과정과 선정방식에 대한 국가의 개입은 공직후보자 선출결과가 정당 스스로 정한 규칙과 절차에 의해 관리되고 운용되는지, 그렇지 않으면 국가가 그 규칙과 절차를 결정하는지에 따라 정당재량방식과 국가법제화 방식으로 구분된다(육동일, 2006: 20). 우리나라 각 정당은 당헌·당규로 공천과정을 정하고 있다. 물론 개별 정당이 스스로 규칙을 정하고 그에 따라 공천과정이 운용되는 것이 바람직할 수도 있다. 그러나 우리나라 정당공천시스템은 정당공천 일반원칙인 민주화와 자율성 확보에 있어서 법제적 불비는 물론 법외적 정치현실에 있어서도 비민주적이고 무책임한 정치행태가 만연하고 있다. 뿐만 아니라, 우리나라의 각 정당은 정당조직의 특성에 맞지 않는 공천시스템을 시도하고 있기까지 하다. 예를 들어, 제17대 총선에서 집권여당인 열린 우리당은 국민정당을 지향하는 대중정당이기에 공천과정에 일반 국민과 대중이 참여하여야 함에도 불구하고 진성당원의 한 유형인 기간당원제를 도입하여 민심과 당내 의사결정의 괴리를 자초하는 우를 범했다. 기간당원이 동원되는 전당대회식 당내 경선이 남발되면서 종국적으로 '경선제 무용론'에 봉착하였고 이러한 잘못된 경험이 제18대 총선에서 경선 없는 비민주적 공천행태에까지 이르게 한 것이다(박상철, 2008: 132).

이는 모두 정당공천의 법적 성격에 대한 내부 운용문제와 선거과정의 일부분이라는 논쟁을 근거할 만한 법적·정치적 근거가 전혀 없는 우리나라 정당공천시스템 탓이다. 우리나라의 정치 및 정당수준에 비추어 볼 때 국가가 정당법 및 공직선거법 등 법제도로 정당의 공천방식을 규율할 수 있도록 법률적인 고민이 필요하다.

이와 더불어, 공천기구 상설화도 검토할 필요가 있다. 공직후보자는 원칙적으로 당원이나 또는 대의기관에서 선출해야 하는 것이 바람직하나, 그 절차와 시간, 비용에 대한 부담이 적지 않다. 대안으로 '공직후보자공천심사위원회'를 구성하여 선거시에 한시적으로 운영되고 있다. 그나마 한시적으로 구성되는 공천심사위원들이 중앙고위당직자의 영향에 따라 매번 바뀌다보니, 공천기준, 절차, 위원선정기준이 제도화되어 있지 못한 실정이다. 각 정당별로 공천심사위원회의 기능과 권한을 공천에 국한시키지 말고 상설화하여 공직후보자의 발굴과 관리를 하게 하고 더 나아가 당선자에 대한 관리와 지원기능을 수행하도록 하는 방안이 검토될 필요가 있다(한상우, 2009: 463-464).

3. 주민추천제도 또는 시민단체의 후보자추천제도

지역별 일당 독점현상과 지역갈등을 심화시키는 지역주의의 선거행태를 개선하기 위해서는 주민에게 주도적인 역할을 부여하는 주민추천제를 경선제와 병행하여 실시하는 방안도 생각해 볼 필요가 있다(이규환, 2005: 35-49). 지역편중현상을 보이는 선거결과를 고려할 때 특정정당의 공천이 당선여부를 결정하는 경우가 많다. 그 결과 정당에 의한 지방의 예속화, 공천부조리를 통한 부패문제 등이 발생하게 된다. 이와 같은 상황에서 정당에 의한 후보결정권을 부분적으로나마 보완할 수 있는 장치로서 지방선거 후보자들에게 일정 수 이상의 유권자의 추천을 받도록 하는 주민추천제를 병행하여 사용할 수 있는 법적 근거를 마련하여야 한다(한상우, 2009: 463).

■ 참고문헌 ■

강경태 (2009). 정당공천제 개선방안: 기초의회의원선거를 중심으로. 한국정당학회. **한국정당학** **회보**, 8(1): 225-253.

강명구 (2001). 한국의 지방정치와 민주주의: 현황과 대안적 모색. 한국정치학회 2001년 춘계
　　학술회의 발표논문.

강재호 (2010). 지방의원선거의 과제와 전망: 정당추천의 외연. 한국지방자치의 과제와 전망
　　한국지방의회학회 2009년도 동계학술세미나 논문집.

김성호 (1997). **외국의 지방선거제도 분석**. 서울: 한국지방행정연구원.

김순은 (2001). 지방자치와 정당. **월간자치행정**, 6월호.

남창우·최화식 (2009). 기초지방의회선거와 정당공천제 도입효과 분석. 한국정책분석평가학회.
　　정책분석평가학회보, 19(4): 307-330.

박상철 (2008). 정당공천이 헌법적 쟁점과 개선방향-국회의원 공천제도의 비교법적 분석. 한국
　　비교공법학회. **공법학 연구**, 9(2): 113-138.

박영강 (2009). 지방선거의 정당공천제를 둘러싼 논의와 지향점: 한국의 기초자치단체를 중심
　　으로. 한국지방정부학회 학술대회 논문집. **한국지방정부학회**, 329-345.

박재욱 (2002). '지방자치체 위기론'과 기초자치단체의 권한 및 위상. 한국지방정부학회. **지방정
　　부연구**, 6(1): 117-134.

성기중 (2009). 한국 기초지방자치단체 선거에서 정당공천제 문제의 해결. 한국동북아학회. **한
　　국동북아논총**, 50: 253-284.

송건섭·이부희 (2008). 유권자의 후보자 선택의 영향요인 분석. 한국지방자치학회. **한국지방자
　　치학회보**, 20(1): 5-30.

송광운 (2008). 한국 지방선거 정당공천제의 한계와 과제. 조선대학교 사회과학연구원. **동북아
　　연구**, 23(2): 119-137.

송광태·임승빈 (2010). 2010년 6.2 지방선거 분석과 정당공천제도에 대한 논의. 지방선거제도
　　개선 제1차 기회토론회 자료집. **한국지방자치학회**, 13-28.

안순철 (2001). 한국 지방선거제도 개혁의 방향과 과제. 한국정치정보학회. **정치·정보연구**, 4(2):
　　97-118.

안형기 (2007). 지방정치 활성화 방안: 개정 공직선거법의 개선. 학술행사 '국제자유도시를 향
　　한 제주 특별자치도의 과제와 전망' 발표회 자료집. **한국지방자치학회**, 659-687.

우성호·이환범 (2010). 기초의원 정당공천제 실태분석 및 개선방안에 관한 연구-기초의원 및
　　지방의회 관련 공무원의 인식조사를 중심으로-. 한국지방자치학회. **한국지방자치학회보**,
　　22(3): 57-80.

육동일 (2006). 지방선거 정당공천제의 한계와 과제-지방의회의 활성화를 중심으로-. 한국지방
　　자치학회. **한국지방자치학회보**, 18(1): 5-16.

육동일 (2009). 지방선거 정당공천제의 평가와 과제. 2009 한국지방자치학회 정책토론회(위기

의 정당공천제 쟁점과 해법) 논문집. 한국지방자치학회, 21-50.

이규환 (2005). 지방선거에서의 정당공천제의 대안 모색. 지방행정체계 개편과 정당공천에 관한 대토론회 주제발표 논문. 충청남도의정회.

이동윤 (2010). 지방선거와 정당공천제 논쟁: 부산지역 기초자료를 중심으로. 서강대학교 현대정치연구소. 현대정치연구, 3(1): 71-108.

이상묵 (2007). 지방선거제도 변화의 정치적 효과 분석: 경기도를 중심으로. 한국지방자치학회. 한국지방자치학회보, 9(1): 53-70.

이승종 (1995). 정당의 지방자치참여 배제의 논거와 한계. 조창현 외. 한국지방자치의 쟁점과 과제. 서울: 문원.

이승종 (2003). 지방자치론. 서울: 박영사.

임성일 (1996). 영국의 지방정부. 서울: 법경사.

정만희 (2004). 지방선거와 정당참여에 관한 헌법적 고찰. 한국공법학회. 공법연구, 33(1).

주용학 (2005). 지방선거에 있어서 정당의 정치적 중립. 한국민주시민교육학회. 한국민주시민교육학회보, 11(1): 39-50.

주용학 (2006). 5.31 지방선거결과 분석 및 정책적 함의-기초단체장의 정당공천제를 중심으로. 한국비영리학회. 한국비영리연구, 6(1): 39-75.

조성대 (2003). 지방선거와 정당참여: 지역주의 정당경쟁과 광역의회의 활동. 21세기정치학회보. 21세기정치학회보, 3(1): 259-274.

지방의회발전연구원 (2004). 최근 세계의 지방자치제도. 한국지방자치단체국제화재단.

지병문 (1991). 한국지방자치의 이해. 서울: 풀빛.

최창수 (2007). 기초의회의원 정당공천제와 지방의회의 발전: 지방공직자의 시각. 학술대회자료집. 한국지방정부학회.

하승준 (2004). 프랑스의 지방분권. 한국지방자치단체국제화재단.

한상우 (2009). 정당공천제 시행상의 문제점 개선을 위한 대안. 경인행정학회. 한국정책연구, 9(3): 449-468.

허철행 (2011). 지방선거에 있어서 정당공천제의 한계와 개선방안에 관한 연구. 한국지방정부학회. 지방정부연구, 15(1): 233-251.

황아란 (2010). 지방선거의 정당공천제와 중앙정치의 영향: 제도적 요인과 개선방안. 지방선거제도 개선 제1차 기획토론회 자료집. 한국지방자치학회.

황주홍 (2009). 정당공천제 폐지 반대론에 대한 반론. 2009 한국지방자치학회 정책토론회(위기의 정당공천제 쟁점과 해법) 논문집. 한국지방자치학회, 53-60.

34장 주민자치회의 모형

🔖 곽 현 근

I. 서 론

주민자치회는 2010년 10월 제정된 「지방행정체제개편에 관한 특별법」(이하 '특별법')에 근거를 두고, 풀뿌리자치의 활성화와 민주적 참여의식 고양을 위해 읍면동 단위 주민으로 구성되는 새로운 형태의 주민자치조직을 말한다.[1] 특별법은 주민자치회가 설치되면 주민화합 및 발전을 위한 자체사업뿐만 아니라 관계법령, 조례 또는 규칙에 따라 지방자치단체 사무의 일부를 위임·위탁받아 수행할 수 있음을 밝히고 있다(제21조). 또한 주민자치회 위원은 조례에 정하는 바에 따라 기초자치단체장이 위촉하고, 주민자치회 설치시기, 구성, 재정 등에 관한 사항은 따로 법률로 정하는 것으로 규정하고 있다(제22조). 한편 특별법 부칙 제4조는 안전행정부장관이 주민자치회 시범사업을 실시할 수 있고, 그에 따른 행·재정적 지원을 할 수 있도록 정하고 있다.

2011년 2월 대통령 직속으로 출범한 '지방행정체제개편특별위원회' 산하 근린자치분과위원회는 2012년 5월 주민자치회의 지위·기능 등을 고려해 '협력형', '통합형', '주민조직형'의 3가지 주민자치회 모형을 도출하고, '지방행정체제

---

1 국회는 2013년 5월 「지방행정체제개편에 관한 특별법」을 종전의 「지방분권촉진에 관한 특별법」과 통합하여 「지방분권 및 지방행정체제개편에 관한 특별법」으로 개정하였다. 「지방행정체제개편에 관한 특별법」의 제20조에서 제21조까지 논의되었던 읍면동 주민자치회에 관한 사항은 「지방분권 및 지방행정체제개편에 관한 특별법」 제27조에서 제29조까지 약간의 수정과 함께 거의 그대로 계승되었다.

개편 기본계획' 추진사항에 포함시킨다. 하지만 2012년 6월 법제처와 안전행정
부는 '통합형'과 '주민조직형'의 경우 현행 법령에 위반되어 시범실시가 불가하
다는 검토의견을 제출한다.[2] 이에 따라 근린자치위분과위원회는 향후 3개 모
형 모두 시범실시가 가능한 방향으로 특별법 개정을 추진하되, 특별법 개정
없이 시범실시가 가능한 '협력형'을 우선 시범실시하는데 의견을 모은 후, 제
21차 본위원회에서 '주민자치 시범실시 기본방향'을 의결하였다. 이후 2013년
3월 안전행정부는 '협력형'을 일부 수정해 시범실시계획을 수립하고, 5월초까
지 공모를 거쳐 전국 31개 읍면동을 선정해 시범사업을 진행 중에 있다.

　읍면동 주민자치회 설치문제는 우리 사회를 지배해왔던 단체자치 관점을
벗어나 주민자치를 뿌리내리기 위한 중요한 제도 실험의 의미를 갖는다. 본
연구는 주민자치를 위한 새로운 제도설계의 근간이 되는 주민자치회 모형들을
소개하고 각 모형에 대한 찬반의 논점을 정리해봄으로써 주민자치회 정착을
위한 향후 방향을 모색하는데 목적을 둔다.

Ⅱ. 주민자치회 모형

1. 지방행정체제개편위원회(근린자치분과위원회) 모형

1) 협력형

　주민자치회 모형 중 협력형은 〈그림 34–1〉에 나타난 것과 같이 현행 읍·
면·동사무소를 존치하되, 행정조직과 동등한 지위를 갖는 주민자치회를 설치
하여 두 조직이 해당 지역사회 문제에 대해 협의·심의할 수 있도록 한 모형
이다. 이때 읍·면·동사무소의 장은 기초자치단체장이 임명하고, 주민자치회

---

2 2012년 6월 21일 법제처는 통합형과 주민자치형에 포함된 내용 중 주민자치회가 지방자치단체
　행정사무를 직접 수행하는 행정기관 성격을 갖도록 하는 사항, 읍면동 사무소를 주민자치회 사
　무기구화하는 하는 사항, 읍면동 소관사무의 변경, 읍면동장의 지휘감독권자 변경에 관한 사항
　등이 「지방자치법」 등 타 법률과 충돌해 특별법 부칙 제4조만을 근거로 통합형과 주민조직형의
　시범실시가 어렵다는 검토의견을 제출하였다(지방행정체제개편위원회, 2012).

소속의 주민자치위원회는 기초자치단체장이 위촉하는 형태를 취하게 된다. 협력형의 주민자치회는 주민자치기능, 위임·위탁 사무처리기능, 그리고 읍면동 행정기능 중 주민생활과 밀접한 관련이 있는 사항에 대한 협의·심의 등을 수행한다. 주민생활과 밀접한 관련이 있는 사항은 지역개발, 생활안전, 복지, 금전적 부담, 편의시설 운영 등이다. 주민자치위원회 내 주민대표로 구성된 의결·집행기구로서 주민자치위원회를 설치·운영하고, 주민자치위원회 운영지원을 위해 유급사무원 또는 자원봉사자를 둘 수 있고, 필요시 지방자치단체에 공무원 파견요청을 할 수 있다.

▨ 그림 34-1 ▨ 협력형 주민자치회 모형

자료: 지방행정체제개편추진위원회 (2012: 211).

2) 통합형

통합형은 〈그림 34-2〉와 같이 주민자치회를 주민자치회로 구성되는 의결기구인 주민자치위원회와 사무기구로 구성하고, 기존 행정조직을 주민자치회 산하 사무기구로 전환하는 모형이다. 읍·면·동장의 명칭은 '사무장'으로 변경하고 사무장은 주민자치회의 사무기구를 총괄하게 된다. 이 모형에서 주민자치회는 읍면동의 행정기능, 즉 읍면동 사무소에서 처리하는 사무일체인 행정기능은 물론이고, 주민화합 및 발전을 위한 주민자치기능, 지방자치단체 사무의 위임·위탁 사무처리기능을 수행하게 된다. 주민자치회를 대표하는 주민자

치위원회의 지휘·감독하에 사무장과 직원으로 구성되는 사무기구(조직)가 주
어진 기능을 집행하게 된다.

▒ 그림 34-2 ▒ 통합형 주민자치회 모형

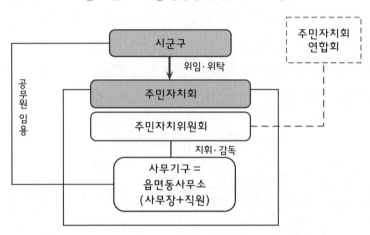

자료: 지방행정체제개편추진위원회 (2012: 211).

3) 주민조직형

주민조직형은 〈그림 34-3〉에 나타난 것과 같이 행정계층으로서의 읍면동
을 없애고, 대신 주민대표로 구성되는 의결·집행기구인 주민자치위원회를 설
치·운영하는 모형이다. 이 모형에서 읍면동 기능은 기초자치단체가 가져가는
대신에 읍면동에는 주민대표가 주도하는 주민자치회에 사무국(유급직원 또는
봉사자)을 두고, 주민자치회 스스로 사무에 대한 의결 및 집행 기구의 역할을
하도록 만드는 것이다. 기초자치단체로부터 행·재정지원을 받는 대신, 의견을
제시하거나 위임·위탁받는 업무나 기타 업무에 대해 협조하는 역할을 수행한
다. 필요시 주민자치단체에 공무원 파견요청이 가능하다.

▨ 그림 34-3 ▨ 주민조직형 주민자치회 모형

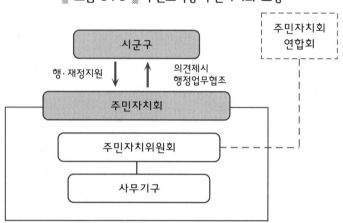

자료: 지방행정체제개편추진위원회 (2012: 212).

2. 안전행정부 시범사업 모형

〈그림 34-4〉는 2013년 3월 안전행정부가 최종적으로 시범사업실시계획에 포함시킨 모형을 보여주고 있다. 시범사업 모형과 지방행정체제개편추진위원회(이하 '위원회') 모형과의 차이를 살펴보면, 일단 위원회 모형에서는 전 주민으로 구성되는 주민자치회 안에 협의·심의기구이자 주민대표로서의 주민자치위원회가 존재하고, 읍면동 주민자치위원회의 수평적 연합으로서 시군구 단위의 주민자치연합회를 가정하고 있다. 하지만 안전행정부에서 시범사업을 위해 제안한 모형에서는 주민자치회를 주민대표로 구성하는 것으로 하는 한편, 주민자치연합회를 삭제하였다. 또한 위원회 모형에서는 사무기구의 지원인력으로서 자원봉사자 또는 유급사무원을 둘 수 있도록 한 반면, 안전행정부 모형은 지자체 실정에 따라 유급사무원 배치를 자율적으로 결정하되, 자원봉사자 중심의 주민자치회 운영을 원칙으로 정하고 있다. 한편, 위원회 모형은 주민자치회가 지자체 공무원 파견을 요청할 수 있도록 되어있는 반면, 안전행정부 모형에서는 "주민역량 강화 및 근린자치 본래 목적에 위배"된다는 명분아래 공무원 파견을 근본적으로 금지하고 있다.

▒ 그림 34-4 ▒ 안전행정부 시범사업 모형

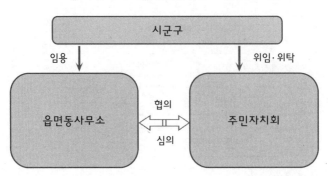

자료: 안전행정부 (2013: 17).

Ⅲ. 주민자치회 모형의 찬반론

1. 협력형(위원회)

읍면동에 행정계층이 유지되면서 정부와 지역사회 사이의 상호작용 접점이 비교적 낮은 수준에서 형성됨으로써 주민(대표)의 행정참여가 비교적 용이하다. 통합형 또는 주민조직형과는 달리 정부와 지역사회(시민사회)가 서로 다른 사회구성의 영역으로 존재하고, 각자의 자율적 원리가 유지되면서 수평적 관계형성 또는 협력을 통해 국가와 사회민주화의 성숙에 기여할 수 있다. 정부가 지역사회를 '위해서(for)' 봉사하는 개념을 넘어 지역사회와 '함께(with)' 공공서비스 또는 공적 가치를 생성한다는 '공동생산(co-production)'의 관점에서 유리하다. 현존하는 주민자치위원회 제도로부터 급격한 변화를 요구하지 않기 때문에 혼란을 최소화할 수 있다는 장점이 있다.

현실적으로 읍면동에서 주민이 영향을 미칠 수 있는 기능이나 사무가 많지 않은 상황에서 주민자치회의 행정참여가 큰 의미를 갖기 어렵다. 또한 기존의 주민자치위원회가 보여주듯이 주민자치회가 스스로 자립하지 못하고 행정에 의존할 가능성이 높다. 자발적 결사체적 성격을 띠는 주민자치회가 행정과 협력하여 의사결정을 내리게 되었을 때 전통적 대의민주제가 가정하는 전문정치인과 전문관료 사이의 상향적인 정치적·법적 책무성(accountability)과 상충하는 측면이 있다.

2. 통합형

통합형의 경우 주민자치회위원회가 선거를 통해 구성될 때 영국의 패리쉬카운실과 같은 사실상의 동네정부(neighborhood government) 형태를 띠게 되고 자치계층의 증가를 의미하게 된다. 읍면동 단위에 대의정부가 존재하게 되고, 선거를 통해 정치적 책임을 지는 주민자치위원과 전문집행기구가 함께 일함으로써 대의민주적 책무성과 서비스 전달의 전문성이 확보된다는 장점이 있다.

주민자치위원회가 선거가 아닌 다른 방식으로 구성될 때, 정치적 책무성을 갖지 않는 민간조직 아래 국가조직이 형성되는 형태를 띠면서 대의민주제의 정치적 책무성의 기본원리가 무너지게 된다. 선거를 통해 동네의회 형태의 주민자치위원회가 구성되는 경우 정당개입에 의한 읍면동의 중앙정치화 등 상당한 폐단과 혼란이 예상된다. 또한 상시적 전문가 집단인 기초자치단체와 읍면동 사무기구의 틈바구니에 끼면서 쌍방향적 영향에 의해 주민자치회가 유명무실해질 가능성을 배제하기 어렵다.

3. 주민조직형

자발적 결사체로서 주민자치회가 지역사회 문제해결뿐만 아니라 시군구와 상호작용할 수 있는 상당한 역량을 가지고 있음을 전제로 한 모형이다. 읍면동 행정계층이 사라지면서 정부의 공공서비스 생성 및 전달의 임무를 자발적 결사체인 주민조직에게 상당부분 위임·위탁하는 '결사체민주주의(associative democracy)' 제도 실험의 한 형태로 간주할 수 있다. 읍면동 행정계층이 사라지고 주민들 스스로 공공서비스 생성 및 전달에 책임을 지게 되면서 주민조직으로서의 자율적·독립적 역량을 키우고 공공선에 대한 주민관심과 사회적 책임을 강화할 수 있다는 장점이 있다.

현재와 같은 수직적 계층구조하에서 주민자치회가 정부로부터 자율성을 가진 주민조직이라기보다 정부와의 동형화(isomorphism) 과정을 거쳐 정부의 하위기구처럼 전락해 버릴 가능성이 높다. 읍면동 규모가 서구 선진국의 기초 자치단체만큼이나 큰 상황에서 하나의 자발적 결사체조직에게 지역사회의 다양한 공적 책무를 모두 맡긴다는 것은 상당한 위험부담을 수반한다. 많은 주민들이 주민자치회에 관심이 없는 상황에서 주민조직형을 도입했을 때, 이해관계를 가진 일부 주민들에 의한 제도의 오남용 가능성을 배제할 수 없다. 시군구에 주민자치회의 참여기제가 마련된다고 하더라도 읍면동 행정계층이 사라지는 경우 지역사회와 지방정부 사이에는 그만큼 물리적·심리적 거리감이 발생할 가능성이 높다.

4. 안전행정부 시범사업 모형

전 주민으로 주민자치회를 구성한다는 위원회 협력형과 비교할 때, 안전행정부 시범사업모형은 주민자치회를 '주민대표'로 구성하는 것으로 규정하고 있다. 행정편의적 발상으로 시범사업의 신속한 추진에는 기여했을지 모르지만, 시범모형에서는 기존 제도와 주민자치회의 차별화의 관건이 되는 전체 주민의 참여여부와 성격(자발적 또는 의무적), 그리고 주민대표와 일반 주민의 관계에 대한 규범적·제도적 담론의 여지가 사라지게 된다. 또한 사무기구에 유급직원을 둔다거나 지자체에 공무원 파견요청을 할 수 있도록 한 위원회 협력형의 주민자치회 역량 강화를 위한 지원내용을 지자체 부담으로 돌리거나 원천적으로 불가능한 것으로 해석함으로써 시범모형은 기존의 주민자치위원회와 별반 다를 게 없는 모형으로 받아들여지고 있다.

IV. 평가적 의견

'지방행정체제개편특별법'에서 다루고 있는 주민자치회 설치문제는 다분히 행정계층의 관점에서 접근하고 있다. 하지만 주민자치회제도 실험은 단순히 기존 읍면동 행정조직을 주민자치조직으로 대체하는 편의적 발상 이상의 의미를 가진다. 주민자치회 문제는 주민참여를 통해 대의민주제 병폐를 치유하고, 추락하고 있는 정부신뢰와 정당성을 회복하며, 행정서비스의 효과를 향상시키려는 종합처방의 관점에서 접근해야 한다. 특히 주민자치회가 단체자치를 보완하는 '주민자치'에 관한 것이라면, 주민자치회를 설계할 때 정부는 "주민자치가 요구하는 질서는 무엇이고, 주민자치회는 어떻게 그러한 질서에 기여하는가?" 라는 규범적 질문에 답할 수 있어야 한다.

규범적 관점에서 주민자치회 설치문제를 바라볼 때 조직의 형성(formation), 대표(representation) 및 정치적 적용(political application)과 관련하여 〈표 34-1〉과 같은 질문에 대한 원리를 요구한다.

위원회와 안전행정부의 모형 중 어느 것도 위의 질문들에 대한 충분한 원리를 보여주지 못하고 있다. 그런 가운데 현재 진행 중인 안전행정부의 시범사업은 기존의 주민자치위원회가 해오던 기능들을 거의 답습하거나 약간 보완한 수준이라는 현장인식 속에서 어떤 변수들이 바뀌어 어떤 새로운 결과를 가져왔는지를 파악하기 어려운 수준에서 진행되고 있다.

제대로 된 주민자치회 실험을 위해서는 규범적 관점의 담론을 통해 철저한 원리를 가진 모형의 개발과 함께 주민의 역량형성과 행동변화를 이끌어낼 수 있는 다양한 수단을 종합적으로 고려한 제도설계가 필요하다. 특별법 부칙에 집착해 졸속으로 추진하기보다는 특별법을 고쳐서라도 백년대계의 관점에서 철학과 원리를 가진 주민자치회 실험이 전개되기를 기대해본다.

▨ 표 34-1 ▨ 규범적 관점의 주민자치회 진단기준

구분	규범적 질문	관련 이론
형성	· 하나의 집합체(collectivity)로서 어떤 성격을 가져야 하는가?	· 시민사회(civil society) · 사회적 자본(social capital) · 시민공화주의(civic republicanism) · 결사체적 민주주의(associative democracy)
	· 누가 형성을 주도해야 하는가?	· 사회중심적(society-centered) 접근 vs 제도주의(institutional) 접근
	· 누가 참여해야 하는가?	· 자발적(voluntaristic) vs 의무적(obligatory)
대표	· 대표의 정당성 근거는 무엇인가?	· 대의민주제 vs 참여민주주의 · 대표성의 출처
정치적 적용	· 정부와의 관계(거버넌스)는 어떤 모습이 바람직한가?	· 거버넌스이론 (예: hierarchical, co-, self-governance)
	· 어떤 유형의 참여가 바람직한가?	· 참여의 유형이론(예: 조작, 치료, 파트너십, 위임된 권한, 시민통제)
	· 어떤 책무성(accountability)이 강조되어야 하는가?	· 법적·정치적 책무성 vs 사회적 책무성 · 상향적 책무성 vs 하향적 책무성

참고문헌

곽현근 (2014). 주민자치회 시범사업의 문제점과 개선방안. 미래복지국가구현과 지역상생 전략. 한국지방자치학회 동계학술대회 논문집, 659-681.

안전행정부 (2013). 읍면동 주민자치회 시범실시 컨설팅단 전체 회의 및 관계자 합동 워크샵 자료집. 2013. 12. 20.

지방행정체제개편추진위원회 (2012). 대한민국 백년대계를 위한 지방행정체제 개편 정책자료집.

Somerville, P. (2008). Prospects for Local Co-governance. *Local Government Studies*, 34(1): 61-79.

지방정책

35장 지방자치단체평가: 강화 vs 약화

박해육

I. 서 론

지방자치의 실시이후로 지방자치단체는 자율성을 확대하기 위해 많은 노력을 기울이고 있다. 성숙한 지방자치의 구현을 위해서는 지방의 자율성이 크게 확대되어야 한다는 점에 대해 대다수의 학자들이 동의하고 있다. 그러나 중앙정부의 입장은 지방자치단체의 자율성을 강화하는 것은 책임성이 전제되어야 가능하다는 것이다. 즉, 지방의 자율성 확대에 따른 책임성 강화의 필요성을 강하게 요구하고 있다.

그리고 국정의 통합성을 유지하기 위해 중앙정부는 주요 정책, 국가위임사무, 국가보조사업 등의 추진상황이나 효과를 파악하는 것이 반드시 필요하다는 입장이다. 즉, 중앙정부는 지방자치단체의 자율성을 침해하지 않으면서 지방의 주요 정책, 사무 등의 통일적인 집행을 담보하기 위한 방안의 하나로 추진상황의 점검 및 평가를 실시하고 있다.

중앙정부는 지방자치단체의 책임성 강화와 국정의 통합성을 유지하기 위한 다양한 방안 중의 하나로 지방자치단체평가를 실시하고 있다. 지방자치단체평가는 중앙정부가 지방자치단체를 평가하는 것과 지방자치단체가 스스로 자신들의 사업이나 시책을 평가하는 것으로 구분할 수 있다. 전자는 중앙의 여러 부처가 합동으로 평가하는 합동평가와 각 부처가 독자적으로 평가하는 개별평가로 세분할 수 있다. 후자는 지방자치단체가 자신들이 수행하는 시책, 사업 등에 대해서 평가하는 자체평가를 의미한다.

합동평가는 2006년 3월에 제정된 '정부업무평가기본법(법률 제7928호)' 제21조에 근거하여 실시되고 있으며, 합동평가의 목적은 지방자치단체 중 광역자치단체에서 수행하는 국가위임사무 및 주요 국가시책에 대한 평가·환류를 통해 국정의 통합성과 책임성을 확보하고, 특·광역시와 도의 평가업무에 대한 부담을 완화하는 데에 있다.

개별평가는 업무의 특성, 평가시기 등으로 합동평가에 포함하기 어려운 경우에 한하여 중앙행정기관의 장이 실시할 수 있다. 중앙부처, 위원회 등에서 실시하고 있는 개별평가 현황을 살펴보면(2013년 12월 기준), 13개 기관에서 33개의 개별평가를 실시하고 있는 것으로 나타났다. 부처별 개별평가의 수를 살펴보면, 안전행정부가 10개의 개별평가를 실시하고 있어 가장 많으며, 그 다음으로는 환경부 4개, 농림축산식품부 3개, 소방방재청 3개 등의 순으로 나타났다.

지방자치단체는 중앙부처에서 실시하는 평가가 너무 많으며, 또한 부처별로 유사·중복적인 평가가 많이 이루어지고 있다고 보고 있다. 반면, 중앙정부는 국정의 통합성, 행정서비스의 질적 제고, 정책의 수용성 확보 등의 차원에서 일정 수준 이상의 평가가 반드시 필요하다는 입장이다. 즉, 중앙의 시각에서 보면 이러한 평가는 더욱 강화되어야 하며, 지방의 관점에서는 지방자치단체평가가 지방을 자율성을 제한하고, 불필요한 평가로 인한 행정낭비를 초래할 수 있다는 점에서 지방자치단체평가는 가능한 한 최소 수준으로 줄여야 한다는 입장이다. 다음에서는 이러한 2가지 상반된 입장에 대해서 구체적으로 살펴보기로 한다.

Ⅱ. 강화론

지방자치단체평가를 강화하려는 목적으로는 우선 국정의 통합성을 들 수 있다. 지방자치제도의 도입이후로 지방자치단체가 많은 자율성을 지니게 되어 국정의 통합성을 유지하기 어려워지고 있으며, 실제적으로 국정이 지방에서 제대로 집행이 되었는지 점검할 수 있는 기회가 점점 줄어들고 있는 것이 현실이다. 이러한 외부환경 변화에 대응하여 국정의 통합성을 유지하기 위해서 지방자치단체에 대한 체계적인 평가가 이루어져야 하며, 필요한 경우 더욱 강화되어야 한다는 입장이다.

둘째, 지방자치단체가 수행하는 국가의 주요 정책, 국가보조사업 등의 추진상황이나 목표달성 여부를 점검하여 정책추진과정과 결과에 관한 문제점들을 해결하고, 행정서비스의 질을 개선하기 위해서는 지방자치단체평가가 반드시 필요하다. 특히, 정권의 변화에 따라 다양한 개혁프로그램이나 새로운 정책이 제시되고 있으며, 이를 지방자치단체로 확산시켜 개혁의 효과를 확인할 필요가 있다. 이를 위해서는 지방자치단체를 대상으로 개혁프로그램의 집행 정도와 결과를 평가하는 것이 필요하며, 이러한 맥락에서 볼 때, 지방자치단체평가가 더욱 강화되어야 한다. 즉, 시책이나 사업이 제대로 적기에 실시되어 당초 설정한 목표를 달성하였는지를 확인하기 위해서는 반드시 평가가 이루어져야 한다.

셋째, 정부정책이 지방자치단체 차원에서 실제로 집행이 되고 있는지 집행의 결과로 당초 기대했던 효과를 달성했는지의 여부를 파악하여 지역주민들에게 공개하기 위해서는 지방자치단체평가는 반드시 이루어져야 한다. 지방자치단체평가는 내부적으로 행정의 효율성 증대에 기여하고, 외부적으로는 국민의 알권리를 충족시켜 준다는 점에서 지역주민에 대한 책임성을 담보하는 데에 크게 기여할 수 있다.

넷째, 지방행정의 전반적인 수준을 높이고, 역량을 제고하기 위해서는 지방자치단체의 행정수준에 대한 지속적인 관리가 필요하며, 평가결과에 근거하여 우수사례를 벤치마킹 할 수 있는 기회를 제공한다는 점에서 지방자치단체평가는 이와 같은 역량 제고 및 학습을 위한 주요 수단으로 활용될 수 있다. 따라서 지방자치단체평가는 더욱 강화될 필요성이 있는 것으로 인식되고 있다.

다섯째, 지방자치단체와 관련된 정책을 수립하여 집행하더라도 이에 대한 평가가 이루어지지 않으면 정책이 지니고 있는 문제점, 효과를 파악하기 어려울 뿐만 아니라 문제발생시 적극적인 대응이 어렵다는 점에서 자치단체평가가 강화되어야 한다. 특히, 평가결과의 환류를 통하여 지방자치단체 차원에서의 객관적이고, 합리적인 정책결정을 지원할 수 있을 뿐만 아니라 새로운 정책의 추진시 문제해결에 기여할 수 있는 노하우를 제공할 수 있을 것이다.

Ⅲ. 약화론

첫째, 지방자치단체의 자율성을 확보하기 위해 지방자치단체평가는 최소화되어야 한다. 평가가 필요한 경우에도 중앙부처가 독자적으로 실시하는 개별평가는 최소한에 그쳐야 하며, 가능한 한 합동평가제도로 통합되어야 한다. 중앙부처의 필요에 따라 신설되는 개별평가가 지속적으로 증가한다면 피평가기관인 지방자치단체의 평가부담은 크게 증가할 것이며, 평가에 투입되는 시간이나 인력의 과다로 인하여 행정낭비를 초래할 수 있을 것이다.

둘째, 피평가기관의 평가부담을 완화할 필요가 있다. 개별평가를 준비하는 데에 투입되는 인력의 수가 많을 뿐만 아니라 요구하는 증빙자료들도 상당히 많은 것으로 나타나 행정낭비를 초래하고 있다. 그리고 평가가 주로 연도말에 이루어지는 경우들이 많아 실제 업무수행보다도 평가준비 및 대응에 소요되는 시간이 더 많아서 일상적인 업무수행이 지장을 받고 있다는 점에서 평가제도를 통·폐합하려는 노력이 필요하다.

셋째, 지방자치단체는 종합행정을 수행하고 있으나 특정분야만을 대상으로 평가를 실시하는 것은 지방자치단체의 전체적인 성과나 역량을 파악하는 데에 많은 한계를 지닐 수밖에 없다. 따라서 개별부처별로 여러 가지 평가를 실시할 것이 아니라 대표성이 확보된 평가제도를 중심으로 지방자치단체평가가 이루어지도록 해야 한다. 즉, 이를 위해서는 현재와 같은 평가의 수를 대폭 축소하고, 법적으로 반드시 실시해야 하는 합동평가를 중심으로 평가제도를 통합하도

▧ 표 35-1 ▧ 개별평가의 법적 근거 유무 및 협의여부

법적 근거 유무		정부업무평가위원회 협의여부		계
근거 있음	근거 없음	협의	미협의	
22(67%)	11(33%)	2(6%)	31(94%)	33(100%)

자료: 지방자치단체 평가제도개선 TF 자료 (2013. 12).

록 해야 한다.

넷째, 지방자치단체평가는 관련 법령에 근거하여 이루어지도록 되어 있으나 법적인 근거 없이 이루어지고 있는 평가도 적지 않은 편이다. 현재 실시되고 있는 33개의 개별평가의 경우도 대통령령 이상의 법적 근거를 확보하지 않은 평가가 33%나 되며, 정부업무평가위원회와 사전에 협의를 거치지 않고 임의적으로 신설한 평가가 대부분을 차지하고 있는 것으로 나타났다.

중앙부처가 개별평가를 법적인 근거 없이 실시하는 경우, 지방자치단체를 대상으로 한 개별평가가 증가되어 피평가기관의 평가부담이 가중될 수 있다. 따라서 관련 법령에 근거를 두지 않은 평가제도는 과감하게 폐지하여 불필요한 평가가 이루어지지 않도록 해야 할 것이다.

다섯째, 지방자치단체평가가 주로 중앙에 의한 지방자치단체 통제를 위한 목적으로 평가가 이루어지고 있다는 인식을 불식시키기 어렵다는 점에서 평가의 축소 및 약화가 필요하다.

IV. 평가적 의견

지방자치단체에 대한 평가를 강화할 것인지 아니면 약화할 것인지에 대한 판단은 중앙정부가 지방자치를 대하는 시각에 따라서 상당히 달라질 수 있을 것이다. 즉, 지방자치 활성화 차원에서 본다면 지방자치단체평가를 최소화하는 것이 필요하며, 평가가 지방이 지니고 있는 문제의 해결에 기여할 수 있

도록 해야 할 것이다. 즉, 평가결과를 적극적으로 환류하여 자치단체의 문제를 해결하는 데에 기여하도록 해야 할 것이다. 이와는 반대로 평가를 강화하려는 입장은 지방자치제 실시이후로 지방의 자율성이 강화되었으나 이에 상응한 책임성의 확보는 상당히 미흡한 상황이어서 이를 개선하기 위하여 평가가 더욱 체계적으로 실시되어야 한다는 입장을 취하고 있다. 지방자치의 시대에 지방의 자치권을 침해하지 않으면서 지방자치단체의 책임성을 강화하기 위해서는 지방자치단체평가가 강화되어야 한다는 것이다. 이처럼 평가의 강화와 약화에 대한 논의가 팽팽하게 대립되고 있는 것이 현실이며, 지방자치에 대한 중앙과 지방의 시각이 근본적으로 차이가 있음을 알 수 있다.

중앙정부가 지방자치단체를 통제하거나 관리하기 위한 수단의 하나로 지방자치단체평가를 활용하고 있다는 점을 불식시키기 어려운 것이 현실이다. 실제적으로 새로운 정권이 출범하는 경우 다양한 개혁들을 추진하는 경우가 많으며, 이러한 개혁프로그램의 추진상황과 효과를 점검하기 위하여 새로운 평가제도를 신설하여 운영하는 경우도 종종 발생하고 있다. 지방자치단체평가가 반드시 필요하더라도 제도 도입시 평가일몰제를 도입하여 일정 기간을 주기로 평가제도로서의 존치여부를 결정하도록 해야 한다. 새로운 평가제도를 도입하려는 부처는 많으나 기존의 제도를 폐지하려는 부처는 없다는 점에서 지방자치가 평가제도의 홍수에 휩쓸려 떠내려가지 않으려면 반드시 평가일몰제를 도입하여 평가제도에 대한 체계적인 관리가 이루어져야 한다. 지방자치단체평가의 필요성에 대해서는 공감할 수 있으나 과도하게 이루어지는 경우 득보다는 실이 더 많다는 점에서 지방자치단체평가는 자치권을 침해하지 않는다는 원칙하에 최소의 평가로 최대의 효과를 거둘 수 있도록 해야 하며, 기존의 유사·중복적인 평가는 과감하게 통폐합해야 할 것이다.

참고문헌

김현구·박희정 (2003). 광역자치단체 합동평가체제의 실증분석. 정책분석평가학회보, 13(2): 125-148.

류영아 (2012). 지방자치단체 합동평가에 대한 지방공무원의 인식 비교연구. 지방정부연구, 16(3): 291-308.

박충훈·이상미 (2008). 지방자치단체 평가제도의 연계 및 통합방안. 지방행정연구, 22(2): 145-170.

박해육 (2007). 지방자치단체 성과관리제도의 비교 및 통합방안. 지방행정연구, 21(2): 117-149.

박해육·라휘문 (2005). 지방자치단체 평가제도의 발전방향-통합모형의 구상을 중심으로. 한국행정연구원. 정부업무평가의 새로운 패러다임, 178-222.

박해육·류영아 (2013). 지방자치단체 합동평가제도의 재설계에 관한 연구. 감사논집, 20: 95-118.

박해육·조형석 (2005). 지방자치단체 합동평가제도의 발전방안. 지방정부연구, 9(3): 333-351.

이윤식 (2007). 우리나라에 있어서 성과관리를 위한 평가의 개선방안에 관한 연구. 정책분석평가학회보, 17(3): 1-30.

이윤식 외 (2006). 정부성과관리와 평가제도. 서울: 대영문화사.

Bouckaert, Geert & Halligan, John (2008). *Managing Performance: International Comparisons*. London/New York: Routledge.

Heinrich, C. (2002). Outcomes-based Performance Management in the Public Sector: Implications for Government Accountability and Effectiveness. *Public Administration Review*, 62(6): 712-725.

Ingrid Guerra-López (2008). *Performance Evaluation*. SF: Jossey-Bass Publishers.

Nielsen Steffen Bohni & Nicolaj Ejler (2008). Improving Performance?. *Exploring Complementarities Between Evaluation and Performance Management. Evaluation*, 14(2): 171-192.

Poister, Thedore H. (2003). *Measuring Performance in Public and Nonprofit Organizations*. Jossey-Bass: San Francisco, CA.

Van Dooren, Wouter, Bouckaert, Geert & John Halligan (2010). *Performance Management in the Public Sector*. London: Routledge.

36장 복지서비스의 지방주체 제공: 찬성 vs 반대

배정아

I. 서 론

행정학에서 복지서비스 분야의 연구는 1970년대에 시작되어 2000년대 이후 양적으로 급격히 증가하였으나, 연구의 주된 경향은 주로 중앙정부의 복지정책을 중심으로 치우쳐 왔다. 주요 선진국의 경우 복지서비스의 기획과 실행이 주로 지방정부의 주도로 이루어지고 있고 그 역할이 더욱 강화되고 있는 반면, 우리나라의 복지서비스는 중앙정부의 주도하에 기획되고 실행되어 왔다. 그러나 시민들의 복지서비스에 대한 요구가 다양해지고 복잡해짐에 따라 중앙정부가 대응하는 데에는 한계가 있다. 한편, 복지서비스를 지방주체가 제공할 때 야기될 수 있는 지역간 격차와 제공되어야 하는 서비스가 적절한지의 형평성 문제도 제공주체 측면에서 고려되어져야 한다. 이와 관련하여 지방분권화가 복지수준의 지역간 격차를 심화시키는지에 대해서는 의견이 엇갈린다. 지방자치의 실시로 인해 주민들의 복지욕구의 전달통로가 마련되어 복지서비스가 확대된다는 의견과 자치단체장이 지역개발 및 지역경제 활성화를 중시하게 되면서 복지서비스가 축소된다는 의견으로 갈린다. 이에 따라, 복지서비스 분야 연구의 주요 쟁점은 복지서비스를 중앙정부가 주도적으로 전 국민을 대상으로 직접 제공하는 것이 나을지, 지방주체, 즉 지방정부 혹은 더 나아가서 시장이나 제3섹터가 제공하는 것이 나을지에 대한 논의이다.

Ⅱ. 쟁점: 복지서비스의 지방주체 제공

1. 찬성론 쟁점: 다양성(지역적 특성)

최근 다양한 영역에서 지방이양이나 재정분권이 강조되고 있고 복지서비스에 대한 요구도 다양화 되어지고 있다. 다양한 서비스 제공은 지역사회를 기반으로 이루어질 수밖에 없음에도 불구하고 이를 제공하는 지방주체의 역할에 대한 다각적인 논의가 많지 않다(이상미, 2012; 김은정, 2007). Oates(1972)에 따르면, 지방공공재를 어느 단계의 정부가 생산하든 똑같은 비용이 든다면, 중앙정부가 모든 지역에 대해 일정한 양을 공급하는 것보다 각 지방정부가 스스로의 판단에 의해 적절한 양을 공급하는 것이 더욱 효율적이다. 또한, 복지서비스는 거주하고 있는 지역사회 내에서의 지역특성에 맞는 지역공동체 돌봄이 강조되는 부분으로 지방주체의 서비스 제공의지가 중요하게 부각된다.

논의의 핵심은 기존의 국가주도형 서비스 기획 및 제공방식을 지양하고 지방주체가 지역특성과 주민의 요구에 부합하는 지역필요에 맞는 서비스를 발굴하도록 함으로써, 지방정부의 역할을 크게 강조하는 것이다. 이에 따라 저출산, 고령화, 소득양극화 등과 같은 새로운 사회적 위협에 대한 선제적 대응으로 다양한 대인서비스의 보편적 제공이라는 정책목표하에 노인, 장애인, 영유아 및 산모, 그리고 지역특성에 맞는 보편적 복지서비스를 전국적으로 실시하고 있다. 기존 복지서비스가 전체 지역주민 중 일부만을 주된 급여의 대상으로 해왔던 것에 비해, 최근의 흐름은 평균소득 이하 대부분의 가구를 급여대상으로 보편화하기 때문에 특히 지역별 혹은 가구별 차별화된 특성과 요구에 부합되도록 지방주체가 제공하는 것이다.

복지서비스 대상이 취약계층만이 아니라 일반 주민으로까지 대상이 확대됨에 따라, 지방자치단체가 중심이 되는 서비스 제공방식의 다변화 전략이 필요하다. 현재 복지서비스는 사회복지법인이 설치한 생활시설에 운영비를 지원하는 방식(1세대, 1950~1970년), 정부가 설치한 이용서비스 위주의 시설 및 프로그램을 민간에 위탁하고 운영비를 지원하는 방식(2세대, 1980~2000년대 중반), 바우처를 제공하는 방식(3세대, 2000년대 중반 이후) 등이 혼재된 채로 제공되고 있다(김용득·황인매, 2013). 새로운 서비스는 주로 바우처로 제공하는 접근방법이 도입되고 이전의 서비스는 이전의 방식 그대로 시행되고 있어 전달방식에 대한 향후의 전망을 어렵게 하고 있다. OECD국가들의 추세와 함께 복지서비스 제공방식은 공급자 중심이 아닌 수요자의 선택과 유연성을 존중하는 방향으로 확대되어져야 한다. 그러기 위해서는 중앙정부보다는 지방주체가 수요자의 욕구에 근접한 서비스를 제공하는 것이 필요하다.

또한, 복지서비스 급여대상자의 보편성 확대 측면에서 강조되어야 할 점은 서비스 제공에 대한 선택권과 자율성 확보를 통한 서비스 품질의 향상이다. 이는 중앙정부의 직접 제공이나 민간기관과의 위탁계약방식에서 서비스 이용자에게 바우처를 제공하는 방식의 증가를 의미한다. 따라서 서비스 수급자들의 욕구충족에 적절히 기여하는지에 대한 실질적 품질측정, 상시모니터링을 통한 감독과 규제 측면뿐만 아니라, 서비스 공급주체로서의 지방정부의 역할이 더욱 중요해지고 있다. 이러한 상황에도 불구하고 중앙정부는 여전히 복지서비스의 재원이나 권한을 주도하고 있고, 지방정부는 매칭펀드나 중앙정부의 사업을 보조하는 역할에 머물러 있다. 따라서 복지서비스 제공에 있어서 지역적 특성이 최대한 반영될 수 있고 서비스 품질관리에 있어서도 중앙정부와 지방정부간의 역할분담이 체계적으로 정립되어야 한다.

복지서비스의 지방주체 제공에 대한 찬성론의 쟁점을 요약정리하면 다음과 같다. 첫째, 지역특성에 맞는 복지서비스를 제공하기 위해서는 중앙정부보다는 지방주체가 지역필요에 맞는 서비스를 주도적으로 발굴하고 제공하는 것이 바람직하다. 지방정부가 단순한 복지서비스 전달자가 아닌 제공주체로서 지역주민의 욕구와 특성에 맞는 서비스를 제공하기 위해 시민들의 욕구를 현장에서 실질적으로 반영하고 중앙정부와의 관계에 있어서는 복지서비스의 재정과 권한 및 책임에 관한 논의를 주도하여야 한다. 둘째, 복지서비스 급여대상의 보편화 추세에 따라 지역별 특성과 요구에 부합하도록 다양한 서비스를 지방주체가 제공하는 것이 바람직하다. 셋째, 급여대상의 보편화와 함께 복지서비스의 제공주체들이 다원화되면서 서비스 제공의 내용과 방식이 다양해지고 있으며, 특히 민간영리부문이 서비스 제공자로 진입하게 되면서 이 영역에 대한 지방정부의 복지서비스 품질관리 역할이 강조되고 있다.

2. 반대론 쟁점: 형평성

복지서비스의 지방주체 제공에 대한 반대론은 주로 서비스 제공의 형평성 문제와 관련되어 있는데 복지서비스를 지방주체가 제공하게 되면 정치·행정·재정적 요인들에 의해 공급에 있어 지역간에 격차가 발생할 것이라는 주장이다. 다시 말하면, 복지서비스를 제공함에 있어서 무엇보다도 사회적 형평성을 고려할 필요가 있다는 것이 반대론의 출발점이다. 일반적으로 복지서비스의 형평성은 각 지역의 서비스 수요의 수준에 비례하여 서비스가 적절하게 제공되고 있는 지로 판단된다. 이를테면 서비스 대상인구가 동일하다면 저소득 인구가 많은 곳에 서비스를 먼저 배분하여야 한다. 결국 지방자치단체별로 투입하는 서비스 재원의 양, 그리고 재원투입으로 제공되는 복지서비스의 이용이 최소한도의 서비스 수요를 충족하면서 적정하게 이루어져야 한다.

복지서비스의 지역적 형평성을 유지하기 위해서는 수요에 비하여 서비스 공급이 부족한 지역에 우선적으로 서비스를 공급해야 하고, 노인, 장애인, 빈곤계층 등의 지역수요를 감안해야 한다. 지방주체가 복지서비스를 주도적으로 제공할 때, 지방자치단체간 재정자립도와 복지마인드의 차이, 지역간 불균형한 시설배치 및 지방비 의무부담 기피 등의 재정적 문제로 인해 지역간 복지서비스 격차를 심화시킬 수 있다. 자치단체간 행정적 능력에 있어서 큰 격차가 존재한다면, 그 집행에 따른 주민의 서비스 수혜정도에 심각한 불균형을 초래할 것이다. 또한 지방자치단체의 재정부담을 크게 가중시켜 서비스 대상자의 욕구와 관련하여 지역간 형평성이 악화될 뿐만 아니라, 서비스의 수혜 측면에서도 지역의 서비스 수요자의 서비스 접근과 관련하여 시설이용 형평성이 저해될 수 있다. 따라서 지역수요를 감안한 복지서비스의 형평성을 확보하기 위해서는 합리적인 분배정책이 뒤따라야 하는데 이는 지방주체보다는 중앙정부의 역할이 강조된다.

지방자치의 진전과 함께 복지서비스를 지방으로 이양하는 것이 복지수준의 지역간 격차를 심화시킬 여지가 있다. 지방자치의 실시이후 자치단체장들이 정치적 지지 확보를 위해 수혜대상이 협소한 복지서비스보다는 지역개발에 치중함으로써 복지서비스 제공의 지역간 불균형이 초래된다는 주장이다. 이와 관련하여 중앙정부의 지출 및 책임감소, 지방정부의 복지소홀, 지역간 복지격차 확대 등의 부정적인 견해들에 대한 연구들이 다수 있으나(구인회 외 2009; 박병현 2006), 지방정부의 복지정향론이나 개발정향론보다는 지방정부의 유형에 따라 차별적으로 나타나는 지방정부유형론이 더 적절한 설명으로 보인다(이승종 2000). 이러한 연구들은 복지서비스의 경우 중앙정부가 지방자치단체의 재정적 자율권 확대의 추세에 맞춰 복지기능 지방이양의 속도를 조절할 필요가 있고, 자원이 부족한 반면 수요가 높은 지역에는 재정보조 등 재정조정제도를 통해 지역적 형평성을 달성하기 위한 노력이 뒷받침되어야 함을 강조한다.

복지서비스의 지방주체 제공에 대한 반대론의 쟁점을 요약정리하면 다음과 같다. 첫째, 지방주체가 복지서비스를 제공할 경우 지방자치단체간 행·재정적 능력의 차이로 인해 서비스 수혜정도와 불균형한 시설배치 등 지역간 불균형이 심화될 수 있기 때문에, 지역수요를 감안한 합리적인 분배정책은 지방주체보다는 중앙정부의 역할이 강조되어야 한다. 둘째, 지방분권화가 자치단체장들의 복지정향에 영향을 주어 정치적 지지 확보를 위해 복지서비스 제공보다는 지역개발에 치중하게 하여 복지서비스의 지역간 형평성이 저해될 수 있다. 셋째, 지방자치단체의 재정상황에 맞는 복지서비스 제공의 속도를 조절할 필요가 있으며, 이를 감안할 때 현 시점에서는 중앙정부 주도의 서비스 제공이 바람직하다.

Ⅲ. 평가적 의견

복지서비스의 지방주체 제공논란과 관련해서는 다음과 같은 점이 고려될 필요가 있다.

첫째, 중앙정부와 지방정부의 역할과 책임이 적절히 분담되어야 한다. 복지서비스 제공범위 결정, 서비스 표준의 지역별 차이 해소, 재원 확충 등으로 중앙정부의 역할을 제한하는 반면, 복지서비스 제공체계의 조직화, 서비스 수요조사, 서비스 전반에 관한 질 관리와 모니터링, 서비스의 직접 제공 등과 같은 서비스 실행의 실질적인 부문은 지방정부의 주도적인 역할이 필요하다.

둘째, 복지서비스의 지역간 형평성의 평가가 지속적으로 뒷받침되어져야 한다. 복지서비스를 지방에서 제공할 경우 중앙정부의 지출 및 책임 감소, 빈곤의 증가, 지역간 불균형 등을 초래할 수 있기 때문에, 형평성을 저해하지 않으면서도 지역민의 수요에 부응하는 서비스 제공을 위해서는 지역간 형평성 평가결과를 토대로 상대적으로 취약한 지방자치단체에 우선적으로 보강할 수 있는 기회를 부여해야 한다.

복지서비스의 규모는 급속한 인구고령화, 고용사정 악화와 일자리 창출의 필요성, 장애인구 및 결손가정의 증가 등으로 인해 지속적으로 증가할 것으로 예상된다. 복지서비스의 지방주체 대한 논란 이외에도 복지서비스 내용과 전달체계 등에 관련하여 다음과 같은 주요 논의들이 있다.

첫째, 복지서비스는 대상중심에서 내용중심으로 통합적으로 제공되어야 한다. 물적·인적 자원이 취약한 지방정부의 복지서비스는 서비스를 제공받는 대상을 중심으로 분절적으로 이루어지고 있다. 예를 들면 빈곤가정의 경우 아동은 지역아동센터, 노인은 노인복지관, 장애인은 장애인복지관에서 복지서비스를 제공받는다. 또한 복지서비스가 예방이나 조기개입보다는 사후를 위해 작동하고 있다. 이러한 상황은 지역주민의 실질적인 욕구를 충족시키지 못할 뿐만 아니라 서비스 중복과 행정의 낭비를 초래할 수 있다. 따라서 대상중심의 단기적 해결이 아닌 중장기적인 예방까지 고려하는 방향으로 정책전환이 이루어져야 한다.

둘째, 복지서비스 전달체계의 비시장 및 시장기제 도입이다. 특히 시장기제의 도입은 비용절감과 수요자중심의 이용편의 등의 긍정적 측면과 사업관리의 문제, 영리화에 의한 복지서비스 품질 약화 등의 부정적 측면을 동시에 가지고 있기 때문에 시장기제와 비시장기제의 적절한 조화가 필요하다. 따라서 지역특성에 맞는 수요자중심 공급체계의 확립과 비영리조직 및 영리조직의 확대의 효율성 분석과 함께 전달체계에 따른 공공성과 복지서비스 품질에 대한 심층적인 분석과 연구가 지속적으로 이루어져야 할 것이다.

참고문헌

구인회 · 양난주 · 이원진 (2009). 사회복지 지방분권 개선방안 연구. **사회복지연구**, 40(3): 99-124.

김용득 · 황인매 (2013). 사회(복지)서비스 주체들의 추동과 전망-이용자, 종사자, 제공기관, 정부의 지향성을 중심으로-. **한국사회복지행정학**, 15(1): 139-167.

김은정 (2007). 지방화 관점에서 본 사회서비스 확충과제. **사회복지정책**, 31(12): 79-103.

박병현 (2006). 사회복지의 지방분권화에 대한 비판적 고찰. **한국사회복지행정학**, 8(17): 1-31.

이상미 (2012). 지방이양된 노인복지시설서비스의 지역 간 형평성 평가에 관한 연구. **한국정책학회보**, 21(2): 359-383.

이승종 (2000). 지방자치와 지방정부의 복지정향. **한국행정학보**, 34(4): 197-215.

37장 지역사회의 의사결정기준 전환필요성

전 대 욱

I. 서 론

사회적 의사결정은 동시대의 과학적 지식들과 합리성에 의해 형성된 사회적 합의에 기초한다. 이러한 이론과 합리성은 그 사회를 지배하는 사고의 표준(norm)으로서 판단준거(standards)로 작용하며, 그 구성원의 행태를 결정짓는 시스템이나 관련된 모든 의사결정의 기준(decision criterions)이 된다(Bloor, 1976; 김경만 역, 2000: 117-129). 그러나 이렇게 지위를 획득한 패러다임은, 그 틀 내에서 해결되지 못하는 새로운 현상들에 대한 경험적 증거의 빈출성과 그 창발적인 현상들에 대한 선험적 사유를 통해 그 공고한 지위를 도전받게 된다. 그리고 새로운 현상이 여전히 해결되지 못할 때, 사회적 합리성과 합의의 패러다임은 양립하면서 양극화가 심화된다.

이 경우의 사회적 의사결정은 기존의 틀에서 해결되지 못하는 현상들에 대한 이해당사자들의 연관성에 따라 긍정적으로 받아들여지거나 혹은 부정적으로 받아들여지기도 한다. 그리고 기존의 패러다임이나 판단준거를 수정하고 확장하던지 혹은 대안적인 그것들을 불연속적으로 수용하던지, 그 무엇이던지 기존의 틀 내에서 해결되는 문제들과 그렇지 못한 문제들을 통합적으로 수용하는 방향으로 귀결된다(Kuhn, 1960; 조형 역, 1980: 98-117). 즉, 중장기적으로는 어떤 문제든지 사회적인 대응이 원활하게 이루어질 수 있는 방향으로 결국 합의가 이루어지게 되고 판단준거가 형성된다.

다만 현대사회에서, 특히 비약적으로 기술이 발달하고 세계화가 진행된 지난 한 세기를 놓고 볼 때, 과연 사회적 합의와 판단근거의 지배적 작용이란 존재하는가? 사회의 판단준거가 올바른지 그렇지 않은지에 대해서는 그 의사결정의 결과를 보고 확인할 수 있지만, 현대에 우리 사회에 닥쳐진 의사결정 문제는 그 결과가 구현되는 시점이 동시대와 같이 비교적 짧은 시간범위(shorter term)에 국한되지 않고, 세대를 넘나드는 긴 시간범위(longer term)에 걸쳐 나타난다던가, 혹은 의사결정의 결과가 구현되는 공간적 범위가 국지적(local)이지 않고 다양한 경로를 통해 전역적(global)으로 파급되는 경우 등이 비근해졌다.

아이러니 한 것은, 현대야 말로 과거에 비해 풍부한 과학적 지식과 객관적인 데이터, 정확한 논증과 사유를 할 수 있는 역량이 매우 커졌음에도 불구하고, 여느 때보다 불확실성을 더 크게 느끼고 있다는 점이다(WEF, 2013). 기후변화나 대형재난, 경제위기 등은 어쩌면 지식과 사유의 범위가 넓어져서 쓸데없는 것까지 고민하는 비관이던지, 아니면 지식이 축적되면서 변환된 인류의 활동과 시스템이 이런 불확실성을 가중시키는 것이던지, 둘 중의 하나일 것이다. 어쨌든 과거와 달리 의사결정에서 불확실성이 미치는 위험에 대한 인식만큼은 확대되고 있고, 국가적 혹은 세계적인 넓은 범위의 문제까지도 지역적으로 대응할 것이 요구된다는 점은 매우 중요하다.

즉, 우리는 과거에 비해 월등히 큰 규모의 사회경제적 시스템을 운용하면서, 그 복잡성과 불확실성하에서 어떤 방향으로 나아가야 하는가, 그리고 잠재된 위기에 어떻게 대응할 것인가에 대한 의사결정의 문제에 직면하고, 이는 세계적·국가적이면서 동시에 지역적인 문제이기도 하다. 그리고 이러한 사회적 의사결정(social decision)의 문제는 사회적 판단준거(social standards)에 어떻게 합의할 것인가의 문제로 귀결된다. 여기서는 지역의 사회경제적 발전을 추구하는 데에 있어서, 사회적 가치기준과 의사결정문제에 대해서 사회적 경제나 기후변화 등 최근 불거진 이슈들을 중심으로 기존의 입장과 새로운 대안적 입장들을 정리하고 검토한다.

Ⅱ. 쟁 점

의사결정론(decision analysis)의 견지에서 본다면, 의사결정의 목적이나 제약요인은 모두 의사결정문제를 구성하는 의사결정의 고려사항(attributes)들로서 이는 의사결정을 둘러싼 환경적 측면의 요인들이며, 이들이 바로 의사결정의 기준(decision criteria)이다(Timms, 2002: 71-92). 전통적으로 경제정책론적인 관점에서는 민간부문의 사적 의사결정이 아닌, 공공부문의 사회적 의사결정에 있어서 '효율(efficiency)'과 '평등(equality)'이라는 두 가지 의사결정기준을 논해왔다. 즉, 경제성장(혹은 효율)이 기회균등(혹은 형평, equity)과 공정한 분배(혹은 평등)를 견인한다는 자유주의적인 관점에서는, 효율성이 보다 우선적인 의사결정 기준이었다. 반면 사회주의적인 관점에서는 평등과 형평성이 보다 경제성장을 촉진시킬 수 있다는 점에서, 이들이 효율성 보다 의사결정에서 앞선 기준이라고 볼 수 있다(Okun, 1975; 이영선 역, 1989). 결국 해당 경제적 상황과 환경에 따라서 이러한 두 기준간의 상대적인 우위는 바뀔 수는 있겠지만, 일반적으로 경제정책과 관련된 의사결정은 이 두 측면을 동시에 고려한 다 기준 (multi-criteria)에 의거한다고 볼 수 있다.

이 고전적인 의사결정의 기준들은 최근에 이르러 '사회적 경제(social economy)'의 대두를 통해 다시 우리에게 생각할 문제를 던지고 있다. 시장경제의 제1섹터인 시장의 효율성 추구가 해결하지 못하는 형평적 서비스의 제공 (시장의 실패)을 위해 제2섹터인 정부가 개입했지만, 경제성장의 정체와 금융·재정위기를 맞으면서 정부가 이를 원활히 제공하지 못하게 됨(정부의 실패; 전상경, 2000)으로써, 사회적 경제는 그 대안으로 등장하였다(Defourny & Borzaga, 2004). 1970~80년대 영국 등 유럽의 재정위기로 등장한 사회적 기업(social enterprises), 일본의 경제성장 둔화와 장기침체로 인한 마을기업(community business), 2008년 전 세계적 금융위기를 맞은 유럽과 북미 등에서 그 존재가치가 빛났던 협동조합(cooperatives), 최근의 대안화폐(alternative currencies)나 클라우드 펀딩(cloud funding), 사회혁신채권(social impact bonds) 등의 사회적 금융(social finance) 등은 모두 민·관 협치에 기반한 제3섹터형 사회적 경제의 영역에 존재한다(Birchall, 2010).

사회적 경제의 가장 큰 특징은 사회적 목적과 경제적 목적을 동시에 추구한다는 점이다. 여기서 사회적 목적이란 고용이나 분배, 취약계층에 대한 사회적 배려를 기업활동의 목적으로 둔다는 관점이며, 이는 전통적으로 경제주체들이 취하던 '이윤극대화'라는 경제적 목적과는 상충될 수도 있다(전대욱, 2011: 121-123). 어쨌든 사회적 경제의 대두는, 과거 이윤극대화를 추구하던 기업들이 그 반대급부로서 자선이나 기업의 사회공헌(Corporate Social Response)의 관점에서 행하던 사회적 환수를 기업활동의 우선적인 목적으로 제시했다는 점에서 획기적이었고, 과연 그런 기업이 존재할 수 있겠냐는 회의적인 시선도 존재한다. 사회적 금융 또한, 사회적 공헌의 결과가 어떻게 사적인 투자금 회수나 수익으로 연결될 수 있는가 라는 전통적 투자수익률(Return On Investment)의 관점에서 본질적인 의문이 존재한다.

사회적 경제는 과연 전통적인 효율과 평등의 두 가지 논쟁에 대한 변증법적 '합(synthesis)'으로 생각할 수 있는가? 사회적 기업이나 협동조합의 제도가 도입되고 이에 대한 공공투자가 활성화되고 있지만, 효율성의 추구에 있어서 취약계층의 보호나 사회적 공헌이 양립할 수 있는가의 논쟁은 여전히 유효하다. 장애인을 고용한다던가, 고용시장에서 퇴출된 인력들을 노동시장에 다시 통합시키는 것은 사회적으로 바람직하나, 기업의 경쟁력을 좌우하는 종업원의 질적 측면을 희생하면서 시장에서 성과를 이룬 경우는 드물다. 우리나라에서도 최근 협동조합이나 사회적 기업 등 사회적 경제주체의 시장에서의 생존율은 정책적으로 매우 중요한 이슈로 제기되었다. 공공부문의 의무구매제도나 인건비 등 각종 보조금을 지급하는 일종의 공공투자행위가 정당화되려면 기업이 생존해야 하며, 생존하지 못한다면 차라리 전통적인 의미에서 경제적 목적만을 추구하는 기업이나 창업의 활성화를 통해 사회공헌을 확대하는 것이 바람직하다. 사회적 금융 역시 기존의 새마을금고나 신협·농협 등의 미소금융(micro-finance)이 본래의 목적을 수행하지 못한 것에 대한 비판(남주하·조장희, 2013)은 꾸준히 제기되어 왔으며, 이러한 점을 본다면 사회적 목적과 경제적 목적을 동시에 달성한다는 것이 얼마나 어려운 일인가를 생각할 수 있다.

　　반면 경제적 순환이나 창조경제에 대한 관점에서는 이러한 사회적 기업이
나 사회적 금융의 성과를 초월한 긍정적인 기대도 존재한다. 지역경제의 관점
에서 가장 큰 문제는 부의 역외유출과 지역경제의 활력저하로서, 역외투자에
의한 발전은 주민의 일자리나 소득증대 보다는 성과의 역외유출과 발전역량의
저하를 낳을 수도 있다는 고전적·내발적 발전론(지경배, 2003)의 관점을 답습한
다. 결과적으로 지역경제의 입장에서는 주민주도적이며 지역 내 문화, 역사, 환
경 등 고유자원에 기반한 경쟁원천을 발굴하여 내부역량을 축적하는 발전을
이룩해야 한다고 주장하는데, 이러한 과정에서 커뮤니티 비즈니스나 협동조합,
사회적 금융 등은 주민들을 조직화시키고 성과를 공유하게 하는 새로운 경제
주체가 될 수 있다고 생각한다. 또한 이러한 지역기반의, 지역주도의 발전은
지역정체성을 강화시키고 젊은이들에게 지역에 대한 새로운 가치를 발견하게
함으로써 지속 가능(sustainable)한 지역발전을 이룰 수 있다고 기제로 작용하며
(전대욱 외, 2013: 12-32), 지역경제의 다양성과 자기조직화(self-organization)에 기반
한 창조적·혁신적 역량을 강화시키고, 금융위기나 외부적인 경제의 충격에도
고용유지 등 안정성을 확대시키는 등 지역경제의 '경제적 회복력(resilience)'을
높인다(Birchall, 2013)고 주장한다.

　　한편 사회적 경제에 대한 논의가 지역발전에 대한 불확실성과 위기의 확
대에 기인한다면, 같은 맥락에서 우리는 에너지와 기후변화에 대한 지역적 대
응에 관하여 사회적 합의와 판단준거의 문제를 논할 수 있다. 예컨대 화석연
료에 대한 '피크오일(peak oil)'의 논쟁이 대표적인데, 1965년 제시된 피크오일의
개념은 기후변화에 대한 경각심과 함께 1990년대와 2000년대초 다시 불거졌
다. 이 내용은 화석연료의 부존량이 절반이 채 안남았기에 향후 화석연료의
생산량은 급감하고 가격은 천정부지로 치솟으면서 경제적 혼란을 가중시킨다
는 관점이다. 동 시기 이 견해에 반해 부존량에 대한 추정이 잘못되었을 수
있으며, 설령 그렇다 치더라도 쉐일가스와 같은 새로운 화석연료를 가능하게
하는 기술적 진보로 인해 이러한 혼란이 없을 것이라는 낙관론이 제기되었다.
2010년대를 전후로 피크오일에 대한 논쟁은, 비관론으로서 가격을 중심으로

원유가격이 한동안 높은 가격을 유지하다가 폭락한다는 고원피크(peak plateau)론과 높은 가격을 장기간 형성하면서 서서히 낮아진다는 낙관론으로서 고원오일(plateau oil)론으로 발전하였다(전대욱 · 최인수, 2013).

화석연료에 대한 낙관 혹은 비관론과 맞물려, 기후변화에 대응하기 위해서라도 탄소배출을 줄여야 한다는 방향으로의 규범적 변화가 재생에너지(renewable energy)의 투자에 대한 논란을 부추겼다. 과거 정부에서는 한때 원자력을 포함한 신에너지(new energy)를 포함하여 신 · 재생에너지의 개념을 만들었으나, 최근 동일본 대지진과 후쿠시마 원전사태 이후로 원자력에 대한 논란이 가중되고 있다. 원자력에 대해 찬성하는 입장은 발전과정의 친환경성과 대안의 현실적인 부재, 재생에너지의 비경제성을 주장하며, 반대하는 측에서는 원자력의 위험성과 원료 · 폐기비용 등을 포함한 높은 사회적 비용을 주장한다(과학문화콘텐츠센터, 2012). 따라서 태양광 · 풍력 등의 자연자원에 의한 재생에너지가 비록 경제성(효율성)이 떨어짐에도 불구하고 위험에 대한 회피, 미래세대를 위한 최소한의 도리로서 '세대간 형평성(intergenerational equity)'을 강조한다. 재생에너지에 대한 투자를 확대하자는 배경에는 효율성을 중시하는 중앙집권적 에너지 공급체계에서 안전성과 지속가능성 등을 중시하는 지역분산적 에너지 공급체계를 도입한다는 것을 핵심적인 전제(고재경, 2013)로 하므로, 원자력 등 기존 체계를 찬성하는 입장에서는 재생에너지 발전이 수반하는 스마트 그리드와 같은 급진적인 변화들에 대한 혼란 등을 회피하며 기술적인 진보를 통해 새로운 경제성을 확보하면서 단계적으로 변화를 도모하는 것이 더 적절하다는 반론을 제기하기도 한다.

에너지 외에도 기후변화가 야기시키는 대형재난이나 지역의 사회경제에 미치는 파급효과에 대한 논란도 심화되고 있다. 최근의 추세는 경제적 외부효과로서 오염물질을 시장경제로 내부화시키는 시도로 볼 수 있는 탄소배출권의 거래가격이 폭락하면서 환경보존에 대한 우선순위가 경제발전에 대한 우선순위에 밀리기도 하는 반면(Sartor, 2012), 잦은 대형재난과 이상기후로 이러한 외부적인 충격에 대한 우리 사회의 '회복력 혹은 회복가능성(resilience)'이 지속가능성에 대한 실제적인 개념으로 회자되면서 사회경제적, 문화적 정체성과 다양성의 확보, 민관협치방식의 지역적 자기조직화를 통한 대응의 중요성이 역설되기도 한다(전대욱, 2013a). 결과적으로 지역사회는 그 발전에 있어서 기존의 효율성과 평등성이라는 전통적 판단준거로부터 다양한 상황변화와 불확실성에 기인한 새로운 가치기준들에 직면한다.

Ⅲ. 평가적 의견

상기의 논의에서, 지역발전을 바라보는 관점과 사회적 판단준거로서 새로운 개념들이 제시되는 점은 주목할 만하다. 기존의 '효율성'은 이윤극대화나 규모의 경제를, '평등성'은 기회균등이나 배분 등을 의미하나 이는 제한된 시공간적 범위의 다소 정태적(static)인 관점이며, 지역사회에서 공공과 민간의 역할을 구분한다. 반면 사회경제 그리고 환경적 '순환'이나 지역역량 강화, 자기조직화나 사회경제적 다양성의 확보, 다음 세대를 위한 '세대간 형평성'과 '지역정체성의 강화', '지속가능성'이나 '회복력'과 같은 관점은 확실히 확대된 공간적 영역을 포함하며 동태적(dynamic)인 관점이고, 민간과 공공의 영역을 믹스시키는 것을 주된 추진방향으로 생각할 수 있다.

즉, 지역의 입장에서는 예측가능성하에서 제한적 이해당사자간 역할분담을 전제한 '계획(planning)'적인 관리로부터, 불확실성하에서 다양한 이해당사자들간의 네트워킹과 생태계에서의 조화를 전제로 한 '적응(adaptive)'적인 관리로의 패러다임 전환을 의미한다. 전자가 긍정적·선형적 예측에 따른 '정형적 관리(hard management)'라면 후자는 비선형적 불확실성의 대비와 창발적 현상들에 대한 적응 등 '비정형적 관리(soft management)'를 의미한다(전대욱, 2013b; Pisano, 2012: 22-31). 따라서 지역발전을 위한 지역사회의 새로운 가치들에 대한 합의와 판단준거의 수용이라는 측면에서, 새로운 개념들에 대해 지역사회와 관계된 다양한 이해당사자와의 네트워킹과 소통을 통한 공유와 대응, 새로운 가치에 대한 관용과 적절한 논의의 장(Bourdieu, 1997; 조홍식 역, 2002: 53-61)을 통한 선택적 수용은 불가피하다.

다시 원점으로 돌아가서, 어쨌든 비록 지역적으로 한정된 의사결정의 결과라고 하더라도, 우리는 과거와 달리 고도로 네트워킹된 사회에서 의사결정의 결과가 파급되는 공간과 시간의 범위가 훨씬 더 커졌다고 이해한다면, 의사결정에 있어서 다양한 사회적 가치기준을 충분히 고려하고 신중하게 결정할 필요가 있다. 영국에서 지난 2012년 제정되어 2013년 시행된 '공공서비스법(Public Service [Social Value] Act)'에서 공공부문의 정책수행과정에서 노동, 환경, 복지, 윤리적 생산 등 사회적 가치를 우선적으로 고려(SEUK, 2012)하게 한 점 등은 우리에게도 많은 시사점을 남긴다. 한국의 지방자치와 지역발전에 있어서 이러한 다양한 관점에 대한 충분한 학습과 소통의 역량이 구축되기를 희망한다.

참고문헌

고재경 (2013). 에너지 패러다임의 변화와 에너지 분권화의 과제. 경기개발연구원. 이슈 & 진단, 108. 2013. 8. 14.

과학문화콘텐츠센터 (2012). 원자력 대국민 토론회 결과보고서: 에너지 확보와 원자력, 바람직한 해법은 무엇인가?. 한국과학기술단체총연합회 외 4개 단체. 세종문화회관 세종홀. 2012. 4. 26.

남주하·조장희 (2013). 서민금융제도의 현황 및 발전 방안. 국회예산정책처.

전대욱 (2013a). 회복가능한 지역공동체 및 안전거버넌스 조성에 관한 연구: 4대악 근절 등 안전분야 국정과제의 성공적 추진을 중심으로. 한국거버넌스학회보, 20(2): 49-71.

전대욱 (2013b). 시스템의 회복성에 대한 이론적 검토와 시스템 다이내믹스 방법론의 적용. 한국시스템다이내믹스연구, 14(2): 5-30.

전대욱 (2011). 지역별 사회적기업의 고용창출 성과분석 및 활성화 전략: 사회적 투자수익률(SROI)을 중심으로. 김선기 외. 지역주도의 일자리창출 전략. 서울: 한국지방행정연구원, 105-216.

전대욱·박승규·최인수 (2012). **지역공동체 주도의 발전전략 연구**. 서울: 한국지방행정연구원.

전대욱·최인수 (2013). 피크오일(Peak Oil)의 도래시기에 대한 시스템 사고. 한국시스템다이내믹스학회 2013년 동계학술대회 자료집. 한국에너지기술평가원. 2013. 2.(www.ksds.net/q/home/cbsystem.php?mid=25&r=view&uid=384, '14. 1. 31 확인).

전상경 (2000). Charles Wolf, Jr.의 비시장실패 이론. 오석홍·김영평 저. **정책학의 주요이론**. 제2판. 서울: 법문사, 28-37.

지경배 (2003). 내발적 발전론에 의한 지역정책의 전개를 위한 소고: 일본의 이론과 정책사례 분석을 중심으로. **한국정책과학학회보**, 7(3): 292-313.

Birchall, J. (2013). *Resilience in a Downturn: The Power of Financial Cooperatives*. Geneva: International Labour Office.

Birchall, J. (2010). *People-centred Businesses: Cooperative and Mutuals and the Idea of Membership*. London: Palgrave Macmillan.

Bloor, D. (1976). *Knowledge and Social Imagery*. Chicago, Illinois: The University of Chicago Press. (김경만 역. 2000. **지식과 사회의 상**. 한길사).

Bourdieu, P. (1997). *Les Usages Sociaux de la Science*. Paris: Institut National de la Recherche Agronomique. (조홍식 역. 2002. **과학의 사회적 사용**. 창작과비평사).

Collins, A. (2012). The Social Value Guide: Implementing the Public Services(Social Value) Act. London: Social Enterprise UK(https://www.cips.org/Documents/Knowledge/social_value_guide.pdf, 2014. 1. 31 확인).

Defourny, J and Borzaga, C. (2004). *The Emergence of Social Enterprise*. London: Routledge.

Kuhn, T. (1962). *The Structure of the Scientific Revolutions*. Chicago, Illinois: The University of Chicago Press. (조형 역. 1980. **과학혁명의 구조**. 이화여자대학교 출판부).

Okun, A. (1975). *Equality and Efficiency, the Big Tradeoff*. Washington, D.C.: Brookings Institution Press. (이영선 역. 1989. **평등과 효율: 갈등구조의 분석 및 조화의 방안**. 도서출판 현상과인식).

Pisano, U. (2012). Resilience and Sustainable Development: Theory of resilience, systems thinking and adaptive governance. *ESDN Quarterly Report*, no.26, September 2012. Vienna, Austria: European Sustainable Development Network.

Sartor, O. (2012). The EU ETS carbon price: To intervene, or not to intervene?. *Climate Brief*, no.12. Paris: CDC Climat Research.

Timms J. (2002). *Introduction to Business and Management*. London, UK: University of London.

WEF (2013). *Global Risks 2013: Eighth Edition*. Geneva, Switzerland: World Economic Forum.

38장 중앙주도형 균형발전: 찬성 vs 반대

김 선 기

I. 서 론

　　한국 사회에서 균형발전은 여전히 현재진행형의 과제이다. 균형발전은 역대 정권이 내거는 선거공약의 단골메뉴가 된 지 오래지만 한번 고착된 국토 공간의 불균형은 발전관성으로 인하여 좀처럼 완화되지 못하고 있다. 양적으로는 인구와 산업의 절반이 수도권에 집중되어 있으며, 질적인 집중도는 더욱 심하여 기업본사, 연구개발, 고부가가치 산업 및 직종의 수도권 집중이 가속화되고 있고 부동산가치, 교육기회, 취업기회 역시 수도권이 압도적 우위를 점하고 있어 수도권과 비수도권 사이가 일종의 중심—주변부(core-periphery) 관계의 모습을 보이고 있다. 더구나 이러한 수도권과 비수도권간의 전통적 불균형에 더하여 최근에는 지역간 불균형이 경부축과 비경부축, 신수도권(수도권+충청권)과 남부권(영호남권) 등 광역적 지역격차와 도시와 농촌, 대도시와 중소도시, 구도심과 신도심 등 다양한 국지적 지역격차가 혼재된 다차원적인 양상으로 분화되어 새로운 국면으로 접어들고 있다.

　　균형발전의 당위성에는 누구도 이의를 제기하지 않지만 균형발전의 실체가 과연 무엇이고 누가 주체가 되어야 하는지에 대해서는 같은 생각을 공유하고 있지는 않다. 드러난 격차를 해소하기 위해서는 중앙정부가 주도적으로 앞장서야 하며 지방에 맡길 경우 오히려 격차가 확대될 것이라는 주장이 있는가하면, 한편에서는 균형발전이란 결과의 산술적 차이를 해소하는 것보다 지역이 스스로의 발전을 결정할 수 있도록 기회와 역량의 불평등을 해소하는 것이 중요하다는 견해를 제시한다. 이렇게 같은 사안에 대해 다른 의견을 갖는 이유는 지역격차 또는 균형발전의 실체와 그에 대응하는 중앙정부와 지방정부의 역할에 대해 인식을 달리하고 있기 때문이다.

이 글에서는 그동안 제기되어 왔던 균형발전에 대한 서로 다른 접근방식의 쟁점을 정리해보고 최근에 국토공간상에서 나타나고 있는 일련의 사회경제적 변화상을 바탕으로 향후 한국 사회가 지향해야 할 바람직한 분권과 균형발전의 새로운 조합을 모색하기 위한 담론들을 논의하고자 한다.

Ⅱ. 중앙주도형 균형발전의 찬성론

균형발전에 중앙정부와 지방정부 중 누구의 역할이 중요한지는 균형발전을 보는 시각과 어떤 시스템이 불균형의 시정에 보다 효과적인지에 초점을 두고 있다. 중앙주도형 균형발전은 균형발전의 주도적 역할을 중앙정부에 의존하는 전략을 말한다. 우리나라는 오랫동안 자원과 의사결정 권한을 독점한 중앙집권형 행정체계하에서 지역발전을 추진해 왔고 지금의 지역격차는 바로 그 산물이기 때문에 해결 또한 중앙정부의 몫이며 중앙정부의 책임과 역할이 커야 된다는 생각은 나름 설득력이 있다.

우선 중앙주도형 균형발전의 시각에서는 지역격차를 지역간 경제적 격차로 본다. 그간의 지역정책이 특정지역의 경제성장을 수단으로 균형발전을 접근해 왔고 그 과정에서 중앙정부가 주도적인 역할을 담당했기 때문에 그 결과로 나타난 경제적 격차의 균형화에도 중앙정부가 효과적일 수밖에 없다는 결자해지의 논리이다. 실제로 그동안 중앙정부는 제도형성의 유일한 주체였으며 그로부터 권력과 재원, 기구, 인력 등의 자원을 독점할 수 있었다. 그리고 이러한 우월성은 지금까지도 크게 바뀌지 않아 균형발전에 대한 의지가 강할수록 중앙정부의 권력과 수단에 의존하고자 한다. 단시간에 불균형의 구조적 틀을 바꾸어 보려는 욕구가 크다면 중앙정부에 대한 의존도도 더욱 커진다.

이 입장의 균형발전논의에서 분권은 더 이상 균형발전이 수단이 아니다. 중앙주도형 균형발전에서는 분권을 균형발전의 수단으로 보는 것이 아니라 그 자체가 우리 사회가 추구해야 할 또 다른 목표로 간주된다. 참여정부는 지방분권과 균형발전을 국정의 양대 목표로 삼아 출범한 진보정권이다. 국정의 전반에 지방을 내세워 지방정부를 중앙정부와 대등한 국정의 동반자적 위상으로 끌어올리려고 노력하였으며 국가균형발전시스템을 도입함으로써 균형발전을 제도화된 국정아젠다로 정착시키는데 큰 기여를 하였다. 그러나 참여정부의 분권적 노력과는 상관없이 참여정부의 균형발전정책은 실제로는 가장 중앙주도형 시스템의 결과로 규정된다. 숱한 갈등을 야기시켰던 참여정부의 강력한 지방분산적 균형발전정책이야말로 대통령 직속기구, 특별법, 특별회계 등으로 결합된 중앙주도형 시스템이 없었다면 아마 불가능했을 것이다.

중앙주도형 균형발전에서 가장 큰 이슈는 단연 수도권과 비수도권의 불균형문제이며 역대 정부가 예외 없이 이 문제를 정권적 차원에서 대응해 왔다. 참여정부도 이전 정부와 마찬가지로 이 문제에 골몰하였으며 수도권과 비수도권의 격차를 개발연대의 차별적 공간정책이 누적된 결과로 보고 격차의 산술적이고 기계적인 균형화에 집착했기 때문에 그 해결을 중앙의 강력한 수단에 의존하지 않을 수 없었다. 사실 지금도 진행 중인 참여정부의 균형발전정책이야말로 비수도권이라는 특정지역을 대상으로 중앙정부가 주도한 장소지향적 재배분정책의 전형이다.

III. 중앙주도형 균형발전의 반대론

중앙주도형 균형발전을 반대하는 주장은 분명하게 정리되어 있지 않다. 균형발전의 당위론적 가치는 모두가 수용하는 입장이기 때문에 수단적 접근에 대한 이견은 별로 부각되지 않는 것 같다. 이 입장에서는 무엇보다도 정의롭지 못한 국토공간구조의 폐단을 지적하면서 그 원인이 중앙주도적인 권력, 의사결정, 자원 등의 불균형에서 비롯된다는 점에 주목한다. 예컨대 중앙에 집중된 권력이 각 지역주민의 삶과 생태환경에 영향을 미치는 의사결정 및 자원배분을 독점하고 있어 지방의 이해에 상충되는 결정으로 인하여 갈등이 유발되고 있으며, 의사결정에 대한 권력의 불균형으로 편익시설은 인구가 많은 발전지역에, 혐오시설은 인구가 적은 낙후지역에 집중되는 경우가 발생하거나, 발전지역의 자원과 생산물은 시장가격에 반영되는데 비해, 식량, 물, 전기 등과 같은 저발전지역의 자원과 생산물은 시장가격에 제대로 반영되지 못하는 현상들이 사례에 해당한다. 그리고 이러한 왜곡된 불균형구조는 바로 중앙에 권력과 자원이 집중되어 있어 지방이 당해 지역의 문제에 대해 자기결정권이 부족하고 중앙의 판단과 결정에 종속적이고 수동적일 수밖에 없는 현실 때문에 발생한다고 본다.

중앙주도형 균형발전을 반대하는 주장에서 균형발전의 관점은 결과로서 나타난 가시적 격차보다는 불균형적인 의사결정과정과 그에 영향을 미치는 기회, 자원, 역량 등의 왜곡된 배분구조에 초점을 두고 있다. 균형발전의 의미도 경제적 격차 보다는 총체적인 삶의 질 향상이나 행복도 제고가 더욱 중요하기 때문에 상대적으로 저평가되고 있는 환경, 건강, 문화, 생태 등 금전으로 환산하기 어려운 새로운 가치에 대한 재인식이 필요하다고 주장한다.

이 입장에서 보면 우선 국가가 서로 다른 모든 지역의 발전을 재단할 수 있는 전지전능한 존재라는 환상에서부터 벗어나야 한다. 지방자치제하에서 지방정부는 중앙정부와 마찬가지로 국가통치의 또 다른 축이며 지역의 발전을 최종적으로 책임지는 주체이기 때문에 지방정부가 당해 지역의 발전의 모습을 스스로 구상하고 만들어가야 한다. 물론 이와 같이 지방정부가 지역발전에 대한 자기결정권을 갖기 위해서는 지역발전에 필요한 최소한의 권한과 자원을 갖추어야 함은 당연하다. 따라서 중앙정부는 지방정부가 스스로 해결하기 어려운 구조적 불균형을 해소하는데 주력하고 그 이후에 얻어지는 결과는 지방이 책임질 몫으로 돌려야 한다. 특히 지역발전투자를 결정하는 지방재정력의 수직적, 수평적 불균형이 심각하여 중앙의 보조금에 전적으로 의존하지 않을 수 없는 현재의 상황에서 지방이 정의로운 국토공간구조를 실현하는 주체로서 역할을 수행하기 어렵다.

따라서 지방주도형 균형발전에서 분권과 균형발전은 궤를 달리하는 별개의 요소가 아니라 분권은 균형발전의 필수적인 수단으로 작용한다. 분권을 통해서 지방이 권한과 역량을 확보해야만 비로소 주민이 원하는 발전의 모습을 가꾸어갈 수 있기 때문이다. 향후 지역발전의 궁극적 목표가 주민의 번영과 행복도 증진으로 바뀌어 갈수록 삶의 질에 직결된 체감형 지역발전에 대한 수요도 커지게 되며 그만큼 지방정부와 지역공동체의 역할도 중요해질 것이 분명하다.

▓ 표 38-1 ▓ 균형발전의 새로운 방향

구분	중앙주도형 균형발전	지방주도형 균형발전
균형발전의 관점	결과의 균형화	과정의 균형화
균형발전의 의미	경제적 격차 해소	삶의 질 격차 해소
균형발전의 수단	저발전지역의 성장	지방의 역량 강화
분권에 대한 시각	별개의 목표	균형발전의 수단
지역격차의 대상	수도권-지방간 지역격차	다양한 수준의 지역격차
지역발전의 타깃	장소의 번영	사람의 번영

Ⅳ. 평가적 의견

1. 균형발전의 새로운 의미에 대한 논의

균형발전이란 지역격차의 해소를 의미하기 때문에 지역발전 격차의 드러난 양상과 이를 보는 관점에 따라 중앙과 지방의 역할에 대한 논거와 비중을 달리한다. 지난 반세기 동안 균형발전은 정치적으로 그리고 사회경제적으로 중요한 화두로 자리해 왔다. 그러나 급속하게 경제가 성장하고 사회가 복잡다변화되면서 수도권과 비수도권간의 경제적 격차라는 부동의 전통적 의미에 변화가 나타나고 있어 지역격차와 균형발전의 진화하는 다의적 의미에 대해 새롭게 재인식할 필요가 있다.

첫째, 지역격차의 개념을 결과의 차이로부터 기회와 역량의 차별화로 인식할 필요가 있다. 우리나라에서 '지역균형발전'의 개념은 곧 '지역격차의 해소'의 의미로 받아들이는 경향이 있다. 그러나 Perroux의 말대로 지역발전이 어느 곳에서나 동시에 일어나는 것은 아니어서 지역격차는 어느 국가를 막론하고 발전과정의 필연적 산물일 수밖에 없다. 또한 지역격차는 상대적, 가변적, 다차원적 개념이어서 가치의 다양화시대에서 지역발전의 전형(prototype)이 과연 존재하는지도 의문시된다. 오히려 지역격차의 정서적 기저에 자리하고 있는 상대적 박탈감(relative deprivation)은 결과 보다는 과정, 기회, 역량의 불균형에 기인하는 바 크다. 따라서 중앙정부는 지역격차의 결과에 연연하기보다 결과는 지방정부에 맡기고 지역이 스스로 해결할 수 없는 구조적 불평등을 해소하는데 주력해야 한다.

둘째, 지역격차의 내용이 경제적 요소로부터 점차 삶의 질, 나아가서는 주민행복도로 진화하고 있는 점에 주목해야 한다. 대부분의 고전적 이론들은 지역격차를 곧 지역간 경제적 격차로 규정해 왔다. 낙후지역에 대한 정의로 가장 빈번하게 인용되고 있는 Klaassen의 경우에도 지역소득의 차이에 따라 지역을 구분하고 소득수준이 평균에 미치지 못한 지역을 낙후지역으로 보고 있다. 물론 이러한 개념화는 여전히 대다수의 국가에서 어느 정도 유효하며 몇몇 조사에서 나타난 바와 같이 우리나라도 예외는 아니다. 하지만 경제가 발전하고 소득수준이 향상되면서 경제성장의 효용체감에 대한 지적이 늘고 있다. 부탄의 국민행복지수(GNH) 제안, Easterlin의 행복역설, 행복경제학이나 긍정심리학의 대두 등 행복도에 관한 일련의 최근 동향은 지역발전에서 소득수준이 갖는 의미의 본질적 한계를 보여주는 모습이다. 과거 수십년간은 경제성장, 대량생산, 대량소비, 수출증대의 양적 팽창의 시대였다. 양적 팽창의 시대에는 기반산업(제조업)의 유치와 육성에서부터 비롯되는 경제적 격차가 중요했

으며 이를 결정하는 중앙정부의 역할이 강조되었으나 향후 예상되는 질적 성
장의 시대에는 이와는 사뭇 다른 양상이 전개될 것이다. 주민의 삶의 질과 행
복도가 중시되는 시대에서는 생활서비스의 체감적 공급에 민감해지기 때문에
국민과 접촉하는 지방정부의 역할이 보다 중요해진다. 특히 우리나라의 지역
격차에서 예민하게 받아들이는 격차는 교육과 의료서비스이다. 의료는 고령화
사회에서 현재의 삶의 질에 영향을 미치는 요소이며, 교육은 지식정보사회에
서 미래의 삶의 질을 결정하는 요소이다. 삶의 질을 중요하게 여길수록 체감
형 지역발전시책이 강조될 수밖에 없으며 이는 지방정부가 담당해야 할 영역
이다.

셋째, 지역격차의 공간적 대상이 다변화되고 있어 처방도 다양할 수밖에
없으며 정부의 역할에도 변화가 요구된다. 오랫동안 지역불균형의 상징처럼
여겨왔던 수도권과 비수도권간의 이분법적 격차의 공간적 양상이 분화되어 대
도시와 중소도시간 격차, 시도 내 시군간 격차, 구도심과 신개발지간 격차 등
다차원적인 수준으로 바뀌고 있다.

우리 사회에는 수도권의 성장을 관리하지 않고서는 지역균형발전은 불가
능하다는 뿌리 깊은 고정관념이 오랫동안 지속되어 왔다. 그러나 수도권 성장
억제가 균형발전에 어느 정도 효과가 있는지는 차치하고라도 현실적으로 인구
의 절반이 거주하고 있는 수도권이 동의하지 않는 어떠한 정책도 효과를 크게
기대하기 어려우며 부작용이 더 클 수밖에 없다. 따라서 수도권으로의 유입억
제, 수도권 밖으로의 강제이전과 같은 네거티브 전략보다는 지방이 보유한 비
경제적 삶의 질 가치증대와 지방에 대한 공공투자의 배려와 같은 퍼지티브 전
략을 통해 상생을 모색해야 한다. 지역간 경제적 격차는 필연적으로 발생할
수밖에 없으며, 모든 지역이 똑같은 수준과 양상의 지역발전을 구가하는 것은
원천적으로 불가능하다는 사실을 어느 정도 용인해야 한다. 이제는 균형발전
의 지평을 넓혀 국지적인 해결이 용이한 지역 내 또는 지역간 다차원적인 불
균형에 지방정부가 탄력적으로 대처할 필요가 있으며 특히 시도의 국지적 조
정자 역할이 중요하다.

넷째, 지역발전의 궁극적 목표가 "장소의 번영(place's prosperity)"에서 점차

"사람의 번영(people's prosperity)"으로 바뀌고 있다. 지역발전의 타깃(target)이 공간인 "지역"에서 구성원인 "주민"으로 전환되면서 지역의 경제적 부를 증대시키는 것보다 주민의 삶의 만족도를 높이는 것이 보다 중요한 시대에 와 있다. 지역정책이 장소지향적인지 또는 주민지향적인지에 대한 논쟁은 미국에서 주장이 제기된 이래 계속되고 있으며 그 핵심은 균형발전을 위한 재분배정책이 어느 경우에 보다 효과적인지에 있다. 본질적으로 장소와 사람을 분리시켜 생각하는 것이 타당한지에 대해 의문이 없지 않지만 미국과 달리 우리나라에서는 지난 반세기의 지역발전과정이 거의 특정지역을 대상으로 하는 물리적 개발사업에 치중되어 왔기 때문에 이념의 보수와 진보를 가릴 것 없이 대체로 '장소의 번영'에 치중된 정책을 비판하고 그 대안적 방향으로 '주민의 번영'을 촉구하는 경향을 보인다. 실제 철거형 주택재개발, 낙후지역개발, 기업유치 등과 같은 특정지역을 대상으로 하는 공간정책이 당초 의도와 달리 그 곳에 사는 주민들의 복지에 혜택이 돌아가지 못했다는 비판은 적지 않다. 지역발전이 주민지향적으로 바뀔 경우 주민의 분화된 수요와 욕구에 보다 밀착된 서비스 공급주체는 당연히 지방정부이며 공공부문이 해결하지 못하는 서비스의 사각지대에는 사회적 경제의 주체로서 지역공동체의 역할이 필요하다.

2. 중앙과 지방의 역할분담

균형발전을 위하여 중앙과 지방이 기능별로 역할을 분담하여 협력해야 함은 너무나 당연하다. 균형발전이 중앙주도형인지 지방주도형인지는 균형발전과 지방분권의 조합차원에서 바람직한 시스템을 선택하는 문제이다. 그리고 시스템의 결정은 일순간 이루어지는 것이 아니라 경제성장과 지역개발이 본격화된 1960년대 이후부터 계속 진화하는 과정 속에서 바람직한 모델을 탐색하고 만들어가야 한다. 균형발전과 지방분권의 조합을 도식화해 볼 때, 대체로 경제개발 초기단계이던 60~80년대에는 중앙주도형 불균형 발전이 지배적 패러다임으로 적용되었던 시기였다. 국가경제의 재건을 목표로 한정된 자원으로 성장의 효율성을 극대화하기 위해서는 중앙정부는 기업국가(corporate state)의 역할을 자임해야 했으며 공간적으로는 성장거점에 대한 투자를 집중하는 불균형 발전전략을 채택할 수밖에 없었다. 90년대 이후부터는 성장위주의 정책이 균형발전으로 전환하면서 국가차원에서 수도권 규제와 지방이전에 관한 정책을 추진하였으며 2000년대에 들어서 참여정부에서부터는 본격적인 국정아젠더로 균형발전을 추진하기 시작하였다. 특히 참여정부의 균형발전에 대한 의지는 매우 충만하여 3대 특별법을 제정하는 등 특단의 노력을 기울였으나 중앙정부의 주도력에 크게 의존하는 그간의 과정을 탈피하지는 못하였다.

▒ 그림 38-1 ▒ 지방분권과 균형발전의 관계

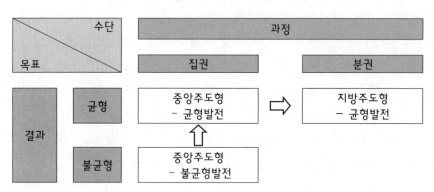

최근 이명박 정부에 이어 박근혜 정부를 거치면서 지방주도형 균형발전을 촉구하는 전향적인 담론들이 제기되고 있다. 공간적 정의 실현, 지속가능한 발전, 주민주권 확보, 복지국가 구현, 다차원적 격차 해소, 주민행복도 증진 등의 화두는 비록 시론(試論)의 수준에 머물러 있지만 우리 사회가 점차 지방분권과 균형발전이 통합된 지방주도형 균형발전을 지향해야 함을 시사하고 있다. 이제는 균형발전을 "지역이 각자가 보유한 잠재력을 극대화할 수 있는 여건(역량)을 조성함으로써 특성화된 발전을 추구하는 것"으로 이해할 필요가 있다. 새로운 균형발전의 틀에서 중앙은 구조적 불균형 해소를 위한 제도개선과 역량보완을 위한 사회통합적 배려에 주력하고, 당해 지역의 특화발전을 위한 계획과 집행은 전적으로 지방의 자율에 맡기는 역할의 보완적 분담이 이루어져야 한다.

참고문헌

강현수 외 (2013). 지역균형발전론의 재구성: 성찰과 대안 모색. 서울: 사평 아카데미.

국가균형발전위원회 (2004). 국가균형발전으로 가는 길(Ⅰ)(Ⅱ). 국가균형발전위원회.

김선기 (2010). 지방자치와 지역경제: 지역정책체계의 새로운 모색. 서울대학교 행정대학원. 정책과 지식, 490.

김선기 외 (2012). 저성장·고령화 시대의 지역발전투자전략. 서울: 한국지방행정연구원.

김용웅·차미숙·강현수 (2009). 신지역발전론. 서울: 한울.

이정전 (2013). 행복도시. 서울: 한울.

Friedmann, J. and C. Weaver (1979). *Territory and Function: The Evolution of Regional Planning.* Berkeley and Los Angeles: University of California Press.

Klaassen, L. H. (1965). *Area Economic and Social Redevelopment.* Paris: OECD.

39장 지역축제

◢ 이 종 수

Ⅰ. 축제의 의미

축제(祝祭)는 축(祝)과 제(祭)의 합성어다. 일정한 지역에서 잔치를 벌이는 동시에, 공동체를 위한 제의(祭儀)의 성격을 지닌 것이다. 축에는 놀이와 잔치의 성격이 내포되어 있고, 제에는 제사의 성격이 역사적으로 내포되어 있는 것이다.

역사적으로 축제는 보통 하늘과 조상에게 제를 지내고, 먹고 마시며 난장을 즐기는 놀이와 휴식의 의미를 지녀왔다. 근대화 과정에서 상당히 많은 지역축제들이 사라졌다가, 1990년대 후반 그리고 2000년을 전후하여 자치단체들에 의해 관심을 다시 받아 왔다. 자치단체가 지역축제에 관심을 쏟는 이유는 이른바 문화의 시대에 부응하는 지역발전의 소재로 적합하기 때문이다. 동시에 지역축제가 각 지역의 정체성을 찾는 데에도 도움이 되기 때문이다.

Ⅱ. 지역축제의 현황과 유형

정부의 통계에 의하면, 2012년 기준 한국의 지역축제는 758개다. 1997년 400여개에 지나지 않던 지역축제가 크게 늘어났다가 다시 줄어들고 있는 추세에 있다. 이는 2000년을 전후하여 우후죽순처럼 만들어진 축제의 낭비성, 중복성에 대한 비판이 제기되며 나타난 현상이다. 지역적 분포를 보면, 서울이 가장 많은 축제를 보유하고 있고, 경상남도, 경기도가 많은 편이다. 소재와 내용별로 보면, 지역축제는 문화예술(35%)을 소재로 하는 경우가 가장 많고, 지역특산물(19%), 전통(18%)이 그 뒤를 잇고 있다(김현호, 2010).

지역축제를 주도하는 주체는 공공기관이 압도적이다. 축제의 60%를 기초구가 주관하며, 민간이 33.8%, 광역이 6.2%를 주관하고 있다. 민간이 주관하는 경우도 상당 부분 자치단체로부터 지원을 받는다는 것을 고려하면, 지역축제가 관에 의해 주도되는 실정이라 할 수 있다.

지역축제를 개최하는 목적과 진행과정에서 나타나는 특징을 바탕으로 지역축제의 유형을 구분해 볼 수 있다. 네 가지로 분류가 가능하다. 첫째, 지역정체성을 확인할 수 있기 때문에 개최되는 축제다. 주민들간 공동체 의식을 고양하고, 지역의 특수한 소속 의식이나 특성 그리고 자긍심을 제고할 수 있어 내부위주의 소규모로 진행된다. 둘째, 역사적 전통이나 세시풍속의 계승과 확인을 위해 축제를 연다. 강릉 단오제, 안동의 탈춤축제, 김해 가야문화축제는 대표적인 예이다. 셋째, 지역특산물을 활용하여 경제적 수입을 도모하기 위하여 기획되는 축제다. 영덕 대게축제, 보은 황토대추축제, 보령 머드축제, 금산 인삼축제, 강경의 발효젓갈축제가 그 예이다. 대부분의 축제들이 경제적인 수입을 도모하기는 하지만, 이 경우 지역자원을 이용하여 경제성을 도모하려는 목적으로 진행된다. 넷째, 지역의 홍보와 문화적 이벤트를 위한 축제가 있다. 대부분의 축제가 여기에 복합적으로 속한다고 볼 수 있다.

▨ 표 39-1 ▨ 지역축제의 소재별 현황

	지역 특산물	전통	문화 예술	관광	생태 자연	기타	계
서울	1	15	80	2	1	14	113
부산	7	5	23	3		1	39
대구	1	4	20	1		3	29
인천	3	8	17		1	2	31
광주	2		9		1	2	14
대전		4			3	4	11
울산	1	4	3		3	3	14
경기도	15	14	20		15	9	73
강원도	5	17	11	34	2	9	78
충청북도	13	6	19	10	1	2	51
충청남도	29	10	14	1	6	3	63
전라북도	15	9	8		11	5	48
전라남도	3	8	7		16	4	38
경상북도	17	8	10	4	1	3	43
경상남도	26	16	25		11	7	85
제주도	5	8			1	14	28
계	143	136	266	55	73	85	758
비율	19%	18%	35%	7%	10%	11%	100%

자료: 문화체육관광부 (2012).

Ⅲ. 평가적 의견

지역축제를 둘러싼 쟁점은 지역축제가 발전을 위한 활력소가 될 수 있는 지, 아니면 낭비적 요소가 과도한 행사인지를 둘러싸고 대립되어 있다. 지역발 전을 위한 활력소로 평가하는 측은 축제의 직간접적 경제효과와 공동체성 제 고효과를 주목한다. 첫째, 경제적 효과가 축제를 개최하는 근거로 종종 제시된 다. 축제에 대한 투자가 시현하는 생산유발효과와 부가가치유발효과를 산업연

관표를 통해 도출하기도 한다. 직접적 투자의 승수효과와 고용기회 창출, 소득 증진, 홍보효과가 초점의 대상이다. 이들에 따르면, 강원도 화천의 산천어 축제는 637억에서 1,000억원의 경제효과를 창출하는 것으로 추정된다. 보령 머드 축제의 지역경제 파급효과는 2013년 634억원의 경제효과를 창출한 것으로 추정된다.

둘째, 공동체성의 확인과 그에 대한 소속감, 자긍심의 고취효과가 있다. 지역축제를 통한 구성원들 사이의 어울림을 통해 서로를 이해하고 하나됨을 확인한다. 공동체의 존속과 발전을 공동체 구성원들의 소속감과 자긍심에 커다란 영향을 받는다.

셋째, 역사성의 보존이란 측면에서 축제는 기여할 수 있다. 지역축제를 지역발전을 위한 경제적 활력소의 개념으로만 평가하는 시각도 지나치게 협소한 시각이다. 축제의 가치는 그것이 속해 있는 문화적 맥락과 상호관계 속에서도 얼마든지 규명될 수 있기 때문이다. 예컨대, '민속이 없는 사회'는 공존의 토대와 전통을 결여한 사회이며, 뿌리 뽑힌 자들이 부박한 삶을 부대낄 수밖에 없는 천박한 사회다. 축제는 현대사회에서 문화와 민속을 담아내는 구성원들의 그릇 역할을 하고 있다.

그러나, 반대로 지역축제를 낭비요소로 비판하는 시각도 강하다. 지역축제를 비판하는 입장은 주로 경제적 효과의 불확실, 낭비적 요소의 과다, 축제의 진행 프로그램상 문제점을 제기하고 있다.

첫째, 지역축제의 경제효과에 대한 추정은 대부분 부실한 통계를 바탕으로 주관적 계산에 의해 이루어진다는 비판을 받고 있다. 방문객 수, 방문객의 지출이 정확한 통계에 입각하여 산출되지 않고,[1] 연관산업에 대한 파급효과를 과장하여 경제효과에 거품을 제시하고 있다고 비판된다. 축제의 목표와 성과에 대한 평가가 객관적으로 이루어지지 않기 때문에, 이러한 과장과 낭비는 지속

---

1 한국의 지역축제와 관련하여 방문객의 정확한 집계, 재정투명성 제고가 더 이루어질 필요가 있다. 대부분 단체장이나 담당공무원의 실적 욕심 때문에 방문객 수가 과다계산되고 있는 실정이다. 정확한 방문객 수를 집계하지 않기 때문에 실제 축제에서 나타나는 비용과 편익의 계산도 정확하게 이루어지지 못하고 있다. 사무처리의 관점에서는 축제 관련 예결산을 정확하게 집계하고 공개하는 것이 필요한 시점이다.

▨ 표 39-2 ▨ 지역축제의 중복성

구분	강변·바다	진달래·철쭉	보름달	벚꽃	전어
지역수	42	34	26	12	8
%	5.2	4.2	3.2	1.5	0.9

자료: 김현호 (2010).

될 수밖에 없는 실정이다. 지난 몇 년간 지역축제의 수가 감소하는 것은 축제의 낭비적 측면에 대한 반성 때문이라 할 수 있다.

둘째, 축제의 정체성 미흡과 중복이다. 지역 내에서 벌어지는 축제 뿐 아니라, 지역간 축제를 비교하여 보면 정체성의 부족이 심각하다. 이는 지역간 축제의 중복성을 살펴봄으로써 확인될 수 있다. 지역간에 특성을 살리지 못하고 베끼기식 지역축제를 진행하는 경우 상당한 중복이 나타나, 매력도가 떨어지고 관련효과 역시 감소할 수밖에 없다.

셋째, 프로그램 운영과 진행상의 문제점이다. 전통이 단절된 상태에서 우후죽순처럼 부활 혹은 기획된 축제들은 행사성 프로그램을 대거 개최하고 스토리텔링을 남발한다. 실제 주민 사이의 어울림의 카타르시스 기회를 제공하는 측면도 취약해 질 수밖에 없다. 지역주민들의 어울림, 그들의 즐거움이 없이 벌어지는 행사성 축제로 외부의 관광객을 유인하기는 어려울 뿐 아니라, 공동체성의 강화나 경제적 수입을 극대화 하는 것도 어렵다. 지역주민의 참여보다는 동원에 의존해야 하는 상황이 많은 것은 이러한 문제점을 대변한다.

넷째, 관주도의 하향식 결정과정과 권위적 발상이 비판을 받는다. 지역축제에 주민들의 참여가 부족하고, 지역정치가 개재된 낭비적 행사의 성격이 나타나는 것은 관주도의 부실한 결정과정과 연관되어 있다. 한국의 지역축제들이 대부분 행정관청이 주관하는 형태로 진행되기 때문에 주민은 참여의 주체가 아니라 동원의 대상으로 간주되기 일쑤다. 관주도는 종종 단체장과 지방의원들의 선심성 시책이나 예산쪼개기와 맞물려 축제를 기획하게 되고, 주민의 참여를 유도하기가 어렵다. 이는 연쇄적으로 축제의 매력도를 떨어뜨려 방문객 수의 감소와 지출의 감소로 이어지게 하는 요인이 된다.

요컨대, 위에서 제기된 지역축제의 긍정적 측면의 요소들은 모두 서로 관련되어 있고, 부정적 측면의 요소들 역시 모두 서로 관련되어 있다. 경제적 효과가 극대화 되기 위해서는 공동체성을 강화하는 프로그램이 효과적이어야 하고, 역사성을 계승하는 측면이 강력해야 한다. 역으로, 축제의 정체성이 미약하면 경제적 효과도 미약하게 되고 주민 사이의 어울림을 강화하는 효과도 약해질 수밖에 없다.

생각건대, 축제가 제(祭)의 기능을 상실하고 축(祝)의 요소만이 주류를 이루는 경우, 지역축제는 공동체성 구심력을 제대로 창출하지 못하게 된다. 이는 곧 축제의 진행과정에서 '어울림의 카타르시스'가 부족한 현상으로 직결된다. 단순한 행사성 프로그램으로써는 축제의 진정한 의미를 담거나, 주민 사이에 어울림의 카타르시스를 달성하기 어렵다. 이것이 있어야 공동체에 대한 서로의 확인과 참여가 제고될 수 있고, 경제적 효과도 주민 사이의 어울림의 카타르시스를 전제로 해야 지속성을 얻게 된다.

모든 지역발전에 있어서와 마찬가지로 지역축제의 주인공은 지역주민이다. 행정관청은 지원의 역할을 할 수 있을 뿐이다. 모든 예산을 관이 지원하는 경우에도 행정관청의 역할은 지원에 머물러야 한다. 적극적이고 완전한 지원을 하는 경우도 지원에 머물러야 한다. 주민이 자발적으로 관심과 흥을 느끼고, 참여할 수 있도록 하는 발상이 요청된다. 그래야 지역축제는 그 효과를 발휘하고, 지속가능성을 얻게 된다.

참고문헌

김현호 (2010). 우리나라 지역축제의 현황과 개선과제. e-KRILA Focus, 36. 2010. 11. 15.

40장 청사: 랜드마크 vs 낭비

🔖 이 정 주 · 노 승 용

I. 서 론

1. 논의의 배경

공기업의 방만경영이 사회적인 질타를 받고 과다한 정부지출에 대한 국민의 의구심이 커가는 상황에서 새로 건설되는 지방자치단체 청사에 대한 관심도 커지고 있다. 청사란 '국가기관이나 지방공공단체가 일반적인 서비스 용도로 제공하는 건물'을 의미하며, 이러한 의미에서 특별시청사, 광역시청사, 도청사, 시청사, 군청사 등 지방행정을 담당하는 지방자치단체시설을 지방청사라 할 수 있다(감사원, 2010). 청사의 건축문제에 대해 지방자치단체의 재정규모에 비해 과도한 비용을 들여 지어지는 청사 건축은 세금낭비라는 주장과 지역의 랜드마크로서의 공공건물이 필요하다는 의견이 대립하고 있다. 여기에서는 최근 신축되었거나 논의가 이루어지고 있는 청사의 규모와 비용 및 청사 신축과 해당 지역의 재정자립도의 관계 등에 대해 살펴보고 이에 대한 찬반의견을 살펴본다. 또한 이와 같은 논의를 바탕으로 향후 발생할 청사 건축에 있어 고려해야 할 사항을 분석하도록 한다.

2. 현황

지방자치제도가 본격적으로 시작된 1995년 이후 2010년 4월까지 65개의 지방자치단체가 청사를 신축하였고 12개 기관에서 청사를 신축 중이다(감사원, 2010). 지방자치단체의 업무를 효율적으로 처리하고 시민들에게 문화 및 복지 혜택을 제공하기 위해 신청사가 필요하다는 이유로 새로운 청사가 건립되는 것이다. 그러나 일부 지방자치단체에서는 청사 내에 업무공간의 몇 배에 이르는 도서관, 공연장, 복지회관 등 각종 편의시설을 설치하여 청사의 규모와 건설비용을 부풀리고, 운영비용을 검토하지 않아 에너지를 낭비하는 등 이른바 '호화청사'를 신축하고 있어 이에 대한 문제가 계속적으로 제기되고 있다.

2010년 기준으로 신청사 관련 예산규모를 살펴보면 1위는 성남시청으로 3,222억원을 사용하였으며 뒤를 이어 2위 부산시청(2,640억원), 3위 용인시청(1,974억원), 4위 전라북도청(1,758억원), 5위 광주광역시청(1,536억원), 6위 대전시청(1,414억), 7위 전라남도청(1,360억원) 등이 1천억원 이상의 예산을 사용해 청사를 신축하였다(TV조선, 2014; 뉴스한국, 2010). 그 밖에 1천억원이 넘는 청사로 서울 성동구청(1,303억원), 서울 용산구청(1,187억원), 서울 금천구청(1,152억원) 등이 있으며 강원 원주시청(999억원), 서울 관악구청(910억원), 포항시청(895억원), 경기도 광주시청(780억원) 등도 많은 예산을 사용하여 신청사를 건축하였다(뉴스한국, 2010). 청사 건축비용이 과다하다고 지적받는 이유는 과거와 비교하여 관련 예산이 크게 증가하였기 때문이다. 2001년 준공된 강남구청사의 건설비용이 85억원이었던 것에 비교하면 10년 사이에 10배 이상(관악구청 비교) 늘어난 것으로 판단할 수 있다.

규모면에서도 청사는 큰 증가를 보이고 있는데 대전광역시 청사의 경우 규모 4만 8,216㎡로 기준 면적(3만 7,563㎡)보다 1만㎡ 이상을 초과하고 있다. 또한 전북도청도 청사면적이 4만 3,659㎡로 기준 면적(3만 9,089㎡)을 4,570㎡ 초과하고 있으며, 전남도청 또한 청사면적이 기준 면적(3만 9,089㎡) 보다 7,526㎡를 초과하였다(안전행정부, 2012; 프라임 경제, 2013).

Ⅱ. 찬성론

랜드마크로서의 공공청사를 기대하는 입장에서는 우리나라도 외국의 사례와 같이 도시의 이미지를 대표하는 공공청사가 필요하다고 주장한다. 랜드마크란 '도시의 이미지를 대표하는 특징이 되는 시설이나 건축을 말하며, 물리적·가시적 특징의 시설물뿐만 아니라 개념적이고 역사적인 의미를 갖는 추상적인 공간 등'이라고 정의된다(국토해양부, 2009를 류선진 외, 2012에서 재인용). 특히 공공건축물이라는 특성상 공공청사가 랜드마크의 역할을 하기 위해서는 용도에 적합한 기능을 잘 갖추고, 건설과 유지비용이 적어 경제적이고 환경친화적 성격 또한 포함하여야 한다.

이러한 논의로 미루어볼 때 2002년 7월 완공된 런던시청은 랜드마크의 역할을 하는 공공청사의 대표적인 예라고 볼 수 있다. 하이테크 건축의 대가인 영국의 노먼 포스터 경이 디자인한 이 건물은 부지의 특성에 대한 이해를 바탕으로 과학적인 연구를 통해 환경친화적이고 실용적인 청사건물을 완성했다. 건축비 4,600만 달러(약 500억원)를 들여 지하 1층, 지상 10층, 연면적 약 1만 8,000㎡(5,450평) 규모로 지어진 런던시청사는 건물 전체를 유리로 사용하여 행정의 투명성을 상징하고 자연채광을 최대한 활용하여 전기를 절약하고 태양광 발전으로도 활용했다. 또한 지하수를 냉난방에 사용한 다음 화장실 물로 재활용하는 통합에너지순환시스템으로 전체 에너지의 75%를 자연에서 얻는다. 건물의 내부에는 유리로 만든 나선형 통로가 10층의 '런던 거실'로 이어져서 방문객들은 이동하면서 시청의 내부와 도심경관을 모두 볼 수 있다. 아름답고 독특한 디자인과 친환경적인 시설로 런던시청은 시민과 관광객의 사랑을 받는 런던의 랜드마크로 자리잡게 되었다(정경원, 2012).

지역을 대표하는 또 다른 공공청사로는 삿포로에 위치한 홋카이도청사를 들 수 있다. 1888년에 완성된 홋카이도청사는 '아카렌가(붉은 벽돌)'라는 애칭으로 홋카이도민의 사랑을 받고 있는 대표적인 랜드마크 건축물이다. 일본의 메이지 시기를 대표하는 미국식 네오바로크 양식의 건물로 당시의 다양한 서양식 건축양식을 보여주는 뛰어난 건물이다. 건축자재 대부분이 홋카이도산으로 순수한 일본 토종건물로 인정받아 1969년 국가지정문화재로 지정되었다. 서양식 10층 건물의 높이로 건설 당시에는 일본 제일의 대형건물이었다.

마지막으로 캐나다의 빅토리아시에 있는 브리티시 콜럼비아(B.C.) 주정부 청사는 이너하버에 아름답게 위치하고 있는 최고의 관광지이자 랜드마크이다. 1898년에 완공된 빅토리아 풍의 건축물로 건축소재로 사용된 돌이나 목재 등이 모두 B.C.주 내에서 채취하여 만들어졌다. 건물 내부와 외부 모두 화려하게 장식되어 밤에는 3,330개의 조명이 더욱 아름다운 건축물이다. 주변에 조성된 광장에는 캐나다를 상징하는 토템과 세코야 나무, 빅토리아 여왕 동상, 밴쿠버 섬을 발견한 캡틴 밴쿠버 조각상 등 B.C.주와 관련된 기념비적인 인물과 상징들을 배치하고 있다. 주청사 건물은 주의회가 열리는 청사로서의 역할을 함과 동시에 시민들의 문화공간, 관광지로서의 의미를 가지는 랜드마크이다.

외국의 예에서 볼 수 있듯이 지역의 이미지를 대표하고 주민에게 사랑받으면서 공공청사로서의 역할을 하는 예가 많이 있다. 치밀하고 과학적인 연구를 바탕으로 건물의 용도를 제대로 파악하고 지역의 특성을 보여주는 자재를 사용하여 환경친화적이고 효율적인 청사를 짓고자 하는 노력이 있다면 우리나라에도 랜드마크의 역할을 하는 공공청사가 등장할 수 있을 것이다.

Ⅲ. 반대론

과거에 비해 막대한 예산을 투자하여 대규모의 청사를 건설하는 현상에 대해 반대하는 입장에서는 이를 혈세를 낭비하는 지방자치단체의 행태라고 주장한다. 감사원이 2010년 지방청사 건설실태에 대해 실시한 감사결과, 2007년 이후 청사를 건설, 준공하였거나 건설 중인 23개 기관의 평균 건축연면적 증가율은 205.91%로, 300% 이상 증가한 곳이 7개, 250~300% 증가한 곳이 2개, 200~250% 증가한 곳이 3개 등으로 절반 이상인 12개의 청사의 면적이 200% 이상 증가하였다(《표 40-1 참조》). 이 중 가장 큰 증가를 보인 곳은 용인시 수지

표 40-1 ▨ 지방청사 건축연면적 증가 현황

(단위: 개)

건축연면적 증가율	계	300% 이상	250~ 300%	200~ 250%	150~ 200%	100~ 150%	50~ 100%	50% 이하
기관수	23	7	2	3	3	4	3	1

자료: 감사원 (2010).

구청으로 청사 건축연면적이 4,744㎡에서 43,627㎡로 38,883㎡ 증가하여 819.62%의 증가율을 보였다. 뒤를 이어 300% 이상 증가율을 보인 곳으로는 당진군(421.59%), 서울시 관악구(416.37%), 대전시 동구(380.77%), 안산시 상록구(365.43%), 포항시(343.28%), 원주시(320.81%) 등이 있다. 지방자치단체들이 기존에 사용하던 낡고 오래된 청사 대신 효율적으로 업무를 실행하기 위해 새 청사를 지을 수는 있으나 필요, 인구규모, 공무원 수, 지역의 재정상태를 고려하지 않은 채 청사의 규모를 지나치게 확장하고 있다는 의심을 받을 수 있는 부분이다.

인구 수와 공무원 수를 고려했을 경우에도 지나치게 큰 청사를 짓는 '호화청사'의 문제가 지적될 수 있다. 충청남도의 경우 인구규모면에서 서울의 1/5 수준인 200만명, 공무원 수는 1/4 수준인 3,409명 정도이나 서울시보다 1.5배 많은 예산을 들여 연면적 10만 3,273㎡의 청사를 지었다(《표 40-2 참조》).

표 40-2 ▨ 지자체 인구·공무원 수·재정자립도와 신청사 현황

자치단체	신청사			인구 (명)	공무원수 (명)	예산 (억원)	재정 자립도 (%)
	완공시기	연면적 (㎡)	공사비 (억원)				
강원 강릉시	2001.12.	3만 2,154	711	21.8만	587	5,358	22.9
대구 달성군	2005.4.	2만 4,406	392	17.1만	658	3,300	36.2
전라북도	2005.6.	8만 5,317	1,442	185.7만	3,149	3조 5,747	17.5
경기 용인시	2005.6.	7만 9,572	1,415	81.7만	1,969	1조 5,241	72.9
충남 천안시	2005.8.	4만 1,747	841	53.7만	1,809	1조 800	49.5
전라남도	2005.9.	7만 6,742	1,112	191.9만	3,573	4조 6,243	10.4

인천 옹진군	2006.4.	1만 4,984	245	1.7만	530	2,216	20.3
경북 포항시	2007.1.	5만 4,317	814	50.8만	1,960	9,410	49.7
경남 사천시	2007.4.	1만 8,490	370	11.5만	834	4,021	22.4
서울 관악구	2007.11.	3만 2,495	624	53.4만	1,293	3,196	34.5
부산 남구	2007.12.	2만 2,097	355	29.6만	669	1,590	22.5
강원 원주시	2007.12	4만 8,406	859	30.3만	1,342	6,728	33.4
경기 이천시	2008.2.	3만 5,555	752	20만	863	4,873	42.1
서울 금천구	2008.11.	3만 9,434	671	24.7만	1,064	2,472	37.4
서울 마포구	2008.11.	4만 3,246	633	38.5만	1,249	2,877	48.2
부산 동구	2009.3.	2만 9,038	350	10.1만	575	1,349	19.4
서울 성북구	2009.4.	2만 7,489	496	47.3만	1,327	3,236	40.6
경기 광주시	2009.4.	2만 7,352	503	22.9만	838	5,673	59
경기 성남시	2009.10.	7만 5,611	1,633	94.2만	2,504	2조 2,932	70.5
서울 용산구	2010.3.	5만 9,177	1,187	23.8만	1,174	2,317	60.4
서울특별시	2012.8.	9만 788	1,565	1,020만	1만 5,855	21조 369	90.4
충청남도	2012.12.	10만 3,273	2,326	201.8만	3,409	3조 8,641	28.1
광주 서구	2011.5.	2만 2,967	392	30.5만	669	1,991	21.7
대전 동구	2012.7.	3만 5,748	547	24.6만	781	2,165	16.4
충남 당진군	2011.	3만 4,979	570	13.6만	780	5,429	36.7
전북 임실군	2010.4.	1만 3,094	230	3.1만	586	2,546	9.1
전북 부안군	2010.12.	1만 9,784	332	6.1만	668	3,260	13
전남 신안군	2011.10.	1만 1,379	163	4.5만	697	3,854	9

1) 신청사 관련 자료 2010년 기준(이후 공사비 증가가 발생한 경우가 있음)
2) 인구수 예산규모 재정자립도 2009년 7월 기준
3) 공무원 수 2009년 1월 기준
자료: 안전행정부.

두 번째로 지방재정자립도가 낮은 자치단체에서 재정규모에 비해 건립비용이 많이 드는 청사를 건설한 경우 국민의 지지를 얻기 힘들다는 지적이 있을 수 있다(《표 40–2 참조》). 전국 도 중에서 재정자립도가 각 10.4%, 17.5%로 가장 낮은 전라남도와 전라북도의 경우 각 1,112억원, 1442억원을 신청사 건설비용으로 사용하였다. 또한 재정자립도가 9%와 9.1%로 매우 낮은 전북 신안군과 전북 임실군도 각 163억원과 230억원을 투입해 신청사를 건설하였다. 재정자립도가 20% 안팎인 부산 남구청과 부산 동구청도 전체 예산의 25%에 가까운 355억원, 350억원의 돈을 각각 청사 신축에 사용하였다. 이와 같이 재정자립도가 매우 낮은 지역에서도 이를 고려하지 않고 무조건적으로 청사를 건립함으로써 지역주민에게 부담을 주고 지방재정에 악영향을 주고 있다.

'호화청사'가 문제가 되는 세 번째 이유는 대규모 청사가 규모와 운영면에서 중앙정부의 시책에 따르지 않고 있기 때문이다. 일부 지자체가 재정규모에 맞지 않는 청사를 지어 논란이 되자 안전행정부는 지난 2010년 인구규모, 공무원 수 등을 감안하여 청사면적을 제한하는 '공유재산 및 물품관리법 시행령' 개정안을 입법예고했다. 개정안에 따르면 특별시 청사는 총면적 상한이 12만 7,402㎡로 설정됐고, 광역시 청사의 총면적은 인구 300~500만명인 곳은 6만 8,333㎡, 200~300만명인 곳은 5만 2,784㎡, 200만명 미만이면 3만 7,563㎡ 등으로 제한되었다. 도청사의 경우는 경기도가 7만 7,633㎡, 인구 300~500만명인 곳은 4만 4,974㎡, 200~300만명인 곳은 4만 3,376㎡, 100~200만 미만인 곳은 3만 9,089㎡으로 정해졌다. 시청사는 인구 100만명 이상인 시는 2만 2,319㎡이며, 인구비례에 따라 줄어들어 10만명 미만인 곳은 1만 1,893㎡ 수준으로 결정됐다. 그러나 이러한 중앙정부의 지침에도 불구하고 16개의 광역자치단체 본청 중 대전광역시청사, 전북도청, 전남도청 등은 이러한 지침을 무시하고 4만 제곱미터 이상의 대형청사를 지었다. 부산시청사의 경우 지하 2층과 지상 26층, 전남도청은 지하 2층, 지상 23층으로 상업시설 못지않게 높은 청사건물을 건설하였다. 성남시는 청사 총면적이 7만 5,000여㎡로 인구 수를 고려했을 때 행정안전부가 제시한 기준(2만 1,968㎡)의 3배 이상이며, 인구 83만명의 용인시 역시 청사면적이 3만 2,000여㎡로 행정안전부 기준(2만 214㎡)보다 10,000㎡가량 크게 지었다.

　같은 맥락에서 전국적으로 전력수급에 비상이 걸려있는 상황에서 신축된 청사 건물 중 일부는 에너지 효율면에서 매우 떨어져 공공기관으로서 모범이 되지 않고 있다는 주장이 있다. 공공건축물의 위용과 현대적인 디자인을 추구하는 과정에서 에너지 관리와 운영비용에 있어서 효율성을 간과하였다는 지적이다.

　마지막으로 '호화청사'에 대해 반대하는 입장에서는 과도한 규모와 건설비용의 증가가 각종 비리와 연루되어 있다는 사실을 지적한다. 일부 지방자치단체 단체장과 건설업자 사이에 거래가 있거나 친·인척과의 유착관계로 인해 청사 건설의 규모와 비용이 비현실적으로 과하게 책정되었다는 것이다. 2009년에 완공한 성남시 신청사의 경우 당시 성남시장의 조카가 대표를 맡고 있던 조경업체에게 17억 5,800만원 규모의 조경공사를 맡겨 의혹이 제기되었고 감사원은 당진군 청사를 건설하는 과정에서 당시 충남 당진군수가 건축공사를 수주한 댓가로 3억원 상당의 대가성 뇌물을 받은 사실을 밝혀내기도 하였다 (파이낸셜 뉴스, 2010).

IV. 평가적 의견: 랜드마크 vs 낭비

　'호화청사'에 대한 사회적 반감이 높은 현실에서 공공청사가 지역의 랜드마크로 자리 잡기 위해서는 기존의 사례로부터 도출한 여러 요건을 충족시키도록 해야 한다. 먼저 공공청사가 랜드마크의 역할을 하기 위해서는 지역대표라는 '상징성'을 가져야 한다. 지역을 대표하는 공공건축물로서 다른 지역의 건축물과 구별되며 도시의 이미지를 드러낼 수 있는 건물이어야 한다. 이를 위해서 홋카이도청사 건물이나 B.C.주의회 건물처럼 지역에서 재취된 목재나 건축자재를 이용하여 지역성을 드러내거나 동상이나 장식물을 잘 활용하는 것도 의미가 있다. 이를 통해 공공청사 자체가 그 지역의 토향과 문화, 전통을 드러내는 매개체가 되는 것이다.

두 번째로 공공청사가 랜드마크의 역할을 하기 위해서는 역사성을 반영해야 한다. 지역이 가지는 역사적인 의미나 건축 당시의 사회상과 생활상을 드러내는 건물을 통해 공공청사에 역사적 의미를 부여할 수 있다. 런던시청은 21세기 런던의 자연과 환경을 가장 잘 드러내는 건물로 미래에 현재의 생활을 대표할 수 있는 런던의 랜드마크로 남을 것이다.

건축미는 공공청사가 단순한 공공건축물의 차원을 넘어서 지역을 대표하는 랜드마크가 되기 위해 요구되는 또 다른 조건이다. 이는 단순히 아름다운 건물을 짓는 것을 넘어서 건축 당시 건축양식을 보존하여 오랜 시간동안 지역을 지켜온 건축물로서의 의미를 갖는 것이다. 일본과 캐나다의 건물 모두 건물이 지어졌던 당시에 유행하던 건축양식이 그 지역의 독특한 아름다움과 혼합되어 백년 넘게 이어져 랜드마크로 자리잡을 수 있었다.

랜드마크가 되기 위한 네 번째 요건은 공공청사의 가용성이다. 단순히 업무를 보는 공공건물로서의 역할을 넘어서 지역주민이 자유롭게 이용하고 모이는 소통의 장이 되는가의 여부이다. 지역주민이 적극적으로 활용하고 애정을 가지고 활동하는 장소로 존재할 때에 공공청사가 랜드마크로서의 역할을 할 수 있다. 더 나아가 관광지로서의 가치를 가지고 관광객을 모으고 지역 건축물로서의 아름다움을 널리 알릴 수 있다면 랜드마크로서의 가치는 더욱 상승할 것이다.

마지막으로 현대 국가에서 공공청사가 랜드마크의 역할을 하기 위해서는 운영과 유지면에서 효율성을 추구하여야 한다. 설계와 건설단계에서 지형과 자연환경을 고려하여 운영비용을 최소화 할 수 있다. 런던시청의 예에서 볼 수 있듯이 현대 과학을 활용하여 아름다우면서 환경친화적이고 아름다운 공공청사를 건립할 수 있게 되었다. 특히 공공청사에 투입되는 예산에 대한 국민의 관심이 높아지면서 효율성은 랜드마크적인 공공청사를 건설하는 데 있어 가장 중요한 요소가 되었다고 할 수 있다.

건축미를 갖춘 랜드마크로서 상징성과 역사성을 가지면서 동시에 지역주민이 잘 활용할 수 있고 사랑받을 수 있는 공공청사를 건립하기 위해서는 건설과 운용에 있어서 효율성과 정당성을 확보해야 한다. 이를 위해서는 시공이전에 사업의 필요성 및 사업계획에 대한 철저한 타당성검사가 필요하다. 지방재정법 시행령 제41조 제2항에 따르면 자치단체장은 신규 투융자사업으로서 사업비가 500억원 이상이고, 건축비가 100억원 이상인 공용·공공용 건물을 건축할 때는 전문기관에 타당성조사를 의뢰해야 한다. 또한 재정투융자사업의 예산을 편성하고자 하는 경우에도 사업의 필요성과 타당성에 대해 심사해야 하고, 지방재정투융자사업 심사규칙 제5조에 따라 시·도의 본청 및 의회청사를 신축할 때는 지방자치단체장의 의뢰에 따라 교수 등 15명 이내의 위원으로 구성된 투자심사위원회를 개최하여 투자심사를 하여야 한다. 지방채발행시에도 지방의회의 의결을 얻어 발행하고, 한도액을 초과하는 경우에는 안전행정부장관의 승인을 얻은 범위 내에서 지방의회 의결을 얻어 지방채를 발행하도록 해야 한다. 재정투융자심사를 받지 않고 예산을 편성하거나 법령을 위반하여 경비를 과다하게 지출하거나 수입의 징수를 태만하게 하였을 경우 교부세를 감액 또는 반환하도록 요청할 수 있다. 이에 따라 안전행정부에서는 지방자치단체의 적정한 청사 규모를 권장하기 위해서 보통교부세를 산정할 때 지방청사 규모가 적정면적을 초과하면 일정금액을 기준재정수요액에서 차감하고 반대의 경우에는 일정금액을 더하여 산축하고 있다(감사원, 2010).

그러나 이러한 법률적 제한에도 불구하고 지방자치단체는 여러 가지 방법으로 타당성조사를 피해 대규모 청사를 건설하고 있는 것이 현실이다. 따라서 타당성조사 전문기관의 자격요건을 엄격하게 하고 세부규정을 더욱 명확하게 강화하여야 한다. 이를 통해 청사 내 기타시설을 과대하게 책정하거나 부속공간의 종류나 설치기준을 변경하여 과대청사를 신축하는 등의 편법을 막도록 해야 한다. 또한 재정투융자심사에 적용할 세부검토기준을 명확하게 하여 사업의 규모와 비용의 적정성을 검토할 때 수혜인구, 수요추세, 발전전망, 같은 조건의 사업 등과 비교분석하여 종합적으로 적정한 규모와 비용을 산출할 수 있도록 해야 한다. 마지막으로 예산반영률 및 사업추진상황 등을 점검하여 투자심사의 적정성 등을 사후평가해야 한다. 이와 같은 노력을 바탕으로 규모와 비용면에서 효율적이고 타당한 청사 건립이 가능하도록 해야 하며 이 과정을 거쳐 청사 건립에 대한 정당성이 확보되었을 때 비로소 랜드마크의 기능을 하는 공공청사가 탄생할 수 있다.

참고문헌

감사원 (2010. 11). 감사결과 처분요구서-지방청사 건설실태.

국토해양부 (2009). 토지이용안내 용어사전. 국토해양부.

뉴스한국. 2010. 1. 7.

류선진·정재원·김기헌·김홍규 (2012). 공공거늑물의 랜드마크 결정요인 분석. 한국도시설계학회 2012년 추계학술대회 발표논문.

안전행정부 (2012. 9).

정경원 (2012). 정경원의 디자인 노트(19). '랜드마크' 만든 과학의 힘. 2012. 8. 1.
   (http://m.chosun.com/article.html?contid=2012080102992&sname=news).

파이낸셜신문. 지방자치단체 호화청사 '막무가내'. 2010. 5. 12.(http://m.efnews.co.kr/a.html?uid=8513).

프라임 경제. 지자체 이슈평가-호화청사: 대전, 전북, 전남 청사 면적, 법정기준 초과. 2013. 9. 17.

TV조선. 낭비행정의 상징 '호화청사'. 2014. 1. 13.

41장 지방자치단체파산제도: 찬성 vs 반대

김 태 영

I. 서 론

1. 지방자치단체파산제도의 이해와 논점

최근 지방파산제도에 대한 논의가 활발히 진행되고 있다.[1] 논의의 핵심은 지방재정건전성 확보를 위하여 지방파산제도를 도입하자는 주장과 우리의 지방재정구조를 감안하면 지방파산제도의 도입은 실익이 없다는 주장이다. 말하자면 지방파산제도의 도입을 찬성하는 입장과 반대하는 입장이 각자 나름의 견고한 논리를 갖고 있는데,[2] 문제는 지방파산제도의 개념에 대하여 양측이 분명한 입장을 제시하지 않기 때문에 논쟁의 실효성이 저하된다는 점이다. 어떤 종류, 어떤 수준의 지방파산제도를 의미하는지에 대한 합의가 전제되어야 찬성과 반대에 대한 입장이 명료해질 것이며, 의미 있는 토론 또한 가능해질 것이다. 넓은 의미에서 보면 현재도 지방파산제도가 도입되어 있다고 볼 수도 있다. 지방재정위기관리제도 등이 그것인데, 이는 상급정부에 의한 사전 사후 재정위기관리제도로서 미국, 독일 등의 재정위기관리제도와 유사하다. 만약 미국 연방헌법 제9장의 지방정부파산법의 적용을 감안한 소위 시장에 의한 파산

---

[1] 언론에 소개된 지방파산제도란 지방자치단체파산제도를 의미하며, 이하 동일한 의미로 쓰인다.

[2] 예컨대, 최근 임승빈과 손희준의 논쟁(한국경제신문), 정창수와 김홍환의 논쟁(중앙일보)이 그것이다.

제도를 고려한다면 찬성 또는 반대 의견이 명료해질 것이다. 또는 미국 주정부가 주도하는 파산관재인제도를 고려한다면 찬성 또는 반대 논쟁은 더욱 명료해질 것이다. 그러나 찬성 쪽이 연방헌법 제9장을 염두에 둔 반면 반대쪽은 파산관재인제도를 염두에 두고 논쟁한다면, 또는 그 반대의 경우라면 논점이 모호해질 수밖에 없다.[3]

안전행정부 관계자의 말을 인용하고 있는 미디어 보도에 의하면,[4] "부채비율이 일정 기준을 넘어선 지방자치단체에 파산선고를 내리고 예산통제 및 사업인력 구조조정 등의 조치를 취한다"는 것인데, 이는 중앙정부에 의한 재정관리로서의 파산제도 도입을 검토하고 있는 것으로 짐작된다. 말하자면 파산선고의 주체가 누구인가의 문제인데, 파산의 개념에 충실한다면 파산은 지방자치단체가 스스로 선언하는 것이며, 이를 받아들일 것인지 여부는 법원이 최종 결정한다. 그러나 현재 논의되고 있는 지방파산제도에 의하면 파산선고를 중앙정부가 내린다는 것이다. 설령 중앙정부가 파산을 선고한다 하더라도 최종 결정은 법원이 내릴 것이다. 어쨌거나 중앙정부에 의한 파산선고로서의 지방파산제도를 고려한다면 이는 미국의 파산관재인제도와 유사한 것으로 이해된다.[5] 따라서 지방정부파산제도가 오랫동안 유지되어온 미국의 사례를 검토하면서 파산의 개념을 명확히 정리하는 것이 지방파산제도의 도입에 대한 찬성론과 반대론을 소개하는 것에 선행되어야 할 것으로 본다.

---

3 언론에 소개되고 있는 지방파산제도 도입과 관련된 논쟁 대부분은 이와 같이 찬성하는 쪽과 반대하는 쪽이 서로 다른 종류의 파산제도를 염두에 두기 때문에 논점이 흐려진다. 예컨대, 임승빈(2013)은 연방파산법 제9장 방식의 파산제도를 염두에 두고 찬성하는가 하면 손희준(2013)은 파산관재인제도를 염두에 두고 반대하는 입장을 취하고 있다. 정창수·김흥환(2014)의 논쟁 역시 서로 다른 파산제도를 염두에 두고 입장을 달리하고 있는 것으로 이해된다.

4 조선일보, 2014년 1월 15일. 또한 안전행정부에 따르면 2012년말 기준 전국 지자체 채무는 27조 1,252억원에 달하며 지방공기업 부채까지 합하면 약 100조원에 이른다고 한다.

5 파산관재인제도에서 파산관재인이란 채무자의 재산 등을 파악하고 조정하여 채권자의 이익을 공평하게 보호하고 구조조정 등을 통하여 파산단체가 적절한 회생절차를 밟도록 도와주는 공공기관이다. 법원이 파산관재인을 선임하며 선임된 파산관재인은 선량한 관리자로서 파산절차를 수행하는 등의 책무가 있으며, 법원의 감독을 받는다.

2. 미국 지방파산제도 이해

지방재정위기를 관리하기 위한 조치로서 미국은 다양한 종류의 사후적 재정관리제도를 운영하고 있다.[6] 첫째, 주정부의 재정지원을 통하여 회생절차를 밟는 것이다. 둘째, 주정부의 파산관제인제도에 의하여 회생절차를 밟는 것이다. 셋째, 연방파산법 제9장(chapter 9)에 의하여 회생절차를 밟는 것이다. 첫 번째 방식을 파산제도로 받아들이기는 어렵다. 주 정부가 금융지원에 의하여 재정위기단체를 구제하는 것으로서 일정한 감시하에 진행되며 구조조정 등이 수반되지 않기 때문에 해당 지방정부로부터 선호되는 방식이지만 재정상황을 오히려 더 악화시킬 수도 있는 단점이 있다. 두 번째 방식은 주 정부의 특별법에 의하여 파산이 선고되며, 동 법에 의하여 단체장은 해임되고 주지사에 의하여 임명된 파산관재인은 구조조정 등을 통하여 재정재건 절차를 추진한다 (조태제, 2006: 27). 1991년 매사추세츠의 첼시가 대표적인 사례로서 시장과 시의 회의기능이 상실되고 주가 임명한 파산관재인이 1995년까지 시정을 담당하면서 재정건전화계획을 추진하였다. 첫 번째 방식과 달리 파산관재인제도는 책임을 묻고, 회생절차를 신속히 추진할 수 있다는 점에서 일종의 파산제도로 이해할 수 있다. 세 번째 방식은 주와 지방정부가 연방법원에 파산을 신청하면 연방법원이 심사를 통하여 파산여부를 결정한다. 이는 기본적으로 채권자를 보호하기 위한 조치이지만 동시에 지방정부를 보호하기 위한 조치이기도 하다. 연방법원은 일단 파산을 결정하게 되면 개별적인 소송을 금지하여 지방정부를 보호한다. 말하자면 민간파산제도와 마찬가지로 채무조정을 거쳐 공평한 변제가 이루어지도록 법원이 조정한다는 것이다. 미국의 경우 1934년 지방정부가 파산하는 것을 법적으로 허용하고 있는데, 채권자간 공평한 분배도 중요하지만 지방정부의 회생이 주목적이기 때문에 단체장과 지방의회의 기능을 유지하도록 허용한다. 이는 파산관재인제도와 다른 점이라고 할 수 있다. 연방법원이 파산을 받아들일 것인가를 결정하는 중요한 요소는 제출된 파산신청서

---

6 사전적 재정관리제도로서 각 주별 조기재정위기경보시스템(early warning system for fiscal distress)의 운영, 재정동향분석시스템(financial trend monitoring system: FTMS) 등도 운영하고 있다.

의 내용이 채권자들의 공평한 이익을 보호하는 사항을 포함하고 있는지 여부, 지방정부가 채무청산을 추진할 구체적 내용을 포함하고 있는지 여부이다.

재정위기를 겪고 있는 한국의 지방자치단체 입장에서 선호하는 안을 순서대로 정리하면, 첫 번째 방식, 세 번째 방식, 두 번째 방식일 것으로 짐작된다. 한편 파산제도의 취지에 부합한 정도에 따르면 세 번째 방식, 두 번째 방식, 첫 번째 방식의 순서가 될 것이다.[7] 일반 국민들 입장에서 보면 두 번째 방식과 세 번째 방식 중 선택해야 하는 상황에 직면하게 될 것이다. 왜냐하면 파산관재인 방식은 자칫 민주성을 훼손시킬 수 있다. 지방자치단체의 자율성, 민주성이 지방자치에 있어서 매우 중요한 가치이기 때문이다. 한편 연방파산법 방식은 도덕적 해이를 초래할 수 있다. 왜냐하면 최악의 경우 파산을 신청하더라도 재정책임자인 단체장과 지방의회는 여전히 책임을 회피할 수 있기 때문이다. 따라서 이 글은 파산제도 도입여부와 관련하여 파산관재인제도의 도입여부에 대한 찬반논쟁을 먼저 소개한 후 추가로 연방파산법 제9장 관련 파산제도의 도입여부에 대한 논쟁도 소개할 것이다.

Ⅱ. 지방파산제도 도입 찬반논쟁

1. 지방파산제도 도입 찬성론

지방파산제도 도입에 찬성하는 입장은 일종의 파산관재인제도(receivership)를 염두에 두는 것으로 이해된다. 재정위기에 처한 지방자치단체에 대하여 중앙정부가 파산을 선고하고 파산관재인을 임명파견하여 단체장을 해임하고 지

---

7 파산당사자 입장에서는 간섭은 최소한으로 제한하고 지원은 최대한으로 받는 제1안이 선호될 수밖에 없다. 그러나 일반 국민 입장에서는 파산의 책임을 묻기를 원하기 때문에 제2안이 선호될 것이다. 제3안의 경우 주민을 포함한 해당 지역 모두가 책임을 지는 구조이기 때문에 선호 측면에서는 중간 정도로 짐작된다. 파산제도의 도입을 찬성하는 입장은 제2안 또는 제3안을 염두에 두고 있는 것으로 보이고, 반대하는 입장에서는 주로 제2안을 염두에 두고 있는 것으로 짐작된다.

방의회의 기능을 상실하게 한 후 구조조정을 거쳐서 재정을 재건하자는 것이
다. 이는 최근 논의되고 있는 지방파산제도의 형식으로 판단된다. 찬성의 근거
로 제시하고 있는 사항은 다음과 같다. 첫째, 한국의 경우 지방재정에서 중앙
지원이 차지하는 비중이 크기 때문에 재정위기의 책임이 지방자치단체에게 귀
속되기 어렵다는 주장이 있는데, 이는 사실과 다르다는 것이다. 지방세 수입뿐
만 아니라 세외수입, 지방교부세도 자체수입으로 간주되기 때문에 적어도 수
입 측면에서 상당 부분 지방자치단체의 책임이 있다는 것이다. 둘째, 지방세
목, 세율이 법으로 정해지기 때문에 지방자치단체의 책임 또한 경감된다고 하
는데, 현재 탄력세율의 적용으로 지방자치단체가 자율적으로 결정할 수 있는
부분이 있기 때문에 여전히 책임으로부터 자유롭지 못하다는 것이다. 셋째, 지
출 측면에서 상당수 지방자치단체의 지출요인이 경상비에 치중되어 있다는데,
최근 증가하고 있는 복지비 등을 감안하면 역시 자치단체의 책임이 크다는 것
이다. 또한 각종 축제경비 등 선거를 의식한 방만한 재정지출에 대한 실효성
있는 통제수단이 존재하지 않는다는 것이다. 넷째, 그럼에도 불구하고 한국은
엄격하고 다양한 지방재정관리제도가 운영되고 있기 때문에 지방자치단체가
파산에 이르기 쉽지 않다는 것이다. 중기지방재정계획, 투융자심사제도, 지방
채발행총액한도제, 지방재정분석진단제도, 재정위기관리제도 등 다양한 형태의
사전 사후 재정위기관리제도가 준비되어 있기 때문에 파산이 원천적으로 봉쇄
되어 있다는 주장이다. 그러나 이들 중앙통제수단들은 지방자치제도를 근간에
서부터 부정하는 특성을 지니고 있다. 자율적인 지방자치가 가능하지 않게 하
는 미봉책에 불과하며 중장기적으로 지방자치의 자생력을 저해시키는 요인이
될 수 있다는 것이다. 지방자치단체 스스로 자치할 수 있는 역량을 배양시키
는 것이 더 중요한 과제이며 이는 파산제도의 도입으로 가능하다는 주장이다.
다섯째, 중앙에 의한 관리자치환경에서 지방정치는 불가피하게 지방재정 구조
를 악화시키는 방향으로 유도하며, 이에 지역주민도 동참하게 한다. 결국 파산
제도의 도입 없이는 누구도 책임지지 않은 지방재정의 악순환이 지속될 수밖
에 없다는 것이다. 여섯째, 파산관재인제도를 도입할 것인지 혹은 연방파산법
제9장 방식을 도입할 것인가의 문제와 관련하여 찬성론자들이 명료하게 입장

을 정리하지는 않았지만 적어도 단기적으로는 파산관재인방식을 도입하되, 중
장기적으로는 시장에 의한 파산제도를 혼용하여 활용하는 것을 주장하고 있는
것으로 보인다. 단기적으로는 파산관재인제도방식을 도입하고, 중장기적으로는
시장원리에 입각한 파산제도를 도입하는 것이 전략적으로도 유효하다는 주장
이다.

2. 지방파산제도 도입 반대론

반대론 역시 원칙적으로는 파산관재인제도를 염두에 두고 반대 입장을
제시하고 있는 것으로 판단된다. 주요 반대 논거는 다음과 같다. 첫째, 중앙-
지방재정구조를 고려하면 지방에 책임을 지우는 것은 합당하지 않다는 것이
다. 재정상 어려움의 근원이 열악한 국세와 지방세 배분비율에 있다는 것이다.
현재 국세와 지방세 수입비율은 대략 80 : 20 정도이다. 파산제도가 도입되기
위해서는 선제적으로 지방에 수입자율권을 이양해야 한다는 주장이다. 둘째,
지출 측면에서 살펴보면 지방자치단체가 자율적으로 활용할 수 있는 재량적
지출(discretionary expenditures)이 차지하는 비중이 크지 않다는 것이다. 방만한
재정운영에 의한 지방재정 악화는 극히 일부 자치단체에 국한된 사항이고 일
반적인 현상은 아니라는 점이다. 수요예측이 정확하지 않아 발생하는 재정 악
화 역시 일부 자치단체에 제한된 현상이지 다수의 지방자치단체는 재정적으로
안정되어 있다는 점이다.[8] 셋째, 재정위기를 진단할 합리적 지표선정이 쉽지
않다는 것이며, 기준 역시 모호하다는 것이다. 현재 운영되고 있는 지방재정분
석진단제도는 25개의 지표를 통하여 지방재정을 분석하고, 예산대비채무비율,
지방채무상환비 비율 등 일부 지표는 재정위기 진단시 활용되고 있는데, 이들
지표에 의하면 한국의 지방재정상황이 나쁘지 않다는 것이다.[9] 셋째, 검토하고

---

8 인천광역시 등 일부 자치단체는 수요예측을 잘못하여 최근 재정위기를 겪고 있다.

9 시흥시의 경우 2010년 일시적으로 채무비율이 40% 이상으로 증가했지만 2012년 현재 20%대로
하락했다. 예산대비채무비율이 주의수준인 단체는 대구, 인천, 부산 등이며, 속초시, 보령시, 천
안시, 김해시, 동해시, 시흥시 등 6개가 있을 뿐이다. 통합재정수지비율 역시 시흥시, 성남시, 오
산시 등 일부 단체만 주의수준이고, 지방채무상환비비율에 주의등급에 해당되는 단체는 없다.

있는 파산제도로서 파산관재인제도를 염두에 두고 있다면 이는 비민주적 발상으로서 지방자치제도 자체를 훼손할 가능성이 상존한다는 것이다. 원래 파산은 지방자치단체가 신청하고 법원이 판단을 하는 절차를 밟는다. 그러나 파산관재인제도에 의하면 중앙정부가 임의로 특정자치단체에 대하여 파산을 선고하고 일정한 절차에 따라 회생의 순서를 밟는다. 이 과정에서 단체장이 해임되고 지방의회가 제 역할을 수행하지 못하는 등 지역주민의 의사가 배제될 가능성이 크다. 일종의 자치권 회수조치라고 이해할 수 있다. 중앙정부가 어떤 기준에 의해서 파산을 선고하는지 등에 대한 객관적 판단이 쉽지 않다는 점을 고려하면 중앙정부의 권한남용 가능성을 배제할 수 없다는 것이다. 넷째, 더군다나 파산제도로서 파산관재인제도를 염두에 둔 것이라면 이는 현행 지방재정관리제도와 크게 다르지 않다는 것이다. 사전 관리로서 중기지방재정계획, 투융자심사, 지방채총액한도제가 운영되고 있고, 예산집행단계에서 지방재정조기집행, 지방계약제도, 지방금고운영지도, 지방기금운영지도가 작동하고 있으며, 사후 관리로서 지방재정분석진단제도가 운영되고 있는데, 분석결과를 지방교부세와 연계하여 인센티브와 감액을 적용하고 있다. 특히 지방재정분석진단제도는 재정위기가 감지되는 지방자치단체에 대하여 재정진단을 실시하고 적절한 재정컨설팅을 통하여 재정건전성을 회복하도록 도와주는 제도이다. 이와 같은 지방재정관리제도 자체가 곧 파산제도라는 주장이다. 다만 파산관재인제도가 도입되면 해당 자치단체에 대하여 파산을 선고하고 자치권을 회수하는 등 강제적 조치에 의하여 재정건전성을 회복시킨다는 차이가 있을 뿐이라는 것이다. 이는 파산제도를 도입하는 것이 아니라 기존 재정분석진단제도를 보완하는 것에 지나지 않으며, 자칫 자치권만 훼손시키는 결과를 초래할 수 있다는 주장이다.

(김재훈, 2013)

Ⅲ. 찬반논의 2: 연방파산법 제9장 방식 도입에 대한 논의

지금까지 논의된 지방파산제도 도입여부에 대한 논쟁은 파산관재인제도의 도입여부에 초점이 맞추어져 있다. 그렇다면 시장원리에 의한 파산제도 도입여부에 대한 찬반논쟁의 핵심은 무엇인가? 우선 동 제도가 도입된다는 것은 지방자치단체를 위한 파산법이 제정되어야 한다는 것을 의미하며, 동시에 파산의 의미와 관련하여 채무불이행, 즉 지불불능을 선언하는 것이기 때문에 시장원리에 근거한 지방채권시장의 활성화를 전제로 한 것이다. 따라서 동 제도의 도입여부가 관심이 되기 위한 선결조건으로서 지방채시장의 활성화에 대한 논의가 수반되어야 할 것이다.[10] 지방채시장(municipal bond market)이란 재원조달의 수단으로서 지방자치단체가 채권을 발행하여 재원을 조달하는 것으로서 재원이 부족할 경우 또는 대규모 공공사업을 추진할 때 활용한다. 현재 지방재정에서 지방채시장이 차지하는 비중은 미미하다. 지방자치단체는 재원이 부족할 경우 중앙정부로부터의 보조금, 단순차입금, 제한된 채권발행 등에 의하여 재원을 조달한다. 자치단체가 발행하는 채권의 신용등급에 따라 차입비용이 달라질 수 있어야 하는 것이 지방채시장 활성화의 선결조건이다. 이 경우 파산제도가 도입된다는 것은 지방채시장의 활성화를 의미하는 것이며, 지방자치단체는 중앙정부의 승인없이 자유롭게 능력에 따라 지방채시장에서 재원을 조달할 수 있다는 것을 의미한다. 이때 파산선언이란 지방자치단체가 해당 채권에 대하여 지불불능을 선언하는 것이다. 재정책임을 지고 있는 단체장과 지방의회는 주도적으로 채권자의 이익을 보호하고 단체의 회생을 위하여 법원에 의지하는 것을 의미한다. 캘리포니아의 오렌지 카운티 파산이 이에 해당되는 사례인데, 법원의 도움으로 공평한 채권행사가 진행되고 지방정부는 일정한

---

10 김태영 외(2001)는 지방자치단체 신용평가제도 도입방안 연구에서 지방채시장의 활성화를 위한 선결조건과 구체적 방안 및 실효성 등에 대하여 상세히 기술하고 있다. 그들의 연구에 의하면 지방자치단체가 지방채를 발행할 때 중앙정부가 승인하는 기채승인제에 추가하여 지방채총액한도제가 도입될 것이고, 순차적으로 지방채 신용평가제도가 도입되어 완전한 형태의 시장원리에 의한 지방채시장이 조성될 것으로 전망했다.

절차에 따라 회생의 길을 모색하게 된다.

　시장원리에 의한 파산제도 도입을 찬성하는 쪽은 자율과 책임의 지방자치를 강조하는 입장이다. 투자자의 책임, 지방정부의 책임, 주민의 책임을 일차적으로 강조한다. 실제 미국의 경우 시장원리에 의한 파산제도에 의하여 채권자들의 희생이 컸으며 이는 투자실패로 인식되는 경향이 있다. 주민의 경우, 조세부담 증가의 책임과 주택가격 하락 등 경제적 부담 등을 떠안게 된다. 단체장과 지방의회는 투표를 통하여 심판받게 된다. 중장기적으로는 지방정치시장의 효율화에 도움이 된다는 것이다. 이와 같은 방식의 파산제도 도입의 가장 큰 장점은 무엇보다도 지방채시장의 활성화에 따른 자치단체간 경쟁이 양성화되고 종국에는 지방자치를 통하여 기대하는 효율성 증대가 될 것이라고 한다.

　시장원리에 의한 파산제도를 반대하는 쪽은 분권과 자치보다는 집권과 균형발전의 가치를 더 중시한다. 지역별 불균등한 세원구조로 인하여 지방자치제도 도입 초기부터 공정한 경쟁이 아닌 상황에서 시장원리에 의한 경쟁을 강조하는 것은 합당하지 않다는 것이다. 지방채시장을 통한 재원조달비용이 차이가 날 것이며, 이는 주로 재정이 취약한 비수도권 지방자치단체에게 절대적으로 불리한 구조라는 것이다. 해당 제도가 도입되면 불가피하게 지방교부세 등 의존재원의 비중도 줄어들게 될 것이며, 상대적으로 지방세 수입, 세외수입 그리고 차입(borrowing)의 비중이 증가하게 될 것이다. 차입비용이 증가할 재정취약 지방자치단체는 채권의 신용도가 점차 낮아지게 되며, 차입비용의 증가로 이어지는 악순환이 반복될 것이다. 결국 해당 지방자치단체가 발행하는 채권의 신용등급은 불가피하게 정크 수준으로 전락하게 되며, 파산선언에 이르게 될 것인데, 그 피해의 상당 부분은 지역주민에게 돌아가게 된다. 단체장과 지방의회는 정치적 책임만 떠안기 때문이다. 우리의 지방정치 현실을 감안하면 결국 단체장, 지방의회, 공무원은 책임으로부터 자유로울 수 있다는 것이며, 운명적으로 재정이 취약한 지역의 주민들만 고통을 떠안게 될 것이라는 주장이다.

Ⅳ. 평가적 의견: 재정위기관리제도의 개선과 지방파산제도

　　지방파산제도에 대한 찬반 입장이 나름의 견고한 논리와 근거를 갖고 있다. 파산제도 도입을 찬성하는 입장은 지방재정위기를 근본적으로 해결할 수 있는 효과적인 대책으로서 파산제도의 존재 자체가 중요하다고 주장한다. 그러나 파산제도의 도입을 반대하는 쪽은 찬성론자들이 파산제도의 개념에 대한 이해 자체가 부족하다고 반론한다. 시장원리에 입각한 미국 연방헌법 제9장과 동일한 방식의 파산제도를 원한다면 고려해 볼 수도 있다는 입장이다. 반대론자들의 의하면 찬성론자들은 결국 중앙정부에 의한 지방재정의 감시체제를 더욱 공고히 하자는 것이며 이는 자치정신을 훼손할 것이라고 한다.

　　그렇다면 우리의 여건을 감안한 현실적 대안은 무엇인가? 지방재정이 위기에 처하기 전에 먼저 대책을 세워야 한다는 관점에서 보면 현재의 방식대로만 지방재정을 관리하는 것은 한계가 있다. 어떤 방식으로든 현재의 방식을 개선해야할 상황인 것만은 명료해 보인다. 전술한 바와 같이 현재의 지방재정 관리방식도 소극적 관점에서 보면 일종의 미국식 파산제와 유사하다. 실제 재정위기가 발생하면 중앙정부(주정부)가 지원하는 방식으로 각종 제도가 마련되어 있기 때문이다. 따라서 지방재정위기를 사전에 예방하고 관리하는 현행 지방재정관리시스템을 효율적으로 개선하는 방안에 대하여 논의하는 것이 더 실효성이 있을 것이다. 결국 파산제도를 도입할 것인가의 여부는 이와 같은 개선방안에 관한 논의과정에서 결정될 것이다.

　　현행 지방재정분석진단제도는 3개 분야 25개의 지표에 의하여 지방자치단체의 재정상황(fiscal condition)을 분석한다. 이 중 재정위기단체를 지정하는데 활용되는 지표는 통합재정수지비율, 예산대비채무비율, 지방채무상환비 비율 등 6개로서, 동 지표에 의하여 진단대상단체로 지정되면 중앙정부는 전문가 그룹을 구성하여 해당 지방자치단체들을 대상으로 재정진단 및 처방을 실시한다. 또한 25개 지표 중 재정건전성 확보 노력여부를 가늠하는 10개 지표를 통하여 지방교부세 인센티브와 감액을 적용하여 건전재정을 유도한다. 이와 같은 지방재정분석진단제도는 몇 가지 문제점을 갖고 있다. 첫째, 재정상황을 정확히 나타내는 지표상의 문제인데 이는 향후 정성평가에 의하여 보완될 수 있다. 둘째, 제도운영상의 문제로서 평가 기간의 문제, 복식부기제도와 연관된 분석미흡, 지표간 상충의 문제 등이다. 이는 재정분석진단제도 자체의 문제인데, 파산제도와 연계할 경우 추가적인 문제가 나타날 수 있다. 지방재정분석진단제도는 지방자치단체의 재정건전성(9개 지표), 재정효율성(6개 지표), 그리고 재정운용노력도(10개 지표)를 측정하는 것을 원칙으로 삼는다. 그러나 파산은 부채와 직접적인 연관성을 갖고 있다. 따라서 부채와 관련된 지표만을 추출하는 과정이 필요하다. 또한 부채는 지방자치단체가 안고 있는 총체적 개념인데, 부채도 종류별·성격별 다른 수준의 지불능력을 나타내기 때문에 부채별 등급이 반드시 필요하다. 예컨대, 지방자치단체 자체는 재정여건이 우수하여 재정분석진단제도에 의하여 재정위기상황이 포착되지 않을 수 있지만 특정 채무는 변제 불가할 수도 있다. 기채를 할 경우 일반보증채(general obligation bond)인 경우 지방자치단체의 재정건전성이 중요한 변수가 되지만 수익채(revenue bond)의 경우 변제능력은 지방자치단체의 재정상황과 무관할 수 있다.

　　파산관재인제도 개념을 활용한 지방파산제도를 고려한다면 현행 지방재정분석진단제도를 이원화하여 엄격하게 운영할 필요가 있다. 첫째, 지방자치단체의 재정상황을 일괄하는 관점에서 현행 25개 지표에 의하여 재정평가를 실시하되, 재정위기 진단여부를 결정짓는 지표의 경우 보다 세밀하게 설계할 필요가 있다. 지표는 계량자료와 정성자료에 의하여 결정되고 운영되어야 한다.[11] 정성적 판단이 중요한 이유는 활용되고 있는 계량지표의 포괄성, 정확성 등이 미흡하기 때문만은 아니다. 특정자치단체가 처해 있는 여건, 향후 개선 여지 등 계량화할 수 없는 변인들이 존재하기 때문이다. 둘째, 재정위기 진단 또는 파산여부를 결정짓는 지표는 별도로 운영해야 할 것이다. 전술한 바와 같이 엄밀한 의미에서 파산은 특정채무의 변제불능과 관련된 것인 만큼 채무와 관

---

11 Moody's, S & P 등 주요 신용평가기관에서 등급(credit ratings)을 정할 때 반드시 계량지표에 추가하여 전문가의 주관적 판단을 첨부하여 최종 결정하는데, 예컨대 국가신용등급을 정할 경우에는 소위 국가위험도(country risk) 등을 반영하는 등 정성적 판단을 중시한다.

련된 지표만으로 운영하는 것이 합리적이다. 말하자면 현행 지방재정분석진단 제도는 지방자치단체에 대한 종합평가에 치중하고, 새로운 지표체계는 재정위기 또는 파산선고 여부를 결정짓는 수단으로 활용해야 할 것이다. 후자의 경우 상시평가를 전제로 해야 할 것이다. 투자는 매시간 이루어지는데, 평가 (rating)가 1년 단위로 이루어지면 채권자 채무자 모두에게 도움이 되지 않는다.

파산관재인제도 형태의 지방파산제도의 도입이 검토될 경우 단체장의 해임과 지방의회의 기능상실이 전제되어야 할 것인가에 대한 논의도 수반되어야 한다. 파산제도 도입을 반대하는 중요한 논거 중 하나는 자치권의 훼손, 민주주의 가치의 말살이라고 하는데, 중앙정부가 임명하는 파산관재인이 단체를 운영하기 때문이다. 그렇다면 단체장의 역할을 제한하지 않을 경우 효과적인 구조조정을 통하여 채권자의 권리가 보호될 것이며, 자치단체가 회생될 것인가? 파산관재인을 누가 임명할 것인가의 문제, 어떤 자격을 갖추어야 할 것인가의 문제, 권한은 어느 정도 가져야 할 것인가의 문제 등이 숙제로 남는다. 파산관재인제도를 운영하고 있는 미국의 각 주는 파산관재인에게 단체장 이상의 권한을 부여하며, 주정부가 임명한다. 자치권을 훼손시키지 않은 범위에서 파산관재인제도를 운영할 수 있는 방안은 우선 주민들에게 파산관재인을 추천하게 하거나 주민의 승인을 얻도록 하는 것이다. 또는 여야 정당에서 합의한 파산관재인을 파견하는 방안이다. 어느 방식이든 문제가 없을 수는 없지만 파산관재인제도의 한국적 운영에 대한 논의는 필요할 것이다.

참고문헌

김재훈 (2013). 지방자치단체 파산제도 도입 가능성 검토. 한국지방재정학회·한국조세연구원 공동정책세미나. 한국조세연구원.

김태영 외 (2001). **지방자치단체의 신용평가제도 도입방안**. 서울: 한국지방행정연구원.

서정섭 (2010). SERI 경제포커스: 지방재정위기의 해법. SERI, 320.

양민호 (2013). 지방자치단체와 회생절차. **법경제학연구**, 10(1).

이상용 (2003). **지방재정의 책임성 강화방안**. 서울: 한국지방행정연구원.

이상용 (2002). 지방재정 위기관리제도의 도입방안. **정책개발연구**, 2(1).

이상경 (2013). 지방자치단체 파산제도의 도입 가능성에 관한 비교법적 일고. **공법학연구**, 13(3).

임성일 (2007). 지방채발행제도의 현실과 향후 과제. 한국지방재정공제회. **지방재정**, 5.

임승빈·손희준 (2014). 지자체파산제도 도입해야 하나. 한국경제신문. 2014. 1. 25.

정창훈 (2011). 미국 지방자치단체의 지방재정위기관리제도와 시사점. **강원법학**, 32.

조기현·신두섭 (2008). **지방재정관리제도 운용실태와 개선방안: 지방재정위기 대응방안을 중심으로**. 서울: 한국지방행정연구원.

조태제 (2006). **지방자치단체의 파산제도**. 한국법제연구원.

저자 약력

권오철

서울대학교(행정학 박사)
한국행정학회, 서울행정학회 이사
한국지방정부학회 운영부회장(현)
한국지방행정연구원 자치행정연구실장(현)

강명구

University of Teaxs-Austin(정치학 박사)
아주대학교 사회과학대학 교수(현)

금창호

건국대학교(행정학 박사)
국가보훈처 정책자문위원
안전행정부 지방3.0 자문위원
한국지방행정연구원 지방3.0지원센터 소장(현)

고경훈

고려대학교(행정학 박사)
고려대학교 연구교수
국세청 자체평가 위원
한국지방행정연구원 수석연구원(현)

김대욱

서울대학교(행정학 박사)
한국행정학회 이사
안정행정부 지방자치단체 합동평가위원
한국지방행정연구원 수석연구원(현)

곽현근

미국 The Ohio State University(행정학 박사)
지방행정체제개편위원회 근린자치분과 자문
위원
대전 사회적자본확충지원위원회 위원(현)
대전대학교 행정학과 교수(현)

김선기

서울대학교(행정학 박사)
한국지역개발학회 부회장
안전행정부 정책자문위원
한국지방행정연구원 선임연구위원(현)

권영주

일본 京都大學(법학 박사)
지방행정체제개편위원회 자문위원
한국지방자치학회 부회장(현)
서울시립대학교 행정학과 교수 및 정경대학
장(현)

김성호

부산대학교(법학 박사)
대통령소속 지방분권촉진위원회 위원
한국공법학회, 지방자치학회 부회장
전국시도지사협의회 정책연구실장(현)

김순은

Kent State University(행정학 박사)

2011년 게이오대학 특별교수

한국지방자치학회, 한국지방정부학회장

서울대 행정대학원 교수(현)

김태영

미국 Cornell University(도시행정학 박사)

대통령소속 지방자치발전위원회 자문위원(현)

경희대학교 행정학과 교수(현)

경희대학교 공공대학원 원장(현)

김혜정

서울대학교(행정학 박사)

한국지방행정연구원 수석연구원

정부혁신지방분권촉진위원회 실무위원

선문대학교 행정학과 부교수(현)

노승용

Rutgers, the State University of New Jersey,
Newark(행정학 박사)

공기업·준정부기관 경영평가단 위원

정부 3.0 자문위원

서울여자대학교 행정학과 부교수(현)

류영아

성균관대학교(행정학 박사)

한국행정학회 지방자치특별위원회 위원(현)

안전행정부 지방자치단체 합동평가 위원(현)

한국지방행정연구원 수석연구원(현)

박영강

부산대학교 행정학 박사

한국지방정부학회 고문(현)

전국시도의회의장협의회 자문위원(현)

동의대학교 행정학과 교수(현)

박해육

독일 German University of Administrative
Sciences Speyer(행정학 박사)

지방자치단체 합동평가위원회 위원

대통령소속 지방분권촉진위원회 실무위원

한국지방행정연구원 연구위원(현)

박형준

Florida State University(행정학 박사)

한국행정연구원 연구위원(전)

국정평가 연구소 소장

성균관대학교 행정학과 & 국정관리대학원
교수(현)

배인명

미국 University of Georgia(행정학 박사)

한국미래행정학회 회장

한국지방재정학회 명예회장(현)

서울여자대학교 행정학과 교수(현)

배정아

Florida State University(행정학 박사)

Florida State University 박사후 연구원

한국지방행정연구원 수석연구원(현)

서재호
　서울대학교(행정학 박사)
　한국행정연구원 혁신조직센터 부연구위원
　부산광역시의회 의정자문위원(현)
　부경대학교 행정학과 교수(현)

서정섭
　단국대학교(행정학 박사)
　한국지방재정학회 부회장
　한국지방공기업학회 부회장
　한국지방행정연구원 지방재정연구실장(현)

소순창
　국민대학교(행정학 박사)
　한국지방자치학회 연구위원장, 부회장
　대통령자문 정책기획위원회 위원
　건국대학교 행정학과 교수(현)

소진광
　서울대학교(행정학 박사)
　한국지방자치학회 제11대 회장 역임
　한국지역개발학회 제14대 회장
　가천대학교 대외부총장(행정학과 교수)(현)

손희준
　성균관대학교(행정학 박사)
　한국지방재정학회 회장
　지방자치발전위원회 자문위원
　청주대학교 행정학과 교수(현)

안성호
　서울대학교(행정학 박사)
　대전대학교 부총장
　한국지방자치학회장
　대전대학교 행정학과 교수(현)

양영철
　건국대학교(행정학 박사)
　한국지방자치학회, 서울행정학회 회장
　대통령소속 지방자치발전위원회 위원 및 자
　치경찰 TF팀장(현)
　제주대학교 행정학과 교수(현)

오승은
　연세대학교(행정학 박사)
　지역발전위원회 전문위원
　지방자치발전위원회 실무위원
　제주대학교 행정학과 교수(현)

유재원
　미국 노스캐롤라이나 대학(정치학 박사)
　제주대학교 초빙교수
　한양대학교 행정학과 교수(현)

유희숙
　경희대학교(행정학 박사)
　안전행정부 정보공개위원회 위원
　지방자치발전위원회 실무위원
　대림대학교 국제사무행정과 교수(현)

윤영근
서울대학교(행정학 박사)
한국정보화진흥원(구 한국전산원) 선임연구원
서울대학교 BK21사업단 선임연구원
한국지방행정연구원 수석연구원(현)

이기우
독일 뮌스터 대학(법학 박사)
인하대학교 법학전문대학원장
경실련 정책위원장
인하대 법학전문대학원 교수(현)

이상용
경희대학교(행정학 박사)
한국지방재정학회 부회장
행정자치부 정책자문위원
한국지방행정연구원 선임연구위원(현)

이승종
Northwestern University(정치학 박사)
한국행정학회 회장
서울대학교 행정대학원 교수(현)
한국지방행정연구원 원장(현)

이정주
American University(행정학 박사)
서울여자대학교 행정학과 초빙강의교수(현)

이종수
영국 Sheffield University(행정학 박사)
헌법재판소 제도개선위원회 위원
안전행정부 자문위원 및 자체평가위원
연세대학교 행정학과 교수(현)

이종원
Northwestern University(정치학 박사)
한국지방정부학회 연구부회장
서울행정학회 차기회장
가톨릭대학교 행정학전공 교수(현)

이희재
Florida State University(행정학 박사)
FSU Center for Economic Forecasting and
Analysis, Researcher
한국지방행정연구원 재정분석연구센터장(현)
한국지방재정학회 연구이사(현)

임승빈
일본 京都大學(행정학 박사)
영국 Birmingham 대학교 CORS센터 방문연
구원
명지대학교 행정학과 교수(현)

전대욱
한국과학기술원 테크노경영대학원(경영공학
박사)
British Chevening Scholar('98, Dept of Econ,
Univ of Southampton)
한국시스템다이내믹스학회 편집이사(현)
한국지방행정연구원 수석연구원(현)

최영출

　영국 뉴캐슬대학교(Newcastle University) 대학원 졸업(정책학 박사)
　한국정책분석평가학회 회장
　안전행정부 지방자치단체 합동평가단장(현)
　충북대학교 행정학과 교수/사회과학대학장(현)

하혜수

　서울대학교(행정학 박사)
　한국지방자치학회 부회장
　지방자치발전위원회 자문위원
　경북대학교 행정학부 교수(현)

최진혁

　프랑스 파리 제I대학교(Pantheon-Sorbonne)(공법학 박사)
　한국지방자치학회 부회장, 한국행정학회 운영이사
　대통령소속 지방자치발전위원회 자문위원
　충남대학교 자치행정학과 교수(현)

지방자치의 쟁점

초판인쇄	2014년 5월 7일
초판발행	2014년 5월 17일
편저자	이승종
펴낸이	안종만
편 집	김선민·김효선
기획/마케팅	조성호
표지디자인	홍실비아
제 작	우인도·고철민
펴낸곳	(주) **박영사**
	서울특별시 종로구 평동 13-31번지
	등록 1959. 3. 11. 제300-1959-1호(倫)
전 화	02)733-6771
f a x	02)736-4818
e-mail	pys@pybook.co.kr
homepage	www.pybook.co.kr
ISBN	979-11-303-0080-1 93350

정 가   25,000원